U0811240

国家社科基金
GUOJIA SHEKE JIJIN HOUQI ZIZHU XIANGMU
后期资助项目

朱子晚年与朱陆异同

——以朱子晚年工夫思想的发展与完善为中心

陈 林 著

SPM 南方传媒
广东人民出版社
·广 州·

图书在版编目（CIP）数据

朱子晚年与朱陆异同 ：以朱子晚年工夫思想的发展与完善为中心 / 陈林著. -- 广州 ：广东人民出版社, 2024. 12. -- ISBN 978-7-218-18304-6

Ⅰ. B244.75；B244.85

中国国家版本馆 CIP 数据核字第 2024XS6129 号

ZHUZI WANNIAN YU ZHULU YITONG: YI ZHUZI WANNIAN GONGFU SIXIANG DE FAZHAN YU WANSHAN WEI ZHONGXIN

朱子晚年与朱陆异同：以朱子晚年工夫思想的发展与完善为中心

陈　林　著

版权所有　翻印必究

出 版 人： 肖风华

策划编辑： 梁　茵
责任编辑： 沈海龙
责任技编： 吴彦斌

出版发行： 广东人民出版社
地　　址： 广州市越秀区大沙头四马路 10 号（邮政编码：510199）
电　　话：（020）85716809（总编室）
传　　真：（020）83289585
网　　址： http：//www. gdpph. com
印　　刷： 广东虎彩云印刷有限公司
开　　本： 787mm × 1092mm　1/16
印　　张： 22.25　　**字　　数：** 450 千
版　　次： 2024 年 12 月第 1 版
印　　次： 2024 年 12 月第 1 次印刷
定　　价： 98.00 元

如发现印装质量问题，影响阅读，请与出版社（020-85716849）**联系调换。**
售书热线：（020）87716172

国家社科基金后期资助项目
出版说明

后期资助项目是国家社科基金设立的一类重要项目，旨在鼓励广大社科研究者潜心治学，支持基础研究多出优秀成果。它是经过严格评审，从接近完成的科研成果中遴选立项的。为扩大后期资助项目的影响，更好地推动学术发展，促进成果转化，全国哲学社会科学工作办公室按照“统一设计、统一标识、统一版式、形成系列”的总体要求，组织出版国家社科基金后期资助项目成果。

全国哲学社会科学工作办公室

摘 要

“朱陆异同”是中国思想史上的重要问题。从思想史的角度看，宋、元、明、清“朱陆异同”问题呈现出由义理思辨向义理思辨与考据考证相结合的内在发展理路。“朱陆异同”在宋元表现为一个义理问题，即探究朱子和陆象山为学工夫的相同处与不同处。而到了明代以后，“朱陆异同”则逐渐变成“早晚”问题，即把朱子和陆象山为学工夫思想分为早、中、晚三个阶段，分别对比每一阶段之异同。“朱陆异同”随之变成了一个义理与考据相结合的问题。而在“早晚”问题上，陆门学者多持“早异晚同”说，认为朱子晚年转向了陆学，亦如陆象山那样强调为学首在发明本心，而不再讲格物致知、读书讲学之工夫；朱门学者则多持“早同晚异”之说，认为朱子晚年没有转向陆学，而是坚持涵养用敬与格物致知并进的为学方法。本书即以主敬涵养与格物穷理两工夫为主线，考察朱子这两项工夫在晚年是否有变化，并尝试对“朱陆异同”问题给出自己的答案。

本书主要研究内容如下：

第一章：本章主要分析选题的缘起，提出研究的主要内容。首先，通过对“本体”和“工夫”这两个宋明儒学最基本问题的探讨，提出工夫问题才是宋明儒学第一义的问题，进而指出应把“朱陆异同”问题限定在工夫论范围内来讨论。其次，通过对宋元至明清“朱陆异同”思想史的简要梳理，论证把“朱陆异同”问题限定在工夫论范围内讨论具有合理性，并分析“朱陆异同”问题中蕴含的义理和考据问题及“早晚”问题，指出“朱陆异同”问题的关键在朱子晚年工夫思想是否转向了陆学。

第二章：本章对朱子从学李侗及探索“中和”问题前后的工夫思想进行深入梳理，进而厘清朱子工夫思想发展的内在理路。本书认为，经过从学李侗，到体悟出“中和旧说”，再到提出“中和新说”，朱子在中年找到了一条适合普通大众的为学工夫之路。这条为学工夫之路就是：知先行后；主敬涵养与格物穷理并进，敬贯通始终。

第三章：本章探讨朱子晚年“智藏”说蕴含的工夫思想。本书认为，《玉山讲义》乃朱子晚年重要之作。在此文中，朱子把仁义礼智四德实体化为生生之意，即把“仁—义—礼—智”看作如“元—亨—利—贞”

般的生意流行过程。在朱子看来，仁义礼智之生意流行就是“仁—义—礼—智—仁—义—礼—智”不断循环的过程，在这个过程中仁是四德之首，智是四德之尾，智在“仁—义—礼—智”运行过程中起着承上启下的作用。由是，朱子晚年十分重视智在道德实践中的作用，提出了“智包四德”的思想，强调智就是理的本真状态，潜藏着无限的是非判断能力。而“智藏”说正是蕴含着对表现为知天理以做出是非判断的格物致知工夫的强调。

第四章：本章探讨朱子晚年对《大学》“格物”与“诚意”关系理解之修正。本书认为，正是由于朱子晚年十分强调格物致知工夫，以至于其晚年对《大学》诚意工夫的理解一度出现偏差。这直接导致朱子晚年不断地修正《大学》“格物”与“诚意”之间的关系。而从此修正中，可以清楚地发现朱子晚年十分强调格物致知工夫，其晚年工夫思想并没有转向陆学。

第五章：本章探讨朱子晚年对《孟子》“求放心”诠释之修正。本书认为，朱子晚年对求放心工夫的理解发生过多次变化，但其最后不是把求放心工夫理解为陆学所主张的那种反身以直求本心之立大本工夫，而是理解为一种培养人良好的心态与坚定的意志、并以此诚敬纯一之心去做格物致知工夫以认知天理的主敬涵养工夫。从朱子最后对求放心工夫之理解也可以看出其晚年工夫思想并没有转向陆学。

第六章：本章尝试对朱子晚年工夫思想下一个“定论”，并对“朱陆异同”问题给出自己的答案。本书认为，朱子自“中和新说”后便始终坚守“知先行后；主敬涵养与格物穷理并进，敬贯通始终”的为学工夫进路，晚年则试图打通“尊德性”与“道问学”“主敬”与“穷理”之间的关系，使之融合为一，以求工夫思想更加缜密圆融。朱子和陆象山的为学工夫思想有同有异，两人所主张的为学工夫在起点和终点上是相同的，过程则有所不同；两人之学本质上都是儒家圣人之学。

目　录

第一章　绪论

第一节　宋明儒学之第一义问题

程颐曾说："今之学者，歧而为三：能文者谓之文士，谈经者泥为讲师，惟知道者乃儒学也。"[①]朱子亦说："盖伊川先生之意曰，今之学者有三：词章之学也，训诂之学也，儒者之学也。欲通道，则舍儒者之学不可。尹侍讲所谓：'学者，所以学为人也，学而至于圣人，亦不过尽为人之道而已。'此皆切要之言也。夫子之所志，颜子之所学，子思、孟子之所传，皆是学也。"[②]可见，与词章之学和训诂之学不同，儒家之学是一门关于人生命的学问，以"人"为思考和关怀的中心，以"学而至于圣人"为目标。[③]当然，儒家不仅关注自我生命质量的提升，也关心他人生命质量的提升和社会正理平治的实现。儒家之学的这种理想通常被概括为"内圣外王"。而追求"内圣外王"的理想又决定了儒家之学不能仅仅停留在思想阐述和理论建构上，更要引导人在日用常行中去实实在在地践行这些思想和理论。所以，儒家学者的思想理论不是纯粹思辨的产物，多是基于自己的实践践履体认出来的，并且思想理论的建构也是服务于实践践

---

① 程颢、程颐：《河南程氏遗书》卷6，氏著：《二程集》（上），王孝鱼点校，北京：中华书局，2008年，第95页。

② 《答张敬夫》（四十一），《晦庵先生朱文公文集》卷32，朱杰人、严佐之、刘永翔主编：《朱子全书》（第21册），上海：上海古籍出版社；合肥：安徽教育出版社，2002年，第1401页。后文引《晦庵先生朱文公文集》皆简称《文集》，并皆参照此版本，且只注明页码，个别引文的断句或标点略有改动。另外，由于朱子给张栻的书信有时是用"《答张敬夫》"，有时是用"《答张钦夫》"，有时又用"《与张钦夫》"，有时又用"《问张敬夫》"，故序数之法多有不同。有的分开计算，即把"《答张敬夫》"归为一类，把"《答张钦夫》"归为一类，把"《与张钦夫》"归为一类，把"《问张敬夫》"归为一类；有的合并计算，即把答张栻之书信统归为一类。朱子其他书信也有此情况。本书皆采取合并计算的方法。

③ 牟宗三指出："中国哲学，从它那个通孔所发展出来的主要课题是生命，就是我们所说的生命的学问。它是以生命为它的对象，主要的用心在于如何来调节我们的生命，来运转我们的生命、安顿我们的生命。"（牟宗三：《中国哲学十九讲》，长春：吉林出版集团有限责任公司，2015年，第14页）张岱年说："人生论是中国哲学之中心部分……可以说中国哲学家所思所议，三分之二都是关于人生问题的。世界上关于人生哲学的思想，实以中国为最富，其所触及的问题既多，其所达到的境界亦深。"（张岱年：《中国哲学大纲》，北京：中华书局，2017年，第233页）

履的。故而，儒家之学又表现出强烈的实践特征，它要求人们在现实生活中努力去成就“内圣外王”的理想，而不能仅停留在纯粹的思想思辨和单纯的理论建构上。基于此，我们又常常说儒学是一种践履实践之学。

“内圣外王”思想在先秦孔孟那里已规模完备，到了宋明则臻于成熟。从历史文化的传承脉络来看，宋明儒学是赓续先秦儒学之血脉发展而来的。一般认为，宋明儒者建构各自思想理论体系的一个重要目的就是“为往圣继绝学”。所谓“为往圣继绝学”，从正面看，是跳出汉儒章句之学，回归先秦孔孟之学，以激发儒学之真生命；从反面看，则是对抗佛老之挑战，以保全儒学之血脉。正如劳思光所说：“宋代儒学之复兴运动，自始即有一自觉之方向，此即归向孔孟之教，而排拒汉儒传统及印度佛教之压力。”①从思想理论的内容来看，宋明儒学在先秦儒学的基础上，围绕着本体和工夫发展出了一套精致的成德之教。牟宗三认为，宋明儒家“内圣之学”亦可以称为“成德之教”。他说：“宋、明儒……主要目的是在豁醒先秦儒家之‘成德之教’，是要说明吾人之自觉的道德实践所以可能之超越的根据。此超越根据直接地是吾人之性体。”②又说：“‘成德’之最高目标是圣、是仁者、是大人，而其真实意义则在于个人有限之生命中取得一无限而圆满之意义。”③基于此，牟宗三进一步指出，宋明儒学之“成德之教”从哲学理论上说就是关于“道德的形而上学”问题。他说：“自宋、明儒观之，就道德论道德，其中心问题首在讨论道德实践所以可能之先验根据（或超越的根据），此即心性问题是也。由此进而复讨论实践之下手问题，此即工夫入路问题是也。前者是道德实践所以可能之客观根据，后者是道德实践所以可能之主观根据。宋、明儒心性之学之全部即是此两问题。以宋、明儒词语说，前者是本体问题，后者是工夫问题。”④钱穆亦认为：“宋代学者所热烈讨论的问题，不外两部：一部是属于本体论的，一部是属于修养论的。”⑤诚如牟宗三和钱穆所言，宋明儒学的中心即是本体和工夫问题。虽然本体与工夫对言只是到了阳明后学才正式出现，但宋明儒学基本是围绕着本体和工夫来展开的。

具体说来，宋明儒学之所以被称为新儒学，主要是由于宋明儒学在

① 劳思光：《新编中国哲学史》（三卷上），桂林：广西师范大学出版社，2005年，第36页。
② 牟宗三：《心体与性体》（上），上海：上海古籍出版社，1999年，第32页。
③ 牟宗三：《心体与性体》（上），第5页。
④ 牟宗三：《心体与性体》（上），第7页。
⑤ 钱穆：《阳明学述要》，北京：九州出版社，2010年，第1页。

本体和工夫上推进了先秦孔孟原始儒家之发展，从而使儒家思想之理论形态更加精致，成圣成贤工夫更加完备。一方面，宋明儒学将先秦原始儒学“滞留于伦理道德层次的心性之学，从形上学本体论层次给以关照，使传统儒学以心性为核心的伦理道德和价值理想（社会理想和人格理想）建构在具有理性力度的形上学本体论思维之上”①，也就是为孔孟儒家所言的天道性命、心性情才提供了一种本体论的论证；另一方面，宋明儒学在孔孟儒学提出的修养工夫的基础上发展出了一套更为精致、更为完备的为学工夫体系，从而为人成就生命之量的广大博厚和生命之质的纯一精粹开辟了一条更宽阔深远的道路。正如杜维明所说：“不管怎样，坚持成圣的中心地位，并且假定成圣能够通过自我努力达到，则标示了宋明儒学传统中各派思想的共识，并被认为是不言自明的。”②总之，宋明儒者所关心的问题可以归纳为两点：一是人何以可能成圣成贤，二是人如何才能成圣成贤。从儒家哲学理论上看，第一个问题是本体问题，第二个问题则是工夫问题。可以说，宋明儒学是本体与工夫之学，本体与工夫问题是宋明儒学最基本也是最重要的问题。

那么，本体与工夫之间是一种怎样的关系呢？在研究宋明儒学时，我们通常依循“本体（宇宙）—心性—工夫—境界”的研究路径，认为宇宙本体的建构是理学家首先思考的问题，理学家对宇宙本体有何种体悟决定了其即会建立一套与之对应的心性论和工夫论。事实上，宋明理学家在叙述自己的哲学理论时，也通常先讨论宇宙本体论问题。朱子和吕祖谦共同编辑的《近思录》即把“道体”部分放在最前面。③所谓“道体”即宇宙

---

① 张立文：《宋明理学研究》，北京：人民出版社，2002年，第17页。

② 杜维明：《宋明儒学本体论初探》，氏著：《儒家思想：以创造转化为自我认同》，曹幼华、单丁译，北京：生活·读书·新知三联书店，2013年，第178页。

③ 《近思录》分14个专题来讨论理学问题，分别是：“道体”“为学”“致知”“存养”“克治”“家道”“出处”“治体”“治法”“政事”“教学”“警戒”“辨别异端”“总论圣贤”。一般认为，《近思录》将首卷设置为“道体”是吕祖谦的主张，朱子对吕祖谦的这一编排方式有所质疑，但其最终还是接受了吕祖谦的建议。朱子曾说：“《近思录》首卷难看。某所以与伯恭商量，教他做数语以载于后，正谓此也。若只读此，则道理孤单，如顿兵坚城之下；却不如《语》《孟》只是平铺说去，可以游心。”（黎靖德编：《朱子语类》卷105，王星贤点校，北京：中华书局，1986年，第2629页。下文凡引《朱子语类》皆简称《语类》，并皆参照此版本，且只注明页码，个别引文的断句或标点略有改动）朱子的弟子黄榦亦曾说：“至于首卷，则尝见先生说其初本不欲立此一卷，后来觉得无头，只得存之。”［黄榦：《复李公晦书》，氏著：《勉斋集》卷8，《景印文渊阁四库全书》（集部，别集类，第1168册），台北：台湾商务印书馆，1986年，第91页］对于朱子的质疑，吕祖谦在该书之序中进行了回复。他说：“《近思录》既成，或疑首卷阴阳变化性命之说，大氐非始学者之事。祖谦窃尝与闻次缉之意：后出晚进，于义理之本原虽未容骤语，苟茫然不识其梗概，则亦何所底止？列之篇端，特使之知

本体问题。《近思录》的这种编排方式对后世影响极大。例如，黎靖德所编的《朱子语类》亦是将“理气”问题作为首卷，明人胡广等编辑的《性理大全》在汇编宋代理学家言论时同样是将“理气”问题作为首卷。[①]今人对宋明理学的研究亦多将“理气”问题作为首要问题来研究。[②]不置可

其名义，有所向望而已。”［吕祖谦：《近思录·吕序》，《朱子全书》（第13册），第165页］所谓“或疑首卷阴阳变化性命之说，大氐非始学者之事”显然是朱子的意见。吕祖谦则认为，把“道体”放在卷首是为了让学者“知其名义，有所向望”。朱子最终接受了吕祖谦的主张。朱子此后又言：“《近思录》一书，皆是删取诸先生精要之语，以示后学入德之门户，而首卷又是示人以道体所在，编入此段，必不是闲慢处。”［《答严时亨》，《文集》卷61，《朱子全书》（第23册），第2965页］需要注意的是，尽管朱子和吕祖谦最终把“道体”作为《近思录》的首卷，但他们均告诫学者不可沉溺于阴阳变化之说。朱子言：“看《近思录》，若于第一卷未晓得，且从第二、第三卷看起。久久后看第一卷，则渐晓得。”（《语类》卷105，第2629页）吕祖谦在序言中强调：“至于余卷所载讲学之方、日用躬行之实，具有科级。循是而进，自卑升高，自近及远，庶几不失纂集之指。若乃厌卑近而骛高远，躐等陵节，流于空虚，迄无所依据，则岂所谓‘近思’者耶？览者宜详之。”［吕祖谦：《近思录·吕序》，《朱子全书》（第13册），第165页］可见，吕祖谦认为，《近思录》后面所载的“讲学之方、日用躬行之实”才是为学之根本。

① 《性理大全》第26卷至第70卷为宋代理学家言论之汇编，分为“理气”“鬼神”“性理”“道统”“圣贤”“诸儒”“学”“诸子”“历代”“君道”“治道”“诗”“文”13类45卷。尽管《近思录》《朱子语类》《性理大全》把“道体”或“理气”作为首卷的编排方式对后世影响极大，但亦有一些学者不接受这种编排方式。例如，明代朱子学者丘濬的《朱子学的》是明代第一部辑录朱子学术思想之作。该书便舍弃了把“道体”或“理气”放在首卷的编排方式，而直接把为学工夫作为首卷。《朱子学的》分为上下两卷，上卷为“下学”“持敬”“穷理”“精蕴”“须看”“鞭策”“进德”“道在”“天德”“韦斋”10篇，下卷为“上达”“古者”“此学”“仁礼”“为治”“纪纲”“圣人”“前辈”“斯文”“道统”10篇。清代李光地受康熙之命编撰《性理精义》。《性理精义》依据胡广的《性理大全》，对其删繁就简，撷其精华，共12卷。其中，第7卷到第12卷为宋代理学家言论之汇编，分别为“为学”“性命”“理气”“治道”4类6卷。可见，李光地的编排方式不同于胡广，其是把“为学”放在前面，而把“理气”放在后面。

② 以对朱子思想的研究为例，今人之朱子思想研究著作亦习惯于先讨论朱子的宇宙本体思想。例如，由谢无量撰写的近代第一部朱子学研究专著《朱子学派》在讨论朱子哲学思想时首先讨论的就是朱子的太极理气思想。［参见谢无量：《朱子学派》，氏著：《谢无量文集》（第3卷），北京：中国人民大学出版社，2011年］李相显的《朱子哲学》是民国研究朱子学的重要著作。该书分为“道”“理气”“性理”“伦理与政治”“工夫”5编，亦是首先讨论朱子的宇宙本体思想。（参见李相显：《朱子哲学》，北平：世界科学社，1946年）钱穆的《朱子新学案》也是将“理气”“无极太极”“阴阳”“鬼神”问题放在首章。（参见钱穆：《朱子新学案》：北京：九州出版社，2011年）陈来的《朱子哲学研究》亦是先讨论朱子的理气论再讨论朱子的心性论和格物致知论。（参见陈来：《朱子哲学研究》，上海：华东师范大学出版社，2000年）当然，亦有学者不采用这种思路。例如，唐文治的《紫阳学术发微》首卷即讨论朱子的为学次第问题，而全书并未设置章节讨论理气问题。（参见唐文治：《紫阳学术发微》，乐爱国点校，上海：华东师范大学出版社，2014年）刘述先的《朱子哲学思想的发展与完成》先讨论朱子的心性思想再讨论朱子的理气思想。（参见刘述先：《朱子哲学思想的发展与完成》，长春：吉林出版集团有限责任公司，2015年）曾亦和郭晓东的《宋明理学》亦是先讨论朱子的工夫思想，再讨论朱子的理气思想，并明确主张工夫论问题才是朱子关注的核心问题。（参见曾亦、郭晓东：《宋明理学》，南京：南京大学出版社，2009年）金慧洙的《从朱子工夫论诠释其理气心性论》明确主张在研究朱子哲学思想时应从工夫论入手来探讨心性论和理气论。（参见金慧洙：《从朱子工夫论诠释其理气心性论》，“中央”大学博士学位论文，2015年）

否，对于理学家来说，宇宙本体论问题有着重要意义[①]，它能为人何以可能成圣成贤提供一个形而上学的解释，进而使得人能坚定成圣成贤的信心。然而，需要特别指出的是，虽然理学家在理论体系的阐述上多选择“本体（宇宙）—心性—工夫—境界”的理路[②]，但这并不意味着理学家建构理论体系的重心是本体论。[③]前文提及，儒家哲学的特质就在于它是关于人生命的学问，儒者的一切理论建构都是为了帮助人们更好地从事道德践履，而道德践履是为了提升人生命之量的广大薄厚和生命之质的纯粹精一，以至成圣成贤。同样，理学家探讨宇宙生化、天道性命的主要目的也是为了说明道德实践之所以可能的先天根据，而不是为了建立一套纯粹的形上思辨哲学体系。[④]

另外，还需要注意的是，在本体建构问题上，宋明诸儒并无本质的差异。理学家都认为事物（自然现象和社会现象）背后有一个决定事物之所以为该事物的本体，即形而上的存有。这个形而上的存有即宋明理学家所常说的“理”。当然在对理的具体理解上，理学家表现出不同的致思方

---

① 劳思光对此问题有独特的理解。劳思光认为：“所谓德性及价值问题，决不能诉于存在或存有领域。以宇宙论观念为基础而建立之任何价值理论，本身皆必属粗陋虚弱。”［劳思光：《新编中国哲学史》（三卷上），第3页］其又说：“就哲学问题本身说，价值德性等问题，皆本不属‘有无’之领域，宇宙论固不能对此种问题有真解答，以超经验之‘实有’为肯定之形上学系统，亦不能提供解决。”［劳思光：《新编中国哲学史》（三卷上），第4页］

② 值得注意的是，当朱子将周敦颐、张载、二程的太极、阴阳、理气一类的天道思想综合为一个庞大而精致的理气学说后，朱子后学对宇宙本体问题的关注度大大减弱，而把注意力集中在工夫修养问题上。对于这一现象，蒙培元说：“朱熹后学中，如陈淳、真德秀、魏了翁等人……他们认为，性命之学，朱熹已经说尽，无可再说，剩下的只有实行了。王夫之说：‘朱子没而嗣其传者无一人。’（《宋论》卷十四）这是很有道理的。”（蒙培元：《论朱熹理学向王阳明心学的演变》，《哲学研究》，1983年第6期）吕妙芬认为：“南宋以降朱子后学的发展则是理气论、宇宙论逐渐衰微，学者普遍强调实践笃行，而削弱对玄虚形上之学的兴趣，转向对内在‘涵养’及‘心体’的重视。”（吕妙芬：《胡居仁与陈献章》，杭州：浙江古籍出版社，2021年，第31—32页）而以陆象山和王阳明为代表的陆王学者则更是注重工夫践履，而不热衷于讨论理气一类的宇宙生成问题。

③ 曾亦说：“朱子编《近思录》将论道体置为第一章，然而，理气与道器这类本体问题从来不是朱子学术讨论的重点，工夫论问题才是朱子首要关注的问题。”（曾亦、郭晓东：《宋明理学》，第241页）

④ 曾亦说：“宋人又好泛言天道，如周子论性命与阴阳，张子论太虚与气，朱子论理气与道器，此等议论看似与人事无涉，而近人遂比之西人宇宙论，似乎中国人亦有一种纯粹对自然之兴趣，或稍有甚者，则比之西人目的论。然吾人论天道，实关乎人事。人本天之所出，犹后人乃先人之子嗣也，故人立身行事，当奉天而法古。盖古时天人之间相去不甚远，非若后世之悬隔也。故天之所动也，莫非示人吉凶之垂象；而人之所为也，莫不一一风闻于上。故君王观民风而应以政事，上天体民情而喻以祸福，‘天人相与之际，甚可畏也’，非若后世明于天人相分，乃至于无所竞畏。天尚不足畏，遑论祖考之法度乎？故后世尚改作，乃至于以一己之私意、权利而矜肆于人。凡此之类，其病根所在，皆不过异域观念之侵逼所致。”（曾亦：《序言》，《宋明理学》，第2—3页）

向，二程、朱子认为“性即理”，陆象山、王阳明认为“心即理”，而张载、王夫之则认为“气即理”。虽然宋明儒对“理”具体落实在哪里的理解有所不同，但相同的是，他们都把“理”作为一形而上之“道体”。正如张立文所说：“这个道体，在宋明理学的主流派程朱那里便是理，此理是性与理的融突和合；在陆王那里便是心，此心是心与理的融突和合；在张（载）王（夫之）那里便是气，此气是气与理的融突和合。他们都以道体——理为核心话题（范畴）之一，而构建其主理、主心、主气的哲学逻辑结构。”[①]事实上，无论是“性与理的融突和合”，还是“心与理的融突和合”，抑或“气与理的融突和合”，都是肯认“理”乃一最高的本体，只不过“性与理的融突和合”强调作为最高本体的理需要在“性”上去体认，“心与理的融突和合”则强调作为最高本体的理需要在“心”上去体认，而“气与理的融突和合”则强调作为最高本体的理需要在“气”上去体认。所以，在本体建构问题上，宋明诸儒并无本质上的差异。[②]

相对于本体问题，宋明儒者更关心工夫问题。对他们来说，本体的建构只是为了给道德实践提供一种形而上的说明，也就是为人之道德实践寻找一个坚实的理论基础。当道德实践之所以可能的先天根据建立起来后，如何在实践中去践行这些道德就显得尤为重要。因为人之成圣成贤归根到底是要在实践中去践行，离开了工夫实践，再完备坚实的道德实践之所以可能的先天根据也无法使人成圣成贤。因此，对于宋明儒来说，工夫于本体更具有根本意义。正如陈多旭所说：“虽然从理论上说本体较工夫有本根、本原的意义，但本体无法疏离工夫，而是必须在工夫过程中才得实现和展开，因此在某种程度上工夫占有更重要的地位。由工夫以证本体之要义，即是要在工夫践履过程中实现人性的教化和人格的完善，证显道德本体超越的价值。”[③]所以，宋明儒者关心的最根本的问题是工夫问题，本体和心性的理论建构都是第二位的。换句话说，本体论、心性论是由工夫论所透显出来的第二义的理论体系。正是在这个意义上，徐复观强调：“研究中国文化，应该在工夫、体验、实践方面下手，但不是要抹煞思辨的意义。思辨必须以前三者为前提，然后思辨的作用才可把

① 张立文：《宋明理学研究》，第14页。

② 曾亦说：“故诸贤在工夫论上虽立说各异，亦不妨其皆为道学一脉，至于本体论上之不同，则是诸贤施教之方便耳，实在不必过多计较。”（曾亦：《序言》，《宋明理学》，第4页）

③ 陈多旭：《教化与工夫——工夫论视域中的阳明心学系统》，成都：巴蜀书社，2010年，第4—5页。

体验与实践加以反省、贯通、扩充，否则思辨只能是空想。”[①]牟宗三指出：“他们（宋明儒者——笔者注）首先所注意者勿宁是工夫问题，至于本体问题则是由自觉地作道德实践而反省澈至者，澈至之以成全其道德实践者。”[②]钱穆亦说：“故理学决非仅是一套思辨之学，更贵在能有以证成此一套思辨之方法与工夫。”[③]林安梧言：“宋明儒学最根本的……是工夫论的问题，至于经典诠释和理论体系都是第二义的。”[④]日本学者山井涌亦言：“宋学中最重要的问题是修养和道德问题，作为理气哲学的理论，修养和道德问题之直接基础的人性论，也比生成论和存在论更重要。”[⑤]

事实上，正如上述学者所说，工夫问题才是宋明理学家思考的出发点和落脚点，本体的建构与心性的讨论都是围绕着工夫问题而展开的。这一点我们从理学家对读书的看法中就可窥见一斑。程颐强调读书之旨在于把捉圣贤气象，其言：“凡看文字，非只是要理会语言，要识得圣贤气象”[⑥]“读书者，当观圣人所以作经之意，与圣人所以用心，与圣人所以至圣人，而吾之所以未至者，所以未得者，句句而求之，书诵而味之，中夜而思之，平其心，易其气，阙其疑，则圣人之意见矣。”[⑦]可见，在程颐看来，即使读书也不是为了哲学思辨，而是为了体验圣贤气象以更好做工夫实践。朱子对读书的目的亦有明确的说明，他说：“学问，就自家身已上切要处理会方是，那读书底已是第二义”[⑧]“读书，须要切己体验。不可只作文字看，又不可助长”[⑨]“学者当以圣贤之言反求诸身，一一体察”[⑩]“圣贤千言万语，无非只说此事。须是策励此心，勇猛奋发，拔出心肝与他去做”[⑪]。可见，朱子认为，读圣贤经典的最终目的并不是去把玩文字，而是要从中体会圣贤教人成德的路径和方法，并努力在生活中去践行。在朱子看来，孔孟先圣的经典本身即他们修养工夫的记录，而不是

---

① 徐复观：《心的文化》，氏著：《中国思想史论集》，北京：九州出版社，2014年，第302页。
② 牟宗三：《心体与性体》（上），第7页。
③ 钱穆：《朱子新学案》（第1册），第49—50页。
④ 林安梧：《现代儒学论衡》，台北：业强出版社，1987年，第147页。
⑤ 山井涌：《序说》，氏著：《明清思想史研究》，陈威瑨译，济南：山东人民出版社，2022年，第30页。
⑥ 《河南程氏遗书》卷22，《二程集》（上），第284页。
⑦ 《河南程氏遗书》卷25，《二程集》（上），第322页。
⑧ 《语类》卷10，第161页。
⑨ 《语类》卷11，第181页。
⑩ 《语类》卷11，第181页。
⑪ 《语类》卷8，第137页。

纯粹的哲学思辨。正是基于此，朱子在注《四书》时，反对汉唐儒者脱离人的德性生命而纯从字词考证出发的注经方法，而采用“文献—语言”与“实践—体验”[①]相结合的方法，着重从为学工夫的角度阐述《四书》中蕴含的“内圣外王”之学。对于这一点，朱汉民、肖永明指出：“我们可以将朱熹的《四书》学全面理解并等同于一种‘修己治人’的工夫论。事实上，无论是从《四书》的文本意义，还是从朱熹《四书》学的诠释目的来看，将《四书》学理解为儒者立志于成就内圣外王的一整套工夫论，确实是具有充分理由的。”[②]“以朱熹为代表的宋儒所要复兴的儒学，最关键的并不是创造了一种新的儒学知识形态，即以一种道理义理之学去取代汉唐的章句训诂之学，而是在努力恢复先秦儒者那种‘第一义’的学问，即要复兴儒学的人文关怀与实践品格，努力在修己治人的身心实践中建立一个‘天下有道’的理想世界。”[③]

总之，宋明儒学本质上是一种关于人成圣成贤的学问，工夫论问题是宋明儒学第一义的问题。当然，由于个人的生活体验、思想性格等不同，理学家所倡导的为学工夫不尽相同，有的倡导下学上达之教，有的倡导先立大本之教，并且即使在同一教之内也存在着差异。众所周知，在宋代，理学家为学工夫的差异突出体现在朱子和陆象山身上。朱子和陆象山为学工夫的差异也就是我们常说的“朱陆异同”问题。

第二节　从“朱陆异同”学术史看“朱陆异同”问题

本书之所以花费大量笔墨来论证工夫问题是宋明儒学第一义的问题，就是为本书即将讨论的“朱陆异同”问题寻找到一个更好的切入点。“朱陆异同”是中国儒学史乃至东亚儒学史上的一个重要问题，八百多年来广有论述，但争论不断，难有定论。章学诚曾发出感慨：“宋儒有朱、陆，千古不可合之同异，亦千古不可无之同异也。”[④]唐君毅认为，“朱陆异同”乃是“中国儒学八百年来之一大公案”[⑤]。严佐之说：“发端于

---

① 参见朱汉民、肖永明：《宋代〈四书〉学与理学》，北京：中华书局，2009年，第251—279页。

② 朱汉民、肖永明：《宋代〈四书〉学与理学》，第318页。

③ 朱汉民、肖永明：《宋代〈四书〉学与理学》，第318—319页。

④ 章学诚：《文史通义校注》，叶瑛校注，北京：中华书局，1985年，第262页。

⑤ 唐君毅：《中国哲学原论·原性篇》，北京：中国社会科学出版社，2005年，第347页。

'鹅湖之会'的'朱陆异同之辨'，绝对是理学史上最富争议的一大学术公案。绵历七八百年的'朱陆异同之辨'，实与朱子学史纠缠始终，至如明正嘉间阳明学之勃兴，清乾嘉时考据学之大盛，此等近世学术史上的重大转型，也都与'朱陆异同之辨'脱不开干系。"①

对于"朱陆异同"，人们常常从"尊德性"（"约"）与"道问学"（"博"）的视角来进行分判，认为朱子偏重于"道问学"（"博"），陆象山偏重于"尊德性"（"约"）。此种分判是符合事实的，因为朱子和陆象山自身也是从这一视角来讨论他们之间的差异。鹅湖之会后②，朱子把自己同陆象山思想之差异归为"尊德性"与"道问学"之不同。他说："大抵子思以来，教人之法惟以尊德性、道问学两事为用力之要。今子静所说，专是尊德性之事，而熹平日所论，却是问学上多了。所以为彼学者多持守可观，而看得义理全不子细，又别说一种杜撰道理遮盖，不肯放下。而熹自觉虽于义理不敢乱说，却于紧要为己为人上多不得力，今当反身用力，去短集长，庶几不堕一边耳。"③陆象山则说："朱元晦曾作书与学者云：'陆子静专以尊德性诲人，故游其门者多践履之士，然于道问学处欠了。某教人岂不是道问学处多了些子？故游某之门者践履多不及之。'观此，则是元晦欲去两短，合两长。然吾以为不可，既不知尊德性，焉有所谓道问学？"④陆象山的门人朱亨道说："鹅湖之会，论及教人。元晦之意，欲令人泛观博览，而后归之约。二陆之意，欲先发明人之本心，而后使之博览。朱以陆之教人为太简，陆以朱之教人为支离，此颇不合。"⑤可见，朱子和陆象山对"尊德性"（"约"）与"道问学"（"博"）关系的理解确实是有差异。朱子主张要兼重"尊德性"（"约"）与"道问学"（"博"），两者不可或缺，也不可偏执一方；而陆象山则主张要先立大本，必须以"尊德性"（"约"）为先。⑥

---

① 严佐之：《"朱陆异同"历史文献与"朱陆异同之辨"历史衍变》，《中华文史论丛》，2018年第2期。

② 学术界对朱陆鹅湖之会的背景和具体过程已有详细论述，故本书不再梳理此问题。关于朱陆鹅湖之会的背景和具体过程可参阅陈来《朱子哲学研究》中的相关论述。

③ 《答项平父》（二），《文集》卷54，《朱子全书》（第23册），第2541页。

④ 陆九渊：《语录》上，《陆九渊全集》卷34，叶航点校，上海：上海古籍出版社，2022年，第497—498页。

⑤ 《年谱》，《陆九渊全集》卷36，第608页。

⑥ 需要指出的是，在为学宗旨上，朱子和陆象山是一致的，两人都主张要以"尊德性"为本。另外，不能把朱子与陆象山之不同理解为朱子仅仅主张"道问学"，陆象山仅仅主张"尊德性"。事实上，朱子亦讲"尊德性"，认为修身为读书之根本；陆象山亦不废"道问学"，并不反对读书为为学之必要，只不过其认为为学的第一步是挺立起本心，即为学必须先从"约"入手。

这表明，朱陆之差异主要是在为学工夫次第上，即为学工夫程序上存在差异。

然而，自从哲学从传统学术中分离出来以后，人们对思想史的研究就更多地从哲学义理思辨的视角入手。由是，人们不满足于以“尊德性”（“约”）与“道问学”（“博”）之不同这个近似“表面”的答案来回答“朱陆异同”问题[①]，而试图找寻朱陆之间“深层次”的差异。学者们找到的一个重要答案就是，朱子和陆象山之所以在工夫论上存在差异，主要是由于两人在理气心性论上有着不同。冯友兰指出：“若以一二语以表示此二派差异之所在，则可谓朱子一派之学为理学，而象山一派之学则心学也。王阳明序《象山全集》曰：‘圣人之学，心学也。’此心学之一名，实可表示出象山一派之所以与朱子不同也。”[②]而冯友兰之所以把朱陆之异分判为“理学”与“心学”之对立，又是基于其认为朱子讲“性即理”，而陆象山讲“心即理”。其言：“朱陆之不同，实非只其为学或修养方法之不同……朱子言性即理。象山言心即理……此一言虽只一字之不同，而实代表二人哲学之重要的差异。”[③]在冯友兰看来，朱子把世界分为形而上和形而下两个世界。理属形而上之世界，心则属形而下之世界。既然心与理分属不同的世界，则朱子不言心即理，而只能说性即理。而陆象山则认为只有一个时空中的世界，而此世界即与心为一体，所以其言心即理。[④]

冯友兰这种明确以“理学”（“性即理”）和“心学”（“心即理”）区分朱学与陆学之异的做法影响甚大，至今学术界多以“理学”与“心学”之对立来分判程朱之学与陆王之学之异，并且形成了常用的“程朱理学”和“陆王心学”之说法。例如，吕思勉认为：“朱陆之异，象山谓‘心即理’，朱子谓‘性即理’而已。惟其谓性即理，而心统性情也，故所谓性者，虽纯粹至善；而所谓心者，则已不能离乎气质之累，而不免杂有人欲之私。惟其谓心即理也，故万事皆具于吾心；吾心之外，更无所谓理；理之外，更无所谓事。一切工夫，只在一心之上。二家同异，后来

---

① 余英时认为：“朱陆的异同，若从此浅显处去说，便必然要归结到读书的问题上。”［余英时：《从宋明儒学的发展论清代思想史——宋明儒学中智识主义的传统》，氏著：《论戴震与章学诚：清代中期学术思想史研究（增订本）》，北京：生活·读书·新知三联书店，2012年，第294页］

② 冯友兰：《中国哲学史》（下册），上海：华东师范大学出版社，2010年，第217页。

③ 冯友兰：《中国哲学史》（下册），第217页。

④ 参见冯友兰：《中国哲学史》（下册），第217页。

虽枝叶繁多，而溯厥根源，则惟此一语而已。”[①]张岱年亦认为，朱陆之不同在于朱子主“性即理”，其学是“理学”，陆象山主“心即理”，其学是“心学”。其言：“象山与朱子之不同，在象山认心与性是一非二；朱子则谓性是心中所具之理，性在于心而心非即性。”[②]“朱陆之根本不同在于：朱谓心统性情，知觉非性，性在心而性非即心，性即理而心非即理；陆王则谓心即性即理即知。”[③]“朱子亦谓心具众理，但以为受气质所昏蔽，心不能自明其所具之理，必须格物穷理，而后心中之理乃明。象山则谓心即是理，只须发明此心，则于事物之理无所不知；穷理之道，实在于明心。此其不同之所以，仍在于朱谓性即理而心非即理，陆谓心即性即理。以此，故朱之学是理学，陆之学是心学。”[④]牟宗三认为，朱陆之争的症结在于两人对理气心性关系的理解有本质差异，朱子的“心具众理”与陆象山的“心即理”是两种不同的理论体系。在牟宗三看来，朱子的哲学思想体系是以“理气二分、心性情三分”为基础。朱子的心“并不是道德的超越的本心，而只是知觉运用之实然的心，气之灵之心，即心理学的心”[⑤]；朱子的理乃是一“只存有而不活动”之“但理”。因而，朱子只能主张“心具众理”。而所谓“心具众理”是指，“（心）认知地具，及‘既格’而现实地具之，此理固内在于心矣，然此‘内在’是认知地摄之之内在，仍非孟子‘仁义内在’之本体论地固具之之内在。此种‘内在’并不足以抵御‘理外’之疑难。此仍是心理为二也。二即是外。”[⑥]因此，朱子所讲的“尊德性”只是“泛说的尊德性”，并不是“直下肯认本心之道德践履之直贯义”。[⑦]徐复观认为，朱陆异同“可以说是由心即理与性即理，所引起的以读书为中心的方法论上的异同”，即“因对于心性的观点不同所引起的修养工夫上的不同”。[⑧]劳思光则认为：“客观言之，朱陆之学，类型不同，理不能强合。”[⑨]朱陆在鹅湖之会上所表现出来的分歧，主要是“教人宗旨”之不同，而此“教人宗旨”之所以不同，又是因为两人对“心”之理解不同。“陆氏（九渊）之

---

① 吕思勉：《理学纲要》，上海：商务印书馆，1931年，第117页。
② 张岱年：《中国哲学大纲》，第299页。
③ 张岱年：《中国哲学大纲》，第331页。
④ 张岱年：《中国哲学大纲》，第459页。
⑤ 牟宗三：《心体与性体》（下），第222页。
⑥ 牟宗三：《心体与性体》（下），第368页。
⑦ 牟宗三：《从陆象山到刘蕺山》，长春：吉林出版集团有限责任公司，2015年，第59页。
⑧ 徐复观：《象山学述》，《中国思想史论集》，第38页。
⑨ 劳思光：《新编中国哲学史》（三卷上），第273页。

‘心’乃有超验意义之‘主体’，故是万理之本，因此进学成德工夫，即以透显此主体性为第一事，即所谓‘发明人之本心’或‘先立乎其大者’之意。朱氏之‘心’则本身属‘气’，乃一经验意义之‘主体’，故只有‘知’理之能力；而由未知到知一段工夫，以及知后无失之工夫，均须处处用力；故必须强调致知格物以及读书讲论等等。”①

显然，无论是冯友兰、吕思勉、张岱年，还是牟宗三、徐复观、劳思光，都把朱陆之异的根源归结为理气心性论上的差异。众所周知，陆象山罕言性，直接以心说理。在陆象山看来，理与心本是一件事，人之本心即天理，本心之朗现即天理之实现。如，陆象山言：“四端者，即此心也；天之所以与我者，即此心也。人皆有是心，心皆具是理，心即理也。”②陆象山这一思想，即我们常说的“心即理”。朱子则对理、气以及心、性、情之间的关系有明确界定，尤其强调不能把心与性混同，心与性当有分别。③因此，朱子常常说“心具理”，但不直接言“心即理”。④所以，朱子和陆象山在理气心性论上存在差异，这是毋庸置疑的。但是，能不能把朱陆之异的根源归结为理气心性论上的差异呢？这是一个值得深入探讨的问题。

事实上，亦有学者反对以“心学”（“心即理”）和“理学”（“性即理”）来分判朱陆之差异。例如，张荫麟就对冯友兰之说提出质疑，其言：“冯先生指出朱陆哲学上的重要差异在：朱子言性即理，象山言心即理。但从这个差异如何推演出他们修养方法上的差异。这一点似乎在冯先生看来没有什么问题，其实颇有问题。象山以为心即理，这句话

① 劳思光：《新编中国哲学史》（三卷上），第274页。

② 《与李宰》（二），《陆九渊全集》卷11，第186页。

③ 如，朱子言：“性只是理，情是流出运用处，心之知觉，即所以具此理而行此情者也。”［《答潘谦之》（一），《文集》卷55，《朱子全书》（第23册），第2590页］“心、性固只一理，然自有合而言处，又有析而言处。须知其所以析，又知其所以合，乃可。然谓性便是心，则不可；谓心便是性，亦不可。”（《语类》卷18，第411页）“灵处只是心，不是性。性只是理。”（《语类》卷5，第85页）

④ 如，朱子说：“明德者，人之所得乎天，而虚灵不昧，以具众理而应万事者也。”（《四书章句集注》，北京：中华书局，1983年，第3页）“心者，人之神明，所以具众理而应万事者也。”（《四书章句集注》，第349页）“心包万理，万理具于一心。”（《语类》卷9，第155页）这些都是讲“心具理”。当然，朱子有时也言“心即理”。如，他说：“圣人之心，浑然一理。”（《四书章句集注》，第72页）“仁者理即是心，心即是理。”（《语类》卷37，第985页）“仁者心与理一，心纯是这道理。”（《语类》卷37，第985页）显然，朱子这些话语要表达的意思是，不能说现实世界中的每个人的心都达到了与理同一的境界，只有圣人之心、仁者之心才达到了与理同一的境界。进一步看，朱子乃是要强调，心即理并不是现实的存在，而是一种理想的境界，并且这种境界要通过后天努力修养才有可能达到。

的涵义之一，是‘心皆具是理’；这个理至少包括‘行理’，人之所应然的理。晦庵以为性即理，但这个性就是心中之理，（依冯先生说）虽得于天却具于心的；这个理也包括‘人之所应然’的理。那么，朱陆同以为‘人之所应然的道理’是具于各人心中。那么，他们应当同以为：欲知道怎样做一个理想的人，欲明‘心之全体大用’反求诸其心就够了。何以朱子于此更注重‘道学问’呢？更注重对外物‘用力之久’呢？……也就不能说注重道学问的修养方法是朱子哲学上主张的必然结论，也就不能说朱陆在修养方法上之差异，是基于他们哲学上之差异。”[①]钱穆认为朱子之学亦可称之为“心学”。他说：“程、朱主‘性即理’，陆、王主‘心即理’，学者遂称程、朱为‘理学’，陆、王为‘心学’。此特大较言之尔。朱子未尝外心言理，亦未尝外心言性。其《文集》《语类》，言心者极多，并极精邃，有极近陆、王者，有可以矫陆、王之偏失者。不通朱子之心学，则无以明朱学之大全，亦无以见朱、陆异同之真际。”[②]“后人言程朱主‘性即理’，陆王主‘心即理’，因分别程朱为理学，陆王为心学，此一分别亦非不是，然最能发挥心与理之异同分合及其相互间之密切关系者盖莫如朱子。故纵谓朱子之学彻头彻尾乃是一项圆密宏大之心学，亦无不可。”[③]

另外，唐君毅、陈来、金春峰、倪培民等学者则认为，朱陆之异之根本在工夫论上。唐君毅明确主张“朱陆异同之第一义在二贤之工夫论”。他说：“朱陆自有同异。此同异固不在一主尊德性一主道问学，二家固同主尊德性也。此同异亦初不在二贤之尝形而上学地讨论心与理之是否一，而初唯在二贤之所以尊德性而学圣贤之工夫上。”唐君毅进一步指出：“朱陆之异，乃在象山之言工夫，要在教人直下就此心之所发之即理者，而直下自信自肯，以自发明其本心。而朱子则意谓人既有气禀物欲之杂，则当有一套内外夹持以去杂成纯之工夫，若直下言自觉自察识其心之本体，则所用之工夫，将不免与气质之昏蔽，夹杂俱流。”[④]陈来认为：

---

① 张荫麟：《书评：冯友兰〈中国哲学史〉下卷》，《清华学报》，1935年第10卷第3期。冯友兰的回应是：“朱子则虽以为吾人心中已具有万物之理，而万物却不在吾人心中；故须‘格’外界之‘物’之理以与吾心中所有者相印证。‘用力之久’，而后确悟万物之理，实已具于吾心，此即所谓‘而一旦豁然贯通’者也。”［冯友兰：《答张荫麟先生评〈中国哲学史〉》，氏著：《三松堂全集》（第11卷），郑州：河南人民出版社，2001年，第315页］

② 钱穆：《朱子心学略》，氏著：《中国学术思想史论丛》（第3册），台北：联经出版事业公司，1998年，第241页。

③ 钱穆：《朱子新学案》（第2册），第89页。

④ 唐君毅：《中国哲学原论·原性篇》，第349页。

“总起来看，朱陆之争的主要分歧，不是本体论的，而是人性论的、伦理学的、方法论的。虽然，由于人性论、伦理学、方法论的不同也显示出两者在本体论哲学背景上有差别，但基本上说，朱陆对立的根源不是本体问题。”①“实际上，在对待伦理主体上，朱熹坚持心性区分，反对心即是理，与陆学相对立，究竟何以出现这种差别，反倒须要回到为学问题上来说明。因为，朱陆都不是先确定一个完整的形而上学体系尔后由之推演出各自的为学方法。”②金春峰亦反对用“理学”与“心学”来分判朱陆异同，而认为朱陆之异是为学工夫上的差异。他说：“朱陆之分歧，并非朱学是‘理学’，求道德性理于心外，陆学是‘心学’，求理于吾心。二者其实都讲道德本心，分歧只在‘尊德性’与‘道问学’的关系上。朱子强调二者相辅相成，实则在‘道问学’上用力较勤；象山强调‘先立乎其大’‘发明本心’，但亦未尽废‘道问学’。”③倪培民认为：“程朱陆王之争，则集中在程朱的‘性即是理’和陆王的‘心即是理’上。表面上看，程朱的‘性即是理’和陆王的‘心即是理’是不同的形上学命题，但从形上层面很难说这两者的区别有什么实质的意义。它们的区别不在于作为形上命题孰真孰假，而在于它们反映了不同的功夫指导。因而对它们的评价，也应当从它们各自对于功夫而言的优劣着眼。”④

此外，还有一些学者从认识论上辨析朱陆异同。例如，谢无量说：“陆学尚简易直截，朱学重学问思辨；朱学在‘即物穷理’，陆学言‘心即理’。一主于经验，一主于直觉；一主于归纳，一主于演绎。此其所以卒异也。”⑤周予同认为：“朱之方法论主归纳，主潜修，主自外而内，主自物而心，主自诚而明；而陆之方法主演绎，主顿悟，主自内而外，主自心而物，主自明而诚。”⑥贺麟认为朱陆之差异在认识方法上，两人都是直觉的方法，但朱子是“向外体物”，陆象山是“向内反省”。他说：

---

① 陈来：《朱子哲学研究》，第419页。

② 陈来：《朱子哲学研究》，第417页。陈来还指出：“朱熹反对心为性为理，不仅在于从概念上要把能知觉的主体与其内在的本质、规律相区别以建立一套细密的心性学说，更在于强调要正视知觉内容上道心与人心的对立，避免由于笼统宣称心即理造成的在实践上以人心为道心、以私欲为天理的任心率意倾向。”（陈来：《朱子哲学研究》，第411页）可见，陈来认为，朱子之所以不直接言“心即理”，乃是由于朱子深刻认识到气禀和物欲之杂对人有着重要影响，人在作为学工夫时必须从现实生活中具体的人的生活处境入手，直面气禀和物欲对人的影响。

③ 金春峰：《朱陆“心学”及其异同的几点观察》，《周易研究》，2020年第1期。

④ 倪培民：《儒家功夫哲学论》，北京：商务印书馆，2022年，第189页。

⑤ 谢无量：《中国哲学史》（第三编上），上海：中华书局，1916年，第72页。

⑥ 周予同：《朱熹》，上海：商务印书馆，1931年，第87页。

“陆象山的直觉法注重向内反省以回复自己的本心，发现自己的真我。朱子的直觉法则注重向外体认物性，读书穷理。但根据宋儒所公认的‘物我一理，才明彼，即晓此，合内外之道也’一原则，则用理智的同情向外穷究钻研，正所以了解自己的本性；同样，向内反省，回复本心，亦正所以了解物理。其结果亦归于达到心与理一，个人与宇宙合一的神契境界，则两者可谓殊途同归。”[①]汪震则认为：“朱陆之异，自一点上观之，厥在求理方法之异……求理方法，朱为科学的，陆为玄学的。科学的方法重推论，玄学的方法尊直觉。科学倾向于‘多’，玄学倾向于‘一’，此其异也。”[②]

综上可见，对于朱陆异同，学术界主要有三种分判路径：一是从心性论上来分判，认为朱陆之异主要是心理关系之差异；二是从工夫论上来分判，认为朱陆之异主要是为学工夫之差异；三是从认识论上来分判，认为朱陆之异主要是认识方法之差异。其中，以第一种和第二种最具影响力。那么，哪种分判路径更符合朱陆异同的本质呢？本书以为从工夫论来探讨朱陆异同更贴近朱陆之争的本质。故而，本书赞同唐君毅、陈来、金春峰、倪培民等学者的观点，主张朱陆之争主要是为学工夫次第的争论，朱陆之异主要是为学工夫次第的差异。

问题是，为什么说从工夫论来讨论朱陆异同更贴近朱陆之争的本质呢？前文论及，宋明儒学本质上是一种关于人成圣成贤的学问，为学工夫问题是宋明儒学的第一义问题。具体到朱子和陆象山，两人构建思想学说的最终目的也是为了引导人成圣成贤，构建一套切实可行的为学工夫体系亦是两人思想学说的第一问题。朱子和陆象山都希望也肯定人能成圣成贤，他们建构各自为学工夫体系的目的也都是为了促使人能成圣成贤。但不得不承认，两人倡导的为学之路是有差异的。此差异体现在鹅湖之会上朱陆关于为学工夫的争论。前文提及，鹅湖之会上，朱子主张“先泛观博览而后归之约”，而陆象山则主张“先发明人之本心而后使之博览”，两人工夫进路之差别用他们自己的话说就是“太简”与“支离”之差别。鹅湖之会后，朱陆两人对自己的为学之方都有所调整，两人都既倡导“尊德性”又讲“道问学”，只不过朱子认为“尊德性”与“道问学”要兼顾，陆象山则坚持认为必须以“尊德性”为先，“道问学”只是起辅助作用。因此，无论是从直接意义上看，还是从根本意义上看，朱陆为学之差异都

① 贺麟：《宋儒的思想方法》，《东方杂志》，1936年第33卷第2号。
② 汪震：《自一点上观察之朱陆战争》，《北京高师教育丛刊》，1925年第5卷第5期。

是德性修养方法之差异。朱陆之争，是在争论何种为学道路能更好地促使人成圣成贤，朱子认为为学必须涵养用敬和格物穷理并重，陆象山则强调为学必须先发明本心，确立方向，在此基础上才能读书讲学。

那么，怎么看待朱陆在心性论上的差异呢？本书以为，朱子和陆象山的心性论确实存在差异。朱子不直接言心即理，而言心具理、性即理。陆象山则直接言心即理。此差异是毋庸置疑的。但能不能据此而把朱陆之异的根本归结此种心性论上的差异呢？本书认为，把朱陆之异的根本归结为两人心性论上的差异并不妥当。事实上，无论是在鹅湖之会上，还是鹅湖之会后，朱子和陆象山从来就没有就心性论问题展开争论，陆象山也从没有对朱子“心具理”“性即理”一类的观点提出批评。这说明，朱子和陆象山自身即不认为他们的心性思想存在不可调和的冲突。因此，今人把朱陆心性论上的不同作为两人思想之异的症结并不符合朱陆之本意。

这里，还可以进一步追问：为什么学者会认为朱陆异同的症结在于两人心性论之异？这一问题涉及如何理解朱子哲学思想体系这一更深层次的问题。我们知道，朱子哲学思想博大精深，其构建了一套涵盖本体（宇宙）论、心性论、工夫论、境界论为一体的哲学思想体系。那么，朱子哲学思想体系中的各部分是一种怎样的关系呢？前文提及，在研究宋明理学尤其是朱子哲学思想时，今人多喜欢采用“本体（宇宙）—心性—工夫—境界”的模式。这一研究模式又极易导致这样一种认识：有什么样的本体（宇宙）论，就会形成什么样的心性论；有什么样的心性论，就会形成什么样的工夫论；有什么样的工夫论，就会形成什么样的境界论。换言之，即本体（宇宙）论决定心性论，心性论决定工夫论，工夫论决定境界论。具体到朱子，就是认为朱子的哲学思想体系乃是以理气论和心性论为基础，在此基础上才建立起工夫论。以这种思路来诠释朱子哲学以牟宗三的研究最具代表性和影响力。牟宗三认为，朱子思想的基本结构是理气二分、心性情三分，性是形而上之理，心与情是形而下之气，心与性（理）为二。由于心只是一形而下的气心，本无道德创造能力，故心只能认知地摄具理，而不是本然地具有理。故而，朱子建立的只是一套具有“他律”性质的为学工夫体系。牟宗三这种以“理气二分、心性情三分”为基础来诠释朱子哲学思想的方式影响极大，直到今天不少学者尤其是港台学者还采用这一方式来研究朱子哲学思想。对于这种研究模式，金慧洙说：“在研究或讨论朱子思想系统之时，通常从理气二分架构来诠释整个思想系统，工夫论也不外此诠释方式的范围，即理气二分的架构已经先位于我们思维观念的背后，此似乎是一种朱子学的公式。”①

值得注意的是，近年来，亦有不少学者反对这种研究模式。例如，陈来指出：“实际上，在对待伦理主体上，朱熹坚持心性区分，反对心即是理，与陆学相对立，究竟何以出现这种差别，反倒须要回到为学问题上来说明。因为，朱陆都不是先确定一个完整的形而上学体系尔后由之推演出各自的为学方法。”②曾亦认为：“道学内部的分歧首先是工夫论上的，即首先是因为道学家们对学者如何下手做功夫有不同的看法，然后为了说明他们各自功夫的直截有效（‘易简’），而对心性关系这一类本体问题作了进一步阐发。”③金慧洙在指出“理气二分”的架构已经成为朱子学研究的公式后，紧接着说：“若从此方式了解朱子的儒学思想，就错过朱子思想系统之核心及重点，也就无法了解朱子本人真正期望的儒家哲理：即理与气、心与性情、天与人就永远分离不合，朱子真正期望的学问就是，在现实经验世界中，通过道德的修养工夫，心与道德本性、理与气、天与人、主与客都为一体。因为，朱子开始学问的起点就是在经验的现实世界，即朱子从形而下的经验世界优先把握人之行为、心及其本质，其思想系统也是与经验的修养工夫论一起建立起来的。”④金慧洙还说：“朱子道德哲学的起点不是，从理气二分及心性情三分或心理为二的架构讨论起；而是，从实在道德活动现象引发与宇宙万物流行变化的现实经验（气）之世界讨论起。”⑤“朱子的理气心性论是在朱子本身下工夫的历程当中被确立的理论系统，若未经不断的修养工夫的历程，则无法建立其理气心性论系统，亦即，若不从工夫论历程，则我们难以完全理解朱子的哲学与为学之道。因此，笔者认为，我们更能够从修养工夫论来把握朱子哲学义理系统说明朱子哲学的精髓。”⑥吴略余在《朱熹四书体系的心性论述与成德工夫》中明确指出：“本文关于朱子心性洞见的讨论，与其说是在为他的成德工夫寻求价值根源与动力，进而使其成为真实有效，倒不如说主要的用意是在说明朱子何以会采取某一类型的工夫进路。也就是说，就学术理论的层面来看，心性洞见的讨论固然也会指出朱子哲学中

---

① 金慧洙：《从朱子工夫论诠释其理气心性论》，第152页。
② 陈来：《朱子哲学研究》，第417页。需要补充说明的是，尽管陈来在《朱子哲学研究》中先讨论朱子的理气论再讨论朱子的心性论和格物致知论，但他并不认为朱子是先建立起一套理气论，再构建起心性论和工夫论。
③ 曾亦、郭晓东：《宋明理学》，第214页。
④ 金慧洙：《从朱子工夫论诠释其理气心性论》，第152页。
⑤ 金慧洙：《从朱子工夫论诠释其理气心性论》，第254页。
⑥ 金慧洙：《从朱子工夫论诠释其理气心性论》，第5—6页。

的道德实践之根源与动力，但这一点在本文的写作中，乃是位居次要的位置、附带的性质，因为当视野先行立足在朱子实际体现的道德人格时，其成德工夫的真实有效性已无须心性论给予保证，心性内涵的讨论为成德工夫带来的主要意义将是：当理解了人的普遍的存在样态后，将可以明白为何某一类型的工夫进路是更适切于众人的。”①可见，陈来、曾亦、金慧洙、吴略余都认为，朱子是先体验出一套为学工夫方法，然后再根据为学工夫方法来建立理气论和心性论。因此，对朱子哲学的研究，应该从工夫论入手，而不是从理气论和心性论入手。

事实上，历代治“朱陆异同”者，亦多是从为学工夫上来探讨朱陆之异同。下面本书将对宋元至明清“朱陆异同”思想史的历史脉络进行简要梳理，论证把“朱陆异同”问题限定在工夫论范围内来讨论具有合理性，并分析“朱陆异同”问题中蕴含的义理和考据问题及“早晚”问题，指出“朱陆异同”问题的关键在朱子晚年工夫思想是否发生变化而向陆学靠拢。

朱子与陆象山思想之差异在两人在世时就已经显现出来。鹅湖之会则是两人思想的第一次直接交流与碰撞。关于鹅湖之会辩论的主要议题，我们常取陆门弟子朱亨道之语来分析，其言道：

> 鹅湖之会，论及教人。元晦之意，欲令人泛观博览，而后归之约。二陆之意，欲先发明人之本心，而后使之博览。朱以陆之教人为太简，陆以朱之教人为支离，此颇不合。先生更欲与元晦辩，以为尧舜之前何书可读？复斋止之。②

此语虽是站在陆学一边言说的，不免带有主观色彩，③但基本上能反映出朱陆在为学工夫上的差异。朱子主张为学要走下学上达的路径，强调

---

① 吴略余：《朱熹四书体系的心性论述与成德工夫》，政治大学博士学位论文，2015年，第11页。

② 《年谱》，《陆九渊全集》卷36，第608页。

③ 陈荣捷指出：“鹅湖会后，虽陆子自信甚高，朱子不能忘怀，而象山门人又多怪说，不无舞弄于朱陆之间……《象山全集》所载涉于朱陆关系者，只录其有利于己者……于是双方攻诵。陆谱乃抄出朱书云云，以示朱子之自悔。门户之见，至为显然。”（陈荣捷：《朱陆通讯详述》，氏著：《朱学论集》，上海：华东师范大学出版社，2007年，第167—168页）庄士杰认为，《年谱》和《语类》中关于鹅湖之会的相关记载有不足与讹误之处。庄士杰通过考察会后朱子和吕祖谦的相关言论指出，鹅湖之会上，朱子并没有“大不怿”“不平”“不能无我”等情绪反应；相反，朱子和吕祖谦都认为鹅湖之会是一场有益于学术的会谈。（参见庄士杰：《朱陆之辩——朱、陆学术交游的考察与检讨》，政治大学硕士学位论文，2013年）

人必须先读书讲学，且要经过长期积累才能进入上达之境；而陆象山则主张要先立大本，为学之着力点在发明本心，读书讲学无益于学问之长进。[①]

鹅湖之会后，朱子同陆象山兄弟及其弟子之间交游频繁起来。其间，先后发生了陆氏兄弟向朱子咨询丧礼，陆九龄与朱子铅山观音寺再会，陆象山应朱子之邀至白鹿洞书院讲《论语》“君子小人喻义利”章，曹立之、万正淳转向朱学及《曹立之墓表》之争议，无极太极之辩等事件。[②]在这些事件中，朱陆之间的关系则由“甜蜜”走向了决裂。陆象山白鹿洞书院讲《论语》时，朱陆之间的关系可谓是最融洽之时，随后《曹立之墓表》之争议致使两人渐生罅隙，此后朱子明确批评陆学“不免有些禅底意思”[③]，而最后的无极太极之辩则使两人最终决裂。陆象山逝世后，朱子前往悼念，并斥其为告子。[④]此后，朱子更是认为陆学脱略文字、好高骛远，乃阳儒阴释，对陆学进行直接抨击。

观朱陆学术交游历程，在为学工夫问题上，朱子与陆象山之间并没有形成统一的认识，两人对“尊德性”与“道问学”关系的理解存在差异，朱子主张“尊德性”与“道问学”要熔铸并进，相互发明，不可偏向一边。陆象山则主张必先“尊德性”再“道问学”，“尊德性”与“道问学”有着先后之分，“尊德性”具有绝对优先性。而学术见解的不同又导致两人之间的关系以“决裂”告终。

---

① 需要指出的是，朱子和陆象山提出的为学方法都是针对当时的学弊而发的，两人都有自己的良苦用心。朱子针对当时好高欲速、躁率自欺之弊，强调为学要步步踏实，渐次解剖。陆象山则是对那些只知讲论、专心举业、沉溺于利欲之徒而发，强调为己之学才是根本。后来，朱子在给陆象山的一封书信中表达了两人对当时学术之弊的看法。“来书所谓利欲深痼者已无可言，区区所忧，却在一种轻为高论，妄生内外精粗之别，以良心日用分为两截，谓圣贤之言不必尽信，而容貌词气之间不必深察者。”［《答陆子静》（三），《文集》卷36，《朱子全书》（第21册），第1565页］由此可知，陆象山所担心的是利欲深痼之人，而朱子所忧心的则是好高骛远、轻视日用工夫之人。从这里我们也可以看出两人的关注点并不一样。其后，当朱子了解了浙江事功派之学问后，他又对专务外驰、专注功利术数而不知为己之学之人表示出更大担忧。朱子在《答吴伯丰》（九）中言道：“今世为学不过两种：一则径趋简约，脱略过高；一则专务外驰，支离繁碎。其过高者固为有害，然犹为近本；其外驰者诡谲狼狈，更不可言。”［《答吴伯丰》（九），《文集》卷52，《朱子全书》（第22册），第2433页］

② 这些事件的具体经过和内容可参阅陈来《朱子哲学研究》及刘述先《朱子哲学的发展与完成》（长春：吉林出版集团有限责任公司，2014年）中的相关章节。两书对这些事件有详细的论述。

③ “子静寄得对语来，语意圆转浑浩，无凝滞处，亦是渠所得效验。但不免有些禅底意思。昨答书戏之云：‘这些子恐是葱岭带来。’渠定不伏。然实是如此，讳不得也。”［《答刘子澄》（十二），《文集》卷35，《朱子全书》（第21册），第1549页］

④ 《语类》载有：“象山死，先生率门人往寺中哭之。既罢，良久，曰：‘可惜死了告子！’”（《语类》卷124，第2979页）

朱子和陆象山在世之时，两人都告诫门人不可有门户之见。朱子告诫门人务必“兼取两家之长，不可轻相诋訾”①，陆象山亦言：“学者求理，当唯理之是从，岂可苟私门户！”②陆象山逝世后，陆门以杨简（1141—1226年，字敬仲）、袁燮（1144—1224年，字和叔）、舒璘（1136—1199年，字元质，一字元宾）、沈焕（1139—1191年，字叔晦）甬上四先生为首。此四人与朱子常有来往，对朱学也多有了解，对朱子本人亦很尊敬。朱子逝世之后，朱陆两人的第一代弟子多能秉承师训，兼取两家之长。朱门以朱子的高足兼女婿黄榦（1152—1221年，字直卿，号勉斋）为代表。黄榦坚守师门教诲，要求门人不可持门户之见。③他更接续朱子之思想，进一步阐发“尊德性”与“道问学”之间的关系，强调两者之间并不冲突，而是统一的关系，主张将两者合二为一。其言：

> 尊德性所以存心，而极乎道体之大。道问学所以致知，而尽乎道体之细。自性观之，万物只是一样。自道观之，一物各是一样。惟其只是一样，故但存此心，而万事万物之理，无不完具。惟其各是一样，故须穷理致知，而万事万物之理，方始贯通。以此推之，圣贤言语，更相发明，只是一义，岂不自博而返约哉？④

可见，黄榦认为，尊德性是“极乎道体之大”之工夫，道问学是“尽乎道体之细”之工夫，两工夫“更相发明，只是一义”，都是以追求道体为目的。黄榦的这一观点开启了修和朱陆的先声。

进至宋末元初，在陆学因流弊而衰败的同时，朱学在传承过程中也出现了流弊。一方面，由于朱子的学术博大精深，后人无法窥其全体，往往只能见其一面。这直接导致人们对朱子思想之真精神把握不到位。黄榦对此现象有深刻认识，他说：“自先师梦奠以来，向日从游之士，识见之偏，义利之交战，而又自以无闻为耻，言论纷然，诳惑斯世；又有后生好

---

① 《答诸葛诚之》（一），《文集》卷54，《朱子全书》（第23册），第2539页。

② 《与唐司法》，《陆九渊全集》卷15，第246页。

③ 全祖望言：“门户异同，从不出勉斋之口，抑且当勉斋之存，使人不敢竞门户。”［全祖望：《奉临川先生帖子一》，氏著：《鲒埼亭集》外编卷44，《续修四库全书》（集部，别集类，第1430册），上海：上海古籍出版社，2002年，第208页］朱门另一高徒陈淳则与黄榦不同，他一生极力捍卫师门，批评陆学。全祖望言：“沧洲诸子，以北溪陈文安公为晚出。其卫师门甚力，多所发明，然亦有操异同之见而失之过者。”［黄宗羲、全祖望：《宋元学案·北溪学案》（第3册），北京：中华书局，1986年，第2219页］

④ 黄榦：《复叶味道书》，氏著：《勉斋集》卷8，《景印文渊阁四库全书》（集部，别集类，第1168册），第89页。

怪之徒，敢于立言，无复忌惮，盖不待七十子尽没，而大义已乖矣。”[①]另一方面，随着朱学上升为官学，朱学因官方倡导而得到光大的同时，也因科举取士而出现了弊端。读书人并没有把朱子之学当作“为己之学”来看待，他们读朱子的书只是为了功名利禄，而不是为了修身治国。这种抱着名利而读书的心态，使得读书人往往只留意于文字训诂和章句解读。一旦只留意于文字训诂和章句解读，则朱学的真精神就丧失殆尽。元代朱子学者吴渊颖曾感叹道：“自近年科举行，朱学盛矣，而陆学殆绝。世之学者，玩常袭故，寻行摘墨，益见其为学之弊，意其幸发金溪之故椟，而少濯其心邪？”[②]

当然，这些弊端是人弊，而不是法弊，或者说是朱学末流和陆学末流之流弊。朱陆后学流弊的出现和加深，必然促使人们对这一现象进行反思。这一反思的指向就是突破门户之见，回归到朱学和陆学本身。由是，元代出现了和会朱陆之趋势。在和会朱陆的工作中，以吴澄（1249—1333年，字幼清，晚字伯清，号草庐）、郑玉（1298—1358年，字子美）最具代表性。《宋元学案》言：“继草庐而和会朱、陆之学者，郑师山也。草庐多右陆，而师山则右朱，斯其所以不同。”[③]

基于拨正学风的目的，吴澄主张朱学和陆学教人之法本质上是一致的，学习两家思想时不能沉溺于语言文字，而必须明之于心、诚之于身，以提升德性生命为目的。他说：

> 夫朱子之教人也，必先之读书讲学；陆子之教人也，必使之真知实践。读书讲学者，固以为真知实践之地；真知实践者，亦必自读书讲学而入。二师之为教一也，而二家庸劣之门人，各立标榜，互相诋訾，至于今学者犹惑。呜呼甚矣！道之无传而人之易惑难晓也。为子之计，当以朱子所训释之四书，朝暮昼夜，不懈不辍，玩绎其文，探索其义。文义既通，反求诸我，书之所言，我之所固有，实用其力，明之于心，诚之于身，非但读诵讲说其文辞义理而已。此朱子之所以教，亦陆子之所以教也。[④]

---

① 黄宗羲、全祖望：《宋元学案·勉斋学案》（第3册），第2037页。
② 黄宗羲、全祖望：《宋元学案·木钟学案》（第3册），第2114页。
③ 黄宗羲、全祖望：《宋元学案·师山学案》（第4册），第3125页。
④ 吴澄：《送陈洪范序》，氏著：《吴文正集》卷27，《景印文渊阁四库全书》（集部，别集类，第1197册），第290页。

同吴澄一样，郑玉亦认为朱学和陆学都是圣人之学，两家之学虽然在为学方法上有差异，但其目的都是教人学为圣贤。其言：

> 以予观之，陆子之质高明，故好简易；朱子之质笃实，故好邃密。盖各因其质之所近而为学，故所入之途有不同尔。及其至也，三纲五常、仁义道德，岂有不同者哉？况同是尧舜，同非桀纣，同尊周孔，同排释老，同以天理为公，同以人欲为私。大本达道，无有不同者乎。后之学者，不求其所以同，惟求其所以异。江东之指江西则曰"此怪诞之行也"，江西之指江东则曰"此支离之说也"，而其异益甚矣，此岂善学圣贤者哉！①

在吴澄、郑玉等人的倡导下，和会朱陆以拯救学风颓废成为元代学术发展的大趋势。在此大背景下，元代又出现了一个新的理路来和会朱陆，那就是不仅仅只看到朱学和陆学都是圣人之学这个大的相同的一面，同时也把朱学和陆学不同之处考虑进去。做这项工作的第一个人是元代的赵汸。赵汸（1319—1369年，字子常）提出朱陆之间是"始异终同"的关系。所谓"始异终同"是指朱子与陆象山思想在早年确实有差异，但是到了晚年朱子却改变了自己的思想而与陆象山相同。在赵汸看来，朱子与陆象山起初的思想确实不同，这种不同表现在两人为学入德之门不同、对无极与太极关系理解不同、鹅湖之会上表现出为学工夫有"简易"与"支离"之不同。②至于两人晚年之和会，赵汸则以朱子《答项平甫》和陆象山《祭吕伯恭》两文来作为证据。其言：

> 子朱子之《答项平甫》也，其言曰："自子思以来，教人之法，惟以尊德性、道问学为用力之要。陆子静所说，专是尊德性事，而熹平日所论，却是道问学上多了。今当反身用力，去短集长，庶不堕于一偏也。"观乎此言，朱子进德之序可见矣。陆先生之《祭吕伯恭》也，其言曰："追惟曩昔，粗心浮气，徒致参辰，岂足酬义？"（批："此一证，岂浅闻者之可及？"）观乎斯言，则先生克己之勇可知矣。夫以二先生之言至于如是，岂鹅湖之论，至是而各

---

① 郑玉：《送葛子熙之武昌学录序》，氏著：《师山集》卷3，《景印文渊阁四库全书》（集部，别集类，第1217册），第25页。

② 赵汸之具体阐述可参见《对问江右六君子策》［赵汸：《东山存稿》卷2，《景印文渊阁四库全书》（集部，别集类，第1221册），第188—194页］。

有合邪？使其合并于暮岁，则其微言精义必有契焉，而子静则既往矣。抑不知子朱子后来德盛仁熟，所谓去短集长者，使子静见之，又当以为如何也？①

赵汸认为，朱子和陆象山晚岁都对自己的为学工夫进行了调整，两人“合并于暮岁”。但赵汸明显是站在陆学一边。在他看来，陆象山只是对自己的工夫思想进行了完善，并没有本质上的改变，而朱子则是向陆学靠拢。故而，赵汸感叹：如果陆象山没有太早去世，当他看到朱子最后“去短集长”时，不知会作何感想？

赵汸这种以“早晚”来区分朱陆异同的做法对后世影响极大，开启了探讨朱陆异同的一个新视角。明清两代研究朱陆异同者不再以全同或全异来分判朱陆，而是分不同年代来区分朱陆之间的异同。他们把朱子和陆象山的思想划分为早年、中年和晚年三个阶段，分别探讨每个时期朱陆间的异同关系。

进入明代，赵汸的同乡程敏政（1446—1499年，字克勤，号篁墩）明确提出朱陆之间是“始异终同”的关系。对于朱陆异同问题，程敏政提出了自己的见解：

朱陆之辨，学者持之至今。予尝诵两家之书，而窃惧夫人之不深考也。自艾于粗浮之习，而追病夫支离之过。其言具在，炳若日星。今弗究其晚年之同，而取决于早岁之异，其流至于尊德性、道问学为两途，或沦于空虚，或溺于训诂，卒无以得真是之归。此道所以不明不行，而师之教，弟子之学，渊源所承，宜有据焉可也。②

程敏政认为，朱陆异同问题之所以争论不休，主要是由于人们没有深考朱陆两人之书，只注意到两人“早岁之异”，而没有注意到两人“晚年之同”。

基于此，程敏政作《道一编》一书，以明朱陆之间乃是“始异终同”的关系，其道一也。《道一编》分为六卷，主要辑录朱子和陆象山的书信，一些书信后面附有程敏政的简要评述。程敏政的目的是通过朱陆

---

① 赵汸：《对问江右六君子策》，氏著：《东山存稿》卷2，《景印文渊阁四库全书》（集部，别集类，第1221册），第192页。

② 程敏政：《淳安县儒学重修记》，氏著：《篁墩文集》卷16，《景印文渊阁四库全书》（集部，别集类，第1252册），第280页。

本人在不同时期的书信以证明朱陆是“始异终同”的关系。[①]在程敏政看来，朱子和陆象山都是孔孟之学的传承者，虽然朱陆之学早年确实有差异，但晚年却走向了统一，两人晚年并不是一主“尊德性”、一主“道问学”，而是都主张把“尊德性”与“道问学”统一起来。他说：

> 然两先生之说，不能不异于早年，而卒同于晚岁，学者独未之有考焉。至谓朱子偏于道问学，陆子偏于尊德性，盖终身不能相一也。呜呼，是岂善言德行者哉！夫朱子之道问学，固以尊德性为本，岂若后之讲析编缀者，毕力于陈言？陆子之尊德性，固以道问学为辅，岂若后之忘言绝物者，悉心于块坐？[②]

至于朱陆之间“始异终同”的关系，程敏政指出：

> 朱、陆二氏之学，始异而终同，见于书者可考也。不知者往往尊朱而斥陆，岂非以其早年未定之论，而致夫终身不同之决；惑于门人记录之手，而不取正于朱子亲笔之书邪？以今考之，“志同道合”之语，著于奠文；“反身入德”之言，见于义跋；又屡有见于支离之弊，而盛称其为己之功。于其高第弟子杨简、沈焕、舒璘、袁燮之流，拳拳致意，俾学者往资之……取“无极”七书，鹅湖三诗，钞为二卷，用著其异同之始，所谓早年未定之论也；别取朱子书札有及于陆子者，厘为三卷，而陆子之说附焉。其初则诚若冰炭之相反，其中则觉夫疑信之相半，至于终则有若辅车之相倚，且深取于孟子“道性善”“收放心”之两言。读至此而后知朱子晚年所以兼收陆子之学，诚不在南轩、东莱之下。顾不考者斥之为异，是固不知陆

---

① 《道一编》第一、二、三卷辨析朱陆“始异”。卷一开篇即言：“此卷凡七书，皆二先生论‘无极’者，书之以识其异同之始。”卷二开篇言：“此卷凡三诗，盖二先生论所学者，其不合与论无极同。”卷三开篇言：“此卷朱子之说凡十六条，所谓始焉若冰炭之相反者。”《道一编》第四卷辨析朱陆中岁“疑信相半”。卷四开篇即言：“此卷朱子之说凡十六条，所谓中焉觉疑信之相半者。”《道一编》第五卷辨析朱陆“终同”。卷五开篇即言：“此卷朱子之说凡十五条，所谓终焉若辅车之相倚者。”《道一编》第六卷则收录了虞集、郑玉、赵汸等合会朱陆的言论六条。［参见程敏政：《道一编》，《历代“朱陆异同”典籍萃编》（一），上海：上海古籍出版社，2018年，第21、47、50、76、99、116页］

② 程敏政：《道一编目录后记》，氏著：《篁墩文集》卷16，《景印文渊阁四库全书》（集部，别集类，第1252册），第284页。

子，而亦岂知朱子者哉？[1]

这里，程敏政把朱陆之间的关系划分为早、中、晚三个阶段，认为两人早年是“若冰炭之相反”、中年“疑信之相半”、晚年则“若辅车之相倚”。在程敏政看来，陆象山之学是始终保持不变的，而朱子之学则是在不断发现变化的，并且这个变化是朱子逐步向陆象山靠拢，至晚年则同于陆象山。

尽管“《道一编》就思想言并未深入于形上学层次，就史实言则颠倒早晚，不合朱陆之辩的实情”[2]，但程敏政这种选取朱子相关亲笔书札，再判定其写作年代，进而论证朱子早晚思想发生了变化的方法，可谓是一种十分“科学”的方法。明清两代尤其是清代学者广泛使用这种方法来考证朱陆早晚思想之变化，以揭示两人思想之间的异同关系。这也是这本书在“朱陆异同”学术史上具有重要意义的原因。

然而，程敏政此书一出，即遭到当世一些学者的反对。其中，最具代表性的就是程敏政的同乡程曈（1480—1560年，字启皦，号莪山）。程曈作《闲辟录》一书以反对程敏政的朱陆“始异终同”说，而提出朱陆“始终不同”说。《闲辟录》作于正德乙亥（1515年）四月。全书分为十卷，一至九卷主要取《朱子文集》中相关书信以及《朱子语类》中门人记录之语，并且在部分材料后面附有程曈之简要评述；第十卷杂取前人论朱陆异同之言论，以证作者之观点。综合来看，程曈选取的这些书信和语录都是为了证明朱子之学和陆象山之学有着根本不同，朱学乃是圣贤之学，象山之学乃是异端之学、禅学。

程曈在该书的序中言：

> 昔我新安夫子倡明圣学于天下，时则有若陆氏兄弟、浙之吕、陈，亦各以其学并驰争骛而号于世。陆则过高而沦于空虚，浙则外驰而溺于卑陋。夫子惧其诬民而充塞仁义也，乃斥空虚者为异端，为禅学，为佛老；卑陋者为俗学，为功利，为管商，辞而辟之，以闲圣道而正人心焉……世衰道微，士胶见闻，至于身蹈浙学而犹知其卑陋，不敢昌言以告人。于陆则谓之晚与夫子合，为夫子之所集，

---

① 程敏政：《道一编序》，《历代“朱陆异同”典籍萃编》（一），第19页。

② 钟彩钧：《尊德性而道问学：论程敏政的学术志业》，《哲学与文化》，2021年第48卷第1期。

> 甚则谓能掩迹夫子，追踪孟氏，乐道而北面之。流弊不息，以迄于今兹。是盖不察夫子闲辟之旨，而为所谓弥近理而大乱真者所惑也……曈也幸，辱生夫子之土壤，而获世守其遗书，乃敢妄以闲辟之所寓者类聚之，而浙则附焉，以为为学标的，求无惑于他岐云尔。若夫秉夫子之旌旗，捣陆氏之巢穴，以收摧陷廓清之功，则有望于任世道之责者。①

可见，程曈作《闲辟录》的目的是“秉夫子之旌旗，捣陆氏之巢穴，以收摧陷廓清之功”。在程曈看来，朱子之学与象山之学以及吕祖谦、陈亮之浙学有着本质的不同。陆学空虚，乃禅学、佛老之学；吕祖谦和陈亮之浙学卑陋，乃功利之俗学；只有朱子之学才是光明正大的圣人之学。基于这种理解，程曈当然不会同意程敏政的朱陆“始异终同”说。文中所谓“于陆则谓之晚与夫子合，为夫子之所集，甚则谓能掩迹夫子，追踪孟氏，乐道而北面之”显然是指程敏政的观点。值得注意的是，尽管在这里程曈是要陈述程敏政朱陆晚年合同的思想，但其表述却是“于陆则谓之晚与夫子合，为夫子之所集”。这一表述显然是要表达：即使朱、陆晚年思想合同，那也是陆象山与朱子合，为朱子所集，而不是朱子转向陆象山而与之合。程曈捍卫朱子学的良苦用心可窥见一斑。

程曈的儿子程缵洛在《闲辟录书后》中也阐述了程曈作《闲辟录》一书的动机。其言：

> 朱、陆之学，始终不同，具见两家《年谱》及《文集》《语录》中。夫何草庐吴氏创为迁就调停之说，篁墩程公又继为始异终同之书，由是遂成“千古未了公案，历世不决之疑狱”，道无从授指南矣。我先君为此惧，爰取朱、陆之遗书，考其岁月之先后，明其旨趣之异同，旁搜博采，辑以成编。②

程缵洛认为，程曈的《闲辟录》是针对吴澄的调和朱陆之说和程敏政的朱陆“始异终同”之说而作，目的是证明朱学和陆学是始终不同的，程敏政提出的朱陆“始异终同”之说是不正确的。值得注意的是，程曈也是

① 程曈：《闲辟录序》，《历代“朱陆异同”典籍萃编》（二），第19页。
② 程缵洛：《闲辟录书后》，《历代“朱陆异同”典籍萃编》（二），第168页。

采用考证朱、陆书信时间先后的方法来论证两人之学始终不同。①

就在程曈作《闲辟录》的同一年，王阳明作《朱子晚年定论》。王阳明在该书的序言中表达了其作此书之心态与目的：

> 独于朱子之说有相抵牾，恒疚于心，切疑朱子之贤，而岂其于此尚有未察？及官留都，复取朱子之书而检求之，然后知其晚岁固已大悟旧说之非，痛悔极艾，至以为自诳诳人之罪不可胜赎。世之所传《集注》《或问》之类，乃其中年未定之说，自咎以为旧本之误，思改正而未及，而其诸《语类》之属，又其门人挟胜心以附己见，固于朱子平日之说犹有大相缪戾者。而世之学者局于见闻，不过持循讲习于此，其于悟后之论概乎其未有闻，则亦何怪乎予言之不信，而朱子之心无以自暴于后世也乎？②

王阳明对于自己的思想与世人传习的朱子之学有所抵牾一直“恒疚于心”，于是王阳明“复取朱子之书而检求之”，结果有重大发现。这个重大发现就是：在王阳明看来，《集注》《或问》乃是朱子中年未定之说，《语类》则是朱子门人“挟胜心以附己见”之说。这些都不能代表朱子的思想。朱子晚年对自己中年思想有所悔悟，朱子晚年之说才能代表其思想之定见，世人传习的多是朱子中年未定之说。

由是，王阳明仿照程敏政的《道一编》，取朱子有关反省自己有“支离”之病及勉励自己要于“求放心”“立本”之尊德性工夫上用力的34封信汇编而成《朱子晚年定论》。③王阳明认为，这34封书信都是朱子晚年之作，体现了其晚年之思想，是其晚年之定见。

---

① 需要指出的是，尽管程缵洛认为程曈采取的是“爰取朱、陆之遗书，考其岁月之先后，明其旨趣之异同”的方法来论证朱、陆之学始终不同，但程曈在《闲辟录》中并没有像清人那样精细地考证书信之具体年代。但是，和程敏政一样，程曈有着有明确的“早晚”意识。例如，和会朱陆的学者多以朱陆鹅湖之会后朱子主张去短集长来论证朱子晚年转向尊德性工夫。对此，程曈以朱子中年之书信为证据证明朱子自始至终都重视尊德性工夫，并不是到了晚年受象山启发才重视尊德性工夫。

② 王阳明：《朱子晚年定论序》，《历代“朱陆异同”典籍萃编》（一），第155—156页。

③ 王阳明言：“近年篁墩诸公尝有《道一》等编，见者先怀党同伐异之念，故卒不能有入，反激而怒。今但取朱子所自言者表章之，不加一辞，虽有褊心，将无所施其怒矣。”［《与安之（己卯）》，《王阳明全集》（第1册），吴光、钱明、董平、姚延福编校，上海：上海古籍出版社，2014年，第194页］可见，王阳明读过程敏政的《道一编》。另外可知，与《道一编》的写作方式不同，王阳明只取朱子之言，而“不加一辞”，即不加按语。在王阳明看来，采取只取朱子之言的方式更能客观公正地呈现朱子的思想，一旦添加按语就要表达个人的思想，如此就容易引起“党同伐异”之嫌。

在该书的序言中，王阳明进一步说：

> 予既自幸其说之不缪于朱子，又喜朱子之先得我心之同然，且慨夫世之学者徒守朱子中年未定之说，而不复知求其晚岁既悟之论，竞相呶呶，以乱正学，不自知其已入于异端，辄采录而裒集之，私以示夫同志，庶几无疑于吾说，而圣学之明可冀矣。①

从“予既自幸其说之不缪于朱子，又喜朱子之先得我心之同然”一句可推知阳明作《朱子晚年定论》的复杂心态。一方面，王阳明肯定朱子晚年放弃了中年之说，而向陆学靠拢。如此，王阳明就有足够的信心肯定自己的学说，进而认为自己的学说“不缪于朱子”；另一方面，王阳明又认为尽管朱子之学晚年有所转变，但其晚年之转变是正确的转变，故这一转变并不影响朱子之学是圣贤之学。因而，朱子终究是“先得我心之同然”。如此，王阳明又为自己的思想和朱子的思想一致而感到高兴。可见，王阳明的心态是：既想肯定自己思想的正确性，又不想公开同朱子决裂。王阳明所采取的方法是：在维护朱子的地位和权威的基础上，肯定自己思想和朱子晚年思想是相同的，进而实现“两全其美”。②应该说，从面上看《朱子晚年定论》做到了这一点。

需要指出的是，尽管王阳明在序言中并没有直接点明“朱陆异同”问题，但我们也可以发现其作《朱子晚年定论》的另一个重要目的是回答“朱陆异同”问题。王阳明在《与安之（己卯）》中说：“取朱子晚年悔悟之说，集为《定论》，聊借以解纷耳。”③这里的“聊借以解纷耳”显然是指解决“朱陆异同”问题。④另外，王阳明作《朱子晚年定论》也有驳斥程曈《闲辟录》之意。《朱子晚年定论序》中所谓“不复知求其晚岁既悟之论，竞相呶呶，以乱正学”正是针对程曈而发。

---

① 王阳明：《朱子晚年定论序》，《历代“朱陆异同”典籍萃编》（一），第156页。

② 束景南、姜美爱则认为：“所谓‘朱子晚年定论’的调和之说，不过是对他（阳明——笔者注）一贯的是陆反朱的心学立场的一种掩饰与托词，也是针对当时程朱派的攻诋与自己干犯官方程朱理学禁网的巧妙的自我保护与反讽。阳明提出‘朱子晚年定论’的真实目的，不过是要将朱学陆化，以此消解朱学，尊崇陆学。”（束景南、姜美爱：《朱陆之学论战与〈朱子晚年定论〉的诞生——一桩五百年来“陆化朱学”理学公案的破解》，《孔子研究》，2018年第5期）

③ 王阳明：《与安之（己卯）》，《王阳明全集》（第1册），第194页。

④ 束景南、姜美爱对《朱子晚年定论》背后所涉及的“朱陆异同”问题进行了详细阐述。参见束景南、姜美爱：《朱陆之学论战与〈朱子晚年定论〉的诞生——一桩五百年来“陆化朱学”理学公案的破解》，《孔子研究》，2018年第5期。

王阳明本是希望借助此书平息当时争论不休的“朱陆异同”问题，但他万万想不到此书一出即招来罗钦顺（1465—1547年，字允升，号整庵）的批评。罗钦顺指出，阳明有考证之误，把朱子中年之说当作晚年之作；并且还擅自增字以引导读者认定朱子亦认为《集注》《或问》是中年未定之作。罗钦顺言：

> 昨拜书，后一日始获奉领所惠《大学古本》《朱子晚年定论》二编……又详《朱子定论》之编，盖以其中岁以前所见未真，爰及晚年，始克有悟，乃于其论学书尺三数十卷之内，摘此三十余条，其意皆主于向里者，以为得于既悟之余，而断其为定论。斯其所择宜亦精矣，第不知所谓晚年者，断以何年为定？……偶考得何叔京氏卒于淳熙乙未，时朱子年方四十有六，尔后二年丁酉，而《论孟集注》《或问》始成。今有取于答何书者四通，以为晚年定论。至于《集注》《或问》，则以为中年未定之说。窃恐考之欠详，而立论之太果也。又所取《答黄直卿》一书，监本止云“此是向来差误”，别无“定本”二字。今所编刻，增此二字，当别有据。而序中又变定字为旧字，却未详本字同所指否？朱子有《答吕东莱》一书，尝及定本之说，然非指《集注》《或问》也。凡此，愚皆不能无疑，顾犹未足深论。①

① 罗钦顺：《与王阳明书（庚辰夏）》，氏著：《困知记》，阎韬点校，北京：中华书局，1990年，第108—110页。需要说明的是，对于《集注》《或问》是否是中年未定之论，罗钦顺只是指出阳明在文本上增字，认为如此“恐考之欠详，而立论之太果”，并没有明确回答《集注》《或问》是否是中年未定之论。明代冯柯（1523—1601年，字子新，号宝阴）进一步指出阳明考证上的错误，并明确指出《集注》《或问》为朱子终身所守。其言：“（阳明——笔者注）遂取朱子平日与人答问手札中厌烦就约、绝学捐书之语，为《晚年定论》之书。夫谓之晚年，必其果出于晚年而后可也。然以今考之，此书之意本出于程篁墩《道一编》，而去取互有得失，年岁互有异同，固有不可得而尽信之者……然则其早、其晚、其定、其未定，皆以己之私意臆断之者也，而何足据之以为朱陆之评乎？且阳明亦自谓其年岁早晚诚有所未考，则其不必出于晚年者，在阳明固已知之矣。既知之，则不当复为之，而犹且必为之，盖为其平日所著《或问》《集注》诸书意义浩博，议论参差，其间有疑于支离泛滥者，有得于亲切简要者，与己专致良知之说多半不合，故悉指为中年未定之说，而特取其相近数札，概目为晚年悟后之论以自证，庶几己说不至大谬于朱子，而可少挽其立异好奇之失焉尔。夫朱子之易箦也，犹改‘诚意’章，以为绝笔，则其《集注》《或问》之类，固其所终身者也，固其既悔之后而三复删定者也，乌得以意义浩博、议论参差，而遂指为中年未定之说哉？……于其合己也，则虽其年岁早晚诚有所未考者，而谓之晚年；于其不合于己也，则虽其既悔之后三复删定者，而谓之中年……由此观之，阳明非真以定论取朱子也，特以见《定论》之外皆非定论也。”［冯柯：《求是编》卷4，《历代“朱陆异同”典籍萃编》（二），第278—279页］

罗钦顺指出的这两点显然是阳明的硬伤，阳明是很难辩驳的。阳明亦大方地承认了自己在考证上的失误，但他还是为自己进行了辩护。阳明言：

> 某为《朱子晚年定论》，盖亦不得已而然。中间年岁早晚，诚有所未考，虽不必尽出于晚年，固多出于晚年者矣。然大意在委曲调停以明此学为重……①

可见，阳明的关注点并不在每一封书信年代的考证上，而是在整体书信所揭示的思想义理上，也就是其说的“大意在委曲调停以明此学为重”。在他看来，虽然几封书信的年代有错误，但这并不影响其做出的“朱子晚年定论”的判断。从某种意义上说，对阳明而言，他完全可以在删除这几封考证有问题的书信后，仍得出“朱子晚年与已同”的结论。

尽管王阳明声称自己作此书的目的是“大意在委曲调停以明此学为重”，但后人对阳明的这一解释似乎并不感兴趣，他们的兴趣仍在“早晚”的考证上。事实也正如此，自此书行世以后，关于此书的争论从未间断过，而争论的焦点就在关于朱子“早晚”的考证上。而之所以人们的兴趣会集中在考证问题上，是因为“朱子晚年”这一提法给人们解决“朱陆异同”问题开辟了一条宽广的道路。人们从《朱子晚年定论》这本书中进一步学到了用考证的方法来探析朱子早、中、晚三个时期的思想究竟是何种样态，进而与陆学进行对比，以确定双方之异同。此后，义理问题的争论便开始与考据学联系在一起，到清代则达到了顶峰。

王阳明之后，陈建（1497—1567年，字廷肇，号清澜）作《学蔀通辨》，主张朱陆是“早同晚异”的关系。陈建在《学蔀通辨总序》中说：

> 近世一种造为早晚之说，乃谓朱子初年所见未定，误疑象山，而晚年始悔悟，而与象山合。其说盖萌于赵东山之《对江右六君子策》，而成于程篁墩之《道一编》，至近日王阳明因之，又集为《朱子晚年定论》。自此说既成，后人不暇复考，一切据信，而不知其颠倒早晚，矫诬朱子，以弥缝陆学也，其为蔀益以甚矣……由佛学至今三重蔀障，无惑乎朱陆儒佛混淆而莫辨也。建为此惧，乃窃不自揆，慨然发愤，究心通辨，专明一实，以抉三蔀。前编明朱陆早同晚

① 王阳明：《答罗整庵少宰书》，《王阳明全集》（第1册），第88页。

> 异之实，后编明象山阳儒阴释之实，续编明佛学近似惑人之实，而以圣贤正学不可妄议之实终焉。①

可见，陈建作《学蔀通辨》的直接目的是反对赵汸、程敏政、王阳明的朱陆“早异晚同”之说，而主张朱陆之间乃是“早同晚异”的关系。值得注意的是，辨析朱陆异同只是陈建作《学蔀通辨》的一个目的，陈建还进一步对象山之学和佛禅之学进行了批判。在陈建看来，象山之学乃阳儒阴释之学，佛禅之学乃近似惑人之学，只有朱子之学才是圣贤之学。②

在《学蔀通辨》中，陈建继续以编年考证的方式，选择朱子相关书札，指出王阳明和程敏政在考证和取材上有颠倒早晚之错漏，力证“朱子早年尝出入禅学，与象山未会而同，至中年始觉其非而返之正也”③“朱子中年方识象山，其说多去短集长，疑信相半，至晚年始觉其弊而攻之力也”④“朱陆晚年冰炭之甚，而象山既没之后，朱子所以排之者尤明也”⑤。在陈建看来，朱子虽早年一度沉溺于佛老，但中年之后便转向儒家圣人之学；而陆象山则自始至终都是禅学。所以，陈建所谓的“早同”，是指朱陆两人早年同是禅学；所谓的“晚异”，是指朱子晚年是儒家圣人之学，而陆象山则依旧是禅学。

由是，陈建进一步指出朱子之“定论”与陆象山之“定论”不同：

> 朱子有朱子之定论，象山有象山之定论，不可强同。专务虚静，完养精神，此象山之定论也。主敬涵养以立其本，读书穷理以致其知，身体力行以践其实，三者交修并尽，此朱子之定论也……乃或专言涵养，或专言穷理，或止言力行，则朱子因人之教、因病之

---

① 陈建：《学蔀通辨总序》，《历代“朱陆异同”典籍萃编》（一），第195页。

② 钱穆说：“清澜此书，《前编》重在著朱、陆晚年之冰炭，《后编》在辨陆学之为禅。《续编》在辨禅学之乱真。其书愈后愈深入，愈见精语络绎错出。若专以辨正篁墩、阳明之论视此书，亦失此书用力所在矣。”［钱穆：《读陈建学蔀通辨》，氏著：《中国学术思想史论丛》（第四册），台北：联经出版事业公司，1998年，第280页］钱穆还说：“盖辨朱、陆早晚同异，仅是著此书之最先动机。继辨象山、阳明之阳儒阴释，又继而辨佛学禅家之近似惑人，乃清澜此书最大用力所在。惟清澜此书，每一陈义，必先引朱子说为依据，或旁及于濂溪、二程、横渠诸家之说，实当为讨究宋代理学与禅宗异同之重要参考。从来学者发明朱子，多注重其释经明道之一面，而清澜此书，则专着意其辟异息邪之另一面。”［钱穆：《读陈建学蔀通辨》，氏著：《中国学术思想史论丛》（第4册），第298页］

③ 陈建：《学蔀通辨》，《历代“朱陆异同”典籍萃编》（一），第205页。

④ 陈建：《学蔀通辨》，《历代“朱陆异同”典籍萃编》（一），第213页。

⑤ 陈建：《学蔀通辨》，《历代“朱陆异同”典籍萃编》（一），第226页。

> 药也。惑者乃单指专言涵养者为定论，以附合于象山。其诬朱子甚矣，故不得不辨。①

依陈建之见，象山之学的“定论”是“专务虚静，完养精神”；朱子之学的“定论”是“主敬涵养以立其本，读书穷理以致其知，身体力行以践其实，三者交修并尽”。因而，朱子和象山之学在本质上是不同的。

进入清代以后，“朱陆异同”问题仍然是学术界关注的重要问题。清人门户意识强，加上他们擅长考据，因此无论是朱门学者，还是陆门学者，都将“早晚”之考推入到细微极致之境，试图将朱子一生的为学历程考证清楚，以明朱陆是“同”还是“异”。清代有关“朱陆异同”之作远远超过明代，故本书不可能一一介绍，只选择双方各具代表之作进行简单阐述。②

明末清初学者孙承泽（1593—1676年，字耳伯，号北海，一号退谷）作《考证晚年定论》以驳斥王阳明的《朱子晚年定论》。该书以朱子45岁为晚年之始，取《年谱》《行状》《文集》《语类》中有关文献，以证明朱子晚年之思想不同于阳明。其在《考正晚年定论序》中言：

> 阳明王氏有《朱子晚年定论》一书，《考正》者，考正其谬也。或曰：阳明一生牴牾朱子，晚作《定论》，悔而尊朱子。余曰：否否。此阳明深诋朱子也。朱子著述较周程诸子最多，阳明独于《文集》中摘三十条以为《定论》，又不言晚年始于何年，但取偶然谦抑之辞，或随问而答之语，及早年与人之笔，微涉顿悟、不事问学，与陆子静合者，俱坐晚年，以为晚而自悔，始为定论……乃取朱子《年谱》《行状》《文集》《语类》及诸儒辨驳成书，断自宋孝宗淳熙甲午为始，时朱子年四十有五，是年之后，始与陆氏兄弟相会，逐年编辑其言论《书》《礼》及所著诸书大指，一一具列。年愈晚而事学愈力，辟邪愈坚，宁有一字合于陆氏，一言涉于自悔者？吾夫子以天纵之圣，不以生知自居，而曰“好古敏求”“多闻多见”，教人曰“博文约礼”，至老删述不休，犹欲假年学《易》。朱子一生效法孔子，进学必在“致知”，涵养必在“主敬”，德性在

---

① 陈建：《学蔀通辨》，《历代“朱陆异同”典籍萃编》（一），第202页。

② 清代朱子学勃兴，陆王之学衰落，故站在朱子学立场的作品的数量远多于站在陆王之学立场的作品的数量。

> 是，问学在是。如谬以朱子为支离，为晚悔，则是吾夫子所谓“好古敏求”“多闻多见”“博文约礼”“删述学《易》”，俱早年之支离，必如无言、无知、无能，为晚年自悔之定论也。[①]

在孙承泽看来，那些认为王阳明作《朱子晚年定论》是为了表彰朱子的观点是大错特错，《朱子晚年定论》实是“阳明深诋朱子”的表现。孙承泽进一步指出《朱子晚年定论》的错误和不足：一是王阳明没有明确指出朱子晚年始于何时；二是朱子一生著述甚多，但王阳明的《朱子晚年定论》所选取的30多条文献仅仅取自《文集》，没有涉及朱子其他的著作，并且这30多条文献并不能代表朱子晚年的思想。基于此，一方面，孙承泽认为可以将朱子的晚年定为45岁以后；另一方面，孙承泽认为要通观朱子之著作才能全面掌握朱子的思想体系。由是，孙承泽从《年谱》《行状》《文集》《语类》中选取了朱子45岁至71岁的文献以证明朱子晚年无有一字合于陆氏、无有一言涉于自悔。在孙承泽看来，“朱子一生之功力全在读书、穷理、居敬、持志，所谓为之不厌者也。及靖献于君，亦惟谆谆于此，盖其晚年见之愈真，言之愈确。为圣为贤，舍此无繇也。”[②]孙承泽还认为，朱子一生效法孔子，其学问亦和孔子相同。如果以朱子之学问为支离，或者认为朱子晚年自悔其学说，那么就意味着孔子倡导的“好古敏求”“多闻多见”“博文约礼”之学“俱早年之支离”，或者说孔子晚年亦自悔其说。

李绂（1675—1750年，字巨来，号穆堂）是清初陆王学派的典型代表，他对“朱陆异同”问题亦有深入研究，《朱子晚年全论》是其研究“朱陆异同”问题的力作。李绂继承了程敏政和王阳明“早异晚同”之论，并将文献考证和义理分析进一步细化。李绂在该书的序言中表明了作此书的目的。其言：

> 朱子晚年定论，陆子既不及闻其说，至阳明先生抄为一编，凡三十四条，中间因词语相类而误入中年之论者，特何叔京一人耳。罗整庵摘以相辨，而无知之陈建遂肆狂诋，其实晚年所论皆然，虽百条不能尽也。夫谓朱子晚年讥陆子为禅，虽道听途说，世俗科举之士皆能信之。谓朱子晚年之论尽与陆子合，则虽有意为学而粗涉其涯涘

① 孙承泽：《考正晚年定论序》，《历代“朱陆异同”典籍萃编》（三），第9—10页。

② 孙承泽：《考正晚年定论》，《历代“朱陆异同”典籍萃编》（三），第58页。

> 者，亦不能无疑焉。今详考《朱子大全集》，凡晚年论学之书，确有年月可据者，得三百五十七条，共为一编。其时事出处，讲解经义与牵率应酬之作，概不采入，而晚年论学之书，则片纸不遗，即诋陆子者亦皆备载，名曰《朱子晚年全论》。曰“晚”，则论之定可知；曰“全”，则无所取舍以迁就他人之意。庶陈建之徒无所置喙，而天下之有志于学者，恍然知两先生之学之同而识所从事，不终堕于章句口耳之末，或亦有小补乎！夫天下惑于朱、陆异同之说也久矣。欲天下人学陆子，必且难之。欲天下人学晚年之朱子，宜无不可。学朱子即学陆子，陆子固不必居其名也。①

可见，李绂作此书的直接目的是维护王阳明之说、驳斥陈建之说。针对王阳明《朱子晚年定论》中考证之误，李绂认为此只是一个小问题，并不影响该书的结论。但李绂亦认为王阳明的《朱子晚年定论》有所不足，那就是王阳明仅选取朱子三十余封书信就得出朱子晚年“定论”做法较为简单，论证效力不强。基于此，李绂详考《朱子大全集》，选取了朱子51岁至71岁书札349篇②，另在部分篇目后附录陆象山之相关书札，分八卷以论朱子之晚年，名曰《朱子晚年全论》。而之所以名曰《朱子晚年全论》，李绂认为：“曰‘晚’，则论之定可知；曰‘全’，则无所取舍以迁就他人之意。”李绂作此书之目的昭然若揭。③

综观李绂选取的三百多封书札的内容，多是朱子言尊德性、强调求放心一类之大本工夫的言语。在李绂看来，既然这些言语都是晚年之论，即表明朱子悔悟自己中年之说，而于晚年转向了陆学，亦如陆象山那样强调

---

① 李绂：《朱子晚年全论序》，《历代“朱陆异同”典籍萃编》（六），第142页。

② 李绂对朱子“晚年”作了明确界定。他说：“朱子得年七十一岁，定以三十岁以前为早年，以三十一岁至五十岁为中年，以五十一岁至七十一岁为晚年。”［李绂：《朱子晚年全论》，《历代“朱陆异同”典籍萃编》（六），第145页］

③ 李绂在该书的凡例中进一步阐述了其作该书的目的。他说：“朱、陆尊德性、道问学之分，始于朱子《答项平甫书》。嗣后若包文肃、袁正肃、吴文正诸公，及赵东山、郑师山诸先生并有论述。其著为成书，则自程篁墩《道一编》始，次则王阳明先生所录《朱子晚年定论》。然考订年月，俱未详细，致滋异议。此外若席文襄公《鸣冤录》，卢正夫《荷亭辨论》，止于辨明陆学。而陈清澜《学蔀通辨》，孙北海《考定朱子晚年定论》，则攻陆以尊朱。其实陈、孙二氏，名为尊朱，而不知所以尊之者。其为书，止取相诋之辞及抄撮一二训诂之语，凡朱子晚年所以为学自得于心，与所以教人必求诸心者，盈千万言，皆弃不取。以全体大用无不兼该之朱子，文致周内，必归于口耳章句之末而后止，是皆朱子之罪人也。余尝为《学蔀通辨》以驳陈氏矣。孙氏从同，无庸再辨。又有程瞳者，作《闲辟录》，尤为鄙陋，至谓鹅湖会讲，语无可考，盖《陆子语录》亦未尝见者。自郐无讥，付之一哂而已。”［李绂：《朱子晚年全论》，《历代“朱陆异同”典籍萃编》（六），第146页］

为学之关键在于先立大本。

《朱子晚年全论》除了辑录的文献更加全面外，在义理上也有创新之处。这个创新之处就是，李绂认为朱子晚年斥陆象山之学为顿悟之禅学、陆象山斥朱子之学为琐碎之俗学都是事实，但两人晚年思想在本质上是相同的。李绂在该书的自序中开篇即言：

> 朱子与陆子之学，早年异同参半，中年异者少同者多，至晚年则符节之相合也。朱子论陆子之学，陆子论朱子之学，早年疑信参半，中年疑者少信者多，至晚年则冰炭之不相入也。[1]

李绂分两个方面来论朱陆之间的关系。一方面是“朱子之学与陆子之学的异同”，即朱子思想与陆象山思想之间的异同。在此方面，李绂认为两人的关系是“早年异同参半，中年异者少同者多，至晚年则符节之相合”。另一方面是“朱子论陆子之学与陆子论朱子之学的异同”，即朱子对陆象山思想的评论与陆象山对朱子思想的评论之间的异同。在这方面，李绂认为两人的关系是“早年疑信参半，中年疑者少信者多，至晚年则冰炭之不相入”。这种区分方法可谓发前人之未发，表明李绂认为“朱子与陆子思想之同异”与“朱子论陆子与陆子论朱子之异同”是两个不同的问题，并且要注意区分这两个问题。这种区分也是该书最大的亮点。李绂作如此区分的目的是显而易见的，即要告诉人们，朱陆之间的关系在晚年之时表现为“冰炭之不相入”只是表面现象，朱陆两人的思想“至晚年则符节之相合”才是两人关系的本质。

关于“朱子之学与陆子之学之异同”，李绂言：

> 陆子之学，自始至终确守孔子义利之辨与孟子求放心之旨；而朱子早徘徊于佛、老，中钻研于章句，晚始求之一心。故早年、中年犹有异同，而晚乃符节相合。[2]

这就是说，陆象山之学自始至终没有变化，乃是儒家孔孟之学；而朱子早年学佛老，中年则沉溺于文字训诂，直到晚年才回归儒家之学。如此，即可见两人学术之异同——“早年中年犹有异同，而晚乃符节

---

① 李绂：《朱子晚年全论》，《历代“朱陆异同”典籍萃编》（六），第141页。
② 李绂：《朱子晚年全论》，《历代“朱陆异同”典籍萃编》（六），第141页。

相合”。

至于“朱子论陆子与陆子论朱子之异同”，李绂解释为：

> 夫早年、中年所学有异同，因而所论有疑信，宜矣。至于晚年，所学者符节相合，而所论者冰炭不相入，何耶？盖早年两先生未相见，故学有异同而论有疑信。中年屡相见，故所学渐同而论亦渐合。朱子与项平甫书，欲兼取两长，陆子与朱子书，谓“康庐之集，加款于鹅湖”，此其证也。考康庐之集，朱子年五十二岁，陆子年四十三岁，自是以往，又十一年而陆子下世。此中十一年，两先生不及再相见。始启争于“无极”不急之辨，继附益以门人各守师说，趋一偏而甚之。其兼学于两家者，往来传述，不得先生之意而矫枉过正，如包显道有“读书讲学，充塞仁义”之语，而朱子教刘敬夫考索《周礼》，陆子颇不然之。于是朱子指陆子为顿悟之禅宗，陆子指朱子为支离之俗学，实则两先生之学皆不尔也。[①]

李绂认为，由于朱陆两人早年学术即有不同，加上两人早年未曾见面，所以两人对于彼此的思想持半信半疑之态度；中年时两人开始面论学术，朱子的思想开始向陆学靠近，所以两人互论对方时亦渐渐相同；而晚年由于太极无极之争和门人的门户之争，导致两人关系恶化，互相指责对方的不是，实则两人的为学思想在晚年是相同的。

李绂又作《朱子不惑录》一书。其在该书的序言中勾勒了朱子一生的为学历程。《朱子不惑录序》言：

> 朱子生平之学凡四变：自言十六岁时在刘病翁所，会僧妙喜，始为禅学。十九岁应礼部试，依妙喜说作文，说动试官，得中进士。二十二岁筑炼室修炼，读道书，手定《牧斋〔初〕净稿》，始辛未，止乙亥。盖三十岁以前，专为二氏之学者也。至三十岁，为绍兴三十年，岁在庚辰，因师事李延平先生，屡以其所言为不是，始将禅学权时倚阁；三十三岁再往就教，于是学益纯正，一变至道。三十五岁时，延平先生卒，谨守师说犹四五年。故自三十一以至四十，此十年中，粹然儒者，与林择之、何叔京等书可考也。四十岁以后，始弃延平之教（如《与林择之书》论中和，谓“旧闻李先生论此最详，后

① 李绂：《朱子晚年全论》，《历代“朱陆异同”典籍萃编》（六），第141—142页。

> 来所见不同，遂不复致思”之类是也），专意著述，欲拟孔子删定纂修之业，偏重于语言训诂，此又一变也。四十六岁为鹅湖之会，陆子指其学为支离，而朱子守其说不变；又六年，五十二岁，陆子相访于南康军，讲义利之章，始有悔心，亲题讲义之末，欲守陆子所讲为入德之方；五十四岁《答项平甫书》，自谓持守不得力，当兼取陆子所长，渐有向里切己之意；五十九岁与陆子论“无极”不合，因力诋陆子之学；然自六十岁以后，至于终身，所以为学与所以教人者，悉依陆子尊德性、求放心之说，故虽诋陆子，而诋浙学之务末者为尤切，其详见答吕子约、郑子上诸人之书，至终身不改。此一变，则朱子之定论也。[①]

可见，李绂认为，朱子一生的为学历程可以分为五个阶段，其中有四次大的转变。第一个阶段是16岁到30岁，此阶段朱子“专为二氏之学”，即专注于佛老之学；第二个阶段是31岁到40岁，此阶段朱子专意于儒学；第三个阶段是41岁到45岁，此阶段朱子“专意著述，欲拟孔子删定纂修之业，偏重于语言训诂”；第四个阶段是46岁到59岁，此阶段朱子开始悔悟，逐步向陆学靠近；第五个阶段是60岁以后，此阶段朱子“所以为学与所以教人者，悉依陆子尊德性、求放心之说”。

与李绂同时期的朱门学者朱泽沄（1666—1732年，字湘淘，号止泉）作《朱子圣学考略》以反驳程敏政和王阳明之说。朱泽沄认为：

> 宗朱子圣学当先心体神会，究极朱子所以居敬穷理，契合周程，上承孔孟，其用功次第若何，先后得力若何，何以不同于陆王，何以立万世后学之宗，历历分明，令人开卷了然，方得朱子推明吾学极致之旨。[②]

在朱泽沄看来，学习朱子之学，必须从义理上弄清楚朱子为什么要言居敬和穷理两工夫，必须从考证上梳理清楚朱子思想形成和发展的历程。而当做到这两点时，就能明辨朱子之学与陆王之学的异同。基于这种认识，朱泽沄穷数十年之功，作《朱子圣学考略》，以期阐发朱子居敬穷

① 李绂：《朱子不惑录序》，《穆堂初稿》卷32，《续修四库全书》（集部，别集类，第1421册），上海：上海古籍出版社，2002年，第589—590页。

② 朱泽沄：《朱子圣学考略提要》，《历代“朱陆异同”典籍萃编》（四），第40页。

理之学的真精神、厘清朱子思想之发展脉络。《朱子圣学考略》一书共十卷，由朱子的文献和朱泽沄的按语组成。朱子的文献是按照朱子的年岁逐年编排，朱泽沄的按语则是其对有关文献进行时间考证或义理分析。

《朱子圣学考略》序言开头即言：

> 朱子上继孔、孟、周、程之圣学，自绍兴以来至于今，历六百余年，如天地开朗，日月昭明，可谓盛矣。中间正、嘉数十年王学突兴，特宗象山，以“无善无恶、直透心体”立教，至指朱子之学，有洪水猛兽之祸。自是以后二百余年，天下学者多宗其说，间有宗朱子者，又不得朱子圣学先后次序之精微，但以习见习闻之说驳之，不独无以服彼之心，折彼之气，反使执吾之说以相訾謷，几成集讼，无有底止……读朱子书者，乌可不推究吾学之极致，与夫先后论定之次序，而徒哓哓于口舌争辨哉……夫朱子之尊德性以立格致诚正、修齐治平之本，道问学以尽格致诚正、修齐治平之功，载之《文集》《语类》者，原有早晚用功次第之可考。宗朱子者于朱子洞见大本达道、全体大用之所在未加深究，极力发挥，即其于朱子居敬穷理处亦着实用力，但得其半而不得其全，见其然而不见其所以然，其发明朱子之学，已失大头脑矣。至于朱子早年、中年、晚年用力处，所以屡进益深之故，所以疑而悟、悔而勇革之说，若有所深讳而不言，反使朱子垂教学者一片真精神、真门径不大显明于万世，而后之学朱子者往往不得其精神门径而遵循之，徒执异端之说以辟彼，其无以服彼之心、折彼之气犹其后者。①

这里，朱泽沄表达了其作《朱子圣学考略》的目的：明朱子之学之真精神以驳斥陆王之学。与那些直斥陆王之学为异端之学的朱子学者不同，朱泽沄认为，朱子学于当世不昌明的主要原因是后人没有把握朱子学之真精神；而之所以没有把握朱子之学的真精神，又在于人们“不得朱子圣学先后次序之精微”。朱泽沄进一步认为，这直接导致宗朱子者在与议朱子者的斗争中“无以服彼之心，折彼之气，反使执吾之说以相訾謷”。最终，出现了长达几百年的朱陆之争。在朱泽沄看来，朱子之学的真精神蕴藏在《文集》《语类》等文献中，凭借这些文献可以考证清楚朱子为学的早晚历程，但是由于人们在研究朱子思想时用力不够，对朱子为学的

---

① 朱泽沄：《朱子圣学考略序》，《历代“朱陆异同”典籍萃编》（四），第27—28页。

早晚历程也没有考证清楚，使得我们对朱子之学的真精神“得其半而不得其全，见其然而不见其所以然”，最终致使“朱子垂教学者一片真精神、真门径不大显明于万世”。由是，朱泽沄认为，“读朱子书者，乌可不推究吾学之极致，与夫先后论定之次序”，即要深入探究“朱子洞见大本达道、全体大用之所在”、考证清楚“朱子早年、中年、晚年用力处”。

那么，朱子论学之先后次序是怎样的呢？朱泽沄进一步说：

> 其居敬也，自见延平便用力存心养性，知仁义之根心者，自天地来与万物体统是一个，而不能不分于形器，扰于念虑。延平教以合心理气之说当见用力处，三十以前，已有察识端倪、涵养端倪工夫。延平既没，悔其未得未发之旨，与南轩反复参究，至四十而恍然。又十数年而丙申、庚子，更加涵养，形于答书，是朱子自用涵养未发功夫屡进屡深，学如不及之意，自有如此境地。至丙午、丁未，而动静合一，包罗含弘，天地万物之理归宿于此。至庚戌而圣学纯，后十年则涵养益纯而几于化矣。其穷理也，自延平教以圣经中求义理，日用间做工夫，早知天地万物与我一理相贯，一气相通，而分殊处尤不可混淆，故其穷仁义之说至精至密。是时尚未悟未发之旨，留心文义训释而见理分明，仁义充积，格物大头脑已极其正当，极其开阔矣。至四十悟未发之旨，便了然于未发时天命之性，体段具焉。又十数年而丙申、庚子，悔其稍涉训释，是朱子自用格物致知工夫，屡进屡深，研几精微之诣，自有如此进境。至丙午、丁未而精粗合一，内外浑融，天地万物之理极其精透，至庚戌而圣学彻，后十年则无事穷究而几于化矣。①

可见，朱泽沄认为，朱子对居敬工夫和穷理工体的体认有一个历史发展过程。具体说来，在朱泽沄看来，朱子对居敬工夫的体认可以分为以下几个阶段：从求学李侗到己丑（朱子40岁）之前为一个阶段，此阶段为艰苦探索中和之旨而未得之阶段；而己丑悟“中和新说”为一个转折点，此时经过艰苦探索终于悟得中和之旨；此后到丙申（朱子47岁）、庚子（朱子51岁）为一个阶段，此阶段“涵养未发功夫屡进屡深”；此后到丙午（朱子57岁）、丁未（朱子58岁）为一个阶段，此阶段达到了“动静合一，包罗含弘，天地万物之理归宿于此”的境地；此后到庚戌（朱子61

① 朱泽沄：《朱子圣学考略》，《历代“朱陆异同”典籍萃编》（四），第29页。

岁）又为一个阶段，此阶段达到了“圣学纯”的境界；庚戌之后为一个阶段，这个阶段达到了“涵养益纯而几于化”的境界。在朱泽沄看来，朱子对穷理工夫的体认可以分为以下几个阶段：求学李侗到己丑（朱子40岁）悟中和新说前为一个阶段，此阶段“留心文义训释而见理分明，仁义充积，格物大头脑已极其正当，极其开阔”；而己丑悟“中和新说”为一个转折点，此时“了然于未发时天命之性，体段具焉”；此后到丙申（朱子47岁）、庚子（朱子51岁）为一个阶段，此阶段“悔其稍涉训释”，进而“自用格物致知工夫，屡进屡深，研几精微之诣”；此后到丙午（朱子57岁）、丁未（朱子58岁）为一个阶段，此阶段达到了“精粗合一，内外浑融，天地万物之理极其精透”的境界；此后到庚戌（朱子61岁）又为一个阶段，此阶段达到了“圣学彻”的境界；庚戌到之后为一个阶段，这个阶段达到了“无事穷究而几于化”的境界。

在朱泽沄看来，由于朱子认为居敬工夫与穷理工夫本质上一件工夫，故朱子齐头并进地构建居敬工夫和穷理工夫。因此，朱泽沄还综合论述了朱子工夫思想的发展历程。《朱子圣学考略》序言云：

> 夫朱子之居敬穷理固是齐头用功，而其接孔孟之正脉，实在认真仁义之性。自癸酉见延平后，十年工夫用力于格物致知，而其所以常存此心，不为他物所胜者，即由此得手。其行事讲说处，只体究仁义之性；其心思存主处，亦只操持仁义之性，皆此一件，非有两事也。但其行事讲说、心思存主之专一于仁义者，偏于察识端倪着力，而天命本然未发之旨未透耳。至己丑而心统性情之旨了然于心，自是以往觉不知涵养，专于致知，固前日受病之由，而所知不精，害于涵养，又今日切身之病。特与诸儒往复详审，使来历精确，不稍舛错。其尤着意者，在《大学中庸章句》《或问》《论孟集注》《太极》《通书》《西铭注》《易本义》《诗传》，皆是此旨。虽丙申有悔，究之居敬之功，即是居其所穷底；穷理之功，即是穷其所居底，原非截然两事，所以深切明示，直向涵养做工夫。全不似他家遮前掩后，知非不悔，一概大言自护。又不似他家只事把捉，明知道理未曾透彻，一概屏去意见，饰非长傲也。是故义利公私之介，儒释分判之原，辨之不遗余力……戊申，出《太极》《西铭注》以示学者。己酉，序《大学》《中庸》以明圣学之宗。至于六十一岁，涵养纯粹，一切道理贯通融会，有心在理在、理在心在之妙。自此后极纯极熟，许多道理都在这里，敬不待持而自笃，理不待

> 穷而自著，性体在是，工夫在是，内外融彻无迹，渐近神化。①

这里，朱泽沄简要地描述了朱子一生的为学历程。在朱泽沄看来，在朱子构建为学工夫的历程中，癸酉、己丑、丙申、庚戌是朱子思想向前发展的几个重要转进点，庚戌以后朱子之学达到了“极纯极熟”“内外融彻无迹，渐近神化”之境界。

基于上述理解，朱泽沄进一步对“朱陆异同”问题给出了自己的答案。《朱子圣学考略序》言：

> 其所涵养者是涵养仁义至善之性，而非涵养不使善恶累心、无善无恶之空体也；其所穷至者，是穷至仁义至善之全体大用，而非穷至不使善恶累心、无善无恶之空体空用也。如是涵养，初非晚年始然，而亦何曾有毫发之同于陆氏耶？如是穷至，亦自道训释之烦，而何尝因悔而谓前此格物之差耶？②

这里，朱泽沄做出了两个判别：一是朱子和陆象山所言的涵养和穷理有着本质上的不同。朱子的涵养是涵养仁义至善之性，陆象山的涵养是涵养不使善恶累心、无善无恶之空体；朱子的穷理是穷仁义至善之全体大用，陆象山的穷理是穷不使善恶累心、无善无恶之空体空用。二是朱子并不是晚年才重视涵养工夫，其一生都重视涵养工夫；朱子也从来没有放弃自己的格物之说。综合这两点，朱泽沄认为，朱子之学“何曾有毫发之同于陆氏”。

由此可见，在朱陆异同问题上，朱泽沄的视野更开阔，其不像王阳明、孙承泽、李绂那样只关注朱子晚年思想是否转向了陆学。在朱泽沄看来，如果我们把朱子早年、中年、晚年的思想历程都弄清楚，那么就能从根本上解决朱陆异同问题，也就能“使朱子圣学昌明，则彼之议朱子者不辨而其诬罔自见，庶几共为圣人之徒也夫”③。

与朱泽沄稍晚十余年的童能灵（1683—1745年，字龙俦，号寒泉）作《朱子为学次第考》以明朱子为学历程。童能灵亦像朱泽沄那样，试图把朱子一生的为学历程都考证清楚，以证明朱子晚年并没有转向陆学。

---

① 朱泽沄：《朱子圣学考略序》，《历代“朱陆异同”典籍萃编》（四），第29—30页。标点略有改动。

② 朱泽沄：《朱子圣学考略序》，《历代“朱陆异同”典籍萃编》（四），第31页。

③ 朱泽沄：《朱子圣学考略序》，《历代“朱陆异同”典籍萃编》（四），第31页。

童能灵在《朱子为学次第考》的自序中表达了自己撰写此书的缘由与目的：

> 灵少受学于家庭，先君子留村府君即授以《章句集注》及《太极、通书、西铭解义》，曰："此朱子晚年定说也。"于时盖已闻其学有早中晚之异，顾未有以辨。久之，遍读遗书，所见异词，辄为标识其端，徐而察之，则其间所与知旧门人讲学之余，往往旁涉时事，因可按以《年谱》及史而得其岁月先后，确有据依，然后本其平生手笔，参以门人记录，逐一剖晰。窃见其说之远至数十年，近或数年，亦或数日而一变者。其为浅深疏密异同之辨，虽曲折纤悉，犹可得而见焉，因名其编曰《朱子为学次第考》。①

可见，童能灵在少年之时就听其父说朱子之学有所谓"早中晚之异"，其父还告诉他《四书章句集注》《太极解义》《西铭解义》《通书解》乃朱子晚年定说。其后，童能灵通读朱子之书，发现朱子与友人弟子的来往书信除了谈论学术，亦谈论一些时事，因而可根据《年谱》及有关史料来考证先后。由是，童能灵遍考朱子文献，撰《朱子为学次第考》一书，以明朱子思想之早晚异同。

在童能灵看来，朱子的为学次第有四次比较重要的转进。第一个转进点在癸酉，是年朱子24岁。他说：

> 朱子初好禅学，至此，延平始教以从日用间做工夫，又教以只看圣贤之书，则其学亦一变矣。然有不能尽变者，如后此数年答人书"驰心空妙"之悔是也。②

此处童能灵以朱子从学李侗为转折点。在童能灵看来，从学李侗后，朱子开始悔悟此前沉溺于禅学之失，而逐步转向儒家之学。

童能灵认为第二个转进点在癸未，是年朱子34岁。童能灵作此判定的依据是作于癸未的《答汪尚书》（二）。《答汪尚书》（二）言："熹于释氏之学，盖尝尊其人、师其道，求之亦切至矣，然未能有得。其后以先

① 童能灵：《朱子为学次第考自序》，《历代"朱陆异同"典籍萃编》（五），第897页。标点略有改动。

② 童能灵：《朱子为学次第考》卷1，《历代"朱陆异同"典籍萃编》（五），第905页。

君子之教，校夫先后缓急之序，于是暂置其说而从事于吾学，其始盖未尝一日不往来于心也。以为俟卒究吾说而后求之，未为甚晚耳，非敢遽抽绝之也。而一二年来，心独有所自安，虽未能即有诸己，然欲复求之外学以遂其初心，不可得矣。”[①]对于此书，童能灵说：

据此书，则朱子之学自十五六时扣僧谈禅以来，至此而一变矣。[②]

其又说：

是时朱子年三十四，其云“一二年来”者，盖三十二三时也。自十五六至三十二三，而始觉禅学罅漏百出，故其明年甲申岁答李伯谏及汪尚书书，皆是指其罅漏处。顾何以至四十以后于《答薛士龙书》内，又有“驰心空妙之域二十余年”之悔也欤？大抵罅漏犹易见，而其精深处，乃直相似而难辨也……观他日廖子晦记《癸巳所闻》曰：“为他佛说得相似，近年方看得分晓。”则难分晓处又不在此罅漏之迹矣。学者正须于明年甲申以后，壬辰、癸巳以前，得朱子仍自悔为空妙之域者，庶几见朱子晚年之学为继往开来、颠扑不破之理欤。[③]

童能灵认为，朱子自24岁从学李侗后，通过多年努力，直到34岁左右才较为清楚地明白禅学之罅漏，而“心独有所自安”。因此，可以说34岁又是朱子思想第一个转折点。这里，童能灵还解释了为何朱子在作于44岁时的《答薛士龙书》（一）又有“驰心空妙之域二十余年”之悔。童能灵认为，这是由于“大抵罅漏犹易见，而其精深处，乃直相似而难辨也”，即儒学与禅学之别的“精深处”不是一下子就能体会到的，而需要长时间的努力。

同朱泽沄一样，童能灵亦认为已丑之中和新说是朱子思想的又一个转进点。对于中和新说，童能灵认为，“此为朱子进学大节目。”[④]值得注意的是，童能灵又认为，“已丑虽已变旧说，而仍有未尽处，殆至癸巳以

---

① 《答汪尚书》（二），《文集》卷30，《朱子全书》（第21册），第1295页。
② 童能灵：《朱子为学次第考》卷1，《历代“朱陆异同”典籍萃编》（五），第941页。
③ 童能灵：《朱子为学次第考》卷1，《历代“朱陆异同”典籍萃编》（五），第941—942页。
④ 童能灵：《朱子为学次第考》卷2，《历代“朱陆异同”典籍萃编》（五），第969页。

后，其说始为无病云。”[①]癸巳年即1173年，朱子44岁。为什么童能灵认为朱子之说到癸巳后才“始为无病”？童能灵认为，己丑之中和新说“亦特未发已发条理初分耳，若夫心性之辨，则犹在壬辰、癸巳之间云”[②]。童能灵是根据作于己丑的《答林择之》（六）而做出如此判定。《答林择之》（六）言：“两日思之，疑旧来所说，于心性之实未有差，而‘未发’‘已发’字顿放得未甚稳当。疑‘未发’只是思虑事物之未接时，于此便可见性之体段，故可谓之中而不可谓之性也。发而中节，是思虑事物已交之际皆得其理，故可谓之和而不可谓之心；心则通贯乎已发未发之间，乃大易生生流行、一动一静之全体也。”[③]对于这一段，童能灵言：

> 《中庸章句》云“喜怒哀乐，情也，其未发则性也”，其字指喜怒哀乐之情。盖性情本一物，特以其未发，则静而为体者，正所以别之为性也。今此书云“未发时可谓之中，而不可谓之性”，则与《章句》异矣。又谓“已发时可谓之和，而不可谓之心”，乃以心性交互言之。而下文即单承心字，以为通贯已发未发、一动一静之全体，是混心于性也。心性之实，岂能无差乎？然乃自谓未有差，又可知此仅为初分未发已发条理之言，而心性之辨，盖犹有待也。愚故曰在壬辰、癸巳之间。《文集》中尚有《未发已发说》及《与湖南诸公论中和第一书》，皆与此书同一初分条理之言，今不具录。[④]

童能灵作出如此判定的原因有两个：一是《中庸章句》讲的是“已发为情，未发为性”，而《答林择之》（六）则认为“未发时可谓之中，而不可谓之性”，与《中庸章句》的讲法有异。二是朱子此时有“混心于性”之嫌，对于心性之间的关系还没完全梳理清楚。因此，在童能灵看来，朱子己丑之时“仅为初分未发已发条理之言，而心性之辨，盖犹有待也”，其心性思想成熟于壬辰、癸巳之间。

问题是，童能灵认为朱子的心性思想成熟于壬辰、癸巳之间的依据是什么呢？童能灵的依据是作于此时间段的《西铭解义》《太极解义》《通书解》。在童能灵看来，此三书对心性问题的阐述是朱子之定说。他说：

---

① 童能灵：《朱子为学次第考》卷2，《历代“朱陆异同”典籍萃编》（五），第970页。
② 童能灵：《朱子为学次第考》卷2，《历代“朱陆异同”典籍萃编》（五），第969页。
③ 《答林择之》（六），《文集》卷43，《朱子全书》（第22册），第1967页。
④ 童能灵：《朱子为学次第考》卷2，《历代“朱陆异同”典籍萃编》（五），第971—972页。

> 考朱子于己丑春，已分未发已发条理。又历庚寅、辛卯至于壬辰，然后《西铭解义》成，而于理一分殊之辨洞然矣。然《太极》《通书》二者尤为奥杳，则又历癸巳四月，而二书之解始成，于是精密详审而无复遗憾。故论朱子之学者，当以壬辰、癸巳以后之说断为终身定论也。读朱子之书者，亦自当以不合于《西铭》《太极》《通书》之说者断为早年之论明矣……自此而后，则但有愈精、愈密、愈纯熟而愈简洁者，盖无复向时异同之说矣。①

其又说：

> 朱子议论，早晚皆有次第，其始但泛就体用上说，其次乃就《中庸》未发已发上说，然皆条理未分也。自己丑春间，始分未发已发条理，而犹谓未发不可谓之性。又其次，始以性情分动静而别体用，见于《答张钦夫书》矣，然尚未向阴阳上说也。至此书始渐向周子动静阴阳上说②，不惟以性情分阴阳，而又以中正仁义分阴阳矣，但其解中正仁义却与癸巳所解《太极图说》不同。谨录于此，以见其所见之与年俱进也。③

可见，童能灵认为作于壬辰的《西铭解义》以及作于癸巳的《太极解义》《通书解》对体用、心性之说进行了精准的辨析，实为朱子之定论。此时朱子的思想规模已基本确定，此后其思想“愈精、愈密、愈纯熟而愈简洁”，而无大的变化。

综合来看，童能灵认为，朱子的思想经历了24岁、34岁、40岁几个关键转进点，而成熟于43岁至44岁。此后朱子的思想无大的变化。④

最后，需要指出的是，尽管童能灵并没有直接对朱陆异同问题作出回

① 童能灵：《朱子为学次第考》卷2，《历代“朱陆异同”典籍萃编》（五），第980页。

② “此书”指《答吕伯恭》（八），参见《文集》卷33，《朱子全书》（第21册），第1431—1432页。

③ 童能灵：《朱子为学次第考》卷2，《历代“朱陆异同”典籍萃编》（五），第974页。

④ 《朱子为学次第考》分为三卷，第一卷考朱子出生至34岁期间的为学次第，第二卷考35岁至44岁期间的为学次第，第三卷考45岁至71岁为学次第。值得注意的是，由于童能灵认为朱子44岁时思想规模已定，故该书第三卷主要是根据《年谱》撰述朱子有关重要事迹，而不像前两卷那样详细辩论有关为学思想。故童能灵在第二卷最后说：“朱子进学次第分明可考而不可不详考者，至是盖已粗毕矣。以后但据《年谱》录其事迹，以备朱子全观云。”［童能灵：《朱子为学次第考》卷2，《历代“朱陆异同”典籍萃编》（五），第981页］

答，但他作出朱子的思想成熟于43岁至44岁的判定时，实质就已经间接地作出了回答。在童能灵看来，既然朱子的思想于43岁至44岁时已经成熟，并且此后“愈精、愈密、愈纯熟而愈简洁”，故朱子不存在晚年悔悟中年之说而转向陆学。

谈论“朱陆异同”学术史，显然绕不过王懋竑（1668—1741年，字予中，号白田）的《朱熹年谱》。王懋竑一生致力于朱子学研究，可谓明清两代学人中对“朱陆异同”问题研究最深入、最客观者，《朱熹年谱》是其代表性著作。①

对于《朱熹年谱》的写作目的，王懋竑弟子乔汲在《吴邑乔氏刊本后叙》言：

> 盖朱子集群儒之大成，学凡屡变，其提掇程子“涵养须用敬，进学则在致知”二语以答吕伯恭、刘子澄者，乃乾道庚寅，朱子年逾四十。后至七旬，凡与人书问往来，大旨皆不出此，此班班可考者。至答何叔京、江元适诸书，则乾道甲申，朱子年未四十也。异学争鸣，往往取其早年论议与己意稍合者，著为《晚年定论》，又为《道一编》混淆其间。此年谱不可不作。
>
> 而向有李氏、洪氏二本，皆讹舛渗漏，淄渑莫辨，先生忧之。遂据李、洪二本，而缺者增之，误者刊之，并择朱子晚岁论学切要语，以附于后，比之《闲辟录》《学蔀通辨》，意则同，而纂订加详也。②

这两段话传递出三点信息：一是王懋竑认为朱子为学工夫“定论”是“涵养须用敬，进学则在致知”；二是王懋竑作《朱熹年谱》的目的是伸张《闲辟录》《学蔀通辨》之意，驳斥《朱子晚年定论》《道一编》之非；三是王懋竑之所以以“年谱”的形式来厘定朱子为学工夫历程，是见李、洪二氏之《年谱》多有错漏之处。尤其是李默之学源出王学，其作之《年谱》与《朱子晚年定论》《道一编》暗合，阳为表彰朱子，实阴主朱陆始异终同之说，因此内容多所窜乱，弥失其真。故其欲重新刊定之。

---

① 《钦定四库全书总目》在介绍此书时说：“其大旨在辨别为学次序，以攻姚江‘晚年定论’之说，故于学问特详，于政事颇略……然于朱子平生求端致力之方、考异审同之辨，原原本本，条理分明，无程曈、陈建之浮嚣，而金溪、紫阳之门径，开卷了然，是于年谱体例虽未尽合，以作朱子之学谱，则胜诸家所辑多矣。”［纪昀：《钦定四库全书总目》（卷57，史部十三，传记类一），《景印文渊阁四库全书》（第2册），第275—276页］

② 该后序今收入王懋竑《朱熹年谱》（何忠礼点校，北京：中华书局，1998年，第562—563页）一书。

王懋竑的外孙孙仝辙、孙仝敞亦言：

> 陆学之非，朱子辨之已明，逮王阳明宗陆氏而其说复炽。所撰《晚年定论》，只欲弥缝异同，以肆其诬罔。李古冲为阳明之学，率其私意，删改旧谱，即《晚年定论》之计而更诡出焉。先生有忧之。得洪本稍增多，并有闽本可参校，因订成此书。胠异说之囊橐，辨燕郢之混淆，大启关键，曲畅旁通。盖亦仿《闲辟录》《学蔀通辨》大指，而发挥统绪，确有据依，宏深著显，直远出两书之上。[①]

可见，孙仝辙、孙仝敞亦认为，王懋竑作《朱熹年谱》的目的是伸张《闲辟录》《学蔀通辨》之旨意，而驳斥《朱子晚年定论》以及李古冲《年谱》之谬误，进而以明陆学之非。

与朱泽沄和童能灵一样，王懋竑亦试图详细考订朱子一生的为学历程。王懋竑此举意图十分明晰：如果一生的为学历程都揭示清楚了，所谓的“早年”“晚年”当然就全部囊括进去了，如此“朱陆异同”中的是非曲直自然一目了然。这可谓是釜底抽薪之法。所以，这本书超出了“朱陆异同”问题本身，而把视野扩大到朱子一生的为学历程上。

对于朱子一生的为学历程，王懋竑曾言：

> 盖朱子自十五六时，即用力为己之学，内外并进，齐头用功，未尝有偏。即其出入老、释，亦从心地本原处用力，故延平言其从谦开善处下工夫来，皆就着里体认。至于考释经书，讲磨义理，则自其时用心为已极矣。及见延平，始悟老、释之非，其于考释讲磨，益以精密。独受求中、未发、默坐、体认之旨，反而求之未有以自信，是以延平殁而往问南轩。已而自悟心之动静皆为已发，而未发为性体，自以为无疑矣。“人自有生”二书，向以为在戊子，今考之何叔京、罗参议两书，则在乙酉、丙戌间，盖未至潭州前也。比至潭州，与南轩论不合。朱子谨守师说，而南轩以求中、未发、默坐、澄心为不然（见南轩书，廖子晦录），至未发、已发则无以异（朱子与南轩诗可考）。其后又卒从南轩受胡氏之学，先察识，后涵养（答程允夫、何叔京），戊子诸书皆主此论。己丑春，乃悟已发、未发之

① 见王懋竑：《朱熹年谱》“例义”，第3页。

各有界地时节，于是改从程子，而于未发，复寻延平之说。又至庚寅，乃极言“敬”字用功亲切之妙（《与林择之书》），拈出程子“涵养须用敬，进学则在致知”二语，与吕东莱、刘子澄书，与延平之云亦少异。自是指归一定，终身守之不易。①

这段话的关键点是，在王懋竑看来，朱子于己丑提出“中和新说”以及庚寅拈出程子之“敬”和“涵养须用敬，进学则在致知”后，便终身坚守此为学之方，始终做到“尊德性”与“道问学”齐头并进、不落一边。虽然在这里王懋竑并没有对朱陆早晚异同问题给出直接的答案，但显然可以看出其认为朱、陆为学工夫是不同的，朱子晚年并没有转向陆学。

为了论证朱子自庚寅以后便终身坚守“涵养须用敬，进学则在致知”的为学工夫，王懋竑还作《朱子论学切要语》两卷。该书选取癸巳（1173年）②后朱子关于为学工夫的一些重要书信及《语类》中的一些对话，同时附上了王懋竑对一些书信和对话的考异。综观王懋竑选择的书信及相关考异，其目的是要证明“涵养须用敬，进学则在致知”才是朱子生平学问的宗旨，朱子于庚寅确立此宗旨后便坚守不易。

需要指出的是，《朱熹年谱》之所以能高于前人之作，一个重要的原因是研究方法的科学性。王懋竑很好地做到了把考据论证和义理分析结合起来。该书在考证上的精细程度正如梁启超所说——“尽力搜罗客观事实，把年月日调查得清清楚楚，令敌派更无强辩的余地”③。至于在义理分析上，王懋竑对朱子文献潜心涵泳，“没有一个字不经过一番心，而且连字缝间也不放过”④，力求真切把握文义。

清末朱子学者夏炘（1789—1871年，字心伯）有感当时治朱学之弊端而作《述朱质疑》以期厘清朱子思想早晚发展中的一些问题。该书虽然没有像朱泽沄、童能灵、王懋竑那样以编年的方式把朱子一生的为学历程展示出来，但对一些问题的考证较为精细，对“朱陆异同”问题的研究也有一些值得关注的地方。

最值得关注的地方是，夏炘采用义理分析的方法批评李绂的《朱子晚年全论》，证明朱子晚年并没有转向陆学。前文提及，李绂认为王阳

① 王懋竑：《答朱宗洛书》，《历代“朱陆异同”文类汇编》（五），第402—403页。

② 《朱子论学切要语》原计划选录朱子自己丑（1169年）至庚申（1200年）间论学的重要书信，但王懋竑未完而亡，因此该书尚缺前面几年，今书是从癸巳（1173年）开始。

③ 梁启超：《中国近三百年学术史》，北京：东方出版社，2006年，第120页。

④ 梁启超：《中国近三百年学术史》，第120页。

明《朱子晚年定论》引证材料明显不足，故其列举了朱子有关自悔“支离”，言“求放心”“立本原”之书信三百余封。但在夏炘看来，李绂忽略了这样一个事实：相同词语在不同的思想家那里涵义并不一定相同，理解一个词语在一句话中涵义必须结合上下文来理解，不能脱离文义，妄加揣测。夏炘言：

> 临川李穆堂先生为金溪之学，《晚年全论》一书闻之久矣。昨于邺架见之，即携置行箧中。途间读过半，归来全阅一通。此书不过为《学蔀通辨》报仇，无他意也。朱陆之学，晚年冰炭之甚，此《通辨》之说，虽百喙亦莫能翻案。乃此书为之说曰：“朱子晚年论陆子之学，如冰炭之不相入，而朱子晚年与陆子之学，则符节之相合。”夫学则全同，而论则全背，是阴篡其实，阳避其名。此乃反复变诈之小人，乡党自好者不为，而谓朱子为之乎？所引朱子之书，凡三百五十余条，但见书中有一“心”字，有一“涵养”字，有一“静坐”“收敛”等字，便谓之同于陆氏，不顾上下之文理，前后之语气。自来说书者所未有也。朱子诲人，各因其材。惩心性之虚无，则每进以笃实；救口耳之泛滥，则恒示以精微。乃见朱子书中有箴学者溺于记诵语，则曰“此朱子晚年悔支离之说”“此朱子晚年咎章句训诂之说”，不复顾其所答何人、所药何病。①

在夏炘看来，李绂只要见“心”“涵养”“静坐”“收敛”等字即认为朱子晚年不再讲格物穷理、读书讲学之工夫而专心致力于求放心之工夫之论，乃是不顾文章义理之谬说。而李绂所谓“朱子晚年论陆子之学，如冰炭之不相入，而朱子晚年与陆子之学，则符节之相合”实有把朱子当作表里不一之乡愿小人之嫌。夏炘进一步指出，朱子强调要于“本心”上下工夫乃是因材施教、因病下药之表现，是要对治那些口耳泛滥之人，并不表示朱子只讲立大本一类之工夫。

另外，夏炘对朱子为学历程的转进也提出了自己的观点。他说：

> 朱子之学凡三转：十五六岁后，颇出入二氏，及见延平而释然，此朱子学之第一转也。受中和未发之旨于延平，未达而延平

---

① 夏炘：《与詹小涧茂才论〈朱子晚年全论〉书》，《述朱质疑》卷10，《续修四库全书》（子部，儒家类，第952册），第96页。

没，乙酉、丙戌之间，自悟“中和旧说”，又从张敬夫先察识后涵养之论，此朱子学之第二转也。己丑，更定“中和旧说”，并辨敬夫先察识之非，一以“涵养用敬，进学致知”二语为学者指南，此朱子学之第三转也。①

与李绂、童能灵、朱泽沄不同，夏炘认为朱子的为学历程可分为四个阶段，其中有三个重要转折点。具体说来，第一个阶段是十五六岁到从学李侗前，从学李侗是一个重要转折点；第二个阶段是从学李侗到乙酉、丙戌之间的“中和旧说”，“中和旧说”是一个重要转折点；第三个阶段是“中和旧说”到己丑的“中和新说”，“中和新说”是一个重要转折点；第四个阶段是“中和新说”以后。综合夏炘对朱子为学历程的划分可知，夏炘实认为“中和新说”是朱子为学思想最重要转折点，并且“中和新说”时朱子思想已经成熟，此后无大的变化。

综观宋元明清四代“朱陆异同”学术史，我们可以发现“朱陆异同”表现为两个方面的问题：一是义理问题，即分析比较朱子和陆象山为学工夫之同处与异处。而在这个问题上，又表现出三种观点。第一，会和朱陆。持该主张之人认为朱学与陆学都是儒家圣人之学，朱陆两人思想并没有本质差异；第二，尊朱抑陆。持该主张之人认为朱学才是儒学之正统，陆学则是“阳儒阴释”之禅学；第三，尊陆抑朱。持该主张之人否认陆学为禅，认为陆学直承先秦孔孟之学，乃儒学之正统，而朱学则是支离之学，背离了孔孟之教。二是考据问题，即探讨朱子晚年的思想究竟有没有向陆学靠拢。陆门学者认为朱子晚年有悔悟之心，并转向了陆学，强调为学首要是立本心，突出求放心工夫的第一位性；朱门学者则认为朱子晚年从未转向陆学，始终坚持涵养用敬与格物致知并进的为学方法。

把社会政治因素暂时搁置起来，思想史的发展仍可以找到其内在的发展理路。“朱陆异同”思想史呈现出由义理思辨向义理思辨与考据考证相结合的内在发展理路。通过前文对“朱陆异同”思想史的考察，我们可以发现，宋末至元代，学者们多是把“朱陆异同”当作一个义理问题来对待。无论是黄榦强调“尊德性”与“道问学”只是一义，还是吴澄、郑玉认为朱学和陆学教人之法是一致的，他们对“朱陆异同”问题的思考都是从朱陆两人思想本身入手，强调朱陆两人的为学工夫是相通的，朱陆两人

---

① 夏炘：《与胡琡卿茂才论〈学蔀通辨〉及〈三鱼堂集·答秦定叟书〉书》，《述朱质疑》卷5，《续修四库全书》（子部，儒家类，第952册），第58页。

都是圣人之学，都是要引导人成圣成贤。所以，宋末至元代，朱陆两家之徒多能站在推进儒学发展的高度，抛弃门户之见，将朱子与陆象山同置于孔孟儒学传承者的位置，主张和会朱陆。

然而，和会现象不可能维持很长时间。因为，以朱陆二人都是圣人之学来讲朱陆之同只是从“质”的层面找到两家的共同点，作为具有探究精神的思想家，显然不会满足仅以“朱陆二人都是圣人之学”来谈朱陆之间的异与同，更何况朱陆二人思想之差异是不置可否的，就连朱陆自身都认为自己的思想与对方有所不同。这就是说朱陆思想不可能是全同，也不可能是全异。既然朱陆之间不可能全同也不可能全异，就必然推动人们从“量”上来研究这个问题。从“量”上研究，就必须把“异同”问题深入化，探究朱陆思想在何种意义上同，又在何种意义上异。程敏政找到了一个突破口，那就是分早、中、晚来谈论异同，这样就可以避免全同或全异了。而一旦分早晚来谈论，就必然要分清楚哪些文献是早年的、哪些文献是中年的、哪些文献是晚年的。这就必然要涉及考据问题。另一方面，义理问题本来就很难形成统一的答案，同一问题从不同视角看，往往可以得出不同的解释。因此，当义理问题的争论到了无法再解释下去的时候，就必须跳出义理这个圈子，从另外一个视域来思考。王阳明开启了这个新的视域，那就是把义理问题转化为考据问题。[①]这是明代学术史发展的一个新特点。王阳明编《朱子晚年定论》虽不过是借助朱子的权威来论证自己思想的正确性，其重定《大学古本》亦不过是为自己的良知学说辩护，但这中间却蕴含了一个方法论问题——回归原始经典文献，以原始经典文献

---

① 余英时在给黄进兴《李绂与清代陆王学》（黄进兴：《十八世纪中国的哲学、哲学和政治：李绂与清代陆王学派》，郝素玲、杨慧娟译，南京：江苏教育出版社，2010年）一书所作的序中指出：“在理学哲学传统中，‘朱陆之争’的演变本身却引发了‘考证学转变’。早在16世纪，王阳明在他与朱熹的重要哲学论战中，十分致力于所谓《大学古本》的重建。这样，也许是在无意中，王阳明使自己陷入了文本和考证研究，由此为许多有哲学思想的学者设立了榜样，使他们投身于儒家文本的考证实践。另一方面，王阳明在‘朱陆之争’中的知名对手罗钦顺（1465—1547年）也鼓吹‘追溯本源’是解决哲学争论的重要途径。为捍卫朱熹‘性即理’，反对陆象山‘心即理’，他引用数段典籍来支持自己的论点。他这样总结：如果有人搞研究而不在典籍中寻求证据，那将是全然武断的、固执的，难免要步入歧途。这里我们看到，最初哲学是如何把自身推向了考证学。”需要指出的是，与王阳明相比，罗钦顺自觉地表示出以圣人经典文献作为是非标准的思想。当“性即理”与“心即理”谁是谁非争论不休时，罗钦顺主张“取证于经书”来判定是非。（罗钦顺关于以“取证经书”来判断“性即理”与“心即理”之是非之说见《困知记》卷下）另外，余英时对明代这一“取证于经书”现象有深入分析，认为这是儒家“智识主义”的体现。［参见余英时：《从宋明儒学的发展论清代思想史——宋明儒学中智识主义的传统》，氏著：《论戴震与章学诚——清代中期学术思想史研究（增订本）》，北京：生活·读书·新知三联书店，2012年］

作为是非判断的标准，符合就正确，不符合则错误。从学理上看，以原始经典文献作为是非判断的标准的做法实质上是把价值上的是非问题转化为事实上的真假问题。所以，清人注重考据并不是在清代突然产生的[①]，在明代就已见端倪；但这仅仅是端倪而已，毕竟在明代以考据来决是非只是非常微弱的声音。

当然，由于明人考据工夫较差，以至于出现程敏政认为朱陆无极太极之辩是中年之事、王阳明认为朱子《四书章句集句》《四书或问》是中年未定之论及答何叔京相关书信是晚年之事等考证错误。考证失误又必然会导致义理说服力的下降。因此，“朱陆异同”问题不可能在王阳明那里得到很好解决，反而使问题变得更加复杂。由是，王阳明之后，陈建就起来指责阳明在考证上的失误，并根据这些考证上的失误认定其在义理上的论证也是靠不住的。

清人承担起了“取证于经书”这一使命。当义理争论斥诸考证时，就必然推动人们在考证上务必求精准，因为谁的考证精准就意味着真理掌握在谁手上。这也是清人在考证上下很大功夫的原因。功夫下得越大成绩当然就越显著，清人擅长考据也就不难理解了。然而，“朱陆异同”问题不仅仅是考据问题，并不是说把朱子晚年的每一封书信前后年代都考证清楚了就能明晰这个问题。“朱陆异同”问题本质上是一个义理问题，因此必然涉及对文献义理的理解；所以，即使考证精确无误，如果义理理解不准确，同样无法对问题做出正确的判断。李绂在文义理解上的偏失正是这一现象的代表。与李绂同时期的朱泽沄、童能灵以及后面的夏炘则在考证和义理上颇能较好融合，王懋竑则是清代融合考证和义理来解决“朱陆异同”问题之集大成者。

通过上述“朱陆异同”学术史之简要梳理，我们可以清楚地发现“朱陆异同”问题蕴含着四个具体的问题：

一是“朱陆异同”问题的中心点在工夫论问题上。无论是王阳明选录30多封书信而作《朱子晚年定论》、李绂选录300多封书信而作《朱子晚年全论》，还是王懋竑作《朱子论学切要语》，他们的关注点都是朱子和陆象山的为学工夫、教人方法。站在陆学一边的认为朱子晚年工夫思想转向了陆学，晚年之朱子如陆象山一样，强调为学首要是立本心，突出求放

① 余英时指出：“清代学术不走形而上学的途径，因此表面上与宋明儒学截然异趣，但全面地看，它仍然表现一种独特的思想形态，推源溯始，它并且是从儒学内部争论中逐渐演化出来的。”（余英时：《清代学术思想史重要观念通释》，氏著：《文史传统与文化重建》，北京：生活·读书·新知三联书店，2004年，第202页）

心工夫的第一位性。站在朱学一边的则认为朱子自“中和新说”后便始终坚持涵养用敬与格物致知并进的为学方法。虽然双方对朱子晚年工夫思想的认知有差异，但讨论的中心集中在为学工夫上却是相同的，否则双方的对话就无从展开。

二是“朱陆异同”问题的聚焦点在朱子一方。无论是朱门学者，还是陆门学者，都认为陆象山之学是始终不变的。站在朱门一边的认为陆学自始至终是禅学，站在陆门一边的则认为陆学始终是孟子之心学。而朱门学者和陆门学者都认为朱子的思想早晚有变化。朱门学者认为朱子早年曾一度出入佛老，从学李侗之后才回归儒家圣学，其后又经历了“中和新旧说”之变，直到“新说”后才确立了涵养用敬与格物致知并进的为学方法，此后一直坚守不变。陆门学者则认为朱子早年出入佛老，中年沉溺于文字章句，晚年才走向陆学而与陆学合。

三是“朱陆异同”问题的关键点在朱子的晚年。综观“朱陆异同”思想史，我们可以发现双方争论的关键点在朱子晚年的工夫思想究竟有没有向陆学靠拢这个问题上。陆门学者认为朱子晚年有悔悟之心，强调为学首要是立本心，突出求放心工夫的第一位性；朱门学者则认为朱子晚年没有转向陆学，一直坚持涵养用敬与格物致知并进的为学方法。因此，“朱陆异同”问题的关键点就在辨析朱子晚年的工夫思想是否发生变化，如果发生了变化是否是向陆学靠拢。

四是“朱陆异同”问题的突破点在考据与义理的融合上。就“朱陆异同”问题的本质来说，其是一个义理问题，主要是探究朱陆为学工夫的相同处与不同处。然而，当朱子的思想有早晚变化时，讨论“朱陆异同”问题，就必须把朱子早、中、晚三个时期的思想区分来看，如此才能作出正确的对比。而朱子思想的变化主要体现在与朋友、弟子来往的书札中，因此要区分其早、中、晚三个时期的思想，就必然要把这些书札写作的时间给确定。只有做好这项工作，才能作出正确的义理判断。而书札考证则是一个考证问题。所以，研究“朱陆异同”问题必须把考证考据与义理分析两种方法相融合。事实证明，两种方法融合得越好，所得出的结论的效力就越高。

第三节　本书的研究内容及相关问题的说明

通过上面对“朱陆异同”思想史的简单回顾，“朱陆异同”问题中蕴含的有关思想义理问题已经大致揭示出来，本节则根据这些问题提出本书要研究的主要内容。

以今人的眼光来看，程敏政、王阳明、李绂所得出的朱陆“早异晚同”的结论显然是不符合朱子思想的本来面貌，而陈建所言的“‘主敬涵养以立其本，读书穷理以致其知，身体力行以践其实，三者交修并尽’，此朱子之定论也”以及王懋竑“至庚寅，乃极言敬字用功亲切之妙，《与林择之书》拈出程子‘涵养须用敬，进学则在致知’二语。自是指归一定，终身守之不易”更切合朱子思想之大旨。然而，我们可以提出这样一个问题：既然朱子晚年工夫思想并没有向陆学靠近，而且朱子自“中和新说”后便始终坚持“涵养须用敬，进学则在致知”之为学工夫，这是否表明朱子晚年工夫思想一点变化也没有呢？我们知道，朱子属长寿之人，活了71岁，他提出“中和新说”时才40岁。40岁至71岁之间长达30余年，难道30余年间朱子的工夫思想没有丝毫变化？笔者以为，这是一个值得探讨的问题。

另外，从前文“朱陆异同”学术史的回顾中，我们可以发现这样一个现象：人们在探讨朱陆异同时，多是进行横向比较，也就是拿朱子的早年与陆象山的早年进行比较，拿朱子的中年与陆象山的中年进行比较，拿朱子的晚年与陆象山的晚年进行比较。这种方法存在一个明显的问题：如果一方晚年存在的思想，在中年甚至在早年也存在，所谓的“晚年定论”就没有多大价值了，因为“晚年定论”是建立在早年、中年未有，而晚年才有的基础上。以王阳明和王懋竑的观点为例。王阳明因为错误地认为朱子中年沉溺于文字章句之学，所以才得出自己与朱子晚年思想相同的结论。在王懋竑看来，朱子40岁提出“中和新说”后，其为学思想就没有发生大的变化。所以，从某种意义上说，在王懋竑眼中“朱子晚年”这一概念并不成立[①]。因为，在王懋竑看来，朱子中年思想和晚年思想的大旨是一致的，朱子并不存在所谓的“晚年定论”。王懋竑编《朱子论学切要语》时原计划选录朱子自己丑至庚申间论学重要书信，即自“中和新说”以后的为学工夫之语。这表明，王懋竑并没有像王阳明和李绂那样只选录朱子晚年的为学工夫言论。另外，王懋竑并没有将该书的书名定位《朱子晚年论学切要语》。我们实可以从中看出王懋竑的用意：显然，在王懋竑看来，自己丑后朱子的思想大旨就没有大的变化，因此朱子不存在所谓的“晚年

---

① 需要指出的是，这里“朱子晚年”不是自然生命意义上的晚年，如以自然生命历程来说，每个人都有晚年；这里的“晚年”是从哲学意义上说的。

定论”，故而不必像王阳明和李绂那样弄出一个“晚年定论”或者“晚年全论”来。事实正如王懋竑所论，朱子的晚年思想，在中年也是存在的。所以，如果用横向的比较方法，实无法得出“朱子晚年定论”是什么。因此，本书主张从纵向来比较，也就是暂时将陆象山搁置起来，只讨论朱子的思想，并就同一个问题来看朱子晚年和中年是否有所不同。如果就同一个问题能找出前后的变化，就能看出朱子晚年思想是否有变化。问题是，这个同一个问题是什么呢？既然一般认为朱子自“中和新说”以后就始终坚持主敬涵养与格物穷理并进的为学方法，那么这个同一个问题显然就是主敬涵养与格物穷理两项为学工夫了。由是，本书要讨论的问题就是，以主敬涵养与格物穷理两工夫为主线，考察朱子这两项工夫在晚年是否有变化，并尝试分析朱陆为学工夫的异同。这也是本书选择以朱子晚年工夫思想的发展与完善为中心来探讨“朱陆异同”问题的原因。

本书认为，正如王懋竑所说朱子自“中和新说”后便对程子的“涵养须用敬，进学则在致知”工夫守之不易，但朱子的工夫思想也并不是没有丝毫变化。朱子在始终坚守“知先行后；主敬涵养与格物穷理并进，敬贯通始终”的大宗旨下，对主敬涵养与格物穷理两项工夫都进行了一些发展与完善，以试图更好地融合这两项工夫，以求工夫思想更加缜密圆融。朱子和陆象山的为学工夫思想有同有异，两人所主张为学工夫在起点和终点上是相同的，过程则有所不同；两人之学本质上都是儒家圣人之学。

另外，在进入正文讨论之前，先将三个需要说明的问题交代清楚。

1. 本书研究“朱陆异同”问题的视角

前文已经基本表明了本书研究“朱陆异同”问题的切入视角。这里进一步做出明确说明。所谓“朱陆异同”，从字面上理解就是朱子与陆象山学术思想的相同处与不同处。如果从朱子和陆象山整个学术思想的视角来理解“朱陆异同”问题，则可以说是一种广义上的“朱陆异同”。这种广义上的“朱陆异同”是全面对朱子的学术思想与陆象山的学术思想进行异同比较。显然，如果从广义的“朱陆异同”来对比分析朱陆思想，则朱陆之间是不可能完全相同的。因为，朱陆两人仅在“无极太极”问题上就表现出明显的对立与冲突，而“无极太极”之辩也确实是朱陆之争的重要内容；另外，朱子有着丰富的宇宙论思想，其对理气问题有深入的研究，而陆象山对于理气一类的问题没有太大兴趣，所以他极少讨论理气问题。因此，朱子的理气思想就是陆象山所没有的，这也是两人很大的一个不同之处。所以，本书不准备以朱子和陆象山整个学术思想为内容来处理“朱陆异同”问题。

通过前文对“朱陆异同”问题学术史的回顾，我们实可以发现，历史上人们对“朱陆异同”问题的研究多是从工夫论的视角切入，而很少涉及两人在理气问题、心性问题上的不同。因此，本书亦主张要抛开朱陆两人在宇宙本体论，甚至是心性论上的差异，而把“朱陆异同”问题限定在工夫论范围内来讨论，主张从工夫论视角来探讨朱陆之异同。当然，本书并不是认为从本体论或心性论的视角分析朱陆之异同有什么错误。所谓“横看成岭侧成峰”，对于一个思想问题，从不同的视角切入，往往会得出不同的解读，每一种解读都具有其合理性和价值。只是本书认为，从工夫论视角来解读朱陆之异同更符合朱陆思想的本来面目，更能揭示出朱陆思想真精神之所在。

2. 本书对“朱子晚年”所指的时间段的界定

“朱子晚年”是本书的一个重要概念。而这个概念的使用在历史上并没有一个统一的标准。程敏政的《道一编》认为“然两先生之说，不能不异于早年而卒同于晚岁”①，但对于哪一个时间段是晚岁程敏政并没有指明。王阳明的《朱子晚年定论》也没有给朱子的晚年确定一个明确的时间段。前文说到，针对王阳明不言朱子晚年始于何年，孙承泽的《考正晚年定论》明确以45岁为朱子晚年之始。李绂在《朱子晚年全论》中把朱子晚年确定为51岁至71岁，他说：“今按朱子得年七十一岁，定以三十岁以前为早年，以三十一岁至五十岁为中年，以五十一岁至七十一岁为晚年。”②今人邓艾民说：“在九十七家记录人之中，记录朱熹六十岁以后的语录多达六十四人，因而更详尽地保存朱熹许多晚年定论。”③可见，邓艾民主张把朱子的晚年定在60岁以后。金春峰在《朱熹晚年思想》一文中亦把朱子晚年定在60岁以后。他说：“何谓晚年？朱子活了71岁，其晚年可定在60岁至临终。”④许宗兴同样把朱子晚年定在60岁至71岁。他说：“朱子‘晚年宗说’之‘晚年’究指何年？实难从一生行事中明显划分出。既然一生行事难找到明显转折点，不得已只得依通俗说法，以十年为一单位，并以花甲之年为生命老成圆熟期，而将朱子‘晚年宗说’定位在六十岁至七十一岁寿终前。”⑤显然，孙承泽、李绂、金春峰、许宗

---

① 程敏政：《道一编》，《历代“朱陆异同”典籍萃编》（一），第13页。
② 李绂：《朱子晚年全论·凡例》，《历代“朱陆异同”典籍萃编》（六），第145页。
③ 邓艾民：《朱熹与朱子语类》，《朱子语类》前言部分，第8页。
④ 金春峰：《朱熹晚年思想》，《山东大学学报（哲学社会科学版）》，2005年第1期。
⑤ 许宗兴：《朱子义理研究之方法论刍议——以“晚年宗说”为探讨主轴》，《国文学报》，2013年总第18期。

兴纯是从一个明确的时间点来确定朱子晚年的时间段，只不过孙承泽把这个时间点定为45岁，李绂把这个时间点确定为50岁，金春峰和许宗兴把这个时间点确定为60岁。那么，这两种时间定位哪种更合理呢？朱子得年71岁，在当时属长寿之人，与其同时期的张栻则得年47岁，陆象山卒时只有55岁，吕祖谦卒时仅有45岁，所以在那个时代孙承泽和李绂把朱子晚年分别定为45岁后和50岁后都是合理的。今天人们的生活水平和医疗水平提高，一般认为60岁后才属老年，金春峰和许宗兴把朱子晚年定为60岁后则合乎今人之判断。

本书不主张以这种生理意义上的年龄段来定位朱子的晚年，而主张从思想发展之阶段来定位。我们知道，朱子一生倾注了大量心血注解《论语》《孟子》和《礼记》中的《大学》《中庸》，终成《四书章句集注》，《四书章句集注》可谓朱子之学的核心。《钦定四库全书总目》指出："大抵朱子平生精力，殚于《四书》，其判析疑似，辨别毫厘，实远在《易本义》《诗集传》上。读其书者，要当于大义微言，求其根本。"[①]钱穆则说："朱子毕生，于《四书》用功最勤最密，即谓《四书》学乃朱子全部学术之中心或其结穴，亦无不可。"[②]而朱子于己酉（淳熙十六年，1189年）正式序定《大学章句》《中庸章句》，于庚戌（绍熙元年，1190年）在临漳任上推行经界时刊刻《四子》。这标志着朱子"四书"学的正式形成。[③]而朱子的涵养主敬工夫和格物穷理工夫亦主要是通过诠释《大学》《论语》《孟子》《中庸》中的工夫思想而展现出来的。所以，如果从工夫论意义上看，亦可以说"四书"学的形成亦标志着朱子工夫思想的成熟。而本书主要是讨论朱子晚年工夫思想的发展与完善，故而本书主张把朱子的晚年定在朱子"四书"学正式形成以后的10余年，即庚戌（绍熙元年，1190年）以后。[④]本书亦主要讨论朱子"四书"学正式形成以后对《大学章句》《孟子集注》中的一些工夫思想的发展与

① 纪昀：《钦定四库全书总目》（卷35，经部，四书类一），《景印文渊阁四库全书》（第1册），第716页。

② 钱穆：《朱子新学案》（第1册），第205页。

③ 参见许家星：《朱子四书学形成新考》，《中国哲学史》，2013年第1期。

④ 陈双珠在《朱子涵养工夫研究》一书中亦主张以朱子60岁序定《大学章句》作为朱子思想进入晚年阶段的标志。她说："本书以朱子60岁序定《大学章句》作为其思想进入晚年阶段的标志，60岁朱子与象山也结束了无极太极之辩，并重新序定《大学章句》《中庸章句》，这是朱子对《集注》和《或问》中的许多问题长期思考和修订的结果。所以60岁开始，朱子的生命进入了人生最后的十一年，从思想意义上说朱子人生的最后十一年也是朱子思想最成熟的阶段。"（陈双珠：《朱子涵养工夫研究》，北京：中国社会科学出版社，2022年，第40页）

完善。

3. 本书对朱子原始文献的选择

“朱子是中国历史上著作最宏富的学者和思想家之一。”[①]一般认为，朱子的著述可以分为撰述、编辑和后人编辑三大类。著述除了前面说的最重要的著作《四书章句集注》外，还有《诗集传》《周易本义》《易学启蒙》《韩文考异》《楚辞集注》《资治通鉴纲目》等。编辑类有《二程遗书》《延平答问》《校定谢上蔡先生语录》《八朝名臣言行录》以及与吕祖谦共同编辑的《近思录》等。后人编辑则有《晦庵先生朱文公文集》（又名《朱子文集》《朱文公文集》等）《朱子语类》等。今人朱杰人、严佐之、刘永翔主编的《朱子全书》可谓是最为全面的朱子著述汇编。

而在朱子的著作中，《四书章句集注》《四书或问》《周易本义》《晦庵先生朱文公文集》《朱子语类》等是我们研究朱子哲学思想的主要文献。在这些文献中，《四书章句集注》《四书或问》《周易本义》《晦庵先生朱文公文集》等是朱子亲笔之作，因而可信度最高。而对于《朱子语类》之价值，后世学者则褒贬不一。站在陆学一边之学者多不取《朱子语类》作为材料。如程敏政说：“朱、陆二氏之学，始异而终同，见于书者可考也。不知者往往尊朱而斥陆，岂非以其早年未定之论，而致夫终身不同之决；惑于门人记录之手，而不取正于朱子亲笔之书邪？以今考之，‘志同道合’之语，著于奠文；‘反身入德’之言，见于义跋……”[②]可见，程敏政认为只有“朱子亲笔之书”才是最可信的，而所谓“门人记录之手”显然是指《语类》。李绂亦认为朱子的亲笔之作乃确然无疑，而门人所记之《语类》或有弟子们的意见涉入，或是记载有误。其云：“其《语类》一百四十卷，则皆门人所记。此书所录止于《文集》，不及《语类》……然则不兼采《语类》，固谨遵朱子之教，且亦取其出于朱子亲笔，确然无复可疑，异于门人记录，有得而有失也。”[③]正是基于此理解，程敏政之《道一编》、李绂之《朱子晚年全论》只选取朱子之书信、祭文、墓表等亲笔之作。王阳明甚至认为朱子的《四书章句集注》和《四书或问》是中年未定之说，因而并没有参考价值，故其作《朱子晚年定论》时并不采用两书之言。至于后人编辑的《朱子语类》，阳明亦认为该

---

① 朱杰人：《朱子全书·前言》，《朱子全书》（第1册），第8页。
② 程敏政：《道一编·序》，《历代“朱陆异同”典籍萃编》（一），第19页。
③ 李绂：《朱子晚年全论·凡例》，《历代“朱陆异同”典籍萃编》（六），第145页。

书只是朱子门人“挟胜心以附己见”，并不能代表朱子的思想，所以此书亦无参考价值。他说：“世之所传《集注》《或问》之类，乃其中年未定之说，自咎以为旧本之误，思改正而未及，而其诸《语类》之属，又其门人挟胜心以附己见，固于朱子平日之说犹有大相缪戾者。”[①]

而站在朱门一边之学者则多取《朱子语类》作为材料。陈建的《学蔀通辨》、孙承泽的《考证晚年定论》、朱泽沄的《朱子圣学考略》、童能灵的《朱子为学次第考》、王懋竑的《朱子论学切要语》皆以《晦庵先生朱文公文集》中的书札作为主要材料，但同时也取《朱子语类》中有关朱子之语作为论证材料。这表明，他们都认为《朱子语类》具有参考价值。例如，朱泽沄说：“《语类》一书，晚年精要之语甚多。五十以前，门人未盛，录者仅三四家。自南康、浙东归，来学者甚众，诲谕极详。凡文词不能畅达者，讲说之间，滔滔滚滚，尽言尽意。义理之精微，功力之曲折，无不畅明厥旨。诵读之下，謦咳如生，一片肫恳精神，洋溢纸上。”[②]

今人则多肯定《朱子语类》在研究朱子思想中的价值。例如，邓艾民说：“在九十七家记录人之中，记录朱熹六十岁以后的语录多达六十四人，因而更详尽地保存朱熹许多晚年定论，这是《朱子语类》的特点和具有更高参考价值的所在。”[③]劳思光谓：“论其学说之主旨，则大抵半在《语录》中，半在《文集》中。”[④]许宗兴说：“若要探究‘朱子晚年宗说’或当以《语类》为据，乃更能精准恰当地探究出朱子晚年义理真相。”[⑤]

诚然《朱子语类》之相关材料确有错漏之处[⑥]，不能完全相信，但不能因此就否认《语类》在研究朱子思想中的重要价值。这个价值就在于语录体作为一种文献记录方式有着书札所不具有的优势。此优势如黄榦在《池州刊朱子语录后序》中所说：“师生函丈间，往复诘难，其辨愈详，其义愈精，读之竦然，如侍燕间，承謦欬也！历千载而如会一堂，合众闻

---

① 王阳明：《朱子晚年定论序》，《历代“朱陆异同”典籍萃编》（一），第155—156页。
② 朱泽沄：《答乔星渚》（四），《朱止泉先生文集》卷4，乾隆四年顾天斋刻本。
③ 邓艾民：《朱熹与朱子语类》，《朱子语类》（第1册），第8页。
④ 劳思光：《新编中国哲学史》（三卷上），第205—206页。
⑤ 许宗兴：《朱子义理研究之方法论刍议——以“晚年宗说”为探讨主轴》，《国文学报》，2013年总第18期。
⑥ 例如黄榦说：“记录之语，未必尽得师传之本旨。”（黄榦：《池州刊朱子语录后序》，《朱子语类》前言部分，第2页）

而悉归一己。”[①]亦如今人丁为祥所说：“《语类》关于朱子讲学与问答的记录，却对当时的语境与对话场景做了忠实的陈述；我们也可以通过其师徒间的具体问答，一下子进入到朱子当年讲学的具体场景中。”[②]还如陈晓杰所说：“相对于一般意义的书写，语录体所独到之处，或许首先就在于对话者的音容笑貌，亦即‘身体’的向度，是几乎无法在一般的文本中找到的——无论是对经典的诠释，抑或是与他人的书信或者各种应酬文章。”[③]

本书亦认为《晦庵先生朱文公文集》等朱子亲笔之作是最可信之材料，但《朱子语类》在研究朱子思想时亦具有重要的价值。而《晦庵先生朱文公文集》中的书札贯穿朱子早中晚三个时期，《朱子语类》则是朱子后20年讲论之语，故本书在论述朱子工夫思想的形成与发展时以《晦庵先生朱文公文集》为主，而在论述朱子晚年思想变化时则以《晦庵先生朱文公文集》和《朱子语类》为主，并参酌《四书章句集注》《四书或问》等资料。[④]

---

① 黄榦：《池州刊朱子语录后序》，《语类》前言部分，第2页。

② 丁为祥：《学术性格与思想谱系：朱子的哲学视野及其历史影响的发生学考察》，北京：人民出版社，2012年，第15页。

③ 陈晓杰：《朱熹思想诠释的多重可能性及其展开》，北京：商务印书馆，2020年，第22页。

④ 李性传曾言：“愚谓《语录》与《四书》异者，当以书为正，而论难往复，书所未及者，当为助；与《诗》《易》诸书异者，在成书之前亦当以书为正，而在成书之后者，当以语为是。”［李性传：《饶州刊朱子语续录后序》，《语类》前言部分，第3—4页］

第二章　朱子工夫思想的形成

一般来说，一个人思想的形成与发展有着内在的理路。因此，我们不能把朱子晚年的工夫思想当作一个独立的单元来进行探究，探讨朱子晚年工夫思想的发展与完善必须与其中期甚至早期的工夫思想关联起来看，如此才能发现推动其晚年对工夫思想作出发展与完善的内在动力。从学李侗及对“中和”问题探索时期，是朱子工夫思想形成的关键时期。一般认为，“中和新说”提出的“未发涵养，已发省察，敬贯通已发未发”的为学工夫进路标志着朱子工夫思想正式建立起来。因此，本章将对朱子从学李侗时期及探索“中和”问题前后的工夫思想进行深入分析，进而厘清朱子工夫思想发展的内在理路。

第一节　李侗之教：理一分殊与默坐澄心

朱子早年为学历程较为复杂。[①]我们一般把朱子早期的为学历程分为三个阶段：第一阶段是10岁到16岁，接受儒家教育、立志于为己之学时期；第二阶段是16岁到24岁，出入释老、参禅修道时期；第三阶段是24岁到34岁，脱离佛老、专意圣人之学时期。[②]虽然朱子少年即立志于儒家为

---

① 本书主要是探讨朱子晚年工夫思想的发展与完善，所以对朱子童蒙及求学武夷三先生时期的为学思想本文不做过多论述。朱子早年思想前人已有深入研究，可参阅刘承相《朱子早年思想的历程》（上海：华东师范大学出版社，2010年）一书。

② 需要指出的是，三个阶段只是大体上的区分。从某种意义上说，用“自由求学”来概括朱子第一阶段和第二阶段的为学特点可能更准确。因为，这一时期朱子其实并没有严格的儒释分判的意识。朱子在接受儒家思想时期虽然主要是研习儒家之《论语》《孟子》《大学》和《中庸》，但并不仅仅只读儒家之书，此时的朱子从亲人身上接触了不少佛道思想。朱子的家庭与当时许多士大夫家庭一样，好爱佛老之学，试图从中找到生命的终极关怀。朱子的祖父、父亲、叔叔以及朱子母亲家族都颇爱好佛老。朱子年少时不可能不受熏陶感染，这也是朱子后来出入佛老的重要原因。另外，朱子16岁后出入释老并不是表示他放弃了儒学，他钻研释老之学只是企图从中找到通向圣人之道的途径，这也正是其自由求学的表现。即使在出入释老期间，朱子仍在读儒家经典，最有代表性的是朱子19岁登科后，苦读谢上蔡的《论语解》。《语类》载有：“某少时为学，十六岁便好理学，十七岁便有如今学者见识。后得谢显道《论语》，甚喜，乃熟读。”（《语类》卷115，第2783页）《语类》还记载了不少朱子后来回忆其出入佛老期间研读儒家之书的言论。如，“某年十七八时，读《中庸》《大学》，每早起须诵十遍。”（《语类》卷16，第319页）“《孟子》若读得无统，也是费力。某从十七八岁读至二十岁，只逐句去理会，更不通透。”（《语类》卷105，第2630页）朱子年少时读书兴趣极为广泛，除了儒、释、道外，朱子还广泛涉猎了其他学问。朱子曾言：“某旧时亦要无所不学，禅、道、文章、《楚辞》、诗、兵法，事事要学，出入时无数文字，事事有两册。一日忽思之曰：‘且慢，我只一个浑身，如何兼得许多！’自此逐时去了。大凡人知个用心处，自无缘及得外事。”（《语类》卷104，第2620页）

己之学，但由于学力尚浅，加上师友和环境的影响，他并不能真正理解儒家为己之学的内涵。因此，在探究儒家为己之学无所得的情况下，朱子就希望从释老那套已经很成熟的心性之学中寻找一条可能的路道，企图“借道”以通向儒家的为己之学。这不仅是朱子一个人走的道路，也是当时许多士人的共同选择。对于这段出入释老的经历，朱子并不隐讳，其后来回忆说：“熹天资鲁钝，自幼记问言语不能及人。以先君子之余诲，颇知有意于为己之学，而未得其处，盖出入于释老者十余年。近岁以来，获亲有道，始知所向之大方。”①

朱子24岁赴同安途中以父执拜见李侗，李侗劝诫其要“看圣贤言语”，朱子逐渐意识到自己此前误入歧途，并开始逐步专心于儒家圣人之学。对于这次见面李侗的教诲，朱子后来常回忆：“后赴同安任，时年二十四五矣，始见李先生。与他说，李先生只说不是。某却倒疑李先生理会此未得，再三质问。李先生为人简重，却是不甚会说，只教看圣贤言语。某遂将那禅来权倚阁起。意中道，禅亦自在，且将圣人书来读。读来读去，一日复一日，觉得圣贤言语渐渐有味。却回头看释氏之说，渐渐破绽，罅漏百出！”②同安期间，朱子苦究《论语》“子夏之门人小子”章和《孟子》“养气”章。朱子从“子夏之门人小子”章体会出“事有大小，而理无大小。事有大小，故其教有等而不可躐；理无大小，故随所处而皆不可不尽”③。“事有大小，而理无大小”体现的正是儒家“理一分殊”的思维。对“子夏之门人小子”章的成功解读，标志着朱子开始从佛老思想中跳脱出来，开始用儒家之学来解决理论问题。

同安任期满后，朱子于绍兴二十七年（1157年，朱子28岁）开始通过书信向李侗请教学问，并于绍兴二十八年（1158年，朱子29岁）再次拜见李侗，向其当面求学。自此以后，朱子在李侗的教导下，专心致力于儒家为己之学。

虽然朱子师从李侗的时间不长，但李侗的教导对朱子日后的影响是巨大的。李侗对朱子的教导可以归结为“一个目标”和“两个方法”。所谓“一个目标”，就是为学要以追求“中和”的圣人境界为目标。达至《中庸》所言的“中和”境界是理学家共同的理想。这是李侗一生思考和践履的问题，也是李侗教给朱子的根本问题，朱子自己也用了一生的努力去思

① 《答江元适》（一），《文集》卷38，《朱子全书》（第21册），第1700页。
② 《语类》卷104，第2620页。
③ 《语类》卷49，第1209页。

索如何达至“中和”之境。为了实现目标，就必须先找到实现目标的方法，也就是要有一套实现目标的为学路径。理学家探索为学工夫就是要探寻出一条通向目标的路径。在方法上，李侗传授给朱子两个方法，一个是“理一分殊”，另一个是“默坐澄心”。

“理一分殊”是李侗针对朱子“好同而恶异，喜大而耻小”的毛病而开给朱子的一剂良药。对于此点，赵师夏言：“文公先生尝谓师夏曰：‘余之始学，亦务为儱侗宏阔之言，好同而恶异，喜大而耻于小，于延平之言，则以为何为多事若是，天下之理一而已，心疑而不服。同安官余，以延平之言反复思之，始知其不我欺矣。盖延平之言曰：‘吾儒之学所以异于异端者，理一分殊也。理不患其不一，所难者分殊耳。’此其要也。”[①]朱子“好同而恶异，喜大而耻于小”的毛病是其出入释老期间养成的，这是沉溺于释老之学之人的通病。所以，朱子在第一次见李侗时，李侗就发现他身上的禅学之弊，告诫其要于分殊处体会道理，不可凭空扑捉所谓的大道理。朱子后来回忆：“某旧见李先生时，说得无限道理，也曾去学禅。李先生云：‘汝恁地悬空理会得许多，而面前事却又理会不得！道亦无玄妙，只在日用间着实做工夫处理会，便自见得。’后来方晓得他说，故今日不至无理会耳。”[②]对于刚从禅学中脱离出来的朱子，李侗这剂药方可谓是对症下药，再加上此前对《论语》“子夏之门人小子”章已有体会，朱子马上就掌握“理一分殊”的义理，并从此坚守不易。朱子很快运用“理一分殊”的方法同范如圭、吴耕老及李侗讨论《论语》中的“一贯忠恕”，反对范如圭、吴耕老将“忠恕”与“一贯”（“道”）两分，而主张“忠恕”便是“一贯”（“道”）。

然而，需要指出的是，朱子和李侗对“理一分殊”的理解并不一样。朱子此时有着极强的理论思辨兴趣，他更多地把“理一分殊”用在分析儒家文本中的思想义理[③]，而李侗则是从工夫践履上来理解“理一分殊”。这点从师徒两人关于儒家“仁”的理解就可以清楚地发现。《延平答问》有：

> 某尝以谓仁字极难讲说，只看天理统体便是。更心字亦难指说，唯认取发用处是心。二字须要体认得极分明，方可下工夫。仁字

---

① 赵师夏：《宋嘉定姑孰刻本延平答问跋》，《朱子全书》（第13册），第354页。

② 《语类》卷101，第2568页。

③ 对此，朱子后来言道：“当时亲炙之时贪听讲论，又方窃好章句训诂之习，不得尽心于此。”［《答何叔京》（二），《文集》卷40，《朱子全书》（第22册），第1802页］

难说，《论语》一部，只是说与门弟子求仁之方。知所以用心，庶几私欲沉、天理见，则知仁矣。如颜子、仲弓之问，圣人所以答之之语，皆其要切用力处也。孟子曰："人，人心也。"心体通有无、贯幽暗，无不包括，与人指示于发用处求之也。又曰："仁者，人也。"人之一体，便是天理，无所不备具。若合而言之，人与仁之名亡，则浑是道理也。来谕以谓仁是心之正理，能发能用底一个端绪，如胎育包涵其中，生气无不纯备，而流动发生自然之机，又无顷刻停息，愤盈发泄，触处贯通，体用相循，初无间断。此说推扩得甚好……又云："从此推出分殊合宜处便是义。以下数句，莫不由此，而仁一以贯之。盖五常百行，无往而非仁也。"此说大概是，然细推之，却似不曾体认得。伊川所谓"理一分殊"，龟山云"知其理一，所以为仁，知其分殊，所以为义"之意，盖全在知字上用着力也。《谢上蔡语录》云，不仁便是死汉，不识痛痒了。仁字只是有知觉了了之体段，若于此不下工夫令透彻，即何缘见得本源毫发之分殊哉？若于此不了了，即体用不能兼举矣。此正是本源体用兼举处。人道之立，正在于此。仁之一字，正如四德之元。而仁义二字，正如立天道之阴阳、立地道之柔刚，皆包摄在此二字尔。大抵学者多为私欲所分，故用力不精，不见其效。若欲于此进步，须把断诸路头，静坐默识，使之泥滓渐渐消去方可。不然，亦只是说也。更熟思之。[①]

对于此篇答问中朱子和李侗对于"仁"的内涵的理解我们暂时搁置起来不讨论，而主要看看两人理解"仁"的视角。我们先看看朱子是如何理解"仁"的。从文中可以看出，朱子认为，"仁是心之正理，能发能用底一个端绪，如胎育包涵其中，生气无不纯备，而流动发生自然之机，又无顷刻停息，愤盈发泄，触处贯通，体用相循，初无间断""从此推出分殊合宜处便是义。以下数句，莫不由此，而仁一以贯之。盖五常百行，无往而非仁也"。从这两段话中，可以发现朱子是从纯粹的思想义理上分析"仁"的内涵以及"仁"与"义"的关系，即所谓"仁是心之正理""从此推出分殊合宜处便是义"。我们再看看李侗的回应。所谓"仁字难说，《论语》一部，只是说与门弟子求仁之方。知所以用心，庶几私欲沉、天理见，则知仁矣。如颜子、仲弓之问，圣人所以答之之语，皆其要切用力处也"显然是要告诉朱子，《论语》只是讲求仁之方，孔子答颜子、仲弓

① 《延平答问》（壬午六月十一日书），《朱子全书》（第13册），第331—333页。

只是要告诉他们求仁的“切要用力处”，而并不是告诉他们仁的具体涵义是什么。而“伊川所谓‘理一分殊’，龟山云‘知其理一，所以为仁，知其分殊，所以为义’之意，盖全在知字上用着力也”中所谓“全在知字上用着力”则是强调要在具体的实践践履中领会儒家的“理一分殊”之理。因此，对于谢上蔡的“知觉言仁”，李侗强调要在求仁中“下工夫令透彻”，否则“何缘见得本源毫发之分殊”。所以，李侗最后强调，“大抵学者多为私欲所分，故用力不精，不见其效。若欲于此进步，须把断诸路头，静坐默识，使之泥滓渐渐消去方可”，也就是要在实践中践行仁，以求得对仁之本体的体悟。李侗之用心在最后一句“不然，亦只是说也”中彰明较著。

《延平答问》中还有一段师徒的问答，更是鲜明地表现出朱子对“理一分殊”的理解。

> 又详伊川之语推测之，窃谓理一而分殊，此一句言理之本然如此，全在性分之内、本体未发时看。（先生抹出批云：“须是兼本体已发未发时看，合内外为可。”）合而言之，则莫非此理，然其中无一物之不该，便自有许多差别。虽散殊错糅，不可名状，而纤微之间，同异毕显，所谓“理一而分殊”也。[①]

由“理一而分殊，此一句言理之本然如此”可知，朱子将“理一分殊”看作是事物存在的方式，整个世界的存在就是一个“理一分殊”的图式。显然，朱子是把“理一分殊”作为一个客观存在的当然之理来认识，人要明白此当然之理就在事事物物的“性分之内”。而所谓“本体未发时看”则是强调“理一分殊”先验性和客观性。李侗的批注“须是兼本体已发未发时看”则是要告诫朱子“理一分殊”并不是客观存在之理，而是一项践履工夫，必须在贯通已发未发的实践中去体认这个道理，而不能把其当作一个客观对象去认知。

总之，相对于李侗教导朱子要从工夫践履上体会儒家的“理一分殊”之理，朱子的兴趣则在用“理一分殊”的方法来对儒家文献中的问题进行义理分梳。[②]在李侗看来，作为天理的“理一”蕴藏在现实生活中事

---

① 《延平答问》（辛巳八月七日书），《朱子全书》（第13册），第335页。

② 洪明超认为，此时朱子的关注点不在于经典文本所言义理与自身生命生活的接契上，而是在于经典义理之知识的疏通上，即寻求在面对各种知识时思想的通彻无碍。（洪明超：《朱子之“出入湖湘”及其思想发展》，武汉大学硕士学位论文，2019年，第36—37页）

事物物的“分殊”之中。因此，人要于现实生活中各种不同的“分殊”上用功，体会“分殊”中蕴含的道理，而这个道理就是天理的具体体现。显然，李侗的用意是告诫朱子要在现实生活的具体事务中不断从事道德践履，而一旦达到事事上洒落的境界，即体认到了天理。而朱子则把“理一分殊”作为本体论问题和方法论问题来看待。在朱子看来，一方面，“理一分殊”是“理之本然如此”，宇宙中万事万物就是以“理一分殊”方式而存在；另一方面，既然世界是以“理一分殊”方式而存在，那么只能用这种方法来探求人伦事务中蕴含的天理，也唯有如此才能认识“理一”。后来朱子更是从“理一分殊”中发展出格物致知工夫。

尽管朱子对“理一分殊”的理解与李侗有所不同，但这正体现出朱子强大的创造力，也预示着朱子此后要走一条不同于延平的道路，构建出一套自己的思想体系。此后，“理一分殊”中体现的“体用一源，显微无间”的体用思维方式就成为朱子思考问题、构建理论的重要方法。

“默坐澄心”是李侗教给朱子的另外一个重要的为学方法。什么是“默坐澄心”呢？朱子言：“讲诵之余，危坐终日，以验夫喜怒哀乐未发之前气象为如何，而求所谓中者。若是者盖久之，而知天下之大本真有在乎是也。”[①]李侗亦言：“学问之道不在于多言，但默坐澄心，体认天理，若见虽一毫私欲之发，亦自退听矣。久久用力于此，庶几渐明，讲学始有力也。”[②]通过默坐澄心以体认天理的方式是道南学派代代相传的为学之法。黄宗羲言：“罗豫章静坐看未发气象，此是明道以来下及延平一条血路也。”[③]从《延平答问》中，我们可以看到，李侗一生努力践行罗从彦传授给他的这种为学之方，而他也以此方法对朱子进行谆谆教导。其言：

> 某曩时从罗先生学问，终日相对静坐，只说文字，未尝及一杂语。先生极好静坐，某时未有知，退入室中，亦只静坐而已。先生令静中看喜怒哀乐未发之谓中，未发时作何气象。此意不唯于进学有力，兼亦是养心之要。元晦偶有心恙，不可思索，更于此一句内求之，静坐看如何，往往不能无补也。[④]
>
> 某自少时从罗先生学问，彼时全不涉世故，未有所入，闻先

---

① 《延平先生李公行状》，《文集》卷97，《朱子全书》（第25册），第4517页。
② 《延平答问》（癸未七月二十八日书），《朱子全书》（第13册），第341页。
③ 黄宗羲、全祖望：《宋元学案·豫章学案》（第2册），第1277页。
④ 《延平答问》（庚辰五月八日书），《朱子全书》（第13册），第322页。

生之言，便能用心静处寻求。至今浃洄忧患，磨灭甚矣。四五十年间，每遇情意不可堪处，即猛省提掇，以故初心未尝忘废，非不用力，而迄于今更无进步处。常切静坐思之，疑于持守及日用尽有未合处，或更有关键未能融释也……元晦更潜心于此，勿以老迈为戒，而怠于此道。①

承谕处事扰扰，便似内外离绝，不相该贯。此病可于静坐时收摄，将来看是如何，便如此就偏着处理会，久之知觉，即渐渐可就道理矣。更望勉之也。②

牟宗三将李侗“静中看喜怒哀乐未发之谓中”解释为一种“暂时隔离一下”的体证之法。他说：“此步工夫涵有一种‘本体论的体证’，但却是隔离的、超越的体证，即暂时隔离一下（默坐、危坐）去作超越的体证……在默坐危坐之隔离的、超越的体证中，此体从私欲、气质、喜怒哀乐情变之激发（感性）之混杂中澄然凸现以自持其自己，成为其纯粹自己之自存自在，此即是其‘莫见乎隐、莫显乎微’之澄然、森然的气象。”③可是，朱子当时把精力放在对儒家经典文义的理解分析上，对“静中看喜怒哀乐未发之谓中”这一“龟山门下相传指诀”并不上心。分析下朱子的求学经历即可明白为什么此时的朱子对“龟山门下相传指诀”并不感兴趣。朱子出入佛老时学习的皆是“理会得个昭昭灵灵底禅”一类的明心见性工夫，此时他刚刚从禅学中逃离处来，所以其必然对静坐这种向里体会的工夫极为警惕。直到李侗去世以后，朱子才开始意识到自己忽视了“静中体认大本未发”之工夫。他后来多次追忆：

李先生教人，大抵令于静中体认大本未发时气象分明，即处事应物，自然中节。此乃龟山门下相传指诀。然当时亲炙之时贪听讲论，又方窃好章句训诂之习，不得尽心于此，至今若存若亡，无一的实见处，辜负教育之意。每一念此，未尝不愧汗沾衣也。④

龟山所谓“未发之际能体所谓中，已发之际能得所谓和”，此语为近之，然未免有病。旧闻李先生论此最详，后来所见不同，遂不复致思。今乃知其为人深切，然恨已不能尽记其曲折矣。⑤

---

① 《延平答问》（庚辰七月书），《朱子全书》（第13册），第323—324页。
② 《延平答问》（壬午五月十四日书），《朱子全书》（第13册），第331页。
③ 牟宗三：《心体与性体》（下），第5页。
④ 《答何叔京》（二），《文集》卷40，《朱子全书》（第22册），第1802页。
⑤ 《答林择之》（二十），《文集》卷43，《朱子全书》（第22册），第1979页。

对李侗来说，“理一分殊”和“默坐澄心”两项工夫最后都要指向“洒落自得”。“洒落自得”作为工夫的效验，正是检验“理一分殊”和“默坐澄心”工夫成效的标准。“洒落自得”是一种实践智慧、一种工夫境界，指人在实践中践行义理时达到一种事来顺应、毫发无滞、触处洞然、泛应曲酬的自然不待勉强的状态。“这种自由状态既如周敦颐‘胸中洒落如光风霁月’的有道者气象，又是孔子‘从心所欲而不逾矩’（《论语·为政》）的精神境界。”①

这种“洒落自得”的工夫境界可谓极高，李侗亦为自己未能达到此境界而感到焦虑。②也许因为自己未能达到此境界，李侗就把希望寄托在天资聪慧的朱子身上，对其进行谆谆教导，期望之大可谓溢于言表。《延平答问》有：

> 今学者之病，所患在于未有洒然冰解冻释处，纵有力持守，不过只是苟免显然尤悔而已。似此恐皆不足道也。③
>
> 某尝以谓遇事若能无毫发固滞，便是洒落。即此心廓然大公，无彼己之偏倚，庶几于理道一贯。若见事不彻，中心未免微有偏倚，即涉固滞，皆不可也。未审元晦以为如何？为此说者，非理道明，心与气合，未易可以言此。不然，只是说也。④
>
> 喻及所疑数处，详味之，所见皆正当可喜，但于洒落处，恐未免滞碍。⑤

李侗对朱子的殷切希望可见一斑。更有甚者，李侗去世前仍不忘以“洒落脱然”勉励朱子。《延平答问》载：

> 近日涵养，必见应事脱然处否？须就事兼体用下工夫，久久纯熟，渐可见浑然气象矣。勉之勉之。⑥

---

① 王健：《在现实真实与价值真实之间——朱熹思想研究》，上海：华东师范大学出版社，2007年，第135页。

② 如李侗说：“某晚景别无他，唯求道之心甚切。虽间能窥测一二，竟未有洒落处。以此兀坐，殊愦愦不快。昔时朋友，绝无人矣，无可告语，安得不至是耶？可叹可惧！”［《延平答问》（庚辰五月八日书），《朱子全书》（第13册），第321页］

③ 《延平答问》（己卯长至后三日书），《朱子全书》（第13册），第321页。

④ 《延平答问》（庚辰五月八日书），《朱子全书》（第13册），第323页。

⑤ 《延平答问》（辛巳中元后一日书），《朱子全书》（第13册），第330页。

⑥ 《延平答问》（癸未五月二十三日书），《朱子全书》（第13册），第339页。

最后两个“勉之”可谓是李侗对朱子的最后叮咛。问题是，通过“理一分殊”和“默坐澄心”这两项工夫如何能通向“洒落自得”之境界呢？在李侗看来，默坐澄心之静坐能使人于先天的先验层面上体认到天理达道，理一分殊则能使人于后天的经验层面上认识到事事物物分殊之理，因此当人切实做到“静中看喜怒哀乐未发之谓中”和“凡遇一事，即当且就此事反复推寻，以究其理”[①]即能实现“心与理为一”。而当人做到“心与理为一”时，自然就能做到事来顺应、毫发无滞、触处洞然、泛应曲酬，也就达到了“洒落”之境。李侗言：

> 又所谓但敬而不明于理，则敬特出于勉强，而无洒落自得之功，意不诚矣。洒落自得气象，其地位甚高……由此持守之久，渐渐融释，使之不见有制之于外，持敬之心，理与心为一，庶几洒落尔。[②]

当人达到“理与心为一”之境地时，“理”就成了人生命的内在需求。此时，“天理道义不是外在的约束律条，它应该是人们依据内心的需要所作的自由选择。在自由选择与自觉实行的过程中，人会得到价值的归宿感和生命的充实与美好。”[③]

从学李侗是朱子求学历程的重要转折点。正是在李侗的教导下，朱子找到了通往儒家为己之学的正确道路。虽然朱子对李侗的教导多有不契，但朱子的收获仍是巨大的。可以说，此时期的朱子从李侗那里学习到了“一个目标”和“一个方法”。“一个目标”就是前文所说的“致中和”以达圣人之境的为学目标，“一个方法”就是“理一分殊”的认识方法（或者说“体用”思维模式）。

最后，有必要补充说明下朱子此时对“理一分殊”的理解。前文提及，朱子把“理一分殊”理解为“理之本然如此”。而朱子有着强烈的理论兴趣和创造力，所以他要继续追问——为什么“理之本然如此”，也就是说为什么世界会是一个“理一分殊”的存在图式。这个问题朱子同李侗也讨论过。但朱子此时习惯于用理性思辨的方式来思考分析问题，而李侗却习惯于用体验践履的思维方式来辨析问题，这就导致两人在这个问题上没有取得一致的认识。

---

① 《大学或问》（下），《四书或问》，《朱子全书》（第6册），第532页。
② 《延平答问》（戊寅十一月十三日书），《朱子全书》（第13册），第320—321页。
③ 王健：《在现实真实与价值真实之间——朱熹思想研究》，第135页。

《延平答问》载有：

问："太极动而生阳。"先生尝曰："此只是理，做已发看不得。"熹疑既言"动而生阳"，即与《复卦》一阳生而"见天地之心"何异。窃恐"动而生阳"，即天地之喜怒哀乐发处，于此即见天地之心；"二气交感，化生万物"，即人物之喜怒哀乐发处，于此即见人物之心。如此做两节看，不知得否？

先生曰"太极动而生阳"，至理之源，只是动静阖辟。至于终万物、始万物，亦只是此理一贯也。到得二气交感，化生万物时，又就人物上推，亦只是此理。《中庸》以喜怒哀乐未发已发言之，又就人身上推寻，至于见得大本达道处，又衮同只是此理。此理就人身上推寻，若不于未发已发处看，即何缘知之？盖就天地之本源与人物上推来，不得不异。此所以于"动而生阳"，难以为喜怒哀乐已发言之，在天地只是理也。今欲作两节看，切恐差了。《复卦》"见天地之心"，先儒以为静见天地之心，伊川先生以为动乃见，此恐便是"动而生阳"之理。然于《复卦》发出此一段示人，又于初爻以颜子"不远复"为之，此只要示人无间断之意。人与天理一也，就此理上皆收摄来，"与天地合其德，与日月合其明，与四时合其序，与鬼神合其吉凶"，皆其度内尔。妄测度如此，未知元晦以为如何？①

在这里，朱子与李侗又展现出不同的思维方式。朱子明显是以"天一人"的视角，即宇宙本体论的思维方式，来沟通"天地之心"和"人物之心"，为天地万物之理找到一个存在和价值上根据。②在朱子看来，天地生化流行、创生万物即是天理流行的体现，"动而生阳"即是天地喜怒哀乐已发的表现，而人亦是由天地创造的，所以天地即是人存在和价值上的根据，"人物之心"即是"天地之心"下贯到人身上的体现，所以人心亦有喜怒哀乐已发之情。李侗则是从"人"的视角来思考天地之理的。李侗认为天地只有生化流行、化育万物之功，此生生之功就是理，且

---

① 《延平答问》（辛巳二月二十四日书），《朱子全书》（第13册），第328—329页。

② 李健芸认为，"对于朱子而言，未发已发问题从一开始就不仅是个人体验、工夫修养层面的问题，而是直接指向了对'大本'的思想旨趣，而静坐、未发则直接与把握'大本'相关。"（李健芸：《"中和旧说"与朱子早期思想的关系及其理论困境》，《中国哲学史》，2022年第1期）

也只是理，不能用已发未发来形容理之生化流行；所谓已发未发只是就人的喜怒哀乐之情而言的，不必牵扯天地生化流行。所以，李侗认为朱子有把天地之理和人心之理分作“两节”之嫌。

由此亦可见，在李侗看来，天地与万物之理只是客观存在之理。如此，就产生了一个问题：天地之理如何同人心之理沟通起来呢？李侗主张从人自身向上推，通过“推理”的方式来推知天地之理，即所谓“《中庸》以喜怒哀乐未发已发言之，又就人身上推寻，至于见得大本达道处，又衮同只是此理。此理就人身上推寻，若不于未发已发处看，即何缘知之”。显然，李侗也讲“天人合一”，这从“人与天理一也，就此理上皆收摄来，‘与天地合其德，与日月合其明，与四时合其序，与鬼神合其吉凶’，皆其度内尔”即可看出。但从“就此理上皆收摄来”“皆其度内尔”，我们又可以发现，李侗所讲的“天人合一”是以人为中心，通过“收摄”和“度”的方式来实现合的。因此，从某种意义上说，李侗这种“天人合一”是一种境界的形上学。而朱子则是以“天—人”的方式来讲“天人合一”，即天地之理是一切事事物物之理的根源；天地有“天地之心”，所以人物才有“人物之心”。这是以天理“下贯”为人物之理来沟通天与人。朱子显然是以宇宙本体论的方式为事事物物之理找到一个形而上的根据。所以，对于李侗最后之问——“未知元晦以为如何”，朱子肯定是不会同意的。

之所以要在这里分析朱子这种宇宙本体论的思维方式，是因为这个思维方式对朱子后来思想体系的建构具有重要意义。而最直接的意义则在于：朱子这种宇宙本体论的思维模式为其随后的“中和旧说”把“未发”看作思虑萌动背后的“寂然之本体”埋下了伏笔。这个从《延平答问》中朱子对《中庸》“肫肫其仁、渊渊其渊、浩浩其天”的理解就可以看出。

> 某中间所举《中庸》始终之说，元晦以谓“肫肫其仁，渊渊其渊，浩浩其天”，即全体是未发底道理，惟圣人尽性能然。若如此看，即于全体何处不是此气象！第恐无甚气味尔。某窃以谓“肫肫其仁”以下三句，乃是体认到此“达天德”之效处。就喜怒哀乐未发处存养至见此气象，尽有地位也。[①]

把“肫肫其仁，渊渊其渊，浩浩其天”看作是“未发底道理”，也就

① 《延平答问》（辛巳十月十日书），《朱子全书》（第13册），第330页。

是把“未发”看作是现象背后之超越存在之理。这实已显端倪：朱子是以体用论的思维方式来处理未发已发，未发是体，已发是用。

朱子对“中和”问题还未参悟清楚，李侗即已去世。此后，朱子进入了独立探索思考和建构自己思想体系时期。朱子面对的首要问题是“致中和”问题，由是其进入了苦参“中和”学说时期。

第二节　“中和旧说”：先察识后涵养

李侗去世后，朱子开始注意到“体认大本未发”的涵养工夫的重要性，进而把为学精力从分析儒家经典文献中的思想义理转向了作为工夫主体的人的心性上。上一节已经说到，李侗教给朱子的为学之方是通过“默坐澄心”的方式来体悟“大本未发”。对有着极强理论兴趣的朱子来说，“体认大本未发时气象”虽然在本质上是一个为学工夫问题，但也不仅仅是一个工夫论问题，其中也包含着一些理论问题，如价值本体的确立、心性情位置的安置等等。这些理论问题都是李侗没有给朱子解答而必须依靠朱子自己思索来解决的问题。具体说来，朱子所思索的问题可以归纳为两个方面：一是确认“大本未发”究竟是什么；二是确认是否只能通过“默坐澄心”的方式才能体悟到“大本未发”，或者说是否另有其他方法亦能把握此“大本未发”。从隆兴元年（1163年）到乾道二年（1166年）期间，朱子一方面对掺杂佛老之学的“杂学”进行批判，一方面苦苦思索“大本未发”问题。在自己的不懈努力下以及与湖湘学者的交流中，朱子于乾道二年丙戌悟得了“中和”之旨，史称“中和旧说”或“丙戌之悟”[①]。朱子在《中和旧说序》中描述了这次体道的情况：

---

① 学界对“中和旧说”确立的具体时间有不同意见。清人王懋竑（参见王懋竑：《朱熹年谱•朱子年谱考异卷之一》，第302—305页）、夏炘［参见夏炘：《述朱质疑》卷3，《续修四库全书》（子部，儒家类，第952册），第29—32页］和今人牟宗三［参见牟宗三：《心体与性体》（下），第67—105页］、陈来（参见陈来：《朱子哲学研究》，第166—170页）、束景南［参见束景南：《朱熹年谱长编》（增订本），上海：华东师范大学出版社，2014年，第355—359页］、洪明超［参见洪明超：《朱子“人自有生”四书年代考——兼论中和旧说的思想演变》，《宋代文化研究》（第27辑），成都：四川大学出版社出版，2020年，第190—214页］等认为是乾道二年丙戌，即1166年。而清人童能灵［参见童能灵：《朱子为学次第考》卷2，《历代“朱陆异同”典籍萃编》（五），第963—968页］和今人钱穆［参见钱穆：《朱子新学案》（第2册），第257—272页］、刘述先（参见刘述先：《朱子哲学思想的发展与完成》，长春：吉林出版集团有限责任公司，2015年，第78—94页）、黄鸿文（参见黄鸿文：《朱子“中和四札”年代研究》，《思与言》，2012年第50卷第4期）则认为是乾道四年戊子，即1168年。本书从王懋竑、牟宗三、陈来等人之观点。

余蚤从延平先生学，受《中庸》之书，求喜怒哀乐未发之旨，未达而先生没。余窃自悼其不敏，若穷人之无归。闻张钦夫得衡山胡氏学，则往从而问焉。钦夫告余以所闻，余亦未之省也，退而沉思，殆忘寝食。一日，喟然叹曰："人自婴儿以至老死，虽语默动静之不同，然其大体莫非已发，特其未发者为未尝发尔。"自此不复有疑，以为《中庸》之旨果不外乎此矣。后得胡氏书，有与曾吉父论未发之旨者，其论又适与余意合，用是益自信。虽程子之言有不合者，亦直以为少作失传而不之信也。然间以语人，则未见有能深领会者。①

由此可见，朱子之所以能在"中和"问题上有所突破是受到湖湘学派的启发，进而对已发未发有了新的理解，即"人自婴儿以至老死，虽语默动静之不同，然其大体莫非已发，特其未发者为未尝发尔"。在朱子看来，人自出生至死亡心无时不处于已发状态，而未发则是一个寂然不动的"未尝发尔"。

所谓"对已发未发有了新的理解"是对道南一系对已发未发的理解而言。前文在讲李侗的"默坐澄心"工夫时，已经涉及道南一系对已发未发的理解。那么，道南一系是怎么理解已发未发的呢？杨时言：

学者当于喜怒哀乐未发之际以心体之，则中之义自见，执而勿失，无人欲之私焉，发必中节矣。②

朱子言：

李先生教人，大抵令于静中体认大本未发时气象分明，即处事应物，自然中节。此乃龟山门下相传指诀。③

讲诵之余，危坐终日，以验夫喜怒哀乐未发之前气象为如何，而求所谓中者。若是者盖久之，而知天下之大本真有在乎是也。盖天下之理，无不由是而出，既得其本，则凡出于此者，虽品节万殊，曲折万变，莫不该摄洞贯，以次融释而各有条理，如川流脉络之不可乱……由是操存益固，涵养益熟，精明纯一，触处洞然，泛应曲

---

① 《中和旧说序》，《文集》卷75，《朱子全书》（第24册），第3634页。
② 杨时：《答学者》，氏著：《杨时集》，林海权点校，北京：中华书局，2018年，第564页。
③ 《答何叔京》（二），《文集》卷40，《朱子全书》（第22册），第1802页。

酬，必发中节。[①]

可见，道南一系把未发理解为喜怒哀乐之情感尚未产生时的心理状态，把已发理解为喜怒哀乐之情感已经产生时的心理状态。这表明，道南一系是从人心之喜怒哀乐情感是否生发来界定已发未发，也就是从经验时间中的前后顺序来界定。在道南一系看来，由于未发在前，已发在后，所以未发是已发的根据，故而工夫当在未发上做。未发时的工夫就是通过静坐以体验喜怒哀乐未发时"大本未发时气象"，进而把握"天下之大本真"。而一旦在未发时把握了"天下之大本真"，则已发时便能做到"触处洞然，泛应曲酬，必发中节"。

湖湘学派又是怎么理解已发未发的呢？胡宏言：

窃谓未发只可言性，已发乃可言心。故伊川曰"中者，所以状性之体段"，而不言状心之体段也。心之体段，则圣人无思也，无为也，寂然不动、感而遂通天下之故是也。未发之时，圣人与众生同一性；已发，则无思无为，寂然不动、感而遂通天下之故，圣人之所独。夫圣人尽性，故感物而静，无有远近幽深，遂知来物；众生不能尽性，故感物而动，然后朋从尔思，而不得其正矣。[②]

这里我们把胡宏对圣人与常人已发之时心感物之差别的区分搁置起来。由"未发只可言性，已发乃可言心""未发之时，圣人与众生同一性"可知，胡宏主张未发是性，已发是心。

那么，在湖湘学派那里，未发之性与已发之心又是什么关系呢？胡宏又言：

非圣人能名道也，有是道则有是名也。圣人指明其体曰性，指明其用曰心。[③]

中者，道之体；和者，道之用。[④]

综合这两段话可知，胡宏实认为，未发之性乃是道之体，已发之心乃是道之用，未发之性与已发之心之间是一种体用关系，性体是心之发用的

① 《延平先生李公行状》，《文集》卷97，《朱子全书》（第25册），第4517—4518页。

② 胡宏：《与僧吉甫书三首》，氏著：《胡宏集》，吴仁华点校，北京：中华书局，1987年，第115页。

③ 见《胡子知言疑义》，《文集》卷73，《朱子全书》（第24册），第3562页。

④ 《知言》，《胡宏集》，第14页。

根据，心之发用是性体的表现。

上一节言及，朱子在从学李侗时对已发未发问题已经有了初步思考。当时，朱子把未发理解为现象背后之超越存在之理，表现出以体用论的思维方式来界定未发已发，即未发是体、已发是用。如此，朱子理解的已发未发已然不同于道南一系所言的已发未发，反而与湖湘学派的理解较为接近。这也是朱子对李侗“静中体认大本未发时气象”之工夫始终不契的原因。

隆兴二年（1164年）九月，朱子赴豫章哭祭张浚。其间，朱子与张栻有三日面对面的交流。回来后，朱子阅读了胡宏的《知言》，对湖湘学派的思想有了较为系统的了解。[①]前引《中和旧说序》中“闻张钦夫得衡山胡氏学，则往从而问焉。钦夫告余以所闻，余亦未之省也，退而沉思，殆忘寝食”一段即是对这段交往的描述。

湖湘学派“性为未发，心为已发；性体心用”的思想与朱子自己体悟到的“未发是体、已发是用”的思想有着高度的一致性，这就给了朱子极大的信心，使得朱子确信自己的体悟是无误的。[②]由是，朱子体认到“人自婴儿以至老死，虽语默动静之不同，然其大体莫非已发，特其未发者为未尝发尔”。

前引《中和旧说序》相关材料只是对已发未发问题的一个简单概括。朱子此时对已发未发问题的详细理解主要在其给张栻的四封书信中，即所谓“中和旧说四书”中。第一书《与张钦夫》（三）[③]言：

---

① 乾道元年（1165年），朱子在《答罗参议》（四）中言：“胡仁仲所著《知言》一册内呈，其语道极精切，有实用处……大抵衡山之学，只就日用处操存辨察，本末一致，尤易见功。”［《答罗参议》（四），《晦庵先生朱文公续集》卷5，《朱子全书》（第25册），第4747页］下文引《晦庵先生朱文公续集》皆简称《续集》。

② 需要指出的是，朱子悟出“中和旧说”还受到了程颐“凡言心者，皆指已发”思想的影响。下文将详述之。

③ 关于“中和旧说四书”的先后顺序，学术界的意见也不一致。一种观点认为四书的先后顺序为：《与张钦夫》（三）为先，其次依次是《答张敬夫》（三十五）、《与张钦夫》（四）、《答张敬夫》（三十四）。持此观点的以牟宗三［参见牟宗三：《心体与性体》（下），第67—105页］、刘述先（参见刘述先：《朱子哲学思想的发展与完成》，第78—94页）、陈来（参见陈来：《朱子哲学研究》，第160—170页）以及洪明超［参见洪明超：《朱子“人自有生”四书年代考——兼论中和旧说的思想演变》，《宋代文化研究》（第27辑），第190—214页］为代表。一种观点认为四书的先后顺序是：《与张钦夫》（三）、《与张钦夫》（四）、《答张敬夫》（三十四）、《答张敬夫》（三十五）。持此观点的以王懋竑（参见王懋竑：《朱熹年谱》，第302—305页）、钱穆［参见钱穆：《朱子新学案》（第2册），第232—239页］、束景南［参见束景南：《朱熹年谱长编》（增订本），第355—359页］为代表。童能灵则认为四书的先后顺序是：《与张钦夫》（三）、《与张钦夫》（四）、《答张敬夫》（三十五）、《答张敬夫》（三十四）。［参见童能灵：《朱子为学次第考》卷2，《历代“朱陆异同”典籍萃编》（五），第963—968页］本书则采牟宗三、刘述先、陈来之说。

> 人自有生即有知识，事物交来，应接不暇，念念迁革，以至于死，其间初无顷刻停息，举世皆然也。然圣贤之言，则有所谓未发之中、寂然不动者。夫岂以日用流行者为已发，而指夫暂而休息，不与事接之际为未发时耶？尝试以此求之，则泯然无觉之中，邪暗郁塞，似非虚明应物之体，而几微之际，一有觉焉，则又便为已发，而非寂然之谓。盖愈求而愈不可见，于是退而验之于日用之间，则凡感之而通，触之而觉，盖有浑然全体应物而不穷者。是乃天命流行、生生不已之机，虽一日之间万起万灭，而其寂然之本体则未尝不寂然也。所谓未发，如是而已，夫岂别有一物，限于一时，拘于一处，而可以谓之中哉？然则天理本真，随处发见，不少停息者，其体用固如是，而岂物欲之私所能壅遏而梏亡之哉？故虽汩于物欲流荡之中，而其良心萌蘖，亦未尝不因事而发见。学者于是致察而操存之，则庶乎可以贯乎大本达道之全体而复其初矣。不能致察，使梏之反复，至于夜气不足以存而陷于禽兽，则谁之罪哉？周子曰："五行，一阴阳也；阴阳，一太极也；太极，本无极也。"其论至诚，则曰："静无而动有。"程子曰："未发之前更如何求？只平日涵养便是。"又曰："善观者，却于已发之际观之。"二先生之说如此，亦足以验大本之无所不在、良心之未尝不发矣。①

从这封信中，我们可以发现，朱子对已发未发着实进行了一番艰苦的探索。朱子认为"人自有生即有知识，事物交来，应接不暇，念念迁革，以至于死，其间初无顷刻停息"。这就是说人之心实际表现出来的是无时无刻不在应接事物，而无顷刻停息。于是朱子就有了个很大的疑问：既然人之心无顷刻停息，那么圣贤所谓的"未发之中、寂然不动者"又在哪里呢？这是困扰朱子的一个重要问题。

正是由于朱子认为人之心无顷刻停息，故其对"以日用流行者为已发，而指夫暂而休息，不与事接之际为未发"的观点表示怀疑，但他还是尝试以这种方式来求已发未发，最终却无所得。所谓"以日用流行者为已发，而指夫暂而休息、不与事接之际为未发"即是以心之念虑（喜怒哀乐、思虑营为）发动与否来区分已发未发。而以心之念虑（喜怒哀乐、思虑营为）发动与否来区分已发未发则是以经验现象中表现为时间先后的实然之心的动静寂感来作为划分标准。而实然之心表现出来的是无时无刻不

---

① 《与张钦夫》（三），《文集》卷30，《朱子全书》（第21册），第1315—1316页。

在应接事物，无顷刻停息，不会有一个未发之时段。这显然是一个矛盾。朱子又是如何突破这个矛盾的呢？朱子是通过转化思维方式来解决这个矛盾的。具体说来，朱子突破了“以日用流行者为已发，而指夫暂而休息，不与事接之际为未发”这一已经停留在他心中的思维方式对他的桎梏，转而以体用思维方式来区分已发未发。①而促使朱子下定决心以体用思维方式来区分已发未发的一个重要原因是他从程颐“凡言心者，皆指已发”这句话中确信了自己所体会到的人之心无顷刻停息的观点。②所谓“凡言心者，皆指已发”指心永远处于一种活动状态，只要生命存在就不可能停息，也就是朱子所说的“人自有生即有知识，事物交来，应接不暇，念念迁革，以至于死，其间初无顷刻停息”及《中和旧说序》中所说的“人自婴儿以至老死，虽语默动静之不同，然其大体莫非已发”。既然心永远处于已发状态，故未发就不可能是心了。那么，未发又是什么呢？朱子认为未发就是已发后面的“寂然之本体”，也就是所谓的“天命流行、生生不已之机”。朱子此时对自己关于未发的这一体悟颇为自信，故其言“所谓未发，如是而已，夫岂别有一物，限于一时，拘于一处，而可以谓之中

---

① 前文说到，朱子在从学李侗时即已经表现出用体用思维来处理已发未发的倾向。这也是朱子对那种以表现为时间先后的实然之心的动静寂感来区分已发未发的方式始终不能融释的一个重要原因。另外，朱子在“旧说”时期之所以会用体用思虑来处理已发未发显然是受到其在从学李侗时从李侗那里学到的“理一分殊”思想的影响，因为“理一分殊”体现的就是体用思维。

② 朱子后来在《与湖南诸公论中和第一书》中指出了自己受程颐“凡言心者，皆指已发”的影响而肯定“心为已发”。其言：“《中庸》未发、已发之义，前此认得此心流行之体，又因‘程子凡言心者，皆指已发而言’，遂目心为已发，性为未发。”［《与湖南诸公论中和第一书》，《文集》卷64，《朱子全书》（第23册），第3130页］《河南程氏遗书》载：“苏季明问：……‘喜怒哀乐未发之前求中，可否？’曰：‘不可。既思于喜怒哀乐未发之前求之，又却是思也。既思即是已发……才发便谓之和，不可谓之中也。”［《河南程氏遗书》卷18，《二程集》（上），第200页］可见，在程颐看来，既然思虑萌动与否是划分未发已发的标准，那么，当人产生求喜怒哀乐未发之前的意念时，心就已经发动而表现为已发状态了；即使求之有所得，所求得的只是“和”，而不是“中”了。由此，程颐认为赤子之心亦是已发。《与吕大临论中书》言：“先生曰：‘喜怒哀乐未发谓之中。’赤子之心，发而未远于中，若便谓之中，是不识大本也。”［《河南程氏文集》卷9，《二程集》（上），第607页］但后来程颐修正了此原来的观点，承认心兼体用，心既有“既然不动”的状态，也有“感而遂通”的状态。《与吕大临论中书》言：“先生曰：……凡言心者，指已发而言，此固未当。心一也，有指体而言者，（寂然不动是也。）有指用而言者，（感而遂通天下之故是也。）惟观其所见如何耳。”［《河南程氏文集》卷9，《二程集》（上），第609页］当然，在后来的“中和新说”中朱子又否定了自己的观点，并认为程颐的“凡言心者，皆指已发”只是一时之语，未定之论。后文将详细论述。另外，我们可以发现，程颐“既思即是已发”与《中庸》以喜怒哀乐来谈已发未发仍有不同，双发的着眼点并不一样。关于此不同，徐复观指出：“伊川对《中庸》的这段话之所以发生误解，从文字上说，是他们不在‘喜怒哀乐’上着眼，却只在‘未发’‘已发’上着眼；遂于不知不觉之间，把‘思’与喜怒哀乐，混为一谈，认为‘思即是已发’，于是对于‘中和’之‘中’的参证，连思也不敢用上。”（徐复观：《中国人性论史•先秦篇》，上海：上海三联书店，2001年，第113页）

哉？”总之，朱子此时是用体用思维来解释已发未发，认为未发是本体，是心理活动的内在根据，已发是发用，是永远处在运动状态的心。

这封信的后半部分，朱子把问题转向了工夫论。这也可以看出朱子思考“中和”问题的落脚点是在为学工夫上。从“学者于是致察而操存之，则庶乎可以贯乎大本达道之全体而复其初矣”可知，朱子采纳了湖湘学派的“先察识后涵养”的工夫。在朱子看来，既然已发未发是体用关系，那么作为未发的“天命流行、生生不已之机”必然会“随处发见，不少停息”，随时随地显现出来。这种显现就表现为人之“良心萌蘖”。在此时的朱子看来，尽管物欲会暂时遮蔽人之良心，但人之良心不会因物欲的遮蔽而消失殆尽，而是“未尝不因事而发见”。如此，工夫的入手处就在这“发见”之处，即“良心萌蘖”之处。当“良心萌蘖”时，如施以察识工夫，就可以获知此良心本体，也就是朱子所说的“寂然之本体”。而一旦获知此良心本体，就可以施以存养之功，以保持此良心本体永远安立在人心之中。这就是朱子所谓的“致察而操存之”，即湖湘学派的“先察识后涵养”之工夫。[①]

上述第一书中，朱子把未发界定为“寂然之本体”，认为其内容就是“天命流行、生生不已之机”，但这种解释并没有像“已发是心”那样明确地指出未发是什么。在第二书中朱子则对未发进行了明确界定。《答张敬夫》（三十五）言：

> 前书所禀寂然未发之旨、良心发见之端，自以为有小异于畴昔偏滞之见，但其间语病尚多，未为精切。比遣书后，累日潜玩，其于实体似益精明。因复取凡圣贤之书以及近世诸老先生之遗语，读而验之，则又无一不合。盖平日所疑而未白者，今皆不待安排，往往自见洒落处。始窃自信，以为天下之理其果在是，而致知格物、居敬精义之功，自是其有所施之矣。圣贤方策，岂欺我哉！
>
> 盖通天下只是一个天机活物，流行发用，无间容息。据其已发者而指其未发者，则已发者人心，而凡未发者皆其性也，亦无一物而不备矣。夫岂别有一物拘于一时、限于一处而名之哉？即夫日用之间，浑然全体，如川流之不息、天运之不穷耳。此所以体用、精粗、动静、本末洞然无一毫之间，而鸢飞鱼跃，触处朗然也。存

① 张栻曾将湖湘学派的“先察识后涵养”的工夫描述为“学者先须察识端倪，然后可加存养之功”。参见《答张钦夫》（四十九），《文集》卷32，《朱子全书》（第21册），第1420页。

者存此而已，养者养此而已，“必有事焉而勿正，心勿忘，勿助长也”。从前是做多少安排，没顿着处。今觉得如水到船浮，解维正柂而沿洄上下，惟意所适矣。岂不易哉！始信明道所谓“未尝致纤毫之力”者，真不浪语。[①]

此书是对上一书的进一步解释和完善。较之于前一书，朱子指出“凡未发者皆其性也”，明确把“寂然之本体”界定为“性”。而所谓“通天下只是一个天机活物，流行发用，无间容息”也就是前书所说的“天命流行、生生不已之机”。可见，此时的朱子有着强烈的宇宙本体论兴趣，皆以生生大化的流行义来定义天道性命，试图为自然现象和人事找到一个存在和价值的根源。而朱子的宇宙本体论兴趣早在从学李侗时就已经初显端倪，所以此时他用大化流行义来解释天道性命就不足为怪了。本来《中庸》是以喜怒哀乐之情感的动静来讲已发未发，经过朱子的改造，变成了以性与心的体用关系为中心来讲已发未发——性为体，为未发；心为用，为已发。[②]既然未发是体，已发是用，而体用一源，显微无间，所以未发之性不会“别有一物拘于一时、限于一处”，而是时时刻刻流行蕴含在已发之心中；因此，在工夫上，就不必专意于通过默坐澄心的方式以体悟天道性命，而完全可以在日用流行中察识到天道性命本体，进而再加以存养。朱子所谓“存者存此而已，养者养此而已”正是此意。

在第三书中朱子进一步就已发未发问题与张栻进行了讨论。《与张钦夫》（四）言：

前书所扣，正恐未得端的，所以求正。兹辱诲喻，乃知尚有认为两物之蔽，深所欲闻，幸甚幸甚。当时乍见此理，言之唯恐不亲切分明，故有指东画西、张皇走作之态。自今观之，只一念间已具此体用，发者方往，而未发者方来，了无间断隔截处，夫岂别有物可指而名之哉？然天理无穷，而人之所见有远近深浅之不一，不审如此见得又果无差否？更望一言垂教，幸幸。

所论龟山《中庸》可疑处，鄙意近亦谓然。又如所谓“学者于

---

① 《答张敬夫》（三十五），《文集》卷32，《朱子全书》（第21册），第1393—1394页。

② 陈来指出：“在中和旧说中朱熹实质上把‘未发’‘已发’当做与‘体’‘用’相当的一对范畴来处理心性论，这与《中庸》的作者从情感发作的前后定义‘未发’‘已发’的意义完全不同。”（陈来：《朱子哲学研究》，第165页）而钱穆则认为，在“中和旧说”时期，“《中庸》未发、已发本指内外言，而朱子改为先后言。”［钱穆：《朱子新学案》（第2册），第236页］本书从陈来之说。

喜怒哀乐未发之际以心验之，则中之体自见”，亦未为尽善。大抵此事浑然，无分段时节先后之可言。今着一“时”字、一“际”字，便是病痛。当时只云寂然不动之体，又不知如何。《语录》亦尝疑一处说存养于未发之时一句，及问者谓当中之时，耳目无所见闻，而答语殊不痛快，不知左右所疑是此处否？更望指诲也。

向见所著《中论》有云：“未发之前，心妙乎性；既发，则性行乎心之用矣。”于此窃亦有疑。盖性无时不行乎心之用，但不妨常有未行乎用之性耳。今下一“前”字，亦微有前后隔截气象，如何如何？熟玩《中庸》，只消着一“未”字，便是活处。此岂有一息停住时耶？只是来得无穷，便常有个未发底耳。若无此物，则天命有已时，生物有尽处，气化断绝，有古无今久矣。此所谓天下之大本，若不真的见得，亦无揣摸处也。①

从信中的内容可知，张栻认为朱子对已发未发的理解有把心与性两分之弊。朱子则对张栻的质疑进行了自我辩护，反而认为张栻的“未发之前，心妙乎性；既发，则性行乎心之用矣”有把心性两分之嫌。在朱子看来，“只一念间已具此体用，发者方往，而未发者方来，了无间断隔截处”。所谓“一念间”就是指一个个的瞬间心灵活动。朱子这句话显然是要强调，心灵活动一发动，即体即用，本体之性必然显示在现象之心中，现象之心就是本体之性的外在表现。一个个前后相继的心灵活动就构成了表现为“发者方往，而未发者方来，了无间断隔截”的意识活动系统。在这个意识活动系统中，“不仅心灵活动的不息之流整体与本原之间体用无间，即便在不息的意识之流中的任何一个瞬间都是作为活动之根源的体现。”②所谓“性无时不行乎心之用，但不妨常有未行乎用之性”是强调作为本体的性与作为现象的心是不即不离的关系。朱子显然是用“体用一源，显微无间”的体用论来解释性与心无有间断。朱子进而指出，像杨时所谓的“学者于喜怒哀乐未发之际以心验之，则中之体自见”等以“际”“时”来区分未发已发的做法才是不圆融的表现。而对于张栻的“未发之前，心妙乎性；既发，则性行乎心之用矣”之说，朱子亦提出批评，认为一个“前”字即有过于执着前后之分之弊，隔断了生化流行之气象。朱子这封书信实要强调，已发未发不是时间上的先后关系，而是体用

---

① 《与张钦夫》（四），《文集》卷30，《朱子全书》（第21册），第1316—1317页。

② 李健芸：《“中和旧说”与朱子早期思想的关系及其理论困境》，《中国哲学史》，2022年第1期。

关系。朱子的目的是要向张栻证明自己对已发未发的理解不会产生“间断隔截”的弊端。

后来朱子对“中和旧说”进行反省时，认为第三书“所论尤乖戾”。然而，朱子并没有解释为何第三书“所论尤乖戾”。虽然如此，我们仍可以从第四书中分析出“乖戾”之所指。第四书《答张敬夫》（三十四）言：

> 海谕曲折数条，始皆不能无疑，既而思之，则或疑或信而不能相通。近深思之，乃知只是一处不透，所以触处窒碍。虽或考索强通，终是不该贯。偶却见得所以然者，辄具陈之，以卜是否。
>
> 大抵日前所见累书所陈者，只是儱侗地见得个大本达道底影象，便执认以为是了，却于“致中和”一句全不曾入思议，所以累蒙教告以求仁之为急，而自觉殊无立脚下功夫处。盖只见得个直截根源倾湫倒海底气象，日间但觉为大化所驱，如在洪涛巨浪之中，不容少顷停泊，盖其所见一向如是，以故应事接物处但觉粗厉勇果增倍于前，而宽裕雍容之气略无毫发。虽窃病之，而不知其所自来也。而今而后，乃知浩浩大化之中，一家自有一个安宅，正是自家安身立命、主宰知觉处，所以立大本、行达道之枢要。所谓体用一源，显微无间者，乃在于此。而前此方往方来之说，正是手忙足乱，无着身处。道迩求远，乃至于是，亦可笑矣。
>
> 《正蒙》可疑处，以熹观之，亦只是一病。如定性则欲其不累于外物，论至静则以识知为客感，语圣人则以为因问而后有知，是皆一病而已。“复见天地心”之说，熹则以为天地以生物为心者也，虽气有阖辟、物有盈虚，而天地之心则亘古亘今未始有毫厘之间断也。故阳极于外而复生于内，圣人以为于此可以见天地之心焉。盖其复者气也，其所以复者，则有自来矣。向非天地之心生生不息，则阳之极也，一绝而不复续矣，尚何以复生于内而为阖辟之无穷乎？此则所论动之端者，乃一阳之所以动，非徒指夫一阳之已动者而为言也。夜气固未可谓之天地心，然正是气之复处，苟求其故，则亦可以见天地之心矣。①

从这封书信中我们可以清楚地发现，朱子从工夫论和心性论两个方

---

① 《答张敬夫》（三十四），《文集》卷32，《朱子全书》（第21册），第1392—1393页。

面反省自己此前所悟。那么朱子是如何反省的呢？我们先看看工夫论。从第三封书信中，我们可以感觉到此时的朱子完全沉浸在用体用思维模式来处理已发未发关系之中，并对此确信不疑，似乎忘记了寻找到一套“致中和”的工夫才是思考和探索“中和”问题的落脚点。从“大抵日前所见累书所陈者，只是儱侗地见得个大本达道底影象，便执认以为是了，却于‘致中和’一句全不曾入思议，所以累蒙教告以求仁之为急，而自觉殊无立脚下功夫处”可知，在张栻的“以求仁之为急”的提醒下，朱子意识到自己此前只把注意力放在对未发之性的体悟上，而忽略了“致中和”这个工夫论问题，并且此前对“中和”问题的理解导致“无立脚下功夫处”。那么，如何理解朱子所谓的“无立脚下功夫处”呢？我们知道，朱子在第一书和第二书中就已经提出了“先察识后涵养”的工夫进路，主张在已发之时先察识“良心萌蘖”之处，进而把握住此“良心”，在此基础上再存养此“良心”。显而易见，做此工夫的关键是要把握住已发之时的“良心萌蘖”之处；如果把握不住“良心萌蘖”之处，就不会有后面的存养此“良心”。如此，则此种工夫就不具有普遍性。此中原因即如江求流所说：“主体在日常生活中并不是时时刻刻都会遭遇触动良心呈现的事件。实际上，能够触动主体，从而流露出恻隐、羞恶、辞让、是非之心的情境在日常生活中并不多见。如果按照‘先察识后涵养’的工夫进路，在没有良心呈现的大多数事件内，主体的工夫显然无法安顿。”①另外，显而易见，朱子此时对心的理解主要着眼于天理本真之“良心”，而没有涉及与“道心”相对应的“人心”。这表明，朱子此时并没有考虑人先天具有的气禀之杂对人的存在的影响。②因为，谁也无法保证自己因事而发见都是“良心萌蘖”。事实是，大部分人由于受先天气禀之影响，往往无法因事而见天理良心，反而容易认私欲为天理。因此，这种“先察识后涵养”的工夫进路只适合于那些资质禀赋较高之人，而对于一般之人并不适用。所以，“先察识后涵养”的工夫进路不具有普遍性。朱子后来十分注重人的气质之性也正是源于此次反省。朱子此时对此前工夫的反省也正如唐君毅所说：“此中之病根所在，则亦正不外人原有气禀物欲之杂于气之鼓动

① 江求流：《朱子哲学的结构与义理》，北京：中国社会科学出版社，2020年，第156页。

② 需要指出的是，人先天具有的气禀之杂和后天物欲之弊对人的影响是两个不同的概念。朱子此时只注意到后天物欲之弊对人察识良心的影响，但没有人先天具有的气禀之杂对人察识良心的影响。朱子在《与张钦夫》（三）中就言道：“然则天理本真，随处发见，不少停息者，其体用固如是，而岂物欲之私所能壅遏而梏亡之哉？故虽汩于物欲流荡之中，而其良心萌蘖，亦未尝不因事而发见。”可见，朱子认识到虽然物欲之弊能对人之察识良心产生影响，但物欲之私并不能使良心梏亡，人亦能于物欲之中见良心之萌蘖。

之中，与天命流行，生生不息之机，可俱起俱行；故不于已发未发间，有一断制，于未发处无一工夫，必不能保其发之不杂不偏也……则人欲致中而致和，必须于事物未至时，先有以自去其缘于气禀物欲之杂而来之纷纶胶扰，然后可以言发而不乖之和亦明矣。此则正为朱子之悔悟之核心所在也。”①正是考虑到气禀之杂对人的影响，朱子在后来的“中和新说”中就十分强调用未发涵养的工夫来对治此气禀之杂。

在这里，朱子还指出了由于未以“致中和”工夫为落脚点而导致的心性论上的问题——“只是儱侗地见得个大本达道底影象”。什么是“只是儱侗地见得个大本达道底影象”？我们知道，当朱子把“通天下只是一个生机活物”的“生生不已之机”确定为性时，其目的是要为人和万物确立起存在和价值的根源。虽然朱子一再强调此“生生不已之机”之性无时不行乎心之用而表现为良心萌蘖；但是，无论朱子怎样强调“未发之性”与“已发之心”之间如何浑然无间断，用体用关系来处理已发未发必然导致心与性在人身上始终是两个异质层面的东西，性是形上的超越本体，心是经验中的现象，性只是性，心只是心，心与性是分成两节的。②在第

① 唐君毅：《中国哲学原论·原性篇》，第370页。

② 金春峰指出：“说性是未发，心是已发，就把心性割裂了。”（参见金春峰：《朱熹哲学思想》，台北：东大图书公司，1998年，第54页）笔者进一步认为，“旧说”时期朱子乃是混说心与性，认为“性”即道德本心之“良心”，或者说道德本心之“良心”是“性”。此混说表现在朱子对“天命流行、生生不已之机”的理解上。朱子似乎一方面认为“天命流行、生生不已之机”是性，一方面又认为“天命流行、生生不已之机”是道德本心。在“旧说”第一书中，朱子指出所谓的未发是“天命流行、生生不已之机”“天理本真”，但他并没有明确指出“天命流行、生生不已之机”“天理本真”是什么。如果按照“旧说”时期“性体心用”的思想，则此“天命流行、生生不已之机”“天理本真”应当是指性。朱子在“旧说”第二书中亦明确指出此未发之“天命流行、生生不已之机”“天理本真”是性。然而，在第一书中朱子又言：“故虽汩于物欲流荡之中，而其良心萌蘖，亦未尝不因事而发见。”“二先生之说如此，亦足以验大本之无所不在、良心之未尝不发矣。”由此可知，朱子似乎又认为此“天命流行、生生不已之机”“天理本真”就是人之“良心”。虽然在第二书、第三书中朱子都是强调未发为性，且第二书开头即说“前书所禀寂然未发之旨、良心发见之端，自以为有小异于畴昔偏滞之见，但其间语病尚多，未为精切”，但这并不表明朱子后面否定良心本体之说，因为只要朱子坚持“良心萌蘖”之察识工夫，他就必然要肯定存在一个超越的道德本心。所以，朱子的已发未发似乎既可以理解为作为道德本心的良心时时刻刻发用流行在表现为喜怒哀乐、思虑营为的实然之心中，又可以理解为本体之天命之性时时刻刻发用流行而行乎心之用。对朱子而言，虽然其强调的是后一种理解，但他实际所言的却是前一种理解。而在“新说”中，朱子的“心统性情”之说则理顺了心性之间的关系。与“性体心用”之说相比，“心统性情”之说蕴含的一个重要的理论转变就是，朱子不再把心与性割裂为二，而是把性与情统一于心上，认为性是心之体，情是心之用，而心就是一个标志着作为心之体的性显发为作为心之用的情的过程。“心统性情”并不是说心、性、情分别是三个独立的实体，而且心还能超越地统摄着性和情，而是指作为心之体的性展现为作为心之用的情的过程就是心。如此处理就避免了“旧说”中混说心与性的弊病，心性情之间的关系就非常清晰明了了。朱子的“心统性情”之说可参阅藤井伦明《朱熹思想结构探索：以“理”为考察中心》（台北：台大出版社，2011年）一书第六章。

三书中，张栻认为朱子有“两物之蔽”正是对此而发。因此，可以说此时的朱子把注意力集中在为人寻找一个形而上的存在和价值根据，这个根据就是“天命本真”之性理，而在实质上忽略了此“天命本真”之性理与人的关系，也就是只注意到了性理在天的一面，而忽视了性理在人的一面。因此，朱子感叹“只见得个直截根源倾湫倒海底气象，日间但觉为大化所驱，如在洪涛巨浪之中，不容少顷停泊。”而所谓“而今而后，乃知浩浩大化之中，一家自有一个安宅，正是自家安身立命、主宰知觉处，所以立大本、行达道之枢要”正是朱子告诫自己不能只注意到性理的形而上的超越一面，亦要认识到性理必须落实在人身上，也就是“一家自有一个安宅”。所以，这封书信中的“而今而后，乃知浩浩大化之中，一家自有一个安宅……所谓体用一源，显微无间者，乃在于此。而前此方往方来之说，正是手忙足乱，无着身处。道迩求远，乃至于是，亦可笑矣”正是朱子的自我反省之语。所谓“体用一源，显微无间者，乃在于此。而前此方往方来之说，正是手忙足乱，无着身处”透显出的意思是真正的体用一源乃是要确保自家“安宅”能挺立起来，即不仅要体会到性之在天的一面，也要体会到性之在人的一面。此中也透露出朱子认为此前体悟出的“未发为性、已发为心，性体心用”不是真正的体用一源，而此前所谓的“只一念间已具此体用，发者方往，而未发者方来，了无间断隔截处”亦不是真正的方往方来之说，而是把性与心割裂为二。在后来的“中和新说”中，朱子一再强调“此心寂然不动之体，而天命之性，当体具焉”“当此之时，即是心体流行，寂然不动之处，而天命之性，体段具焉”。此即是指人人具有天命之性理，此天命之性理又为心所统摄。而此正是针对“旧说”而发，表明性不仅具有超越性，亦落实在人心之中，性为心之理。在《仁说》中，当朱子强调仁不仅是“爱之理”也是“心之德”时，其用心之一也是指出仁不仅有在天的一面，也有在人的一面。

总之，在“中和旧说”期间，朱子通过艰苦探析，找到一条“先察识后涵养”以达至“中和”之境的工夫进路。应该说，任何一套工夫体系只要做到极致都可以通向圣贤。那么，为什么朱子最终却感觉到“无立脚下工夫处”呢？我们知道，朱子所关注的不是一个两个人成圣成贤，而是希望多数人都能从事儒家为己之学，成就君子人格。而“先察识后涵养”的工夫并不具有普遍性，不适合大多数人。一方面，人在日常生活中遇到“良心萌蘖”的事件毕竟是偶然的，大多数时间里人是碰不到的。另外，“先察识后涵养”的工夫只适合天资禀赋较高的人，而不适合普通人。对于普通人来说，于物欲流荡中见良心萌蘖并不是一件容易的事情。所以，从某种意义上说，“中和旧说”期间，朱子脱离人在现实生活中的具体实际，而是在理论上抽象谈论工夫。因此，找到一条广泛适用于普通人的工夫进路成为朱子必须面对的新问题。此后，带着这个问题，朱子又开始了新的思索。

第三节　“中和新说”：未发涵养，已发省察，敬贯通已发未发

“中和旧说”以后，朱子于乾道三年（1167年）秋赴长沙拜访张栻。此次湖湘之行，朱子对湖湘学派的“察识仁体”工夫有了深入的了解，发现他们所谓的“察识”不是于分殊上即物求理，而是悬空体悟，有“以心察心”“以觉识仁”的禅学之弊。正是有鉴于湖湘学派在“察识”上的禅学之弊，朱子进一步对“先察识后涵养”的工夫进路进行反思。另外，朱子自赴长沙拜访张栻归来以后便开始整理校定二程之书。这项工作促使朱子开始全面研读二程著作，使得其能深入掌握二程的思想，这也为“中和新说”的提出准备了条件。在此期间，朱子已经开始注意“主敬涵养”工夫，并强调“格物致知”之重要性，并生平第一次引用程颐的“涵养须用敬，进学则在致知”来阐述自己的工夫思想。

作于乾道五年（1169年）的《答张钦夫》（二）集中反映朱子这一时期的思想。其言：

> 愚意窃谓此病正坐平时烛理未明、涵养未熟，以故事物之来无以应之。若曰于事物纷至之时，精察此心之所起，则是似更于应事之外别起一念，以察此心。以心察心，烦扰益甚，且又不见事物未至时用力之要，此熹所以不能亡疑也。儒者之学，大要以穷理为先。盖凡一物有一理，须先明此，然后心之所发，轻重长短，各有准则。《书》所谓“天叙”“天秩”“天命”“天讨”，《孟子》所谓“物皆然，心为甚”者，皆谓此也。若不于此先致其知，但见其所以为心者如此，识其所以为心者如此，泛然而无所准则，则其所存所发，亦何自而中于理乎？且如释氏擎拳竖拂、运水般柴之说，岂不见此心？岂不识此心？而卒不可与入尧舜之道者，正为不见天理，而专认此心以为主宰，故不免流于自私耳。前辈有言，圣人本天，释氏本心，盖谓此也。

来示又谓心无时不虚，熹以为心之本体固无时不虚，然而人欲己私汩没久矣，安得一旦遽见此境界乎？故圣人必曰正其心，而正心必先诚意，诚意必先致知，其用力次第如此，然后可以得心之正而复其本体之虚，亦非一日之力矣。今直曰无时不虚，又曰既识此心则用无不利，此亦失之太快而流于异学之归矣。若儒者之言，则必也精义入神，而后用无不利可得而语矣。

孟子存亡、出入之说，亦欲学者操而存之耳，似不为识此心发也。若能常操而存，即所谓“敬者纯”矣。纯则动静如一，而此心无时不存矣。今也必曰动处求之，则是有意求免乎静之一偏，而不知其反倚乎动之一偏也。然能常操而存者，亦是颜子地位以上人方可言此。今又曰识得便能守得，则仆亦恐其言之易也。明道先生曰，既能体之而乐，则亦不患不能守。须如此而言，方是颠扑不破，绝渗漏、无病败耳。高明之意，大抵在于施为运用处求之，正禅家所谓石火电光底消息也，而于优游涵泳之功，似未甚留意。是以求之太迫而得之若惊，资之不深而发之太露，《易》所谓宽以居之者，正为不欲其如此耳。①

这封信的内容十分丰富，基本可见“中和新说”相关思想之端倪。我们可以把这封信的主要内容归纳为以下几点：第一，批评湖湘学派的识仁之方乃是企图于一念之间体悟到仁体的“以心察心”工夫，提出要“涵养”和“格物”。在朱子看来这种工夫之病表现在两个方面：一是“涵养未熟”，也就是缺乏涵养工夫，即朱子所说的“且又不见事物未至时用力之要”。由此，朱子指出，孟子的存亡、出入之说不是要人识得本心，而是要人“操而存之”，而且不能仅于“动处而求之”，而要“常操而存”，做到“动静如一，而此心无时不存”。二是“烛理未明”，也就是没有格物穷理的工夫。对朱子而言，“察识”不是佛禅所说的“明心见性”，而是要即事即物而格物穷理，以求得事事物物之理。所以，朱子强调，“儒者之学，大要以穷理为先。盖凡一物有一理，须先明此，然后心之所发，轻重长短，各有准则。”第二，批评张栻“心无时不虚”的观点，指出气禀私欲会对人心产生这样或那样的遮蔽作用，心必须通过后天的“正心”工夫才能恢复本体之虚。所以，朱子指出，“圣人必曰正其心，而正心必先诚意，诚意必先致知，其用力次第如此，然后可以得心

① 《答张钦夫》（二），《文集》卷30，《朱子全书》（第21册），第1313—1315页。

之正而复其本体之虚，亦非一日之力矣。”第三，提出为学要走“下学上达”之路方是平坦大道。朱子指出，“于施为运用处”求仁的方法正如“禅家所谓石火电光底消息”般，是一种急切高远之法，这种方法缺乏“优游涵泳之功”。在朱子看来，此方法只是“高明之意”，并不适合一般人。一般人适合于《易》所谓的“宽以居之”的平实之法，也就是朱子一生所坚持的下学上达之法。

这一时期，朱子已经把“主敬”思想拈出来，并强调要把“主敬”工夫与“格物”工夫连接贯通起来。《答程允夫》（六）言：

> “可欲”之说甚善。但云“可者欲之，不可者不欲，非善矣乎”，此语却未安。盖只可欲者便是纯粹至善自然发见之端，学者正要于此识得而扩充之耳。若云可者欲之，则已是扩充之事，非善所以得名之意也。又谓“能持敬则欲自寡”，此语甚当。但纸尾之意以为须先有所见，方有下手用心处，则又未然。夫持敬用功处，伊川言之详矣，只云：“但庄整齐肃，则心便一，一则自无非僻之干。”又云：“但动容貌、整思虑，则自然生敬。只此便是下手用功处，不待先有所见而后能也。须是如此，方能穷理而有所见。惟其有所见，则可欲之几瞭然在目，自然乐于从事，欲罢不能，而其敬日跻矣。”伊川又言：“涵养须用敬，进学则在致知。”又言：“入道莫如敬，未有致知而不在敬者。”考之圣贤之言，如此类者亦众，是知圣门之学别无要妙，彻头彻尾只是个“敬”字而已。[①]［乾道四年（1168年）］[②]

从这封信中，我们可以发现，朱子此时对程颐的“主敬”思想十分清楚，并首次拈出了程颐“涵养须是用敬，进学则在致知”一语。这正是朱子整理二程之书之所得。从“纸尾之意以为须先有所见，方有下手用心

---

① 《答程允夫》（六），《文集》卷41，《朱子全书》（第22册），第1872—1873页。

② 此书陈来依夏炘之考证而把该书定在己丑（乾道五年，1169年）十一月。［见陈来：《朱子书信编年考证》（增订本），上海：生活·读书·新知三联书店，2007年，第64页］陈来把《答程允夫》第七书定在戊子（乾道四年，1168年），但他同时又认为第七书在第六书之后。［见陈来：《朱子书信编年考证》（修订本），第53页］如此则显然矛盾。而王健认为此书作于戊子（乾道四年）十一月，但他并没有给出理由。（见王健：《在现实真实与价值真实之间——朱熹思想研究》，第214页）《答程允夫》第四书、第五书、第六书、第七书都是前后相续之书，而第四书、第五书作于戊子，故本书从王健之说，把第六书定在戊子。另外，本书朱子书信编年如无特殊说明主要参照陈来的《朱子书信编年考证（增订本）》和顾宏义的《朱熹师友门人往还书札汇编》（上海：上海古籍出版社，2017年）。

处，则又未然”可知，程允夫所持的正是湖湘学派的“先察识后涵养”之说，主张“先有所见”，再“下手用心”；朱子则反对程允夫这一主张，而认为为学必以涵养用敬为始，即“入道莫如敬”。由是，朱子强调，“圣门之学别无要妙，彻头彻尾只是个‘敬’字而已”。

而在《答石子重》（五）中，朱子又强调要把主敬涵养与格物穷理两项工夫“打成一片”。其言：

> “敬”字之说，深契鄙怀，只如《大学》次序，亦须如此看始得。非格物致知全不用诚意正心，及其诚意正心，却都不用致知格物，但下学处须是密察，见得后便泰然行将去，此有始终之异耳。其实始终是个“敬”字，但敬中须有体察功夫，方能行着习察。不然，兀然持敬，又无进步处也。观夫子答门人为仁之问不同，然大要以敬为入门处，正要就日用纯熟处识得，便无走作。非如今之学者，前后自为两段，行解各不相资也。近方见得此意思，亦患未得打成一片耳。[①]［乾道四年（1168年）］

朱子此时又认识到，虽然主敬为工夫之入门处，且贯穿工夫之始终，但涵养时亦需要格物穷理之体察工夫，否则只是“兀然持敬”，因此，必须把主敬涵养与格物穷理结合起来，使之相互资助。

由此可见，朱子虽然已经拈出了程颐的“涵养须是用敬，进学则在致知”之工夫，但对于主敬涵养与格物穷理在工夫体系中的位置还没有弄清楚，只是感觉到要把两者“打成一片”。

正是有了这些准备工作，朱子于乾道五年（1169年）春提出了“中和新说”。“中和新说”主要体现在《已发未发说》《与湖南诸公论中和第一书》及《答张钦夫》（四十九）三篇文章中。一般认为，《已发未发说》是《与湖南诸公论中和第一书》的草稿，而《答张钦夫》（四十九）则是“中和新说”之定论。[②]

朱子在《中和旧说序》中亦追述了“中和新说”提出的心路历程。其言：

> 乾道己丑之春，为友人蔡季通言之，问辨之际，予忽自疑，斯

---

① 《答石子重》（五），《文集》卷42，《朱子全书》（第22册），第1923页。
② 参见牟宗三：《心体与性体》（下），第134页。

理也，虽吾之所默识，然亦未有不可以告人者。今析之如此其纷纠而难明也，听之如此其冥迷而难喻也，意者乾坤易简之理，人心所同然者，殆不如是；而程子之言出其门人高弟之手，亦不应一切谬误，以至于此。然则予之所自信者，其无乃反自误乎？则复取程氏书，虚心平气而徐读之，未及数行，冻解冰释，然后知情性之本然、圣贤之微旨，其平正明白乃如此。而前日读之不详，妄生穿穴，凡所辛苦而仅得之者，适足以自误而已。至于推类究极，反求诸身，则又见其为害之大，盖不但名言之失而已也。于是又窃自惧，亟以书报钦夫及尝同为此论者。惟钦夫复书深以为然，其余则或信或疑，或至于今累年而未定也。夫忽近求远，厌常喜新，其弊乃至于此，可不戒哉！暇日料检故书，得当时往还书稿一编，辄序其所以，而题之曰《中和旧说》，盖所以深惩前日之病，亦使有志于学者读之，因予之可戒而知所戒也。独恨不得奉而质诸李氏之门，然以先生之所已言者推之，知其所未言者，其或不远矣。①

可见，乾道五年（1169年）春，朱子与蔡季通问辨之际，更加怀疑“旧说”对已发未发的理解存在不少问题，但又感觉“程子之言出其门人高弟之手，亦不应一切谬误”。于是，朱子“复取程氏书，虚心平气而徐读之”，结果“未及数行，冻解冰释”。那么，朱子在读书中发现了什么呢？考《二程集》，朱子读的程子之书当是《与吕大临论中书》中“先生曰：……凡言心者，指已发而言，此固未当。心一也，有指体而言者，（寂然不动是也。）有指用而言者，（感而遂通天下之故是也。）惟观其所见如何耳”②一段。朱子发现程颐所谓的“心者指已发而言”只是一时之言，并不是最终定论。这促使朱子对“中和”问题进行了进一步的深入思考。朱子将思考的结果写成文章，并寄给了张栻等人。朱子寄给张栻等人的文章当是《与湖南诸公论中和第一书》及《答张钦夫》（四十九）。同时，为了“深惩前日之病，亦使有志于学者读之，因予之可戒而知所戒也”，朱子把“中和旧说”时期的书信编在一起，并作此《中和旧说序》。

由于《已发未发说》是《与湖南诸公论中和第一书》的草稿，所以此处以《与湖南诸公论中和第一书》为主展开论述，同时参照《已发未发

---

① 《中和旧说序》，《文集》卷75，《朱子全书》（第24册），第3634—3635页。
② 《河南程氏文集》卷9，《二程集》（上），第609页。

说》中相关内容。《与湖南诸公论中和第一书》言：

> 《中庸》未发、已发之义，前此认得此心流行之体，又因“程子凡言心者，皆指已发而言”，遂目心为已发、性为未发。然观程子之书，多所不合，因复思之，乃知前日之说，非惟心、性之名命之不当，而日用功夫全无本领，盖所失者不但文义之间而已。
>
> 按《文集》《遗书》诸说，似皆以思虑未萌、事物未至之时，为喜怒哀乐之未发。当此之时，即是此心寂然不动之体，而天命之性，当体具焉。以其无过不及，不偏不倚，故谓之中。及其感而遂通天下之故，则喜怒哀乐之性发焉，而心之用可见。以其无不中节，无所乖戾，故谓之和。此则人心之正，而情性之德然也。然未发之前不可寻觅，已觉之后不容安排，但平日庄敬涵养之功至，而无人欲之私以乱之，则其未发也，镜明水止，而其发也，无不中节矣。此是日用本领工夫。至于随事省察，即物推明，亦必以是为本。而于已发之际观之，则其具于未发之前者，固可默识。故程子之答苏季明，反复论辨，极于详密，而卒之不过以敬为言。又曰：“敬而无失，即所以中。”又曰：“入道莫如敬，未有致知而不在敬者。”又曰：“涵养须是敬，进学则在致知。”盖为此也。
>
> 向来讲论思索，直以心为已发，而日用工夫，亦止以察识端倪为最初下手处，以故阙却平日涵养一段工夫，使人胸中扰扰，无深潜纯一之味，而其发之言语事为之间，亦常急迫浮露，无复雍容深厚之风。盖所见一差，其害乃至于此，不可以不审也。程子所谓“凡言心者，皆指已发而言”，此乃指赤子之心而言，而谓“凡言心者”，则其为说之误，故又自以为未当，而复正之。固不可以执其已改之言，而尽疑诸说之误；又不可遂以为未当，而不究其所指之殊也。不审诸君子以为如何？①

应该说，朱子的“中和新说”之所以能取得突破，关键是对已发未发的重新理解，这从前面关于《中和旧说序》的分析和用“已发未发说”来命名《已发未发说》即可证明。此文一开头朱子就指出，“中和旧说”是因受程颐“凡言心者，皆指已发而言”的影响，而认为“心为已发、性为未发”不仅导致“心、性之名命之不当”，而且导致“日用功夫全无本

① 《与湖南诸公论中和第一书》，《文集》卷64，《朱子全书》（第23册），第3130—3131页。

领”。此时，朱子则指出，“凡言心者，皆指已发而言”只是程颐一时之言，程颐后面已改之。在《已发未发说》中，朱子还对程颐言“凡言心者，皆指已发而言”的着意点进行了解释，其言：“程子所谓‘凡言心者，皆指已发而言’，此却指心体流行而言，非谓事物思虑之交也。”[①]可见，朱子认为程颐言心属已发是从“心体流行”上而言的，而不是着眼于“事物思虑之交”上。所谓“心体流行”是强调心之本体的流行发用（由体显用、即体即用）是不会停止的，所谓“事物思虑之交”是指在日用生活中心之思虑发动与否会因心与事物接触与否而有已发未发的状态之别。基于这种理解，朱子抛弃了“旧说”以体用思维模式来区分已发未发的做法，而直接从具体的经验现象来区分已发未发，把未发理解为心之“思虑未萌、事物未至”的状态。既然未发是心之“思虑未萌、事物未至”的状态，那么已发显然是心之“思虑已萌、事物交至”的状态。从具体的经验现象来区分已发未发，实质是以时间先后、空间动静来作为区分标准，应该说这种区分标准是符合《中庸》原意的。[②]事实上，朱子此时亦强调对已发未发的理解要符合《中庸》本义，这从《已发未发说》中朱子言“程子所谓‘凡言心者，皆指已发而言’，此却指心体流行而言，非谓事物思虑之交也。然与《中庸》本文不合，故以为未当而复正之”[③]即可看出。需要强调的是，当朱子讲已发未发都是指心，且要于具体的经验现象中来体认心性情之运行时，其就不是用体用思维模式来分析问题，而是用《易》中“易—道—神”之思维模式来说明事物在经验现象中的运行发动。[④]所谓“易—道—神”之思维模式是把心（心性情）当作一个功能系统来看待，而不是当作寂然不动的实体。而用“易—道—神”之思维模式来分析心之运行发动正表明朱子是着眼于日用生活中人的具体的实践践

---

① 《已发未发说》，《文集》卷67，《朱子全书》（第23册），第3268页。

② 当然，朱子以思虑萌发与否来区分“已发”“未发”与《中庸》以喜怒哀乐之七情来区分“已发”“未发”还是有一定差别的，正如陈来所说：“就七情本身来说，作为情感活动的外在方式也常常以某种具体思维为内容，没有任何内容的纯粹喜怒哀乐是不存在的。”（陈来：《朱子哲学研究》，第210页）这就是说，思虑和喜怒哀乐等情感是形式与内容的关系，两者之间是密不可分的。

③ 《已发未发说》，《文集》卷67，《朱子全书》（第23册），第3268页。

④ 陈淳的《北溪先生字义·心》言：“程子曰：‘上天之载，无声无臭，其体则谓之易，其理则谓之道，其用则谓之神。’此处是言天之心性情，所谓易便是心，道便是性，神便是情。所谓体者，非体用之体，乃其形状模样恁地，易是阴阳变化，合理与气说。”（陈淳：《北溪先生字义》，氏著：《北溪先生全集》，北京：国家图书馆出版社，2021年，第535页）今人陈来亦对朱子以“易—道—神”的思维方式来言心性情三者之间的关系进行了详细阐述。（参见陈来：《朱熹哲学中“心”的概念》，氏著：《中国近世思想史研究》，北京：商务印书馆，2003年，第193页）

履，而不再仅做理论上的思考。这也保证了“中和新说”所提出的工夫不会再有“日用工夫全无本领”的弊病。

与“旧说”着眼于“天命流行、生生不已之机”的道德本心来论说不同，“新说”既然是着眼于现实生活中具体的人来立论，那么“新说”对心的理解也是把心放在具体的经验现象中来对待。当然，朱子不会只看到心在现象中发用的一面，其也认识到心必有其内在本质的一面。在“新说”中，朱子不再用体用思维来处理已发未发之间的关系，而是用在处理心与性、情关系上，朱子对心作了体和用的区分，认为心既有体，也有用，提出了“心之体为性、心之用为情、心主乎性情”的心性论。朱子的这一思想集中体现在“思虑未萌、事物未至之时，为喜怒哀乐之未发。当此之时，即是此心寂然不动之体，而天命之性，当体具焉。以其无过不及，不偏不倚，故谓之中。及其感而遂通天下之故，则喜怒哀乐之性发焉，而心之用可见。以其无不中节，无所乖戾，故谓之和”这段话中。心之体是心之思虑未萌的未发之时，此时人禀有天命之性，所谓“中”则是描述心之未发时本具天命之性的无过不失、不偏不倚的状态。心之用是心之思虑已萌的已发之时，此时天命之性显发为喜怒哀乐之情，所谓“和”则是描述心之已发时所表现出的喜怒哀乐之情的无不中节、无所乖戾的状态。简单地说，性为心之体，情为心之用，心是包含与主宰性与情的整体存在。朱子这种把人之心分为体用两层的做法可谓既考虑到人的超越性又顾及人的现实性。“心之体为性”即要肯定人的本性是至善的，如此人之德性修养就有了根据和可能；“心之用为情”则是肯定人之性在现实生活中必然表现为情，而情则有可能流于恶，所以人之德性修养必须从人的现实情况出发，而不能脱离日用实际。这样朱子就把人的理想存在和现实存在统一在一起了，人作为学工夫即要从现实存在出发努力达至理想存在。此正是朱子的用心所在。这同样也保证了“中和新说”所提出的工夫不会再有“日用工夫全无本领”的弊病。

当然，“新说”的最终落脚点还是工夫问题。在“新说”中，朱子提出了一套新的工夫思想。那么，新旧两说工夫的不同之处在哪里呢？笔者以为，新旧两说工夫论的关键不同处是“旧说”所主张的于人之良心萌蘖时先察识后存养的方法主要把工夫的重心放在识性上，而“新说”则把工夫的中心转移到心上了。朱子言“未发之前不可寻觅，已觉之后不容安排”正是强调性和情上是不能做工夫的。所谓“未发之前不可寻觅”，是强调表现作为心之体之性是天所赋予人，其只能如是的存在，人不可能去把捉它；所谓“已觉之后不容安排”，是指性显发为情以后，情亦只能如是的显现，人亦不可能去改变它。那么，这是不是说性和情是无法把握的呢？当然不是。朱子认为，只能于心上把握性和情，因为性是心之体，情是心之用，心统贯性情。所以，工夫便只能于心上做。那么，又如何在心上做工夫呢？朱子有两点思考：一是既然心既有思虑未萌之未发之时，亦有思虑已萌之已发之时，那么从时空上看，未发之时和已发之时都必须有相应的工夫。二是既然性为心之体，情为心之用，心贯通性与情，且“未发之前不可寻觅，已觉之后不容安排”，那么未发之时就要想方设法存养人之本心以保有人所禀受于天的天命之性，已发之时就要使情依性而发其正。所以，整个工夫就是思虑未萌的未发时的主敬涵养与思虑已萌的已发时的省察格物。

在“新说”中，朱子十分强调未发时的涵养工夫，这也是针对“旧说”中“阙却平日涵养一段工夫”而发的。事实上，强调未发时的主敬涵养正体现了朱子深刻认识到气禀对人本性的影响。在朱子看来，不仅心在已发时容易受外在物欲之影响，认欲为理，使情失去控制而流于恶，而且未发之时由于先天气禀对人本性的遮蔽，人心在未萌动时亦不是时时处于“中”的状态，所以未发时亦需要工夫来对治气质之性。朱子这一思想体现在其对“中”和“和”的理解上。对于“中”和“和”，《与湖南诸公论中和第一书》言：“思虑未萌、事物未至之时，为喜怒哀乐之未发。当此之时，即是此心寂然不动之体，而天命之性，当体具焉。以其无过不及，不偏不倚，故谓之中。及其感而遂通天下之故，则喜怒哀乐之性发焉，而心之用可见。以其无不中节，无所乖戾，故谓之和。”《已发未发说》言：“思虑未萌、事物未至之时，为‘喜怒哀乐之未发’。当此之时，即是心体流行、寂然不动之处，而天命之性，体段具焉。以其无过不及，不偏不倚，故谓之中。然已是就心体流行处见，故直谓之性则不可。吕博士论此大概得之。特以中即是性，赤子之心即是未发，则大失之，故程子正之。（解中亦有求中之意，盖答书时未暇辨耳。）”[①]可见，朱子反对“中即是性”这种说法，认为“中”不等于“性”，“中”只是一个描述“性”存在状态的形容词，而不是名词；“和”亦同样如此。在朱子看来，所谓“未发之谓中”，是用“中”来描述心在思虑未萌时的状态——当心处于“中”的状态时，心即呈现出本体状态，而心之体即是性；所以，“未发之谓中”是描述“心之体”（“性”）之存在状态，而不是说未发就是性。同样，所谓“已发之谓和”，是用“和”来描述心在

---

① 《已发未发说》，《文集》卷67，《朱子全书》（第23册），第3267—3268页。

思虑萌发时的状态——当心处于“和”的状态时，心乃呈现出发用状态，而心之用即是情；所以，“已发之谓和”是描述“心之用”（“情”）之存在状态，而不是说已发就是情。朱子在《答林择之》（六）中明确说：“疑旧来所说，于心性之实未有差，而‘未发’‘已发’字顿放得未甚稳当。疑未发只是思虑事物之未接时，于此便可见性之体段，故可谓之中而不可谓之性也。发而中节，是思虑事物已交之际皆得其理，故可谓之和而不可谓之心；心则通贯乎已发未发之间，乃大易生生流行、一动一静之全体也。”[①]可见，未发之中是描述性之体段，未发不是指性，而是指心未思虑时之存在状态。[②]朱子强调“‘中’不是‘性’”的用意很明显，就是要告诉人们，人虽然禀受了天赋予人的天命之性，但天命之性在现实中却只是以气质之性的形式存在，所以人在未发之时并不是处于“中”的状态，要到达“中”的状态仍需要做修养工夫才能实现。

另外，需要指出的是，“中和新说”并没有完全否定“中和旧说”，“新说”对“旧说”仍是有所继承的。这个继承就表现，在心性论上，朱子保留了以体用思维来解释心性情之间的关系，只不过旧说以“性为体，心为用”，而新说以“性为体，情为用，心贯通体用”。《已发未发说》言：“比观程子《文集》《遗书》，见其所论多不符合，因再思之，乃知前日之说虽于心性之实未始有差，而未发、已发命名未当，且于日用之际欠缺本领一段工夫。”[③]所谓“于心性之实未始有差”正体现出前后继承之意。

《答张钦夫》（四十九）则交代了一些深层次的理论问题。其言：

> 诸说例蒙印可，而未发之旨又其枢要，既无异论，何慰如之！然比观旧说，却觉无甚纲领，因复体察，得见此理须以心为主而论之，则性情之德、中和之妙，皆有条而不紊矣。然人之一身，知觉运

---

① 《答林择之》（六），《文集》卷43，《朱子全书》（第22册），第1967页；乾道五年（1169年）。

② 从朱子的这一思想可知，在“新说”时期，朱子实认为，已发未发是用来描述心的存在状态，而不是用来描述心性情之间的结构关系；也就是说，已发未发是指心之已发未发，而不是指性情之已发未发。心之已发未发是时间上的先后关系，本体之性发用为作用之情是体用关系，这两种“发用”的意义是不一样的。所以，不能说未发是性、已发是情，性与情只是体用关系。需要指出的是，朱子后面对放松了“新说”时期对已发未发的这一理解，亦用已发未发来描述性情关系，认为未发是性、已发是情。如《中庸章句》言：“喜、怒、哀、乐，情也。其未发，则性也，无所偏倚，故谓之中。”（《四书章句集注》，第18页）

③ 《已发未发说》，《文集》卷67，《朱子全书》（第23册），第2366页。

用，莫非心之所为，则心者，固所以主于身，而无动静语默之间者也。然方其静也，事物未至，思虑未萌，而一性浑然，道义全具，其所谓中，是乃心之所以为体而寂然不动者也。及其动也，事物交至，思虑萌焉，则七情迭用，各有攸主，其所谓和，是乃心之所以为用，感而遂通者也。然性之静也而不能不动，情之动也而必有节焉，是则心之所以寂然感通、周流贯彻而体用未始相离者也。然人有是心而或不仁，则无以著此心之妙；人虽欲仁而或不敬，则无以致求仁之功。盖心主乎一身而无动静语默之间，是以君子之于敬，亦无动静语默而不用其力焉。未发之前，是敬也固已主乎存养之实；已发之际，是敬也又常行于省察之间。方其存也，思虑未萌而知觉不昧，是则静中之动，复之所以"见天地之心"也；及其察也，事物纷纠而品节不差，是则动中之静，艮之所以"不获其身，不见其人"也。[①]有以主乎静中之动，是以寂而未尝不感；有以察乎动中之静，是以感而未尝不寂。寂而常感，感而常寂，此心之所以周流贯彻而无一息之不仁也。然则君子之所以"致中和而天地位、万物育"者，在此而已。盖主于身而无动静语默之间者，心也；仁则心之道，而敬则心之贞也。此彻上彻下之道，圣学之本统。明乎此，则性情之德、中和之妙可一言而尽矣。

熹向来之说固未及此，而来喻曲折，虽多所发明，然于提纲振领处似亦有未尽。又如所谓"学者先须察识端倪之发，然后可加存养之功"，则熹于此不能无疑。盖发处固当察识，但人自有未发时，此处便合存养，岂可必待发而后察、察而后存耶？且从初不曾存养，便欲随事察识，窃恐浩浩茫茫，无下手处，而毫厘之差、千里之缪将有不可胜言者。此程子所以每言孟子才高，学之无可依据；人须是学颜子之学，则入圣人为近，有用力处。其微意亦可见矣。且如"洒扫应对进退"，此存养之事也，不知学者将先于此而后察之耶，抑将先察识而后存养也？以此观之，则用力之先后判然可观矣。

来教又谓动中涵静，所谓"复见天地之心"，亦所未喻。熹前以复为静中之动者，盖观卦象便自可见。而伊川先生之意似亦如

---

① 这里朱子以"静中之动"为复，以"动中之静"为艮。在《程子观养说》中朱子亦以"静中之动"为复，以"动中之静"为艮。今人唐文治考证，朱子此说为未定之论，朱子后面以静中涵动之理为坤，由静而动之初为复。参见唐文治：《紫阳学术发微》，乐爱国点校，上海：华东师范大学出版社，2014年，第57—60页。

此。来教又谓言静则溺于虚无，此固所当深虑。然此二字如佛者之论，则诚有此患。若以天理观之，则动之不能无静，犹静之不能无动也；静之不能无养，犹动之不可不察也。但见得一动一静，互为其根，敬义夹持，不容间断之意，则虽下“静”字，元非死物，至静之中盖有动之端焉。是乃所以见天地之心者。而先王之所以至日闭关，盖当此之时，则安静以养乎此尔，固非远事绝物，闭目兀坐而偏于静之谓。但未接物时，便有敬以主乎其中，则事至物来，善端昭著，而所以察之者益精明尔。伊川先生所谓“却于已发之际观之”者，正谓未发则只有存养，而已发则方有可观也。周子之言主静，乃就中正仁义而言。以正对中，则中为重；以义配仁，则仁为本尔。非四者之外别有主静一段事也。……至如来教所谓“要须察夫动以见静之所存、静以涵动之所本，动静相须，体用不离，而后为无渗漏也”，此数句卓然，意语俱到，谨以书之座右，出入观省。然上两句次序似未甚安，意谓易而置之，乃有可行之实。不审尊意以为如何？①

在这封信中，朱子继续就一些理论问题与张栻进行商讨，并提出自己的看法。一是进一步厘清了心性情三者的关系，强调心的知觉和主宰功能。对比此书与《已发未发说》和《与湖南诸公论中和第一书》，我们可以发现，朱子此时十分强调“心”在“新说”所构建的思想体系的地位，明确指出“此理须以心为主而论之，则性情之德、中和之妙，皆有条而不紊”。在朱子看来，人心乃人一身之主，而心之所以能为一身之主，是因为心有知觉功能；心主于身又表现在心对性和情的主宰上，心于思虑之已发和未发之际都能主宰。文中“人之一身，知觉运用，莫非心之所为，则心者，固所以主于身，而无动静语默之间者也”“心之所以寂然感通、周流贯彻而体用未始相离者也”即此之谓。朱子强调心的知觉功能的主宰性正是告诉人们要于心上做工夫，“心是做工夫处”②。

二是厘清了心之动静寂感问题，反对动静截然二分，提出了“静中有动、动中有静”的思想。前文说到“新说”之所以能突破“旧说”主要是因为重新对已发未发进行了界定，认为已发未发都是就心之思虑萌动与否而言的；而在此文中，朱子进一步打通了动与静、寂与感的隔阂。朱子这

---

① 《答张钦夫》（四十九），《文集》卷32，《朱子全书》（第21册），第1418—1421页。
② 《语类》卷5，第94页。

一打通动静的思想是要解决“动中如何求静”“已发时如何求未发”等问题。①那么，朱子是如何突破动静、寂感间的隔阂呢？从“思虑未萌而知觉不昧，是则静中之动”“事物纷纠而品节不差，是则动中之静”可知，朱子认为即使在思虑未萌发之时，心的知觉主宰功能依然潜藏在人心中，并随时会显发出来，所以思虑未萌之时并不是绝对的静止；而在事物纷纠而品节不差之时，心的知觉主宰功能也依然存在于心中，从未消失过。所以朱子言：“有以主乎静中之动，是以寂而未尝不感；有以察乎动中之静，是以感而未尝不寂。寂而常感，感而常寂，此心之所以周流贯彻而无一息之不仁也。”其又言：“至静之中盖有动之端焉。是乃所以见天地之心者。”在朱子看来，无论是在静之时，还是在动之时，心的知觉主宰功能永远是存在的，心的知觉主宰功能并不会因为心是处在已发状态还是处在未发状态的不同而存在或不存在。如此，人就可以于静中见动，亦能于动中见静了。朱子实“赋予‘知觉’超脱于‘未发’的地位”②，其目的是要把心的知觉能力提升起来，强调心的主宰功能。也正是由于心有知觉主宰能力，所以于心上做工夫也就有了可能，而于心上做工夫就是要不断提升心的主宰能力。

三是把持敬工夫的作用进一步提升，认为不仅未发涵养时需要施以敬的工夫，而且已发穷理时亦要施以敬的工夫，并提出了涵养工夫的具体内容。在《已发未发说》和《与湖南诸公论中和第一书》中，朱子只是指出未发时持敬涵养，已发时格物省察，并没有指出要以敬的心态去格物，并且没有明确界定何为主敬。而在这封书信中，朱子明确指出，“未发之前，是敬也固已主乎存养之实；已发之际，是敬也又常行于省察之间”“‘洒扫应对进退’，此存养之事也”。可见，此时朱子进一步把敬的心态提升起来，认为无论是做未发涵养工夫还是做已发穷理工夫都要以敬的心态去做；而涵养的具体内容就是日用之间的洒扫、应对、进退等

---

① 促使朱子思考这一问题的直接动因应该是程颐同苏季明关于“中”的讨论。［程颐同苏季明论“中”之说见《河南程氏遗书》卷18，《二程集》（上），第200—202页］当苏季明问“喜怒哀乐未发之前求中，可否”时，程颐予以否定，并强调“若言存养于喜怒哀乐未发之时，则可；若言求中于喜怒哀乐未发之前，则不可”。这表明，在程颐看来，未发之前的工夫只能是涵养，而不能求取。由是，程颐进一步指出，那种“求中于喜怒哀乐未发之前”的工夫是企图于思虑已发之际求取未发之大本，这种工夫实质上是要人于动上求静。在程颐看来，此非“善观者”极难做到，所以那种于喜怒哀乐已发之际观之的动上求静的工夫“最难”。朱子显然是不满程颐这种过分执着于“已发之时”与“未发之前”的时间前后之区分，而试图把动静寂感打通。

② 江俊亿：《由朱熹思想发展过程考察其智藏说》，东吴大学硕士学位论文，2010年，第54页。

工夫。

另外，虽然朱子此时还未明确提出“心统性情”，但这个思想在这封信中已经很明显了。其后的乾道六年（1170年），朱子在《胡子知言疑义》中明确提出了“心统性情”思想。一般认为，“心统性情”有心兼性情与心主性情两层含义。心兼性情主要是从心的内容义来讲的，强调心是包含作为体的性与作为用的情的整体存在。心主性情则主要是从心的功能义来讲的，强调心具有主宰运用性情的功能。进一步看，“心统性情”统摄了两种思维模式（体用和“易—道—神”）和两个问题（心性论问题和工夫论问题）。当讲已发未发分别指心的不同活动状态、心贯通已发未发时，是讲的工夫论问题。当讲性为心之体、情为心之用，心贯通性情、体用时，是讲的心性论问题。需要强调的是，这两个问题是不同层次的问题，不能混为一谈。在朱子那里，心性情之间的关系既可以分开讲，也可以合着讲。[①]当分开讲时，是纯粹的概念分析，是哲学思辨的需要，用的是体用的思维模式。分开讲时，心是心，性是性，情是情，心性情不能混同。当合着讲时，是描述经验现象中的心性情，是人在实践中做践履工夫时的心性情，用的“易—道—神”的思维模式。合着讲时，心性情是不能分开的，是一体的，表现为“性体—情用”一体而显发。相较于在心性论上对心性情三个概念“位置”的安顿，朱子更关心的是工夫论问题。心统性情、心贯通动静的工夫论意义就是强调只能于心上做工夫，未发时要于心上做工夫，已发时要于心上做工夫，性和情上是不能做工夫的。所以，从某种意义上说，朱子所讲的工夫亦是彻头彻尾的心学工夫。然而，人们往往把“心统性情”中的两种思维模式和两个问题混为一谈，故认为朱子三分心性情，所提出的主敬涵养与格物致知工夫只是一套外在的他律工夫。这种思想显然是值得商榷的。对于这一点，后文将详细论述。

总之，在“中和新说”中，当朱子讲已发未发都是心、心贯通动静时，其对已发未发之悟更多的是对人之心理运行的一种真切体验，就不是在做纯粹的哲学思辨，而是回到从经验现象中来体认心性情之运行，其关怀的焦点也就重新回到现实中的人的工夫践履上。这种方法实质是回归于李侗所教授给朱子的在实践中践履的生命体验之方法。应该说，与“中和旧说”所提出的“先察识后涵养”的工夫相比，“中和新说”中所提出的

---

① 蒙培元对这个问题有深入研究。参见蒙培元：《朱熹哲学十论》，北京：中国人民大学出版社，2010年。

“未发涵养，已发省察，敬贯通未发已发”的工夫，确实是立足于一般人的日用践履上，亦更具有普遍适用性。

第四节　“中和新说”后：知先行后

一般认为，朱子于己丑“中和新说”中建立起来的“未发涵养，已发省察，敬贯通已发未发”的为学工夫便是其终身坚守的为学大旨。我们常用程颐“涵养须用敬，进学则在致知”一语来概括朱子这一为学工夫。[①]严格说来，这一说法值得进一步思考。所谓值得进一步思考，并不是怀疑朱子没有终身坚守涵养与省察并进的为学之方，而是指“涵养须用敬，进学则在致知”只是从狭义的角度来概括朱子的为学工夫，并没有完整地概括出朱子工夫思想的全貌。事实上，朱子的门人弟子黄榦和李方子对朱子的工夫思想有精准概括。黄榦言：“其为学也，穷理以致其知，反躬以践其实，居敬者所以成始成终也。”[②]李方子则言：“主敬以立其本，穷理以致其知，反躬以践其实。而敬者又贯通乎三者之间，所以成始而成终者也。”[③]由此可见，两人都是从“知行”上来概括朱子的为学之方，并用“敬”来统摄“知行”。这种从“知行”视角来概括朱子的为学之方可以说是一种广义的为学工夫。事实亦正如此，“中和新说”以后，朱子进一步厘清了相关问题，并用“知”和“行”来概括自身的为学工夫。赵峰在《朱熹的终极关怀》一书中对此问题进行了详细的阐述[④]，本书主要依赵峰的阐述来对一些理论问题进行一些补充和完善。

工夫论除了要讨论工夫的内容，还要讨论工夫次第问题，即做工夫的先后顺序问题。那么，主敬涵养工夫和格物省察工夫何者为先呢？从“中

---

① 朱子十分推崇程颐“涵养须用敬，进学则在致知”一语，其之所以能实现由“中和旧说”向“中和新说”的转变，很大程度上得益于程颐此语。前文说到，朱子于乾道三年（1167年）开始整理校定二程之书。这项工作促使朱子开始全面研读二程著作，使得其能深入掌握二程的思想。由是，朱子注意到程颐的“涵养须用敬，进学则在致知”一语，并终生奉为圭臬。对此，朱子曾回忆说：“熹旧读程子之书有年矣，而不得其要。比因讲究《中庸》首章之指，乃知所谓‘涵养须用敬，进学则在致知’者，两言虽约，其实入德之门无逾于此。方窃洗心以事斯语，而未有得也，不敢自外，辄以为献。”［《答吕伯恭》（四），《文集》卷33，《朱子全书》（第21册），第1425页］

② 黄榦：《朱子行状》，《勉斋集》卷36，《景印文渊阁四库全书》（集部，别集类，第1168册），第423页。

③ 参见王懋竑：《朱熹年谱》卷4，第276页。

④ 参见赵峰：《朱熹的终极关怀》，上海：华东师范大学出版社，2004年，第146—156页。

和新说”提出的“未发涵养，已发省察，敬贯通已发未发”的工夫体系来看，朱子似乎是强调涵养工夫在先，因为未发在前，已发在后。[①]然而，我们知道，朱子借助于阐释儒家经典来建构自己的思想体系。而《大学》是朱子最为重视的儒家经典文献，《大学章句》则是其阐释《大学》的力作。《大学》中“古之欲明明德于天下者，先治其国；欲治其国者，先齐其家；欲齐其家者，先修其身；欲修其身者，先正其心；欲正其心者，先诚其意；欲诚其意者，先致其知；致知在格物”“物格而后知至，知至而后意诚，意诚而后心正，心正而后身修，身修而后家齐，家齐而后国治，国治而后天下平”两段正是讲的工夫次第。显然，这是强调工夫修养要从格物开始，依次经过致知、诚意、正心、修身、齐家、治国等阶段，最终达至平天下。如此，则《大学》乃主张为学要从格物开始。这就同朱子在“中和新说”中体悟到的涵养为先相抵触了。

朱子对《大学》“格物致知”的阐发贯穿其一生的思想历程。[②]在“中和新旧说”前后，朱子对“格物致知”亦进行了阐发。那么，这一时期朱子是怎么安置格物穷理在工夫次第中的位置呢？

在“中和旧说”前，朱子强调为学要以格物穷理为先。隆兴二年（1164年），朱子在《答江元适》（二）中指出：

> 盖熹之所闻，以为天下之物无一物不具夫理，是以圣门之学，下学之序始于格物以致其知。不离乎日用事物之间，别其是非，审其可否，由是精义入神，以致其用。[③]

显然，这里朱子是依据《大学》来阐述为学之序，认为为学工夫“始于格物以致其知”。

乾道二年（1166年），朱子作《杂学辨》。《杂学辨•吕氏大学解》言：

---

① 朱子晚年以心在应事接物时是否顺理而为来区分已发未发，进而把已发未发融会贯通起来，不再执着已发未发之间的时间先后和空间动静的界限。由于，朱子晚年打通了主敬涵养与格物穷理，强调两工夫无先后之分，是互相发明、相互促进的关系，本质上是一件工夫。未发时固然要做存养工夫，已发时亦要存养；已发时固然要做省察工夫，未发时亦要省察；要无时不存养，无时不省察。关于朱子晚年工夫思想的此点变化后文有详细论述，请参阅第六章。

② 参见乐爱国：《朱子格物致知论研究》，长沙：岳麓书社，2010年，第53—100页。

③ 《答江元适》（二），《文集》卷38，《朱子全书》（第21册），第1702页。

致知格物，大学之端，始学之事也。一物格，则一知至，其功有渐，积久贯通，然后胸中判然，不疑所行，而意诚心正矣。然则所致之知固有浅深，岂遽以为与尧舜同者一旦忽然而见之也哉？①

这也是从《大学》的视角来阐述为学工夫次第。所谓“致知格物，《大学》之端，始学之事也”正是强调为学当以格物致知为先。

朱子于乾道三年（1167年）开始整理校定二程之书，并于乾道四年（1168年）编成《程氏遗书》。而在整理校定二程著作中，朱子注意到二程之主敬思想，并拈出了程颐“涵养须用敬，进学则在致知”一语。由是，这一时期，朱子强调要把主敬涵养工夫与格物穷理工夫连接贯通起来。这一点上一节已经详细阐述，此处不再赘述。而强调要把主敬涵养与格物穷理连接贯通起来即表明朱子此时并没有像此前那样讲格物致知工夫的优先性。

上一节亦说到，也正是得益于程颐“涵养须用敬，进学则在致知”一语，朱子于乾道五年（1169年）春正式提出了“中和新说”，建构起了“未发涵养，已发省察，敬贯通已发未发”的为学工夫。前文还提及，这套为学工夫乃是强调涵养的优先性。而从《大学》所揭示的为学工夫次第看，格物致知工夫是第一步的工夫。故“新说”之体悟同《大学》的工夫次第并不一致。

有意思的是，在提出“中和新说”的当年，朱子在《答张钦夫》（二）中又认为格物穷理是首要工夫。其言：

愚意窃谓此病正坐平时烛理未明、涵养未熟，以故事物之来无以应之。若曰“于事物纷至之时，精察此心之所起”，则是似更于应事之外别起一念，以察此心。以心察心，烦扰益甚，且又不见事物未至时用力之要，此熹所以不能亡疑也。儒者之学，大要以穷理为先。盖凡一物有一理，须先明此，然后心之所发，轻重长短，各有准则……若不于此先致其知，但见其所以为心者如此，识其所以为心者如此，泛然而无所准则，则其所存所发，亦何自而中于理乎？且如释氏擎拳竖拂、运水般柴之说，岂不见此心？岂不识此心？而卒不可与入尧舜之道者，正为不见天理，而专认此心以为主宰，故不免流于自

① 《杂学辨·吕氏大学解》，《文集》卷72，《朱子全书》（第24册），第3493页。

私耳。①

可见，朱子不满湖湘学派“于事物纷至之时，精察此心之所起”之说，认为此说中的“精察此心”乃是应事接物之时“别起一念以察此心”，有“以心察心”之弊。朱子给湖湘派这一“疾病”开出的“药方”是“儒者之学，大要以穷理为先”，主张用格物穷理来取代精察此心。在朱子看来，如果不先以格物穷理的工夫去认识天理，而泛然存养此心，极有可能认人欲为天理，导致所存养的不是天理，而是人欲。因此，格物穷理是保证存养方向正确的前提条件。

由此可见，在“中和新旧说”前后时期，朱子的思想多有矛盾，一时强调主敬涵养工夫的优先性，一时强调格物穷理的优先性。究竟何者为先呢？这是朱子不得不面对并一定要解决的问题。朱子显然也意识到这一问题。那么他是怎么解决的呢？朱子当然不会放弃自己历尽千辛万苦才体会到的“先涵养后省察”之说。问题是，朱子这一思想在儒家经典中找不到依据，反而是湖湘派的“先察识后存养”似乎更符合《大学》先格物致知再诚意正心的工夫次第。朱子不愧为大家，他很快为自己的理论找到了学理上的依据——儒家大学工夫之前还有一段小学工夫，而小学所从事的就是涵养工夫，大学工夫则从格物致知开始。

作于“中和新说”后一年（乾道六年，1170年）的《答林择之》（十九）和《答胡广仲》（一）表述了这一思想。朱子言：

> 今且论涵养一节，疑古人直自小学中涵养成就，所以大学之道只从格物做起。今人从前无此工夫，但见《大学》以格物为先，便欲只以思虑知识求之，更不于操存处用力，纵使窥测得十分，亦无实地可据。大抵“敬”字是彻上彻下之意，格物致知乃其间节次进步处耳。②
>
> 程子曰：“敬而无失，乃所以中。”此语至约，是真实下功夫处。愿于日用语默动静之间，试加意焉，当知其不妄矣。近来觉得“敬”之一字，真圣学始终之要，向来之论，谓必先致其知，然后有以用力于此，疑若未安。盖古人由小学而进于大学，其于洒扫应对进退之间，持守坚定，涵养纯熟，固已久矣。是以大学之序，特因小学

① 《答张钦夫》（二），《文集》卷30，《朱子全书》（第21册），第1313—1314页。
② 《答林择之》（十九），《文集》卷43，《朱子全书》（第22册），第1978—1979页。

已成之功，而以格物致知为始。今人未尝一日从事于小学，而曰必先致其知，然后敬有所施，则未知其以何为主而格物以致其知也。故程子曰："入道莫如敬，未有能致知而不在敬者。"又论敬云："但存此久之，则天理自明。"推而上之，凡古昔圣贤之言，亦莫不如此者。试考其言而以身验之，则彼此之得失见矣。[①]

可见，朱子把为学工夫分为两个阶段，前面是小学工夫阶段，后面是大学工夫阶段，小学是大学的基础，大学建立在小学基础之上。小学从事的是如洒扫、应对、进退一类的涵养持敬工夫，大学从事的则是格物致知以至治国、平天下一类的工夫。大学之所以不把涵养主敬作为工夫的开始，是因为人在做大学工夫之前实已经做了涵养工夫，已经具备了良好的涵养践履基础。正是因为小学工夫已经打好了涵养践履之基，所以到了大学阶段就要以格物致知为工夫的开端了。

稍后的淳熙元年（1174年），朱子在给吕子约的一封信中继续表达了这一思想。其言：

古人之学，固以致知格物为先，然其始也，必养之于小学，则亦洒扫、应对、进退之节，礼、乐、射、御、书、数之习而已。是皆酬酢讲量之事也，岂以此而害夫持养之功哉？必曰有害，则是判然以动静为两物，而居敬穷理无相发之功矣。大抵圣贤开示后学进学门庭、先后次序极为明备，今皆舍之，而自立一说以为至当，殊非浅陋之所敢闻也。[②]

小学工夫是在洒扫、应对、进退上用力，以使人具备良好的涵养践履基础。到了大学阶段，就要以格物致知工夫为开端，务求对所以然之理体会得真切透彻，以达于至善。应该说，朱子引入小学工夫的做法成功地为涵养工夫寻找到了理论根据，亦说明了大学为何从格物致知开始，并把涵养主敬与格物穷理贯通起来，形成了一个从小学到大学的完整工夫体系。

朱子又认识到，许多人欠缺小学涵养工夫。所以，对一般人来说，从事大学工夫时亦需要做主敬涵养工夫，以补上小学欠缺的涵养工夫。《大学或问》言：

---

① 《答胡广仲》（一），《文集》卷42，《朱子全书》（第22册），第1894—1895页。
② 《答吕子约》（十六），《文集》卷47，《朱子全书》（第22册），第2190页。

> 曰：学之大小，固有不同，然其为道则一而已。是以方其幼也，不习之于小学，则无以收其放心，养其德性，而为大学之基本。及其长也，不进之于大学，则无以察夫义理，措诸事业，而收小学之成功。是则学之大小所以不同，特以少长所习之异宜，而有高下浅深先后缓急之殊，非若古今之辨、义利之分，判然如薰莸冰炭之相反而不可以相入也。今使幼学之士，必先有以自尽乎洒扫应对进退之间，礼乐射御书数之习，俟其既长，而后进乎明德、新民，以止于至善，是乃次第之当然，又何为而不可哉？曰：幼学之士，以子之言而得循序渐进，以免于躐等陵节之病，则诚幸矣。若其年之既长，而不及乎此者，欲反从事于小学，则恐其不免于扞格不胜、勤苦难成之患；欲直从事于大学，则又恐其失序无本，而不能以自达也，则如之何？曰：是其岁月之已逝者，则固不可得而复追矣，若其功夫之次第条目，则岂遂不可得而复补耶？盖吾闻之，敬之一字，圣学所以成始而成终者也。为小学者，不由乎此，固无以涵养本原，而谨夫洒扫应对进退之节，与夫六艺之教。为大学者，不由乎此，亦无以开发聪明，进德修业，而致夫明德新民之功也。是以程子发明格物之道，而必以是为说焉。不幸过时而后学者，诚能用力于此，以进乎大，而不害兼补乎其小，则其所以进者，将不患于无本而不能以自达矣。[①]

为学工夫分为小学和大学两个阶段。为学须从孩童开始，孩童阶段以学习小学为主。小学主要是在“洒扫应对进退”上用功，在“礼乐射御书数”上用力。小学的目的是“收其放心，养其德性”，以使孩童明白“孝悌诚敬”之理，打好“涵养践履”之基。孩童长至十五岁，即可从事大学工夫。大学工夫则以格物穷理、诚意正心、修身齐家为主，“而后进乎明德、新民，以止于至善”。需要注意的是，小学与大学并不是截然为二的，而是相互贯通的。小学是大学的基础，人接受小学训练后，“所以涵养践履之者略已小成”[②]，大学是在涵养践履已有“小成”的基础上展开的。所以，朱子指出：“《大学》之书，虽以格物致知为用力之始，然非谓初不涵养履践而直从事于此也。”[③]在朱子看来，“小学—大学”的秩序是为学的光明正道，人如果能按照“小学—大学”的秩序一步步前进，

---

① 《大学或问上》，《朱子全书》（第6册），第505—506页。
② 《答吴晦叔》（九），《文集》卷42，《朱子全书》（第22册），第1914页。
③ 《答吴晦叔》（九），《文集》卷42，《朱子全书》（第22册），第1915页。

则可避免“躐等陵节之病”。但实际情况是，不少人并没有接受良好的小学教育。由是，朱子进一步指出，那些没有接受良好小学教育的人虽然无法从头弥补小学工夫，然亦可以从事大学工夫。但这类人在从事大学工夫时，应该更加努力地在“主敬”上用功，以弥补本应在小学工夫中获得的涵养践履之功。

既然把主敬涵养工夫纳入到大学工夫体系中，朱子就必须对主敬涵养与格物致知进行一个谁先谁后的次第判断了。朱子在这个问题上亦表现出极强的创造力，其把此问题转为更通俗易懂、更清晰明了的知行问题，提出了“知先于行、行重于知”的思想。乾道八年（1172年），朱子在《答吴晦叔》（九）中明确提出了这一思想。其言：

> 夫泛论知行之理而就一事之中以观之，则知之为先，行之为后，无可疑者。（如孟子所谓“知皆扩而充之”，程子所谓“譬如行路，须得光照”，及《易·文言》所谓“知至至之”“知终终之”之类是也。）然合夫知之浅深、行之大小而言，则非有以先成乎其小，亦将何以驯致乎其大者哉？（如子夏教人以洒扫、应对、进退为先，程子谓“未有致知而不在敬者”，及《易·文言》所言“知至”“知终”，皆在“忠信”“修辞”之后之类是也。）盖古人之教，自其孩幼而教之以孝悌诚敬之实；及其少长，而博之以《诗》《书》《礼》《乐》之文，皆所以使之即夫一事一物之间，各有以知其义理之所在，而致涵养践履之功也。（此小学之事，知之浅而行之小者也。）及其十五成童，学于大学，则其洒扫应对之间、礼乐射御之际，所以涵养践履之者略已小成矣。于是不离乎此而教之以格物以致其知焉。致知云者，因其所已知者推而致之，以及其所未知者而极其至也。是必至于举天地万物之理而一以贯之，然后为知之至。而所谓诚意、正心、修身、齐家、治国、平天下者，至是而无所不尽其道焉。（此大学之道，知之深而行之大者也。）今就其一事之中而论之，则先知后行，固各有其序矣，诚欲因夫小学之成以进乎大学之始，则非涵养履践之有素，亦岂能居然以夫杂乱纷纠之心而格物以致其知哉？
>
> 且《易》之所谓“忠信”“修辞”者，圣学之实事，贯始终而言者也。以其浅而小者言之，则自其常视毋诳、男唯女俞之时，固已知而能之矣。“知至至之”，则由行此而又知其所至也，此知之深者也。“知终终之”，则由知至而又进以终之也，此行之大者也。故

《大学》之书，虽以格物致知为用力之始，然非谓初不涵养履践而直从事于此也；又非谓物未格、知未至则意可以不诚、心可以不正、身可以不修、家可以不齐也。但以为必知之至，然后所以治己、治人者始有以尽其道耳。若曰必俟知至而后可行，则夫事亲从兄、承上接下，乃人生之所不能一日废者，岂可谓吾知未至而暂辍，以俟其至而后行哉？（按五峰作《复斋记》，有“立志居敬，身亲格之”之说，盖深得乎此者。但《知言》所论，于知之浅深不甚区别，而一以知先行后概之，则有所未安耳。）①

当朱子把涵养穷理问题转化为知行问题时，实蕴含着这样一个理论预设——涵养是“行”的问题，穷理是“知”的问题。朱子这一划分是有道理的，因为洒扫、应对、进退等显然是实践型工夫，而格物穷理、讲学读书显然是认知型工夫。②在此基础上，我们可以把朱子这封书信的思想归纳为三个方面：一是明确指出无论是在大学工夫体系中还是在小学工夫体系中，都是“知之为先，行之为后”；但是虽然知先行后，但行重于知，行是为学的最终目的，决不可因知在先，而废弃行。二是用知行关系来解释小学工夫和大学工夫。无论是小学工夫还是大学工夫都可以归结为知行工夫，小学工夫是“知之浅而行之小者也”，大学工夫则是“知之深而行之大者也”。既然小学工夫是“知之浅而行之小者也”，那么小学工夫就不仅仅是涵养之行之事，其亦有格物致知之知之事；既然大学工夫是“知之深而行之大者”，那么大学工夫就不仅仅是格物致知之知之事，亦有修身齐家、治国平天下之行之事。三是小学工夫与大学工夫中的“知与行”有深浅、大小之别。小学阶段的知是浅显的，只是知其然，大学阶段的知则是深刻的，不仅知其然，亦知其所以然；小学阶段的行是日用生活中的小事情，大学阶段的行则是诸如齐家、治国、平天下的大事情。具体说来，人在小学阶段，孩童之时即被大人教授孝悌诚敬一类的知识，少年之时又会通过学习《诗》《书》《礼》《乐》以明孝悌诚敬之义理所在，并且在实践中积极践行这些儒家基本义理。这就是“小学之事，知之浅而行之小者也”。而进入大学阶段，由于经过小学的培养，“涵养践履之者略

① 《答吴晦叔》（九），《文集》卷42，《朱子全书》（第22册），第1914—1915页。
② 陈来指出：“虽然格物致知也是人的一种行为，但其性质与目的属于明理知理而不是行理循理，而正心诚意以下才算是行。因此广义来看格致之功虽是求知之行，但理学对行的理解较狭，格物致知并非力行之行，只能说‘格物致知是知得分明’（《语类》十四，沈僴录）。”（陈来：《朱子哲学研究》，第318页）

已小成”，人就要在此基础上积极从事格物致知的工夫，要达到“举天地万物之理而一以贯之”的“知至”之境界，并在实践中积极从事修齐治平的大事业。这就是“大学之道，知之深而行之大者也”。

值得注意的是，朱子在最后一段中做如此补充说明，可谓用心良苦，其目的显然是要告诫人们切不可把“知先行后”当做教条来用，“知先行后”只是一个为学总体次序，并不是说在当下的每一个具体实践中必须知至才能去行动，在实践中知和行是同时进行的。所谓“非谓物未格、知未至则意可以不诚、心可以不正、身可以不修、家可以不齐也”“若曰必俟知至而后可行，则夫事亲从兄、承上接下，乃人生之所不能一日废者，岂可谓吾知未至而暂辍，以俟其至而后行哉”正是强调此意。

此时朱子的为学工夫体系，正如赵峰所说：“朱熹一方面以知先行后的形式，吸收了己丑之悟以前的积极因素，即肯定了认识型工夫在修道实践中的次序优先性；另一方面又通过对小学与大学的全面阐释，保留了己丑之悟的主要成果，即肯定了实践型工夫在修道实践中的地位优先。经过这样一番调整，朱熹把修养工夫的全过程确定为：知之浅—行之小—知之深—行之大。其中前两项属于小学，后两项属于大学；小学的重点在行（涵养践履），大学的难点在知（格物致知）；大学之始建立在小学之成的基础上，而知和行又不可截然相分：有所知便须有所行，有所行而后又须转入进一步的知和行。这是一个知不断加深，行不断扩大的连续过程……至此，朱熹关于修道程序的理论已经基本成熟。”[①]赵峰又进一步指出，朱子为学工夫有纵横两条大纲，“其一是纵向的为学次第，即由下学而上达的修养过程。这个过程分小学与大学两个阶段，知先行后之说贯穿其中。其二是横向的知行并进关系，即认识型工夫（格物、致察等）与实践型工夫（克己、存养、践履等）必须互为条件，循环而进。二者既不能互相取代，也不能互相脱离，并且都要以敬为本。”[②]

赵峰这些关于朱子工夫思想的总结，也正符合黄榦和李方子对朱子为学之方的概括。确立了此为学工夫体系后，朱子一生便坚守不易。其后面常言：

> 大抵学问只有两途，致知、力行而已。在人须是先依次第十分着力，节次见效了，向后又看甚处欠阙，即便于此更加功夫，乃是

---

① 赵峰：《朱熹的终极关怀》，第152页。
② 赵峰：《朱熹的终极关怀》，第155页。

正理。①

要之，持敬、致知，实交相发，而敬常为主。所居既广，则所向坦然，无非大路。圣贤事业，虽未易以一言尽，然其大概，似恐不出此也。②

致知力行，论其先后，固当以致知为先，然论其轻重，则当以力行为重。③

小结

应该说，经过从学李侗，到体悟出“中和旧说”，再到提出“中和新说”，朱子在中年找到了一条适合普通大众的德性修养之路。这条为学工夫道路即前引赵峰之说：“其一是纵向的为学次第，即由下学而上达的修养过程。这个过程分小学与大学两个阶段，知先行后之说贯穿其中。其二是横向的知行并进关系，即认识型工夫（格物、致察等）与实践型工夫（克己、存养、践履等）必须互为条件，循环而进。”我们可以把朱子在中年形成的这条为学工夫道路简单地概括为：知先行后；主敬涵养与格物穷理并进，敬贯通始终。

本书以为，赵峰所谓的纵向的为学次第就是本书所说的广义上的朱子为学工夫，而横向的为学工夫就是本书所说的狭义上的朱子为学工夫。再进一步看，纵向的广义工夫乃是从一般意义上讲，也就是学理上讲；而横向的狭义工夫则是从具体实践上讲。“知先行后”是从最普遍意义的为学方法上讲的，是一般意义上的工夫次第。“主敬涵养与格物穷理并进”则是从当下具体的工夫实践中讲的，是具体的工夫操作次第。“知先行后”更多的是一个理论问题，而“主敬涵养与格物穷理并进”则更多的是一个实践操作问题。因此，朱子所讲的“知先行后”是指完成意义上的次第，即指从一般意义上讲如果“知”的工夫没完成，则“行”的工夫不可能取得良好的效果；并不是说在具体的实践中“知”没有完成就不能去“行”。在具体实践中，“知”和“行”是同时进行的，朱子所谓的“主敬涵养与格物穷理并进”正是指在具体实践中“知”和“行”是同时并进

---

① 《答吕子约》（四十六），《文集》卷48，《朱子全书》（第22册），第2237页。
② 《答孙敬甫》（四），《文集》卷63，《朱子全书》（第23册），第3063页。
③ 《答程正思》（八），《文集》卷50，《朱子全书》（第22册），第2324页。

的。[①]因而，可以说，朱子既讲“知先行后”，又讲“知行并进”；“知先行后”与“知行并进”各有所指，且并不矛盾。

事实上，无论是从纵向广义的工夫上看，还是从横向狭义的工夫上看，朱子在中年形成的“知先行后；主敬涵养与格物穷理并进，敬贯通始终”的工夫思想体系与陆象山所主张的工夫思想体系实有不同。这种不同在鹅湖之会上就表现出来了。鹅湖之会上，朱子和陆象山的争论主要是要不要读书的问题，朱子主张要通过读书讲学来明晰儒家道德义理，而陆象山则反对读书讲学，主张只于践履中体悟发明本心。所以朱子认为陆象山之病是“尽废讲学而专务践履，却于践履之中要人提撕省察，悟得本心”[②]。鹅湖之会后，陆象山吸纳了朱子的一些思想，开始主张读书讲学，于是朱陆之间的争论议题就变成了工夫是从读书（“知”“道问学”）入手，还是从践履（“行”“尊德性”）入手。朱子主张读书和践履要兼顾并进；而陆象山则主张践履为先，要人在当下的践履中发明本心，以立住大本，强调“既不知尊德性，焉有所谓道问学”[③]。所以，黄宗羲认为朱陆鹅湖之争主要是争论为学次第问题，两人对为学次第的看法是不同的。其言：“况考二先生之生平自治，先生之尊德性，何尝不加功于学古笃行，紫阳之道问学，何尝不致力于反身修德，特以示学者之入门各有先后，曰‘此其所以异耳’。”[④]显然，所谓“示学者之入门各有先后”，对朱子来说就是主敬涵养与格物穷理并进，对陆象山来说则是要先发明本心。

朱子和陆象山这种工夫进路的差异表现在纵向的普遍意义的工夫上就

---

① 从朱子对《大学》工夫次第的理解就可以证明这一点。在朱子看来，《大学》中的格物、致知、诚意、正心、修身、齐家、治国、平天下之间的次第关系只是就工夫的完成意义或者说境界意义上而言的，是指在为学工夫一般意义上，如果前一项工夫没有完成，则后一项工夫就不能圆满。在具体的实践中，格物、致知、诚意、正心、修身、齐家、治国、平天下是一起的，并不是说前面一段工夫没有完成，后面一段工夫就不能进行。如朱子言：“本末精粗，虽有先后，然一齐用做去。且如致知、格物而后诚意，不成说自家物未格，知未至，且未要诚意，须待格了，知了，却去诚意。安有此理！圣人亦只说大纲自然底次序是如此。拈着底，须是逐一旋旋做将去始得。”（《语类》卷15，第300页）《语类》又载：“蔡元思问：‘《大学》八者条目，若必待行得一节了，旋进一节，则没世穷年，亦做不彻。看来日用之间，须是随其所在而致力：遇着物来面前，便用格；知之所至，便用致；意之发，便用诚；心之动，便用正；身之应接，便用修；家便用齐；国便用治，方得。’曰，‘固是。他合下便说“古之欲明明德于天下”，便是就这大规模上说起。只是细推他节目紧要处，则须在致知、格物、诚意迤逦做将去’云云。又曰：‘有国家者，不成说家未齐，未能治国，且待我去齐得家了，却来治国；家未齐者，不成说身未修，且待我修身了，却来齐家！无此理。但细推其次序，须着如此做。若随其所遇，合当做处，则一齐做始得。’”（《语类》卷15，第310页）

② 《答张敬夫》（二十八），《文集》卷31，《朱子全书》（第21册），第1350页。

③ 《语录》上，《陆九渊全集》卷34，第498页。

④ 黄宗羲、全祖望：《宋元学案·象山学案》（第3册），第1886页。

体现在一者主张“知先行后”、一者主张“行先知后”。为学工夫次第实质是一个关于为学出发点的问题，朱子和陆象山都十分重视儒家为学工夫的出发点问题，在他们看来，如果人把工夫入手处弄错了，必然导致在实践中偏离方向，出现学不见道、枉费精神的现象。而“知先行后”与“行先于知”正体现出朱陆两人对为学工夫出发点认识上的差异。从某种意义上说，对于学理意义上的“知先行后”的工夫入路与实践中的“主敬涵养与格物穷理并进”的工夫操作，朱子更注重学理意义上的“知先行后”的工夫入路问题。因为，在朱子看来，如果不在学理上明白工夫次第的大纲，在工夫践履中则会由于缺乏理论指导而无法取得圆满的效果。而《大学》所讲的为学工夫始于格物致知、终于治国平天下正是从学理上强调知先行后，所以朱子十分重视《大学》所讲的为学工夫次第，认为这圣人指示给普通大众的为学之方。[①]对朱子而言，儒家圣圣相传的经典乃是儒家圣学之道的重要载体，因此学习这些经典就能达至君子圣人。因此，朱子主张通过格物穷理、读书讲学以明儒家义理之精微处，在明了儒家义理之后才能在实践中真真切切地去践行这些义理。他曾言：“若实欲求仁，固莫若力行之近。但不学以明之，则有擿埴冥行之患，故其蔽愚。若主敬致知交相为助，则自无此蔽矣。”[②]陆象山亦十分强调为学工夫次第问题，在他看来，如果人弄错求道之方向，必然会误入歧途，学不见道。在陆象山眼中，朱子的求道之方在一开始就弄错了方向，其所谓“朱元晦泰山乔岳，可惜学不见道，枉废精神，遂自担阁”[③]正是感叹朱子之学乃是歧出之学，而所谓“既不知尊德性，焉有所谓道问学”亦是认为朱子乃是不立本心之支离之学。在陆象山看来，“六经皆我注脚”，儒家义理本就在人心之中，只需通过当下的实践即能获得，读书讲学反而会影响人对义理的获取。陆象山这种为学之方的特点，正如黄进兴所说乃是一种“全盘实验”的方法。所谓“全盘实验”即强调知识只能在实践中靠个人亲身经验去获得，突出知识的实践尺度。[④]杜保瑞也指出：“象山的学术性格就是直接要求实践，要求对于儒学价值立场在身心上实下功夫而直接实践，除此之外的理论创作不是他的关切。”[⑤]事实亦正如此，陆象山极力反对“讲授”道德知识。在他看来，人们关于道德的知识只能在具体的实践中

① 如朱子说：“圣人作个《大学》，便使人齐入于圣贤之域。”（《语类》卷9，第152页）
② 《答张敬夫》（十六），《文集》卷31，《朱子全书》（第21册），第1335页。
③ 《语录》上，《陆九渊全集》卷34，第513页。
④ 黄进兴：《李绂与清代陆王学派》，第12页。
⑤ 杜保瑞：《南宋儒学》，台北：台湾商务印书股份有限公司，2010年，第586页。

获得。其所谓“今之论学者只务添人底，自家只是减他底”[①]正是要打破为学中存在的知而不行的现象，突出实践践履在为学中的第一位性。从这里也可以看出，在普遍意义的为学工夫次第上，陆象山与朱子正好相反，其工夫思想可谓是“行先于知”。

对比上述朱陆两人为学工夫思想，可以发现，无论是从纵向广义的工夫上看，还是从横向狭义的工夫上看，朱陆为学工夫思想的最大差异就是朱子十分突出“知”的工夫的重要性，强调在工夫次序上要先通过格物穷理、读书讲学以明儒家义理之精微，在具体的工夫实践中则要涵养持敬和格物穷理并进；而陆象山则十分突出“行”的重要性，强调理的获得不是靠书册而是靠具体的实践，为学的关键是要在具体的实践中当下发明本心。所以，从某种意义上说，强调“知先行后”乃是朱子工夫思想的最大特色，也是朱子工夫思想与陆象山工夫思想的最大区别。而“知”的工夫在朱子那里就是格物致知的工夫，所以强调“知先行后”也就是强调格物穷理、读书讲学在为学中的重要性。事实亦正如此，在朱子的工夫思想体系中，朱子最重视的就是格物致知工夫，格物致知是朱子工夫思想中最具有创造性之处，也是最受争议之处。[②]抛看朱子对格物致知义理的阐发不说，仅仅从朱子作《格物致知补传》就足见其对格物致知工夫的重视。我们知道，朱子对圣人经典极为尊重，其治经的一个重要原则就是重视训诂注疏，反对求高、求深、求远，反对自立私意，但他为了阐发格物致知思想，却大胆为格物致知作补传，此举可谓是“冒天下之大不韪”。此举也反映出朱子对格物致知工夫的重视。

回到本书所要讨论的“朱子晚年”和“朱陆异同”问题，程敏政、王阳明、李绂等人认为朱陆之间是“早异晚同”的关系，具体说来，即认为朱子晚年悔悟中年之说，不再讲格物致知工夫，而亦如陆象山那样强调先立大本、发明本心；而陈建、朱泽沄、王懋竑、童能灵、夏炘则认为朱子始终坚守主敬涵养与格物穷理并进的为学工夫思想，并没有放弃中年之说而向陆学靠拢。因此，后面的章节将具体探讨朱子晚年工夫思想的变化，研究其究竟有没有放弃中年形成的“知先行后；主敬涵养与格物穷理并进，敬贯通始终”的为学工夫思想，亦如陆学那样强调立大本、明本心的第一位性，而不再讲格物致知、读书穷理一类的工夫。

---

① 《语录》上，《陆九渊全集》卷34，第498页。

② 钱穆认为，朱子的格物致知思想是“理学思想中之最独特亦最伟大处”。［钱穆：《朱子新学案》（第1册），第139页］

第三章　朱子晚年工夫思想的发展与完善（上）

——晚年“智藏”说与工夫思想

一般说来，工夫论与心性论是相对应的，有什么样的工夫论就会建构起一套与之相对应的心性论。例如，“中和旧说”时期，朱子“先察识后涵养”的工夫论对应的就是“未发为性，已发为心”的心性论；“中和新说”时期，朱子“未发涵养，已发省察，敬贯通未发已发”的工夫论对应的就是“心统性情”的心性论。所以，当工夫思想发生变化时，心性论也会发生相应的调整；反过来，从心性论的变化中，亦可以窥见工夫论的调整。本章即欲从朱子晚年提出的“智藏”说中探寻蕴含在其中的工夫思想。[①]

第一节　从《仁说》到《玉山讲义》

就在朱子参悟“中和新说”及构建“小学—大学”工夫体系时期，朱子亦积极与张栻等湖湘学者反复辩论“仁”这个儒家重要的概念，并于乾道八年（1172年）作《仁说》。应该说，朱子作《仁说》可谓是其思想发展的必然。一方面，朱子虽然在“中和新说”时提出“仁则心之道，而敬则心之贞也”[②]，把作为心之体的性界定为仁，但由于当时其主要任务是建构工夫体系，所以他并没有明确指出作为天理本真的天命流行之体是什么。而作为心之体的性是什么关系到儒家价值根源的确立，因此，朱子必然要从存在和价值上来界定这个心之体的性的内容。另一方面，北宋以来，不少儒家学者对“仁”这个概念提出了自己的理解，但却是莫衷一是，纷繁芜杂。这种状况也促使朱子出来对“仁”这个概念的内涵进行一个全面的总结。此背景正如陈来所说：“在哲学史的意义上说，《仁说》并不是朱子最重要的论著；……就朱子思想的发展而言，《仁说》也不如

---

① 需要指出的是，朱子自己并没有提出“智藏”这个概念，这个概念是日本德川幕府初期的山崎暗斋（名嘉，字敬义，号暗斋，1618—1682年）根据朱子的思想而提炼出来的。山崎暗斋还根据朱子的思想发展出“智藏”说。

② 《答张钦夫》（四十九），《文集》卷32，《朱子全书》（第21册），第1419页。

《已发未发说》《中和旧说序》来得重要。《仁说》的意义乃在于，它是己丑以后朱子在理论上清算湖南学派、纠正湖南学派、转化湖南学派、重建道学正统的系列论辨活动的重要一环。更广泛地，从道学发展史来看，从己丑之悟到仁说之辩，朱子完成了从二程的立场，统合、整理龟山、上蔡、五峰这三大南宋道学的支派的工作，使得程门伊洛之学，在经历了南宋初期的分歧发展之后，走向了朱子所代表的、以朱子为核心的新的整合。”①

《仁说》一文分为上下两部分，前部分朱子提出了自己对“仁”的理解，后部分朱子对“万物一体为仁”“知觉言仁”等离爱言仁的观点进行了批评。朱子对“仁”的理解可以归纳为四点：一是仁是天地生物之心；二是仁是爱之理；三是仁是心之德；四是仁包四德。②本书在这里不欲对朱子的仁说思想进行全面讨论，只就与本书写作相关的“仁包四德”思想进行阐述。《仁说》上半部分言：

> 天地以生物为心者也，而人物之生，又各得夫天地之心以为心者也。故语心之德，虽其总摄贯通无所不备，然一言以蔽之，则曰仁而已矣。请试详之。
>
> 盖天地之心，其德有四，曰元亨利贞，而元无不统。其运行焉，则为春夏秋冬之序，而春生之气无所不通。故人之为心，其德亦有四，曰仁义礼智，而仁无不包。其发用焉，则为爱恭宜别之情，而恻隐之心无所不贯。故论天地之心者，则曰乾元、坤元，则四德之体用不待悉数而足。论人心之妙者，则曰“仁，人心也”，则四德之体用亦不待遍举而该。盖仁之为道，乃天地生物之心，即物而在，情之未发而此体已具，情之既发而其用不穷，诚能体而存之，则众善之源、百行之本，莫不在是。此孔门之教所以必使学者汲汲于求仁也。其言有曰：“克己复礼为仁。”言能克去己私，复乎天理，则此心之体无不在，而此心之用无不行也。又曰：“居处恭，执事敬，与人忠。”则亦所以存此心也。又曰：“事亲孝，事兄弟，及物恕。”则亦所以行此心也。又曰：“求仁得仁。”则以让国而逃、谏伐而饿为能不失乎此心也。又曰：“杀身成仁。”则以欲甚于生、恶甚于死为能不害乎此心也。此心何心也？在天地则块然生物之心，在

---

① 陈来：《朱子〈仁说〉新论》，朱杰人编：《迈入21世纪的朱子学：纪念朱熹诞辰870周年、逝世800周年论文集》，上海：华东师范大学出版社，2001年，第15页。

② 参见赵峰：《朱熹的终极关怀》，第184页。

人则温然爱人利物之心，包四德而贯四端者也。[①]

“天地以生物为心”即儒家一贯主张的“生生之仁”之意。早在先秦时期，儒家就重视生，《易传·系辞》言：“生生之谓易”“天地之大德曰生”。到了宋代，儒家学说更重视“生生之仁”。例如，程颢言：“万物之生意最可观，此元者善之长也，斯所谓仁也。”[②]张载说：“大抵言‘天地之心’者，天地之大德曰生，则以生物为本者，乃天地之心也。地雷见天地之心者，天地之心惟是生物，天地之大德曰生也。”[③]在儒家看来，宇宙生生不息的生命创造流行过程本身就是善，因此，生即善，生即仁。人只需去体会宇宙生生不息的创造流行过程就可以领悟到善之所在。朱子正是在承接儒家“生生之仁”传统的基础上继续阐发“仁是天地生物之心”。所谓“仁是天地生物之心”并不是说天地真的像人那样有一颗心脏，而是说天地创生万物乃是一个“无心”与“有心”相统一的过程——天地创生万物一个纯粹的自然过程，所以其是“无心”的；但这个创造过程显现出的万物生生不息中即蕴含着一种善的价值，所以其是“有心”的。[④]对于人来说，人就应该从宇宙生生不息的生化流行现象中体会到“天地之心”。再进一步说，人本身就是天地生化流行的产物，所以“人物之生，又各得夫天地之心以为心”，天地之善也随之“流行”到了人身之中。因此，人就不仅仅要于自然生化现象中体会到天地之善，也要体会到天赋予人的善之德性。显然，对朱子来说，存在即价值，存在与价值是统一的。此仁心在天则为天地生物之心，在人则为爱人利物之心，天人无隔而相应。朱子把“天地之心”与“人物之心”贯通起来的目的是要把自然价值与人文价值连接起来，为儒家的人文价值找到一个形而上的宇宙根源，从而确立起儒家人文价值的绝对性。[⑤]

---

① 《仁说》，《文集》卷67，《朱子全书》（第23册），第3279—3280页。

② 《河南程氏遗书》卷11，《二程集》（上），第120页。

③ 张载：《横渠易说·上经·复》，氏著：《张载集》，章锡琛点校，北京：中华书局，1978年，第113页。

④ 朱子言：“天地生物，自是温暖和煦，这个便是仁。所以人物得之，无不有慈爱恻怛之心。”（《语类》卷53，第1280页）

⑤ 对朱子来说，“天地之心”同“人物之心”的对应关系是实然存在的，并不是一种比喻。陈淳言：“盖通天地间，惟一实然之理而已，为造化之枢纽，古今人物之所同得。但人为物之灵，极是体而全得之，总会于吾心，即所谓性。虽会在吾之心，为我之性，而与天固未尝间，此心之所谓仁即天之元，此心之所谓礼即天之亨，此心之所谓义即天之利，此心之所谓智即天之贞，其实一致，非引而譬之也。”［《答陈安卿》（三），《文集》卷57，《朱子全书》（第23册），第2740页］朱子对陈淳之说表示赞同。

而所谓“仁包四德”，乃是强调在众多德性之中仁是最根本的，仁是众善之源、百行之本，仁统摄仁义礼智四德。天地以生物为心，天地在创生万物过程中蕴含着元、亨、利、贞四德，元则统摄亨、利、贞；天地创生万物的过程在自然界中就表现为春生、夏长、秋收、冬藏四季循环往复，春之生意则始终蕴含在夏长、秋收、冬藏之中，所以春统摄夏、秋、冬。而人得天地之心以为心，所以人心相应的便具有仁、义、礼、智四德，仁则统摄义、礼、智。“盖天地之心，其德有四，曰元亨利贞，而元无不统。其运行焉，则为春夏秋冬之序，而春生之气无所不通。故人之为心，其德亦有四，曰仁义礼智，而仁无不包”即此之谓。

作《仁说》这段时期，朱子与张栻对“仁包四德”亦有讨论。张栻对朱子“仁包四德”有所质疑——“不忍之心可以包四者乎？”[①]朱子回答：

> 熹谓《孟子》论四端，自首章至“孺子入井”，皆只是发明不忍人之心一端而已，初无义、礼、智之心也。至其下文，乃云“无四者之心非人也”，此可见不忍之心足以包夫四端矣。盖仁包四德，故其用亦如此。[②]

在这里，朱子认为，恻隐之心亦统摄羞恶之心、辞让之心和是非之心。因为虽然孟子在讲“孺子入井”之时只是讲恻隐之心，并没有说到羞恶之心、辞让之心和是非之心，但后面有说“无四者之心非人也”，这就证明在“四心”之中，恻隐之心是最根本的，其他“三心”是恻隐之心在具体情况下的转化，其本质都可以还原为恻隐之心。在朱子看来，既然仁统摄义、礼、智，则此四德之发用之情也具有同样的关系，即恻隐之心亦统摄羞恶之心、辞让之心和是非之心。

值得注意的是，对于仁为何能包四德，朱子在这里并没有给出一个理论上的解释，似乎只是指出仁贯通仁、义、礼、智，春生之气贯通春生、夏长、秋收、冬藏，恻隐之心贯通恻隐之心、羞恶之心、辞让之心、是非之心，至于它们之间为何贯通并没有说明原因。

陈来指出，《仁说》期间，朱子乃是用“性体情用”的思维来言四德的，即恻隐、羞恶、辞让、是非与仁、义、礼、智之间，仁、义、礼、智

---

① 《答张钦夫》（四十三），《文集》卷32，《朱子全书》（第21册），第1409页。
② 《答张钦夫》（四十三），《文集》卷32，《朱子全书》（第21册），第1409页。

是体，恻隐、羞恶、辞让、是非是用；元、亨、利、贞与春、夏、秋、冬之生气之间，元、亨、利、贞是体，春生之气、夏长之气、秋收之气、冬藏之气是用。而朱子晚年则把仁义礼智实体化为生意流行的实体（仁义礼智在某种意义上成为具有宇宙论流行意义的实体——气），并把仁义礼智之间的关系看作是如元亨利贞之间那种流行贯通的关系，认为仁亦能像元气一样流通贯彻到义礼智之中，仁义礼智之间乃是一种生气流行意义的关系。①

《语类》中有大量朱子晚年阐述“仁包四德”之说。如：

> “仁”字须兼义礼智看，方看得出。仁者，仁之本体；礼者，仁之节文；义者，仁之断制；知者，仁之分别。犹春夏秋天虽不同，而同出于春：春则生意之生也，夏则生意之长也，秋则生意之成也，冬则生意之藏也。自四而两，两而一，则统之有宗，会之有元，故曰：“五行一阳明，阳明一太极。”②［董铢录，庆元二年（1196年）后所闻］③
>
> 问：“仁何以能包四者？”曰：“人只是这一个心，就里面分为四者。且以恻隐论之：本只是这恻隐，遇当辞逊则为辞逊，不安处便为羞恶，分别处便为是非。若无一个动底醒底在里面，便也不知羞恶，不知辞逊，不知是非。譬如天地只是一个春气，发生之初为春气，发生得过便为夏，收敛便为秋，消缩便为冬。明年又从春起，浑然只是一个发生之气。”④［甘节录，绍熙四年（1193年）后所闻］
>
> 因问仁包四者之义。曰：“仁是个生底意思，如四时之有春。彼其长于夏，遂于秋，成于冬，虽各具气候，然春生之气皆通贯于其中。仁便有个动而善之意。如动而有礼，凡其辞逊皆礼也；然动而礼之善者，则仁也。曰义，曰智，莫不皆然。⑤［万人杰录，淳熙七年（1180年）后所闻］

---

① 参见陈来：《朱熹思想中的四德论》，《哲学研究》，2011年第1期。

② 《语类》卷6，第109页。

③ 由于本章主要是论述朱子晚年“智藏”说蕴含的工夫思想，所以本章所引材料多为朱子晚年之说，故本章皆注明引文时间。后面相关章节亦是如此。

④ 《语类》卷95，第2416页。

⑤ 《语类》卷20，第474页。

可见，朱子认为，仁义礼智四德与元亨利贞四德一样，都具有生生之意；仁不仅仅是个爱之理、心之德，亦如元一样，具有生意，而义、礼、智则是仁之生意在不同阶段的表现。如此，朱子就把仁义礼智之间的关系看成生意流行的总体与过程。具体说来，“仁—义—礼—智”是一个生意流行的过程，这个过程是一个统一体，义、礼、智则是仁之生意流行的不同阶段，各个不同阶段都是仁之生意流行的体现，每个阶段贯通起来就成为一个生意流行的总体。这里所谓“仁者，仁之本体；礼者，仁之节文；义者，仁之断制；知者，仁之分别”乃是强调义、礼、智的功能实质都是仁的功能在某一方面的表现，仁流行贯穿在义、礼、智之中。与此相对应，辞逊、羞恶、是非都是恻隐在某一时刻的显发，恻隐流行贯穿在辞逊、羞恶、是非之中；春夏秋冬四季轮回实质都是春之生意的流行，夏只是春之生意之长，秋只是春之生意之成，冬只是春之生意之藏，春之生意流行贯通四季。

正是由于仁之生意能流行贯通在义、礼、智中，所以朱子晚年喜欢用“动”来描述生意流行过程。如，其言：

> 仁所以包三者，盖义礼智皆是流动底物，所以皆从仁上渐渐推出。[①]（不知何氏录）
>
> 仁之所以包四者，只是感动处便见。有感而动时，皆自仁中发出来。仁如水之流，及流而成大池、小池、方池、圆池，池虽不同，皆由水而为之也。[②]（黄卓录，所录时间不详）

以仁能“动”而贯穿仁义礼智来论证“仁包四德”正表明朱子晚年实际上把仁义礼智自然化、宇宙论化了。

另外，朱子在强调“仁包四德”的同时，亦注意到仁义礼智各自的相对独立性。他指出，所谓“仁包四德”只是从浑沦处看；从浑沦处看，义、礼、智亦是仁，是仁在不同阶段的表现；如分开看，则仁是仁，义是义，礼是礼，智是智。其言：

> 仁，浑沦言，则浑沦都是一个生意，义礼智都是仁；对言，则仁与义礼智一般。[③]［陈淳录，绍熙元年（1190年）、庆元五年

---

① 《语类》卷6，第107页。
② 《语类》卷20，第466页。
③ 《语类》卷6，第107页。

（1199年）所闻］

郑问："仁是生底意，义礼智则如何？"曰："天只是一元之气。春生时，全见是生；到夏长时，也只是这底；到秋来成遂，也只是这底；到冬天藏敛，也只是这底。仁义礼智割做四段，一个便是一个；浑沦看，只是一个。"[①]［陈淳录，绍熙元年（1190年）、庆元五年（1199年）所闻］

朱子这种"浑沦言"与"对言"的方式正是二程所谓的"专言"与"偏言"的方式。[②]陈来指出："在这样的视野下，仁有二种，一种是贯通总体流行的仁，一种是与义礼智并立的仁，前者亦可谓理一的仁，后者可谓分殊的仁；前者即二程所谓专言之仁，后者即二程所谓偏言之仁。分殊的仁与理一的仁有所不同，专言的仁是普遍的、完整的、可以通贯一切的大德，而偏言、分殊的仁则有差别的表现，有局限性，有偏面性，偏言的仁需要义礼智来制约、协调以互补。"[③]

朱子强调"仁包四德"的目的是要突出作为"爱之理"和"心之德"的"仁"是众善之长，一切德性和德行皆由其出，其地位高于义、礼、智。同时，既然仁是一切德性的根源，那么人性显然就是善的。这样人求善为善就有了坚实的基础。

应该说，朱子晚年把仁义礼智实体化为具有生生之意的实体时，就昭示着他对仁义礼智之间的关系的理解会发生一些变化。如果仁义礼智是生意之气般的实体，那么，表现为生生的生意在某种意义上说就是一个能量体[④]。这个能量体具有推动事物生化发展的动力。同时，由于生意是能量体，故其在流行过程中会发生能量交换，能量的大小也会发生变化。事实上，朱子晚年正是把仁义礼智实体化为具有生生之意的实体，并把"仁—义—礼—智"之生意流行过程理解为生意之能量的消长变化过程。而在"仁—义—礼—智"之生意流行过程中，朱子则十分强调"智"的作用，认为智是生意之能量的圆满阶段，甚至提出了"智包四德"的思想。朱子的这一思想集中体现在晚年著作《玉山讲义》中。

---

① 《语类》卷6，第107页。

② 程颐说："四德之元，犹五常之仁，偏言则一事，专言则包四者。"［《周易程氏传》卷1，《二程集》（下），第697页］

③ 陈来：《仁学本体论》，北京：生活·读书·新知三联书店，2014年，第425页。

④ 参见藤井伦明：《日本崎门朱子学的"智藏"论探析》，《中正汉学研究》，2016年总第27期。藤井伦明认为崎门学者将"智"理解为"理"之能量、动力的全貌，亦即一块"能量体"。

绍熙五年（1194年，朱子65岁）十一月，朱子归福建途经江西玉山县时，玉山县宰司马迈邀请朱子为县庠诸生讲学，朱子谢辞不获，遂为县庠诸生作了一场讲学。其间，程珙提了两个问题，朱子一一作答。后司马迈将朱子的讲学内容整理刊行，即有《玉山讲义》。历代学者对《玉山讲义》评价甚高。朱子的弟子认为《玉山讲义》“乃先生晚年亲切之训，读者其深味之”[①]。陈荣捷说：“诸《年谱》谓此是朱子晚年亲切之词，读者其深味之。此言诚是……惟其出于胸中，可谓之晚年定论。日本盛行，非无故也。”[②]束景南认为，《玉山讲义》是“朱熹生平对自己的救赎‘人性’的性学体系作的一次最精约明晰的理论概括”[③]。

《玉山讲义》以朱子回答程珙问的两个问题为论述脉络。程珙问的第一个问题是，“《论语》多是说仁，《孟子》却兼说仁义。意者夫子说元气，孟子说阴阳，仁恐是体，义恐是用”，第二个问题是“三代以前，只是说中说极，至孔门答问，说着便是仁，何也？”[④]由于第二个问题与本文关系不大，故此处不予讨论，而只讨论与本文相关的第一个问题。对于为何《论语》多说“仁”、《孟子》兼说“仁义”，朱子解释为：

> 孔孟之言，有同有异，固所当讲。然今且当理会何者为仁，何者为义。晓此两字义理分明，方于自己分上有用力处，然后孔孟之言有同异处，可得而论。如其不晓，自己分上元无工夫，说得虽工，何益于事？且道如何说个仁义二字底道理？大凡天之生物，各付一性。性非有物，只是一个道理之在我者耳。故性之所以为体，只是仁义礼智信五字，天下道理，不出于此。韩文公云人之所以为性者五，其说最为得之，却为后世之言性者多杂佛老而言，所以将性字作知觉心意看了，非圣贤所说性字本指也。
>
> 五者之中，所谓性者是个真实无妄底道理，如仁义礼智，皆真实而无妄者也，故信字更不须说。只仁义礼智四字，于中各有分别，不可不辨。盖仁则是个温和慈爱底道理，义则是个断制裁割底道理，礼则是个恭敬撙节底道理，智则是个分别是非底道理。凡此四者，具于人心，乃是性之本体，方其未发，漠然无形象之可见；及

---

① 王懋竑：《朱熹年谱》，第251页。

② 陈荣捷：《朱熹》，台北：东大图书公司，2003年，第10页。

③ 束景南：《朱子大传：“性”的救赎之路（增订版）》，上海：复旦大学出版社，2022年，第757页。

④ 参见《玉山讲义》，《文集》卷74，《朱子全书》（第24册），第3587—3593页。

其发而为用，则仁者为恻隐，义者为羞恶，礼者为恭敬，智者为是非。随事发见，各有苗脉，不相淆乱，所谓情也。故孟子曰："恻隐之心，仁之端也；羞恶之心，义之端也；恭敬之心，礼之端也；是非之心，智之端也。"谓之端者，犹有物在中而不可见，必因其端绪，发见于外，然后可得而寻也。盖一心之中，仁义礼智各有界限，而其性情体用，又自各有分别，须是见得分明，然后就此四者之中，又自见得仁义两字是个大界限。如天地造化、四序流行，而其实不过于一阴一阳而已。

于此见得分明，然后就此又自见得仁字是个生底意思，通贯周流于四者之中。仁，固仁之本体也；义，则仁之断制也；礼，则仁之节文也；智，则仁之分别也。正如春之生气，贯彻四时，春则生之生也，夏则生之长也，秋则生之收也，冬则生之藏也。故程子谓四德之元犹五常之仁，偏言则一事，专言则包四者，正谓此也。孔子只言仁，以其专言者言之也，故但言仁，而仁义礼智皆在其中；孟子兼言义，以其偏言者言之也，然亦不是于孔子所言之外，添入一个义字，但于一理之中，分别出来耳。其又兼言礼智，亦是如此。盖礼又是仁之著，智又是义之藏，而仁之一字，未尝不流行乎四者之中也。

若论体用，亦有两说。盖以仁存于心而义形于外言之，则曰仁，人心也；义，人路也，而以仁义相为体用。若以仁对恻隐，义对羞恶而言，则就其一理之中，又以未发已发相为体用。若认得熟，看得透，则玲珑穿穴，纵横颠倒，无处不通，而日用之间，行著习察，无不是着功夫处矣。①

对于程珙的问题，朱子综合"仁包四德"和"专言""偏言"来回答的。他认为，孔子只言"仁"，是专言的方式，其所言的"仁"包含着"义礼智"；而孟子言"仁"和"义"，是一种偏言的方式，且正是由于孟子采用偏言的方式，所以孟子不仅言"仁"和"义"，亦言"礼"和"智"。所以，孟子并不是在孔子"仁"的基础上多添加一个"义"，两人的讲法是统一的，并不矛盾。

细读朱子的论述，我们可以感觉到，朱子更多的是借回答程珙的问题来阐述其对仁义礼智四德的理解。那么，朱子晚年又是如何阐述仁义礼

① 《玉山讲义》，《文集》卷74，《朱子全书》（第24册），第3588—3590页。

智四德的呢？晚年《玉山讲义》与中年《仁说》对仁义礼智四德的理解又有什么差异呢？《玉山讲义》的第一段主要是指出仁义礼智信之五常乃是人秉承天命而有的本性。把人之性的内容界定为仁义礼智信并没有什么特别之处，朱子一贯如此主张。在第二段中，朱子首先指出，“信”乃是确信仁义礼智四者是真实无妄的实有，故“信”只是一个虚词，所以可以把“信”从“仁义礼智信”中抽离出来，而只谈“仁义礼智”。朱子进一步指出，仁是温和慈爱之理，义是断制裁割之理，礼是恭敬撙节之理，智是分别是非之理；仁发用出来为恻隐之情，义发用出来为羞恶之情，礼发用出来为辞让之情，智发用出来为是非之情。这是朱子的“仁性爱情”之说，也就是仁、义、礼、智为性为体，恻隐、羞恶、辞让、是非为情为用。这些是老观点，并没多大新意。但值得注意的是，朱子在指出仁义礼智是性的时候，并不是用“仁是爱之理，义是宜之理，礼是敬之理，智是知之理”之类的语言，而是用“温和慈爱”“断制裁割”“恭敬撙节”“分别是非”等描述性的词语来表述，这似乎是在人之气象上描述仁义礼智，注重仁义礼智在经验现象中的表现。而“仁则是个温和慈爱底道理”中的“底道理”与“仁是爱之理”中“之理”的表述形式之差异，也反映出朱子晚年是从人之气象上理解仁义礼智，因为所谓“道理”即“气象”“意思”之意。陈来指出，朱子晚年经常用“气象”“意思”等词语来表述仁义礼智等德性[①]，而“‘意思’在这里具有字义解释的意义，但不是定义式的解释，而是一种价值含义的解释”。[②]陈来还认为，朱子的“仁则是个温和慈爱底道理”的说法体现出“即用明体、即用论体、不可离用说体，这与体用分析的说法有别”[③]。第三段话体现了朱子晚年仁之生意流行贯通的思想。在朱子看来，义、礼、智分别是仁之生意流行到不同阶段的表现，所以仁是仁之本体，义是仁之断制，礼是仁之节文，智是仁之分别。仁之生意流行贯通仁义礼智各阶段，正如春之生意流行贯通于春夏秋冬四季。

---

① 如，“吉甫问：‘仁义礼智，立名还有意义否？’曰：‘说仁，便有慈爱底意思；说义，便有刚果底意思。声音气象，自然如此。’”［《语类》卷6，第105—106页；李方子录，淳熙十五年（1188年）后所闻］“大抵人之德性上，自有此四者意思：仁，便是个温和底意思；义，便是惨烈刚断底意思；礼，便是宣著发挥底意思；智，便是个收敛无痕迹底意思。”［《语类》卷6，第110页；杨道夫录，淳熙十六年（1189年）后所闻］“理无迹，不可见，故于气观之。要识仁之意思，是一个浑然温和之气，其气则天地阳春之气，其理则天地生物之心。”［《语类》卷6，第111页；叶贺孙录，绍熙二年（1191年）后所闻］

② 陈来：《朱子思想中的四德论》，《哲学研究》，2011年第1期。

③ 陈来：《朱子四德说续论》，《中华文史论丛》，2011年第4期。

需要指出的是，朱子在这里特别指出，“此四者之中，又自见得仁义两字是个大界限。如天地造化、四序流行，而其实不过于一阴一阳而已”。所谓见得“仁义”的“大界限”正是强调在仁之生意流行所表现出来的仁义礼智各阶段的作用和意义并不一样，而所谓“如天地造化、四序流行，而其实不过于一阴一阳而已”乃是指仁义礼智之流行贯通亦如太极阴阳之生化运行。对于用太极阴阳的模式来解释仁义礼智之流行，朱子曾言：“盖天地之间，一气而已，分阴分阳，便是两物，故阳为仁而阴为义。然阴阳又各分为二，故阳之初为木，为春，为仁，阳之盛为火，为夏，为礼；阴之初为金，为秋，为义，阴之极为水，为冬，为智。盖仁之恻隐方自中出，而礼之恭敬则已尽发于外；义之羞恶方自外入，而智之是非则已全伏于中。”①可见，朱子晚年完全是用宇宙论的思维来理解仁义礼智四德，认为仁义礼智分属阴阳，仁和礼属阳，义和智属阴。而仁又属阳之初，属春，属木；礼又属阳之盛，属夏，属火；义又属阴之初，属秋，属金；智又属阴之极，属冬，属水。《语类》中亦有：

> 问仁义礼智体用之别。曰：“自阴阳上看下来，仁礼属阳，义智属阴；仁礼是用，义智是体。春夏是阳，秋冬是阴。只将仁义说，则‘春作夏长’，仁也；‘秋敛冬藏’，义也。若将仁义礼智说，则春，仁也；夏，礼也；秋，义也；冬，智也。仁礼是敷施出来底，义是肃杀果断底，智便是收藏底。如人肚脏有许多事，如何见得！其智愈大，其藏愈深。正如《易》中道：‘立天之道，曰阴与阳；立地之道，曰柔与刚；立人之道，曰仁与义。’解者多以仁为柔，以义为刚，非也。却是以仁为刚，义为柔。盖仁是个发出来了，便硬而强；义便是收敛向里底，外面见之便是柔。”②［沈僩录，庆元四年（1198年）后所闻］

在“仁礼属阳，义智属阴；仁礼是用，义智是体”的思维下，朱子在第三段中说“礼又是仁之著，智又是义之藏”就不难理解了。

对于《玉山讲义》中关于仁义礼智四德的解释，朱子似乎并不十分满意，他在《答林德久》（二）中言：“昨在玉山学中与诸生说话，司马

---

① 《答袁机仲》（五），《文集》卷38，《朱子全书》（第21册），第1674页；庆元四年（1198年）。

② 《语类》卷6，第106页。

宰令人录来。当时无人剧论，说得不痛快。归来偶与一朋友说，因其未喻，反复晓譬，却说得详尽。因并两次所言，录以报之。试取一观，或有助于思索也。”①可惜的是，朱子给林德久的关于《玉山讲义》后续讨论的书信并没有流传下来。但值得庆幸的是，《文集》中还有《答陈器之（问〈玉山讲义〉）》与《玉山讲义》有关。《答陈器之（问〈玉山讲义〉）》主要是讨论仁义礼智四德问题。文章的前面部分，朱子阐述了为什么孔子只言仁，而孟子言仁义礼智；并指出仁、义、礼、智各是不同之理，其发为四端亦各有面貌之不同，孟子是由人有恻隐、羞恶、辞让、是非之情来逆推人有仁、义、礼、智之性。在文章的最后，朱子言道：

> 仁、义、礼、智，既知得界限分晓，又须知四者之中，仁义是个对立底关键。盖仁，仁也，而礼则仁之著；义，义也，而智则义之藏。犹春、夏、秋、冬虽为四时，然春、夏皆阳之属也，秋、冬皆阴之属也。故曰“立天之道，曰阴与阳；立地之道，曰柔与刚；立人之道，曰仁与义”。是知天地之道不两则不能以立，故端虽有四，而立之者则两耳。仁义虽对立而成两，然仁实贯通乎四者之中。盖偏言则一事，专言则包四者。故仁者，仁之本体；礼者，仁之节文；义者，仁之断制；智者，仁之分别。犹春、夏、秋、冬虽不同，而同出乎春。春则春之生也，夏则春之长也，秋则春之成也，冬则春之藏也。自四而两，自两而一，则统之有宗，会之有元矣。故曰五行一阴阳、阴阳一太极，是天地之理固然也。
>
> 仁包四端，而智居四端之末者，盖冬者藏也，所以始万物而终万物者也。智有藏之义焉，有终始之义焉，则恻隐、羞恶、恭敬是三者皆有可为之事，而智则无事可为，但分别其为是为非尔，是以谓之藏也。又恻隐、羞恶、恭敬皆是一面底道理，而是非则有两面，既别其所是，又别其所非，是终始万物之象。故仁为四端之首，而智则能成始、能成终。犹元气虽四德之长，然元不生于元而生于贞，盖由天地之化，不翕聚则不能发散，理固然也。仁智交际之间，乃万化之机轴，此理循环不穷，吻合无间。程子所谓动静无端、阴阳无始者，此也。②［庆元元年（1195年）］

---

① 《答林德久》（二），《文集》卷61，《朱子全书》（第23册），第2934页；庆元元年（1195年）。

② 《答陈器之（问〈玉山讲义〉）》，《文集》卷58，《朱子全书》（第23册），第2779—2780页。

文中，朱子仍是用太极阴阳的思维来强调仁义礼智之间是“四而两，自两而一”的关系，即仁礼属阳、义智属阴，礼可以归为仁，智可以归为义，仁义礼智可以归为仁义，而仁义又可以归为仁。与《玉山讲义》相比，此时的阐述更为详尽。值得注意的是，在最后阐述“仁包四德”时，出现一些《玉山讲义》中没有表述——“仁包四端，而智居四端之末者，盖冬者藏也，所以始万物而终万物者也”“智有藏之义焉，有终始之义焉，则恻隐、羞恶、恭敬是三者皆有可为之事，而智则无事可为，但分别其为是为非尔，是以谓之藏也”“恻隐、羞恶、恭敬皆是一面底道理，而是非则有两面，既别其所是，又别其所非，是终始万物之象”“仁为四端之首，而智则能成始、能成终。犹元气虽四德之长，然元不生于元而生于贞，盖由天地之化，不翕聚则不能发散”“仁智交际之间，乃万化之机轴，此理循环不穷，吻合无间”。显而易见，这些表述不是在论述“仁”，而是在论述“智”。我们可以发现，这些关于智的论述主要是强调智有“藏之义”，有“终始之义”。朱子进一步解释，所谓“智有‘藏之义’”是指智不像仁义礼那样“有可为之事”，而表现为“分别其为是为非”。所谓仁义礼“有可为之事”是指仁义礼皆有具体的实施对象，因而有具体的内容，如对他人有恻隐之情就是仁，对一个不道德的行为有羞恶之感就是义，对一长者有恭敬之行为就是礼。而所谓智“无事可为，但分别其为是为非”是指智以仁、义、礼为实施对象，当仁、义、礼欲显发为恻隐之情、羞恶之情、恭敬之情时，智即对此作出判断以决定是否要显发出来，当智认为“是”的时候就肯定之，当智认为“否”的时候就否定之。至于“智有‘终始之义’”是指“恻隐、羞恶、恭敬皆是一面底道理，而是非则有两面，既别其所是，又别其所非”，也就是说恻隐、羞恶、恭敬只是指向一种正面的价值判断，分别表现为温和慈爱、断制裁割、恭敬撙节之气象，而是非则既指向正面的价值分判也指向负面的价值判断，也就是既能分辨是也能分辨非，故智是“终始万物之象”。

朱子还进一步指出了“仁”和“智”的关系。当朱子把“仁—义—礼—智”看成一个仁之生意流行的过程时，仁就处于发端的位置，而智就处于终点位置，但同时智又是下一个新的流行过程的连接点，孕育着下一个流行过程的开始，所以朱子认为仁为四端之首，而智则能成始成终。这里，朱子仍是以元亨利贞的宇宙论思维来分析智的地位。在朱子看来，元不能自己产生，而生于贞，贞中孕育着元，正如冬中孕育着春，故智在“仁—义—礼—智”的运行中起着承上启下的作用。正是基于智的这种作用，朱子最后指出“仁智交际之间，乃万化之机轴”。这正是强调，宇宙的运化始于贞元交际之时，万物的生命始于冬春交际之时，人的德性的生发始于仁智交际之时。

从《答陈器之（问〈玉山讲义〉）》中，我们可以明显感觉到，朱子这种对“智”的阐述似乎是要拔高智的地位，强调智在仁义礼智四德中的作用。事实正是如此，朱子晚年十分强调智德的作用，其言：

> 仁所以包三者，盖义礼智皆是流动底物，所以皆从仁上渐渐推出。仁智、元贞，是终始之事，这两头却重。如坎与震，是始万物、终万物处，艮则是中间接续处。[①]（不知何氏录）
>
> 如乾四德，元最重，其次贞亦重，以明终始之义。非元则无以生，非贞则无以终，非终则无以为始，不始则不能成终矣。如此循环无穷，此所谓“大明终始”也。[②]［余大雅录，淳熙六年（1179年）后所闻[③]］

总之，在晚年的朱子看来，仁义礼智乃是具有生意之实体。从生意流行来看，仁为始发之德，在“仁—义—礼—智”过程中处于发端地位，并且仁之生意贯穿在义礼智之中，因此仁能包摄义礼智。同时，虽然智处于四德之尾，但智相对于新的“仁—义—礼—智”则亦处于开始地位，所以智在“仁—义—礼—智”的运行中实起着承上启下的作用。仁义礼智之生意流行就是“仁—义—礼—智—仁—义—礼—智”不断循环的过程，在这个过程中仁是四德之首，智是四德之尾，仁智都有终始之义，仁与智最重要，仁智交会之际就是生意之源头，在天就是天地之心，在人物就是人物之心。

---

① 《语类》卷6，第107页。

② 《语类》卷6，第105页。

③ 今《语类》中《朱子语录姓氏》认为余大雅是戊戌（淳熙五年，1178年）后所闻。而日本学者田中谦二认为余大雅所录应该在己亥（淳熙六年，1179年）后所闻。［参见田中谦二：《朱门弟子师事年考》，《东方学报》（日本），1973年总第44期，第147—218页］谢晓东也认为余大雅所录应该在己亥（淳熙六年，1179年）后所闻。（参见谢晓东：《朱熹的〈文集〉与〈语类〉中几则重要材料年代新考》，《中国哲学史》，2014年第2期）这里从田中谦二和谢晓东之观点，把余大雅所录定在己亥（淳熙六年，1179年）后所闻。

第二节 朱子的“智藏”说

朱子晚年重视“智”的这一现象被日本德川幕府初期的山崎暗斋发现，其大力阐发宣扬朱子这一思想，并将这一思想发展成为“智藏”说。山崎暗斋认为，在历来的朱子学研究中，朱子的“全体大用”论和“智藏”说常常被忽视了。[①]山崎暗斋还认为，朱子晚年在《玉山讲义》中揭示关于“智”的思想，朱子门人之中只有蔡西山、蔡九峰父子和真德秀知晓，其他无人能知，其后的明清两代更是无人传承。[②]他说：“未露之情、未发之爱是为仁，深藏不露痕迹者为智，仁智交会处有生化万物之心，此三者为其所独见默契者也，朱子门人西山与九峰外无有知者。”[③]在暗斋看来，几百年来只有自己真正体会到了朱子晚年思想的精髓，因此自己才是朱学正统之传。由此，暗斋所开创的“崎门学派”十分重视阐发“智藏”思想。这一学派一直延续到今天，难波征南勾勒出了“崎门学派”的传承谱系：山崎暗斋—三宅尚斋—久米订斋—宇井默斋—大塚观栏—千手旭斋—月天蒙宅—楠本端山—楠木正续—冈田武彦。[④]

山崎暗斋十分重视朱子“仁智交际之间，乃万化之机轴”这句话，其作《元日诗·庚戌》曰：“仁智交际间，万化同出自。虽孔朱后生，不过启此秘。”[⑤]暗斋指出，孔子和朱子都是生于庚戌年，两位圣人揭示了同一个道理，那就是“仁智交际间，万化同出自”。在暗斋看来，“仁智交际之间”就是“智藏”，而“智藏”就是孔子开创的、朱子传承发扬的儒学的“奥秘”之所在。当代日本学者佐藤仁指出，“藏”有“收藏、

① 参见藤井伦明：《日本崎门朱子学的“智藏”论探析》，《中正汉学研究》，2016年总第27期。

② 蔡沈言：“智者，君子所以成德之终始也。”“天地之化，不翕聚则不能发散。仁智交际，万化之机轴也。”“二气之初，理妙于无……五运迭至，理藏于智。”［蔡沈：《洪范皇极内篇》卷1，《景印文渊阁四库全书》（子部，术数类，第805册），第703—708页］真德秀在《大学衍义》言：“仁者，我所自有。苟欲为之，谁能止者。乃甘心于不仁，岂非不智乎？故仁智二者常相须焉。不仁，斯不智矣；不智，斯不仁矣。”［真德秀：《大学衍义》卷12，《景印文渊阁四库全书》（子部，儒家类，第704册），第615页］另外，明儒季本（1485—1563年，字明德，号彭山）有“智藏”思想。季本曾言：“仁、礼属阳，神以知来者是也；义、智属阴，智以藏往者是也。仁以智为体，仁之所主处即智也；智以仁为用，智之所知处即仁也。智者，仁之根植；仁者，智之生意。”［季本：《说理会编》卷2，《续修四库全书》（子部，儒家类，第938册），第593页］

③ 《跋三子传心录后》，《垂加草》第十一。转引自冈田武彦：《山崎暗斋》，台北：东大图书公司，1987年，第133页。

④ 难波征男：《日本朱子学与将来时代——智藏论》，《迈入21世纪的朱子学：纪念朱熹诞辰870周年、逝世800周年论文集》，第403—404页。

⑤ 《垂加文集》下之六。转引自冈田武彦：《山崎暗斋》，第135页。

含藏、闭藏、隐藏、潜藏、晦藏、退藏、伏藏，隐匿等多样意义”。①如此，我们可以说，所谓“智藏”就是强调智不像仁义礼那样显发为具体的现象，而是无声无臭潜伏在人的内心深处；尽管智潜藏在人心中，无丝毫痕迹，但其却是蕴含着无限生命力的生命体。由是，当代日本学者冈田武彦指出，暗斋所谓的“智藏”就是“一种达于至寂而正准备发动的状态。智藏而无迹，就如同冬藏之至寂，无声无臭一样，可是天地生万物之心却在其中活泼泼地活动着，这就是静中有物，也就是太极、道体”②。可见，冈田武彦认为“智藏”就是朱子所言的太极、道体，进一步说就是理、天命之性、性体、明德。

山崎暗斋的弟子保科正之（幼名幸松，后改为正之，1611—1672年）继暗斋而起，作《玉山讲义附录》以揭示“智藏”论。该书分上、中、下三卷，收录了朱子《文集》和《语类》中可与《玉山讲义》参验的相关书信和语录。这本书后来成为“崎门学派”的基本教科书。③根据当代日本学者藤井伦明考证，保科正之作《玉山讲义附录》之后，崎门学派又有三宅尚斋《智藏说》和《智藏论笔札》、久米订斋《读智藏说笔记》、若林强斋《玉山讲义师说》、幸田子善《玉山讲义笔记》等。④暗斋虽提出了“智藏”之说，但却是述而不作，对“智藏”并没有进行深入阐述；保科正之的《玉山讲义附录》亦只是摘录朱子《文集》和《语类》中的相关材料，亦是述而不作。

需要指出的是，“崎门学派”后来逐渐把“智藏”的功能神秘化。保科正之言：“智藏而无迹，识此而后可以语道体，可以论鬼神。”⑤佐藤仁指出，暗斋的另一个弟子三宅尚斋（重固，后改丹治，号尚斋，1662—1741年）曾言：“智藏之说，其由来久矣，至朱子详发其微意，《玉山讲义附录》，栉比其说，无复遗蕴焉。盖识智藏之意思者，而后可以与语祭祀卜筮之妙矣。”⑥从“可以论鬼神”和“盖识智藏之意思者，而后可以与语祭祀卜筮之妙”，我们可以发现保科正之和三宅尚斋有把“智藏”功

---

① 佐藤仁：《玉山讲义附录题解》，保科正之编：《玉山讲义附录》，台北：“中央”研究院中国文哲研究所，1994年，第5页。
② 冈田武彦：《山崎暗斋》，第131页。
③ 参见《玉山讲义附录》一书之“出版说明”。
④ 藤井伦明：《日本崎门朱子学的“智藏”论探析》，《中正汉学研究》，2016年总第27期。
⑤ 保科正之：《土津灵神碑》，《垂加草》卷二十七。转引自佐藤仁：《玉山讲义附录题解》，《玉山讲义附录》，第4页。
⑥ 佐藤仁：《玉山讲义附录题解》，《玉山讲义附录》，第5页。

能神秘化的倾向。这一点正如李泽厚所说："山崎以及其后一些日本儒者的'智藏说'，也是将朱熹的'智藏'进一步神秘化、本体化，大讲'仁智交会之处有生化万物之心'；'知藏，无有形迹；识此，始得论道体论鬼神'等等。'智'在此也不是'是非之心'的理性，而是某种神秘的非理性。"[①]

"崎门学派"这种把"智藏"神秘化的做法显然已经是借朱子来阐述他们自己的思想了。抛开"崎门学派"这种把"智藏"神秘化的做法，应该说山崎暗斋确实抓住了朱子晚年思想中的一个重要变化。朱子晚年对"智"的强调是无法否认的，暗斋用"智藏"一词来表示朱子晚年对"智"的重视亦是十分贴切。所以，本书亦取"智藏"这个概念来概括朱子晚年对"智"的理解。

诚如冈田武彦所说："朱子的智藏说是集先秦智藏说、汉唐所传承的智藏说以及北宋诸儒有关智藏的论说的大成，并加以详细叙述而阐明其本旨的东西。"[②]朱子的"智藏"思想可以追溯至先秦的《易传》。《易传》的基本思想是，整个宇宙就是阴阳消长变化的运行过程，所以《易传·系辞上》言："一阴一阳之谓道。"《易传》这本书的目的亦是用阴阳消长动静来揭示宇宙生成运化规律。在《易传》看来，宇宙万物都是由表现为对立的阳气和阴气构成，阴阳二气在事物中是既对立又统一的，这种对立统一的关系就推动着阴阳二气相互碰撞激荡，万物由此而产生，这就是"天地氤氲，万物化醇，男女构精，万物化生"（《易传·系辞上》）。当然，古人亦认识到宇宙生化运行现象是非常复杂的，阴阳动静循环产生万物只是最基本的生化原理，仅用阴阳变化是无法说明宇宙复杂丰富的运动现象。在阴阳消长动静的基础上，《易传》又引入更为复杂的卦象来解释宇宙的运行规律。《易传》用符号"—"来表示阳，称为阳爻；用符号"— —"来表示阴，称为阴爻。在此基础上，《易传》又把阳爻阴爻三三组合而形成卦，由此有了八个卦；八个卦又可以两两组合，由此又可以组合成六十四个卦。在《易传》看来，六十四卦就可以用来描述宇宙和人事的运化现象。这样，《易传》就把阴阳二气生化万物的过程转化为表现六爻的错、综、复、变的更为复杂过程，以此来解释宇宙的生化运行。

---

① 李泽厚：《中日文化心理比较试说略稿》，陈明、朱汉明主编：《原道（第5辑）》，贵阳：贵州人民出版社，1999年，第167页。

② 冈田武彦：《山崎暗斋》，第127页。

在六十四卦中，六爻全部是阳的称为乾卦，六爻全部是阴的称为坤卦。乾代表阳、天、男，具有动健生发的德性，因而能始生万物；坤代表阴、地、女，具有顺承含藏的德性，因而能完成万物。《易传》又把作为始生万物的乾卦的卦辞定为“元，亨，利，贞”，元、亨、利、贞就是乾之四德。《易传·乾·文言》曰：“元者，善之长也；亨者，嘉之会也；利者，义之和也；贞者，事之干也。君子体仁，足以长人；嘉会，足以合礼；利物，足以和义；贞固，足以干事。君子行此四者，故曰：乾，元亨利贞。”孔颖达《周易正义》疏曰：“子夏传云：‘元，始也。亨，通也。利，和也。贞，正也。”[①]朱子《周易本义》曰：“元，大也。亨，通也。利，宜也。贞，正而固也。”[②]李觏《删定易图序论》曰：“元以始物，亨以通物，利以宜物，贞以干物……始者，其气也；通者，其形也；宜者，其命也；干者，其性也。”[③]所以，一般认为，元是大、始之意，亨是通之意，利是宜、和之意，贞是正、固之意。乾即天，乾之四德也就是天之四德，所以天道运行就表现为元、亨、利、贞四德。用元、亨、利、贞来描述天道运行显然是古人从自然现象中体悟出来的，所以《易传·系辞下》曰：“昔者包牺氏之王天下也，仰则观象于天，俯则观法于地，观鸟兽之文与地之宜，近取诸身，远取诸物，于是始作《八卦》，以通神明之德，以类万物之情。”而天道运行的最突出表现就是春夏秋冬四季循环往复，春夏秋冬四季运行又表现为春生、夏长、秋收、冬藏。所以，天道之运行本质就是生生之意的生成流转。具体说来，元就是天之生意的生发，亨就是天之生意的成长，利就是天之生意的成熟，贞就是天之生意的收敛。

在《易传》看来，乾道不仅是宇宙生化之本体，生化创造出宇宙万物，同时也是道德创造之实体。《易传》认为，万物生化运行、生生不息，不仅是一个事实现象，亦是一种价值现象。《乾卦·彖传》在言“乾道变化，各正性命”之后紧接着说“保合太和，乃利贞”。所谓“保合太和，乃利贞”是指天道创生的万物时并不是“无心”的，而是“有心”的，万物之所以成为各自的样子，是因为每个事物都得“性命”之贞正，故万物处于天地之间自能各安其位、各得其所，又不失其自性。所以，

---

① 王弼、韩康伯注，孔颖达疏：《周易正义》（上），余培德点校，北京：九州出版社，2004年，第19页。

② 《周易本义·周易上经·乾》，《朱子全书》（第1册），第30页。

③ 李觏：《删定易图序论·论五》，《李觏集》卷4，王国轩点校，北京：中华书局，1981年，第64页。

《易传》强调“天地之大德曰生”。人是天地万物之一，也是天道生生的产物，所以人亦具有天道之元亨利贞四德。故《易传·说卦》言：“昔者圣人之作《易》也，将以顺性命之理。是以立天之道曰阴与阳，立地之道曰柔与刚，立人之道曰仁与义。兼三才而两之，故《易》六画而成卦；分阴分阳，迭用柔刚，故《易》六位而成章。”所谓“立人之道曰仁与义”即是强调天道之德性在人身上就是仁义。显然，《易传》已经试图把天道和人道打通。徐复观说：“孔门传《易》的人，目的不仅在以变化来说明宇宙生化的情形，而是要在宇宙生化的大法则中，发现人生价值的根源。《系辞》上说‘生生之谓易’；又说‘显诸仁，藏诸用’；所以在传《易》者的心目中，觉得‘与天地准’的易，它的内容，只是生而又生，此乃天的仁德的显露。人的生命的根源，既由此仁德而来，则人即秉此仁德以成性。因而人之性，即与天地连结在一起。”[①]

此后，周敦颐的《太极图说》承《易传》而把天道之生化及天道与人道的关系精辟表述为：“无极而太极。太极动而生阳，动极而静，静而生阴。静极复动。一动一静，互为其根。分阴分阳，两仪立焉。阳变阴合，而生水火木金土，五气顺布，四时行焉。五行一阴阳也，阴阳一太极也，太极本无极也。五行之生也，各一其性。无极之真，二五之精，妙合而凝。乾道成男，坤道成女。二气交感，化生万物。万物生生而变化无穷焉。惟人也得其秀而最灵。形既生矣，神发知矣，五性感动而善恶分，万事出矣。圣人定之以中正仁义，而主静，立人极焉。”[②]周敦颐的目的显然是要贯通天道与人道，所以最后落脚在“圣人定之以中正仁义，而主静，立人极焉”上。所谓“中正仁义”即“仁义礼智”[③]。程颢则直接把天道之“元”与人道之“仁”直接等同，认为在天的“元”之德就是在人的“仁”之德，其言：“万物之生意最可观，此元者善之长也，斯所谓仁也。”[④]

---

① 徐复观：《中国人性论史·先秦篇》，第180页。

② 黄宗羲、全祖望：《宋元学案·濂溪学案》（第1册），第497—498页。

③ 朱子认为“中”即礼，“正”即智。《语言》有：“问：‘中即礼，正即智。’正如何是智？曰：于四德属贞，智要正。”［《语类》卷94，第2382页；郑可学录，淳熙十四年（1187年）后所闻］朱子对《太极图说》为何言“中正仁义”而不言“仁义礼智”有说明。《语类》有：“中正即礼智，何以不直言‘礼智’，而曰‘中正’？曰：‘礼智’字不似‘中正’字，却实。且中者，礼之极；正者，智之体，正是智亲切处。伊川解‘贞’字，谓‘正而固’也。一‘正’字未尽，必兼‘固’字。所谓‘智之实，知斯二者弗去是也’。智是端的真知，恁地便是正。弗去，便是固。所以‘正’字较亲切。”［《语类》卷94，第2382页；陈淳录，绍熙元年（1190年）、庆元五年（1199年）所闻］

④ 《河南程氏遗书》卷11，《二程集》（上），第120页。

朱子在前人的基础上进一步把作为天道四德的元亨利贞和作为人道四德的仁义礼智贯通起来，认为“仁义礼智，便是元亨利贞”①。上一节已经说到，朱子晚年把仁义礼智四德实体化为生生之意，进而把仁义礼智四德亦看作如元亨利贞般的生意流行过程。正是由于朱子把仁义礼智实体化为生意，其就必然会重视智德。前文已经说到，既然仁义礼智是实体般的生生之意，那么，表现为生生的生意在某种意义上说就是一个能量体，这个能量体所具有的能量就是推动事物生化发展的动力；同时，既然生意是能量体，那么，这个能量体在流行过程中就会有能量交换，能量的大小也会发生变化。问题是，仁之生意在仁义礼智中流行时能量会发生怎样的变化呢？朱子经常把元亨利贞、仁义礼智及春夏秋冬进行对说。因此，这个问题可以从元亨利贞四德和春夏秋冬四季的运行中寻找答案。春夏秋冬四季运行表现为春收、夏长、秋成、冬藏。从生意的能量来看，在这个过程中，生意在春季处于萌发状态，此时万物破土而出；生意在夏季处于成长状态，此时万物欣欣向荣；生意在秋季就渐渐收敛，此时万物成熟收获；生意在冬季处于潜藏状态，此时万物冬眠潜伏。这表明，在春生、夏长、秋成的过程中，生意能量在不断增长，到了秋时生意能量达到了顶峰并开始收敛，而这个能量最后就储存在冬之中。②所以，从生意能量的完满程度来看，冬才是生意的完满状态。也正是由于冬是生意的完满状态，所以冬又能开启新的春的到来。因此，朱子常说：

> “元亨利贞”，譬诸谷可见，谷之生，萌芽是元，苗是亨，穟是利，成实是贞。谷之实又复能生，循环无穷。③［廖德明录，乾道九年（1173年）后所闻］
>
> 文王本说“元亨利贞”为大亨利正，夫子以为四德。梅蕊初生为元，开花为亨，结子为利，成熟为贞。物生为元，长为亨，成而未全为利，成熟为贞。④［甘节录，绍熙四年（1193年）后所闻］

与元亨利贞和春夏秋冬相对应，仁是仁之生意之始发状态，礼是仁

---

① 《语类》卷6，第107页；胡泳录，庆元四年（1198年）所闻；或汤泳录，庆元元年（1195年）所闻。

② 朱子有言：“元是初发生出来，生后方会通，通后方始向成。利者物之遂，方是六七分，到贞处方是十分成。”［《语类》卷68，第1690页；叶贺孙录，绍熙二年（1191年）后所闻］

③ 《语类》卷68，第1689页。

④ 《语类》卷68，第1688页。

之生意之成长状态，义是仁之生意之渐收状态，智是仁之生意之收藏状态。[①]同样，从仁之生意的圆满程度来看，智才是生意的圆满状态。故朱子晚年十分强调作为终成之德的智，认为“智是伏藏、渊深底道理”[②]。下详述朱子晚年论智。

既然智属贞，因此从贞中亦可以看出智的特性。我们首先看看朱子是如何论述贞的。《周易本义》把《易传·乾·文言》中的“贞固足以干事”解释为：“贞固者，知正之所在而固守之，所谓知而弗去者也，故足以为事之干。”[③]可见，所谓“贞”，就是知道某件事件是正确（“正”）的并坚定地固守（“固”）之，也就是“知而弗去者也”；简单地说，贞就是“正”和“固”。对贞的正和固的特性，朱子多有阐发。《语类》有：

> 亚夫问“贞而不谅”。曰：“贞者，正而固也。盖见得道理是如此，便须只恁地做，所谓‘知斯二者，弗去是也’。为‘正’字说不尽，故更加‘固’字，如《易》所谓‘贞固足以干事’。若谅者，是不择是非，必要如此。故贞者，是正而固守之意；谅则有固、必之心也。”[④]［潘时举录，绍熙四年（1193年）后所闻］
>
> “正”字不能尽“贞”之义，须用连“正固”说，其义方全。“正”字也有“固”字意思，但不分明，终是欠阙。正如孟子所谓“知斯二者弗去是也”。“知斯”是“正”意，“弗去”是“固”意。[⑤]［叶贺孙录，绍熙二年（1191年）后所闻］

考上两条，都是强调贞不仅有“正”之义，亦有“固”之义，即不仅要“见得道理是如此”，也要坚持“便须只恁地做”。所以，贞就是孟子所说的“知斯二者弗去是也”。

朱子又指出贞有“常”之义。《语类》载有：

---

① 需要指出的是，从仁之生意流行来看，仁义礼智之间的顺序应是“仁礼义智”。《语类》：“问：‘元亨利贞，《乾》之四德；仁义礼智，人之四德。然亨却是礼，次序却不同，何也？’曰：‘此仁礼义智，犹言春夏秋冬也；仁义礼智，犹言春秋夏冬也。’”［《语类》卷68，第1691页；董铢录，庆元二年（1196年）后所闻］

② 《语类》卷32，第823页；万人杰录，淳熙七年（1180年）后所闻。

③ 《周易本义·文言传》，《朱子全书》（第1册），第146页

④ 《语类》卷46，第1169页。

⑤ 《语类》卷68，第1706页。

贞，只是常。吉凶常相胜，不是吉胜凶，便是凶胜吉。二者常相胜，故曰“贞胜”。天地之道则常示，日月之道则常明。“天下之动贞夫一者也”，天下之动虽不齐，常有一个是底，故曰“贞夫一”。[①][陈文蔚录，淳熙十五年（1188年）后所闻]

贞，常也。阴阳常只是相胜。如子以前便是夜胜昼，子以后便是昼胜夜。观，是示人不穷。“贞夫一者也”，天下常只是有一个道理。[②][刘砥录，庆元五年（1199年）所闻]

问：“‘吉凶贞胜’一段，横渠说何如？”曰：“说贞胜处，巧矣，却恐不如此。只伊川说作‘常’字，甚佳。《易传》解此字多云‘正固’，固乃常也，但不曾发出贞胜之理。盖吉凶二义无两立之理，迭相为胜，非吉胜凶，则凶胜吉矣，故吉凶常相胜。所以训‘贞’字作‘常’者，贞是正固。只一‘正’字尽‘贞’字义不得，故又著一‘固’字。谓此虽是正，又须常固守之，然后为贞。”[③][万人杰录，淳熙七年（1180年）后所闻]

显然，用“常”来释贞是从贞的“正”和“固”之义引申而来的。“正”是强调贞固的必须是“理”，而不能是“非理”。既然贞固的是“理”，那么这个“理”必然是唯一且恒常的。所谓“天下之动虽不齐，常有一个是底”“天下常只是有一个道理”即此之意。“固”是强调对“理”的固守。既然对“理”要固守之，那么这个固守就不是一时三刻的，而是长久的。所谓“谓此虽是正，又须常固守之，然后为贞”即此之意。

基于对贞的上述理解，朱子便十分重视《易传·乾·文言》中“利贞者，性情也”这句话。《语类》载有：

“乾元者始而亨”一段，“始而亨”是生出去，“利贞”是收敛聚，方见性情。所以言“元亨诚之通，利贞诚之复”。[④][刘砥录，庆元五年（1199年）所闻]

问：“一阳动于下，乃天地生物之心，如何利贞处乃为《乾》之性情？”曰：“元亨者，发见流行之处，利贞乃其本体无所作用之

---

① 《语类》卷76，第1941页。
② 《语类》卷76，第1940页。
③ 《语类》卷76，第1941页。
④ 《语类》卷69，第1728页。

实。性情犹言情状，于其收敛无所作用，方见他情状真实。”[①]［董铢录，庆元二年（1196年）后所闻］

“利贞者，性情也”，是《乾》元之性情。始而亨时，是《乾》之发作处，共是一个性情。到那利贞处，一个有一个性情，百谷草木皆有个性情了。元亨方是他开花结子时，到这利贞时，方见得他底性情。就这上看《乾》之性情，便见得这是那“利贞诚之复”处。[②]［夔渊录，绍熙四年（1193年）所闻］

从“‘利贞’是收敛聚，方见性情”“于其收敛无所作用，方见他情状真实”“到这利贞时，方见得他底性情”可知，朱子要表达的意思是：“利贞”是事物性情之收敛处，而这个收敛处表现的性情正是事物的本真存在状态。所以，朱子强调“利贞诚之复”。显然，朱子在这里是要强调“贞”才是事物充实完满和本来本真的阶段。

正是基于对贞的作用的强调，朱子指出：“以用言则元为主，以体言则贞为主。”[③]本书以为，所谓“以用言则元为主”是指，从作用的层面看，元贯穿于亨、利、贞之中，故以元为主。所谓“以体言则贞为主”则是指，从本体层面看，贞是亨、利、贞之本体，是理之完满状态，故以贞为主。所以，朱子把贞比作树木之主干，事如树木之枝叶，无贞即如树木无主干，树木无主干则会倒掉，无贞则事情则必定不能成功。[④]

当朱子把贞理解为“知而弗去者也”的贞固之时，其就已经把“贞”和“智”对应贯通起来了。为什么这么说呢？因为，在朱子看来，智与贞有着同样的特性，智也是“知而弗去者也”。《孟子·离娄上》即言：“仁之实，事亲是也；义之实，从兄是也；智之实，知斯二者弗去是也。”

基于贞有“正”与“固”之特性及贞与智的对应贯通关系，朱子认为智即正，正有表示智之亲切之义。《语类》有：

问：“周子不言‘礼智’，而言‘中正’，如何？”曰：“礼

① 《语类》卷69，第1728—1729页。

② 《语类》卷69，第1729页。

③ 《答方伯谟》（一），《文集》卷44，《朱子全书》（第22册），第2010页；乾道七年（1171年）。

④ 如朱子言：“‘贞固足以干事’，干如木之干，事如木之枝叶。‘贞固’者，正而固守之。贞固在事，是与做个骨子，所以为事之干。欲为事而非此贞固，便植立不起，自然倒了。”［《语类》卷68，第1708页；周谟录，淳熙六年（1179年）后所闻］

智说得犹宽，中正则切而实矣。且谓之礼，尚或有不中节处。若谓之中，则无过不及，无非礼之礼，乃节文恰好处也。谓之智，尚或有有正不正，若谓之正，则是非端的分明，乃智之实也。”[①][董铢录，庆元二年（1196年）后所闻]

问：“中正即礼智，何以不直言‘礼智’，而曰‘中正’？”曰：“‘礼智’字不似‘中正’字，却实。且中者，礼之极；正者，智之体，正是智亲切处。伊川解‘贞’字，谓‘正而固’也。一‘正’字未尽，必兼‘固’字。所谓‘智之实，知斯二者弗去是也’。智是端的真知，恁地便是正。弗去，便是固。所以‘正’字较亲切。”[②][陈淳录，绍熙元年（1190年）、庆元五年（1199年）所闻]

问：“智与正何以相契？”曰：“只是真见得是非，便是正；不正便不唤做智了。”问：“只是真见得是，真见得非。若以是为非，以非为是，便不是正否？”曰：“是。”[③][陈淳录，绍熙元年（1190年）、庆元五年（1199年）所闻]

由上引诸条可知，在朱子看来，周敦颐所谓的“仁义中正”即“仁义礼智”，“中”就是“礼”，“正”就是“智”；而周敦颐之所以说“仁义中正”，而不说“仁义礼智”，是因为“中”表示礼之极致之意，“正”表示智之亲切之意。所以，朱子指出，用“正”来表示智，正是要强调智有两层涵义：一是指智不是普通的认知，而是渗透着价值和情感的认知，要知得真真切切，也就是“真见得是，真见得非”，这种知即是真知。二是真知不仅表现在价值上以是为是、以非为非和情感上的真切认同，更表现在实际行动中，也就是要把认知转化为具体的行动，如果只是知得，但行不得，这种知就不是真知了，所以朱子强调“智是端的真知，恁地便是正”。

朱子进一步指出，把“恁地”固守下去就是智之“固”。其言：

“贞固足以干事。”贞，正也，知其正之所在，固守而不去，故足以为事之干。干事，言事之所依以立，盖正而能固，万事依此

① 《语类》卷94，第2382页。
② 《语类》卷94，第2382页。
③ 《语类》卷94，第2382页。

而立。在人则是智，至灵至明，是是非非，确然不可移易，不可欺瞒，所以能立事也……无是非之心，非知也。知得是是非非之正，紧固确守不可移易，故曰“知”，周子则谓之“正”也。①［董铢录，庆元二年（1196年）后所闻］

可见，在朱子看来，所谓“智”不仅要知得是是非非之正，亦要坚定不移把“是”固守下去，如此才能称为“知”。

既然贞才是事物充实完满和本来本真的阶段，那么智亦应该是理的本真圆满状态。朱子正是如此认为。《语类》有：

贺孙问：“《孟子》四端，何为以知为后？”曰：“孟子只循环说。智本来是藏仁义礼，惟是知恁地了，方恁地，是仁礼义都藏在智里面。如元亨利贞，贞是智，贞却藏元亨利意思在里面。如春夏秋冬，冬是智，冬却藏春生、夏长、秋成意思在里面。且如冬伏藏，都似不见，到一阳初动，这生意方从中出，也未发露，十二月也未尽发露。只管养在这里，到春方发生，到夏一齐都长，秋渐成，渐藏，冬依旧都收藏了。”②［叶贺孙录，绍熙二年（1191年）后所闻］

对于叶贺孙问为什么孟子“四端”中智排在最后，朱子指出“孟子只循环说”。所谓“只循环说”是指，智虽然在“仁—义—礼—智”单个运行中处于末端位置，但如果从“仁—义—礼—智—仁—义—礼—智”循环运行来看，智则处于新的“仁—义—礼—智”的开端了。这就是说，观看的视角不同，智所处的位置就有所不同。正是由于智承担着开启下一个“仁—义—礼—智”运行的角色，所以朱子明确指出“智本来是藏仁义礼”“仁礼义都藏在智里面”。而“智本来是藏仁义礼”“仁礼义都藏在智里面”明显体现出朱子晚年有“智包四德”的思想。

我们知道，朱子一直说“仁包四德”，强调仁之生意始终流行贯穿在义礼智中，而这里又说“智包四德”，强调仁义礼三德蕴藏在智中，这里是否存在矛盾呢？应该说，“仁包四德”与“智包四德”两种说法是可以并存。前文提及，朱子曾言“以用言则元为主，以体言则贞为主”，这种以体用来区分元和贞的思维同样适用于仁和智。“仁包四德”主要是从用

① 《语类》卷68，第1709页。
② 《语类》卷53，第1290页。

上说，也就是从经验现象中看，仁之生意贯穿在义、礼、智中；而“智包四德”则是从体上看，强调智才是仁、义、礼的本真状态，也可以说是理的本真状态。所以，从某种意义上说，一方面，仁智同体，同兼四德；另一方面，智理一体，智是理之所生，智之完善状态就是理之本然。

正是由于朱子认为智才是理的本真状态，所以朱子讲“智包四德”主要强调智的潜藏功能。《语类》有：

> 生底意思是仁，杀底意思是义，发见会通是礼，收（一作“深”）藏不测是智。①［甘节录，绍熙四年（1193年）后所闻］
>
> “仁礼属阳，属健；义知属阴，属顺。”问：“义则截然有定分，有收敛底意思，自是属阴顺。不知智如何解？”曰：“智更是截然，更是收敛。如知得是，知得非，知得便了，更无作用，不似仁义礼三者有作用。智只是知得了，便交付恻隐、羞恶、辞逊三者。他那个更收敛得快。”②［沈僩录，庆元四年（1198年）后所闻］
>
> 问：“礼智是束敛底意思，故属阴否？”曰：“然。”或问：“智未见束敛处。”曰：“义犹略有作为，智一知便了，愈是束敛。孟子曰：‘是非之心，智也。’才知得是而爱，非而恶，便交过仁义去了。”③［胡泳录，庆元四年（1198年）所闻；或汤泳录，庆元元年（1195年）所闻］

可见，朱子认为，智的潜藏功能表现为两个方面：一是收敛功能。智的收敛功能表现为知是知非的能力，智收敛得越深其蕴藏的能量就越大、判断是非的能力就越强。这点朱子在《答陈器之（问〈玉山讲义〉）》中就已指出。在朱子看来，仁、义、礼皆有事可为，而智则无事可为，只是分别是非。二是交付功能。智的交付功能表现在当智作出是非判断后，就立即把这个判断结果交付给仁、义、礼三者之一而表现为相应的恻隐之情、羞恶之情、辞逊之情。进一步说，离开了智的分辨是非的功能，仁、义、礼就无法表现出合理的恻隐之情、羞恶之情、辞逊之情。这也是朱子讲“智包四德”的落脚点。

朱子进一步指出，智的交付功能就蕴藏在仁智交会之时，也就是

---

① 《语类》卷6，第107页。
② 《语类》卷6，第106—107页。
③ 《语类》卷17，第374页。

“一阳初动处，万物未生时”。《语类》言：

> 汉卿问“一阳初动处，万物未生时”。曰：“此在贞、元之间，才见孺子入井，未做出恻隐之心时节。”[①]［李方子录，淳熙十五年（1188年）后所闻］
>
> 问：“康节所谓‘一阳初动处，万物未生时’，这个时节，莫是程子所谓‘有善无恶，有是无非，有吉无凶’之时否？”先生良久曰：“也是如此。是那怵惕恻隐方动而未发于外之时。”[②]［辅广录，绍熙五年（1194年）后所闻］
>
> 汉卿问：“‘一阳初动处，万物未生时’，以人心观之，便是善恶之端，感物而动处。”曰：“此是欲动未动之间，如怵惕恻隐于赤子入井之初，方怵惕恻隐而未成怵惕恻隐之时。故上云‘冬至子之半’，是康节常要就中间说。‘子之半’则是未成子，方离于亥而为子方四五分。”[③]［叶贺孙录，绍熙二年（1191年）后所闻］

上引几条都是讨论邵雍《冬至吟》中的“一阳初动处，万物未生时”。《冬至吟》曰：“冬至子之半，天心无改移。一阳初起处，万物未生时。玄酒味方淡，大音声正希。此方如不信，更请问庖牺”[④]。在朱子看来，“一阳初动处，万物未生时”正是描述春夏秋冬四季中冬与春交会之时，也就是贞元交会之时，即《冬至吟》所说的“冬至子之半”；在冬与春交会之时（冬至子之半），就是冬存储的生意由隐藏向萌动生发之时刻，此时万物之生意开始萌动，春由此开始，这个时刻正是象征着生命的诞生。而在人道上，“一阳初动处，万物未生时”就表现为智仁交会之时，也就是文中说的“才见孺子入井，未做出恻隐之心时节”“怵惕恻隐于赤子入井之初，方怵惕恻隐而未成怵惕恻隐之时”，此时智作出了是非判断，并把判断的结果向外转化为恻隐之情。因此，从人道上看，“一阳初动处，万物未生时”就是性向情转化的那一过渡时刻，这一时刻正是人的道德能力发用的瞬间。

总之，朱子晚年十分重视“智”在道德实践中的作用，提出了“智

---

① 《语类》卷71，第1794页。

② 《语类》卷71，第1794页。

③ 《语类》卷71，第1794—1795页。

④ 邵雍：《伊川击壤集》卷18，氏著：《邵雍集》，郭彧点校，北京：中华书局，2010年，第489页。

包四德”的思想。在朱子看来，从形而上的本体世界来看，与仁、义、礼相比，智才是“理”的最圆满状态。“‘智’虽然自己没有具体的作用，不会展现具体现象，但它具有使其他‘理’生起‘作用’、展现具体‘现象’的功能、特色。”[①]智的这种使理生起的作用，就是智的是非判断能力。智中潜藏着无限的是非判断能力，正是这种能力生发出来，仁、义、礼才能在经验现象中展现出来。所以，朱子说：“此‘知’字义又大。然孔子多说仁、智，如‘元亨利贞’，元便是仁，贞便是智。四端，仁智最大。无贞，则元无起处；无智，则如何是仁？《易》曰：‘大明终始。’有终便有始。智之所以为大者，以其有知也。”[②]

第三节　“智藏”说蕴含的工夫思想

（一）

我们知道，在孟子那里，仁、义、礼、智分别对应恻隐之心、羞恶之心、辞让之心（恭敬之心）、是非之心。因此，朱子对“智”的重视，正是体现出其对是非之心的重视。问题是，为什么朱子晚年会重视是非之心，朱子晚年重视是非之心又蕴含着什么目的呢？这些问题值得探讨研究。一般认为，孟子的“四端之心”把恻隐之心放在首位，把是非之心放最后，而把羞恶之心和辞让之心放在中间，并不是随意放置的，而是有所考虑的。孟子的“四端之心”描述的正是人的道德心理机制的运行过程，从恻隐之心到羞恶之心，再到辞让之心，最后到是非之心，乃是人的道德心理一步步向前推进的完整的逻辑过程。[③]我们首先分析下孟子“四端之心”的一种可能的内在逻辑结构，从而揭示出是非之心作为“四端之心”之尾的原因所在。

朱子把“恻隐”解释为：“恻，伤之切也。隐，痛之深也。”[④]恻隐所表示的伤之切和痛之深正是人的最原始亦可以说是最本质的生命觉情。

---

① 藤井伦明：《日本崎门朱子学的“智藏”论探析》，《中正汉学研究》，2016年总第27期。

② 《语类》卷60，第1423页；辅广录，绍熙五年（1194年）后所闻。

③ 廖晓炜在《如何理解孟子的“四端之心”——兼与周海春商榷》（《道德与文明》，2014年第1期）一文中对孟子“四端之心”的内在结构有深入分析。本书亦主要参照廖晓炜之说而言。

④ 《四书章句集注》，第237页。

这种生命觉情是人在经验世界中与他者发生“相遇”和“碰撞”时的一种“体知”。所谓“体知”，“乃是此在置身于周遭物事之中，为之所触、所动而生的基本生存感受。这是一种前反思的、前述谓的、主客未分的浑然在世的生存论体验。”[①]而在主客未分的“体知”中，我的生存体验与他者的生存体验就发生了通感，一方面他人的遭遇“注入”到我的生命之中，另一方面我亦将自己生存体验“投射”到他人的生命体验之中去，此时我与他人就构成了一个能相互感通的生命共同体。这个生命共同体就是宋儒所说的“天地万物一体”的生命境界。一旦我与他人的生存体验发生感通，我就会生发出人我、物我相通的生命觉情。那么，这种生命觉情是什么呢？我们知道，人类无论多么伟大，永远都不可能完全摆脱自然界的限制，人时时刻刻都面临着生老病死等痛苦，人随时随地都有可能因某种意外而失去生命，这就是说，人类永远不可能完全避免灾难和痛苦。正是从这个意义上，我们可以说，对他人危难痛苦的体知就是生命觉情最原始的表现。当人体知到他人的危难痛苦时，这种体知的结果就表现为对危难痛苦的相似感受，由此人就生发出恻隐之心。

如果说恻隐之心强调的是人我、物我相通的生命觉情，那么羞恶之心则开始把人我和物我分开，而从人我之别上探析我和他人可能出现的生命觉情的中断。孟子深刻认识到，人极易受外在物欲私利的影响，而物欲私利的影响又极易导致人在面对他人的危难和痛苦时不是产生恻隐之心，而是生发出“交于孺子之父母”之心、“要誉于乡党”之心。这种现象在现实生活中是经常发生的。孟子在看到人心极易受私欲之遮蔽的同时，亦认识到人还有“无欲害人之心”和“无穿逾之心”。孟子言：“人能充无欲害人之心，而仁不可胜用也；人能充无穿逾之心，而义不可胜用也。”（《孟子·尽心下》）所谓“无欲害人之心”“无穿逾之心”，就是人自主自觉的克制私欲之心，这实质是强调人有自我反省能力。在孟子看来，当人面对他人的危难和痛苦时，即使生发出的是“交于孺子之父母”之心、“要誉于乡党”之心，人事后往往会有悔悟之心，意识到自己“交于孺子之父母”“要誉于乡党”之动机是错误的。廖晓炜认为，孟子所谓的自主自觉克制私欲之心乃是人的“自尊之感”，即“自我即自觉一超越于私欲之上之德性生命或精神生命”[②]。朱子则把“羞恶”解释为：“羞，

---

① 陈立胜：《恻隐之心：“同感”“同情”与“在世基调”》，《哲学研究》，2011第12期。

② 廖晓炜：《如何理解孟子的“四端之心”——兼与周海春商榷》，《道德与文明》，2014年第1期。

耻己之不善也。恶，憎人之不善也。”[①]可见，朱子认为，人的这种自我反省能力不仅仅指向自己，也指向他人，对于他人的不道德行为亦能产生憎恶之情。总之，与恻隐之心从正面强调人我、物我相通的生命觉情相比，羞恶之心则是从反面强调人本有一种防止私欲阻碍人我、物我相通的反省能力。

那么，我们又如何理解辞让之心或者说是恭敬之心呢？应该说，孟子的辞让之心是羞恶之心的进一步延伸与发展，与羞恶之心这种从消极意义上防止个人之私欲阻碍人我、物我相通相比，辞让之心则是从积极意义上强调面对他人之馈赠或者面对足够供众人共享的利益之时人亦要有一个谦虚辞让之心。辞让之心所考虑的面对他人馈赠或者面对足够供众人共享的利益之时刻，亦是生活中经常出现的现象。一般说来，接受他人给予的馈赠和在不损害他人利益的情况下实现利益共享是符合道德的，孟子并不反对对正当利益的追求，孟子在这里实要表达一种道德“严格主义”思想。[②]在孟子看来，当我帮助他人之时，如他人给予自己物质或精神上的馈赠，我并不一定要接受他人的馈赠，因为我对他人的帮助是纯粹的道德行为，并没有其他的动机掺杂在中间；对于他人的馈赠如持一种积极获取的态度，往往会削弱道德行为的纯粹性，更有甚者会激发起人的私欲之心。而在面对足够供众人共享的利益之时，孟子认为这中间亦有一个先后关系，人应该表现出辞让恭敬之心，让他人先享受，而不能把自己放在第一位。朱子把“辞让”解释为“辞，解使去己也。让，推以与人也”[③]正是表达此意。应该说，“辞让之心”体现的正是对共同体中他人存在的肯定和尊重。孟子实深刻认识到，在一个共同体中，人与人之间只有互相承认并尊重对方，大家才有可能和谐共存。辞让之心或恭敬之心在道德心理中的作用正如廖晓炜所说：“一者更为积极地肯定自我之道德性或超越性，进而要求自我之纯粹化，以免于自我陷入感性欲望之中；一者更为积极地承认他人之存在，即视对方为一同于我之道德性的或精神性的存在。前者体现为辞让之心的呈现，后者即恭敬之心的作用。”[④]

相对于恻隐之心、羞恶之心、恭敬之心，是非之心较难理解，因为

---

① 《四书章句集注》，第237页。

② 李明辉指出：“‘严格主义’所表达的仅是一种明确的道德意识，而非对自然欲望的否定。”（李明辉：《朱子对“道心”“人心”的诠释》，蔡振丰编：《东亚朱子学的诠释与发展》，台北：台大出版中心，2012年，第107页）

③ 《四书章句集注》，第237页。

④ 廖晓炜：《如何理解孟子的“四端之心”——兼与周海春商榷》，《道德与文明》，2014年第1期。

是非之心对应的是“智”，而我们现在往往把“智”看作主体的人对客体的事物的认知判断能力，而恻隐之心、羞恶之心、恭敬之心则是道德情感。如果这样看，是非之心与恻隐之心、羞恶之心、恭敬之心并不是同一个层次之心，是非之心似乎是一个另类。如何理解这一现象呢？唐君毅认为“智”在孟子那里亦是一种情感，“此种是非之心，最初恒只表现为一好或恶之情。”[①]事实上，孟子所谓的是非之心并不是判断真假，而是判断善恶，也就是说孟子所讲的“智”是一种价值判断，而不是事实判断。与判断一朵花是红色还是白色这种事实判断不同，是非判断是一个价值判断，是非判断乃是要判定一个思想或行为是否符合正面的价值取向，在孟子那里就是判断一个人的心理动机是否符合善的价值标准，符合善则是，不符合善则非。一般说来，事实判断可以不带有作为判断主体的人的个人情感，人在作事实判断时只是依据客观实际作出真或假的判定；而价值判断作为一种体现价值取向的判断必然渗透着情感。通常说来，当一个人的思想和行为符合善的时候，人自然会生发出一种喜爱之情，进而肯定其为是；反之，当一个人的思想和行为表现为恶的时候，人就会产生一种憎恶之情，进而认定其为非。因此，从这个意义上说，是非之心亦是道德情感。当然，人在对善恶作出是非判断时虽是以喜恶之情为根基，但这并不是说是非善恶判断仅仅是凭借情感，因为仅凭借情感作判断极易导致人把私欲之情作为判断标准，因此个人必须从自己可能会有的私欲之情中超越出来，而以一种大公之情来作出喜恶之判断。所谓大公之情，是指人要依据善恶本身来作是非判断，而不能颠倒善恶，因为从某种意义上说善恶本身是客观的。而要有大公之情就必须在情感中加入理性因素。这种理性因素正是在日常生活具体的道德实践中逐步积累起来的，具体说，就是在处理恻隐、羞恶、辞让的活动中积累起来的。

问题是，如何理解是非之心是辞让之心的进一步发展呢？唐君毅指出：“是非之心所进于辞让之心者，在此中人不仅有自尊其道德自我，尊人之道德自我之意识；且对于‘违于人与我之道德之实际行为’之否定，及‘顺于人与我之道德自我之实际行为’之肯定。”[②]这就是说，辞让之心只表现出从正面对自我和他人两个道德主体的尊重，而是非之心则不仅能从正面肯定“顺于人与我之道德自我之实际行为”，而且能从反面否定“违于人与我之道德之实际行为”。此即孔子所说的“唯仁者能好人，能

---

① 唐君毅：《文化意识与道德理性》，北京：中国社会科学出版社，2005年，第323页。
② 唐君毅：《文化意识与道德理性》，第323页。

恶人”（《论语·里仁》）。是非之心的这种正反两面都能作判定的能力就昭示着是非之心能贞定住善恶价值之所在，肯定何者为是何者为非，在善恶之间作出一个明晰的分判，并最终肯定善为是、恶为非。而当人肯定“善为是、恶为非”时，就已经完成了道德心理机制的运行。再往下发展就是把判定为是的心理外化为具体的行动，从而发动出善的行为；把判定为非的心理终止，不让其转化为恶的行为。这就是说，经过恻隐之心正面推动道德情感的生发、羞恶之心防御私欲对道德情感生发的阻碍和辞让之心对他人存在的肯定和尊重后，是非之心作出的肯定“善为是、恶为非”是人的道理心理运行的最后一个环节，是连接心理动机与行为实践的连接点。

对于上述孟子“四端之心”内在结构的可能性解读，朱子是否亦如此认为我们不得而知，因为在朱子的文献里面找不到完整的论述。但朱子晚年重视“四端之心”中的是非之心是毫无疑问的。由上节朱子“智藏”思想可知，朱子是用宇宙论的方式来提升作为是非之心的智的地位，其把仁义礼智实体化为具有生意之德，认为仁义礼智是一个生意流行的过程，在这个流行过程中智是生意的圆满状态。因此，从某种意义上说，智就是理的本真状态。正是由于智是理之本真状态，所以智有分辨是非善恶的能力。《语类》载：“直卿曰：‘五常中说知有两般：就知识处看，用着知识者是知；就理上看，所以为是为非者，亦知也。一属理，一属情。’曰：‘固是。道德皆有体有用。’”①这里，朱子赞同黄直卿用体用的方式把知区分为理上的知是知非和用上的用着知识之知。理上的知是知非，正是指人凭借自己的“智”对是非善恶作出判断，即凭借是非之心作出善恶判断。也正是由于智是理的本真状态，所以智亦具有使仁、义、礼在经验现象中生起具体的恻隐之情、羞恶之情、辞让之情的作用。朱子言：“义犹略有作为，智一知便了，愈是束敛。孟子曰：‘是非之心，智也。’才知得是而爱，非而恶，便交过仁义去了。”②在朱子看来，当智作出是非善恶判断后就将判断结果交付给仁、义、礼，以使理具体表现相应的情。

由此可知，朱子对“智”的重视，正是强调是非之心的善恶判断能力才是人的道德心理运行机制的完成状态，只不过朱子更多地从宇宙论上立

---

① 《语类》卷6，第122页；徐宇录，绍熙元年（1190年）后所闻。

② 《语类》卷17，第374页；胡泳录，庆元四年（1198年）所闻；或汤泳录，庆元元年（1195年）所闻。

论。同时，我们也可以发现，强调智是理的本真状态正体现出朱子下学上达的工夫思想。把仁义礼智看作是生意流行的过程实表明，人在实践中每一次恻隐、羞恶、辞让之情的生发，都是是非之心在经验中的具体表现，有助于提升智的是非判断能力。因此，在实践中践行仁义礼的次数越多，人的是非判断能力就越强，智的能量就越深厚。如此，在仁义礼智不断循环运行过程中，智的能量就会聚集得越来越多，人的心就会变得越来越清明，最终就能实现心与理合一。

（二）

再进一步看，心的是非判断能力在朱子那里就是心的知觉能力。朱子言："知觉自是智之事"①"觉自是智之用"②。可见，朱子认为，心之知觉就是智，智的是非判断作用具体表现在心的知觉功能上。朱子还指出："智之所以为大者，以其有知也。"③同中国古代其他哲人一样，朱子亦认为心是人身之主宰，统摄着身体其他器官的运动，其言："心者，人之所以主乎身者也，一而不二者也，为主而不为客者也，命物而不命于物者也。"④"人之一身，知觉运用，莫非心之所为。"⑤朱子进一步指出，心之所以有主宰能力是由于心有知觉，知觉是心的基本功能。他说："有知觉谓之心。"⑥"人心之灵，莫不有知。"⑦"心官至灵，藏往知来。"⑧其又言："无所知觉，则不足以宰制万物。要宰制他，也须是知觉。"⑨"心者，人之知觉主于身而应事物者也。"⑩心之所以为心是因为心有知觉，心之知觉即心之虚灵明觉处，且正是由于知觉乃心之虚灵明觉处，所以心能主于身且应万事万物。

问题是，心之知觉是知什么呢？也就是说，心的知觉内容是什么？朱子所说的知觉并不仅仅是我们今天所谓的人之五官与外在事物相接触而

---

① 《语类》卷20，第477页；黄榦录，所录时间不详。
② 《语类》卷6，第118页；杨道夫录，淳熙十六年（1189年）后所闻。
③ 《语类》卷60，第1423页；辅广录，绍熙五年（1194年）后所闻。
④ 《观心说》，《文集》卷67，《朱子全书》（第23册），第3278页；淳熙元年（1174年）。
⑤ 《答张钦夫》（四十九），《文集》卷32，《朱子全书》（第21册），第1419页；乾道五年（1169年）。
⑥ 《语类》卷140，第3340页；不知何氏录。
⑦ 《四书章句集注》，第6—7页。
⑧ 《语类》卷5，第85页；吕焘录，庆元五年（1199年）所闻。
⑨ 《语类》卷17，第382页；杨道夫录，淳熙十六年（1189年）后所闻。
⑩ 《大禹谟》，《文集》卷65，《朱子全书》（第23册），第3180页。

产生的认识，而主要是指对诸如仁义礼智类的道德之理的觉知，所以朱子认为知觉的对象是“理”。朱子言：“所觉者，心之理也。能觉者，气之灵也。”①这里，朱子明确指出知觉的主体是心，知觉的对象是理。正是由于心以理为知觉对象，所以心能主宰万物、应对万事，故朱子说：“心者，人之神明，所以具众理而应万事者也。”②朱子进一步指出，当心知觉到理后，就能依据理而作出是非善恶的判断，是非之心的功能由此就显发出来。他说：“性只是理，情是流出运用处，心之知觉，即所以具此理而行此情者也。以智言之，所以知是非之理则智也，性也。所以知是非而是非之者，情也。具此理而觉其为是非者，心也。”③可见，智在于知是知非，而智之所以能知是知非则在于心具理而能判断是非。所以朱子强调，“觉者，是要觉得个道理。须是分毫不差，方能全得此心之德，这便是仁。若但知得个痛痒，则凡人皆觉得，岂尽是仁者耶？”④同时，朱子指出，虽然心具理，但心本有之理必须经由心之知觉运用才能显发出来，如果没有心之知觉去觉知此理，心之理就只是潜藏在心中了。他说：“大凡道理皆是我自有之物，非从外得。所谓知者，便只是知得我底道理，非是以我之知去知彼道理也。道理固本有，用知，方发得出来。若无知，道理何从而见！”⑤所以，朱子甚至认为：“知觉便是心之德。”⑥

朱子在看到心之知觉能觉知理的同时，也清楚地意识到由于气禀和物欲之遮蔽，理不容易为人所知觉，反而是物欲私利容易被人知觉。由是，朱子作出了“道心”和“人心”的区别。其言：

> 心之虚灵知觉，一而已矣，而以为有人心、道心之异者，则以其或生于形气之私，或原于性命之正，而所以为知觉者不同。⑦
>
> 只是这一个心，知觉从耳目之欲上去，便是人心；知觉从义理上去，便是道心。⑧［林学蒙录，绍熙五年（1194年）后所闻］
>
> 人心亦只是一个。知觉从饥食渴饮，便是人心；知觉从君臣

---

① 《语类》卷5，第85页；甘节录，绍熙四年（1193年）后所闻。
② 《四书章句集注》，第349页。
③ 《答潘谦之》（一），《文集》卷55，《朱子全书》（第23册），第2590页；淳熙十年（1183年）。
④ 《语类》卷101，第2562页；潘时举录，绍熙四年（1193年）后所闻。
⑤ 《语类》卷17，第382页；沈僩录，庆元四年（1198年）后所闻。
⑥ 《语类》卷20，第465页；程端蒙录，淳熙六年（1179年）至绍熙二年（1191年）间所闻。
⑦ 《四书章句集注》，第14页。
⑧ 《语类》卷78，第2009页。

父子处，便是道心……形骸上起底见识，便是人心；义理上起底见识，便是道心。①［李方子录，淳熙十五年（1188年）后所闻］

这里，朱子指出，“道心”和“人心”并不是指人有两个心，人永远只有一个心；“道心”与“人心”是从心之知觉对象不同而作出的区分，“道心”是指心觉于天理，而“人心”则是指心觉于自然欲求。②显然，朱子作出“道心”和“人心”之分的目的是告诫人要以天理为认知对象，而不能只去认知自然欲求，也就是要做到“道心常为一身之主，而人心每听命焉”③。

从上述朱子关于心之知觉的论述中，我们可以发现，朱子讨论心之知觉主要是探讨心与理的关系，具体说，就是心之知觉应该而且必须认知到天理，以达至心与理一。问题是，如何到达心与理一呢？在朱子看来，心与理本来是为一的④，只是由于气禀之遮蔽和物欲之影响，心与理在现实情境中往往分裂为二。故朱子常言：

是以人之常性，莫不有善而无恶，其本心莫不好善而恶恶。然既有是形体之累，而又为气禀之拘，是以物欲之私，得以蔽之，而天命之本然者，不得而著。⑤

人心本明，只被物事在上盖蔽了，不曾得露头面，故烛理难。⑥［童伯羽录，绍熙元年（1190年）所闻］

---

① 《语类》卷78，第2010页。

② 需要指出的是，不能把朱子的“道心”与“人心”理解为同“天理”与“人欲”相对应之范畴。在朱子看来，“人心”是指人的自然欲求，而“人欲”则是违背天理的欲望。合理的自然欲求是每个人都需要的，而过度的欲望则是人欲。如，朱子言：“人心，尧舜不能无；道心，桀纣不能无。盖人心不全是人欲，若全是人欲，则直是丧乱，岂止危而已哉！只饥食渴饮，目视耳听之类是也，易流故危。道心即恻隐、羞恶之心，其端甚微故也。”（《语类》卷118，第2864页；不知何氏录）

③ 《四书章句集注》，第14页。

④ 朱子言：“心与理一，不是理在前面为一物。理便在心之中，心包蓄不住，随事而发。”［《语类》卷5，第85页；辅广录，绍熙五年（1194年）后所闻］。在朱子看来，圣人之心即心与理合一的状态。其言：“圣人之心浑然一理。盖他心里尽包这万理，所以散出于万物万事，无不各当其理。”［《语类》卷27，第676页；沈僩录，庆元四年（1198年）后所闻］“盖圣人之心，至虚至明，浑然之中，万理毕具。一有感触，则其应甚速，而无所不通。”（《四书章句集注》，第353页）可见，朱子认为，由于“圣人之心”未有气禀之遮蔽和不受物欲之影响，所以圣人能做到心与理一。这亦表明，当常人通过修养工夫达到心与理一时，常人也就成为圣人。

⑤ 《大学或问下》，《四书或问》，《朱子全书》（第6册），第532页。

⑥ 《语类》卷12，第205页。

显然，要使心能认识到天理，实现心与理一，就必须增强心之知觉的是非判断能力。问题是，又如何增强心之知觉的是非判断能力呢？朱子在《大学或问》曾说：

> 人之所以为学，心与理而已矣。心虽主乎一身，而其体之虚灵，足以管乎天下之理；理虽散在万物，而其用之微妙，实不外乎一人之心，初不可以内外精粗而论也。然或不知此心之灵，而无以存之，则昏昧杂扰，而无以穷众理之妙。不知众理之妙，而无以穷之，则偏狭固滞，而无以尽此心之全。此其理势之相须，盖亦有必然者。是以圣人设教，使人默识此心之灵，而存之于端庄静一之中，以为穷理之本；使人知有众理之妙，而穷之于学问思辨之际，以致尽心之功。巨细相涵，动静交养，初未尝有内外精粗之择，及其真积力久，而豁然贯通焉，则亦有以知其浑然一致，而果无内外精粗之可言矣。①

所谓“人之所以为学，心与理而已”蕴含的意思就是为学的目标是要实现心与理一。由文意可知，在朱子看来，在为学工夫中，心与理是相互促进的关系。一方面，心必须保持虚灵明觉的状态，唯有如此心才能穷尽众理之妙；另一方面，穷众理之妙的工夫亦能反过来促进人尽此心之全。所以，朱子指出，圣人为学工夫有两个方面：一是端庄静一，以使人之心保持虚灵明觉之态；二是学问思辨，以使人知众理之妙。这两个方面的工夫也就是朱子常说的主敬涵养和格物穷理工夫。

对于主敬涵养和格物穷理在实现心与理一中的作用，朱子认为，主敬涵养的主要功能是使心始终保持良好精神状态，也就是使心保持虚灵明觉的状态，而格物穷理则是集义，即通过在心中加入理的内容以恢复心中本有之理。因此，主敬涵养并不能使心直接认识到理，其只是为人在做格物穷理工夫时提供一个良好的主体精神状体，而格物穷理则是直接使人认知到理。所以，朱子坚持反对那种空守一心而忽视格物穷理的为学方法，强调格物穷理在提升心知是知非的能力中的作用。朱子言：

> 前日所论，正为敬义工夫不可偏废。彼专务集义而不知主敬者，固有虚骄急迫之病，而所谓义者或非其义；然专言主敬，而不知

① 《大学或问下》，《四书或问》，《朱子全书》（第6册），第528页。

就日用间念虑起处分别其公私义利之所在，而决取舍之几焉，则恐亦未免于昏愦杂扰，而所谓敬者有非其敬矣。且所谓集义，正是要得看破那边物欲之私，却来这下认得天理之正，事事物物，头头处处，无不如此体察，触手便作两片，则天理日见分明，所谓欲物之诱，亦不待痛加遏绝而自然破矣。若其本领，则固当以敬为主，但更得集义之功以祛利欲之蔽，则于敬益有助，盖有不待着意安排而无昏愦杂扰之病。①［淳熙十五年（1188年）］

由文意可知，朱子一方面强调持敬和集义工夫不可偏废，要做到敬义挟持，不靠一边；另一方面明确指出“若其本领，则固当以敬为主，但更得集义之功以祛利欲之蔽，则于敬益有助”，强调集义的重要性。在朱子看来，若只讲持敬，不做集义工夫，则无法分辨公私义利，亦就不能见得是是非非，如此极易导致认欲为理，混淆是非。集义工夫便能使人认得天理之正，分清是是非非，看破物欲之私。

总之，在如何提升心之知觉的是非判断能力，实现心与理一上，朱子强调要用格物穷理方法。《语类》载有：

虽说心与理一，不察乎气禀物欲之私，是见得不真，故有此病。《大学》所以贵格物也。②［潘植录，绍熙四年（1193年）所闻］

问“明明德”。曰：“人皆有个明处，但为物欲所蔽，剔拨去了。只就明处渐明将去。然须致知、格物，方有进步处，识得本来是什么物。”③［李季札录，淳熙三年（1176年）、庆元元年（1195年）所闻］

可见，在朱子看来，对治气禀物欲之私的关键是要在格物穷理上下工夫，通过格物致知、读书讲学以于事事物物上见得道理分明，唯有如此才能实现心与理一。

问题是，如何理解朱子的格物致知工夫呢？对于朱子的格物致知工夫，我们一般认为格物致知是要知理之所以然与所当然。如朱子言：“穷

① 《答余正叔》（一），《文集》卷59，《朱子全书》（第23册），第2851—2852页。
② 《语类》卷126，第3016页。
③ 《语类》卷14，第262页。

理者，欲知事物之所以然，与其所当然者而已。知其所以然，故志不惑；知其所当然，故行不谬。”[①]认为格物致知是要知理之所以然与所当然，此诚然无误，但从朱子的这句话中，我们实可以发现，知理之所以然与所当然并不是格物致知的目的，格物致知是为了分辨是非，此即朱子所说的“知其所以然故志不惑”，而分辨是非又是为了实践，此即朱子所说的“知其所当然故行不谬”。所以，我们说，朱子的格物致知工夫并不是一个认识论问题，本质上是一个实践问题。这也可以证明朱子的为学工夫次第是知先行后。

正是由于朱子把格物致知当作一个实践问题来看待，所以朱子认为人做格物致知工夫不是要增加知识，而是要通过认知理以判断是非善恶，进而确保人的行为正确。朱子常言：

> 穷理之学，只是要识如何为是，如何为非，事物之来，无所疑耳。[②]［淳熙二年（1175年）］
>
> 所以格物致知，便是要就此等处微细辨别，令日用间见得天理流行，而其中是非黑白各有条理，是者便是顺得此理，非者便是逆着此理，胸中洞然，无丝毫疑碍。[③]［未详，疑在庆元元年（1195年）］

《语类》亦言：

> “格物”二字最好……凡自家身心上，皆须体验得一个是非。[④]［廖德明录，乾道九年（1173年）后所闻］

可见，在朱子看来，当人于事事物物上做格物穷理的工夫，必能知得事事物物之理，从事事物物之理上就能知道每一个事物上都有一个定然不可移之理作为其存在和价值的依据，此存在和价值根源处即天理之流行，此天理之流行中蕴含的定然不可移之理就是判断是非价值的标准。故而，当人知此天理之时，就能依据此理作出是或者非的判断。

---

① 《答或人》，《文集》卷64，《朱子全书》（第23册），第3136页—3137页；乾道末至淳熙初。

② 《答王子合》（五），《文集》卷49，《朱子全书》（第22册），第2250页。

③ 《答陈卫道》（一），《文集》卷59，《朱子全书》（第23册），第2843页。

④ 《语类》卷15，第284页。

朱子又在实践中把格物与集义联系起来。在他看来，实践中的每一次格物就是一次集义，也就是一次分辨是非的锻炼。所以，朱子指出，集义就是求一个是非；集义越多，人的是非判断能力就越强，人之智的能量就越趋于圆满。《语类》载有：

> 或问"集义"。曰："只是无一事不求个是而已矣。"[①]［林恪录，绍熙四年（1193年）所闻］
>
> 或问"集义"。曰："集义，只是件件事要合宜，自然积得多。"[②]［袭盖卿录，绍熙五年（1194年）所闻］

在这里，朱子实要指出，在格物致知中人即作出了是非判断，集义就是将这个是非判断转化为实践中的具体行动，所以实践中的集义行为实质也是一个是非判断。因此，每一次集义实践都有利于增强人的是非判断能力，也就是增加智的能量。由是，人就应该在实践中不断集义，做到事事都合于理，如此长期积累下去，智的能量就越来越趋于圆满，心与理就逐渐为一了。朱子所说的格物致知用力到一定程度后就能达到"豁然贯通"正是从这个意义上说的。

当然，朱子在强调格物致知在认识天理以知是知非中具有重要作用的同时，并没有忽视躬行践履在为学工夫中的第一位性，这是因为儒学本质上是关于生命实践的学问，力行才是工夫的落脚点。朱子的格物致知也是如此，格物致知最终指向躬行践履。事实也正如此，因为朱子正是用知行合一来描述圣人之品质。在朱子看来，圣人之所以是圣人是因为他们既知得到极致，又做得到极致，也就是做到了智圣兼备。这一点从朱子阐述《孟子》"孔子之谓集大成"即可以看出。《孟子·万章下》曰："伯夷，圣之清者也；伊尹，圣之任者也；柳下惠，圣之和者也；孔子，圣之时者也。孔子之谓集大成。集大成也者，金声而玉振之也。金声也者，始条理也；玉振之也者，终条理也。始条理者，智之事也；终条理者，圣之事也。智，譬则巧也；圣，譬则力也。由射于百步之外也，其至，尔力也；其中，非尔力也。"朱子将"智，譬则巧也；圣，譬则力也。由射于百步之外也，其至，尔力也；其中，非尔力也"解释为："此复以射之巧力，发明智、圣二字之义。见孔子巧力俱全，而圣智兼备，三子则力

---

① 《语类》卷52，第1259页。
② 《语类》卷52，第1259页。

有余而巧不足，是以一节虽至于圣，而智不足以及乎时中也。此章言三子之行，各极其一偏；孔子之道，兼全于众理。所以偏者，由其蔽于始，是以缺于终；所以全者，由其知之至，是以行之尽。三子犹春夏秋冬之各一其时，孔子则大和元气之流行于四时也。”①可见，朱子认为，孟子之所以认为孔子之德高于伯夷、伊尹、柳下惠三人，是因为孔子巧力俱全、圣智兼备，而这三人却力有余而巧不足，也就是于智上有所欠缺。那么，朱子所说的“智”和“圣”是指什么呢？朱子言：“智是知得到，圣是行得到。”②“智，是知得事理；圣，便高似智，盖无所不通明底意思。”③圣人之道始于知终于行，孔子之所以能称为圣人是因为他知得到亦行得到，很好地做到了知行并进。

朱子极其重视工夫次第，强调为学有个先后顺序、工夫必须循序渐进。故而，在知、行两种工夫中，朱子虽然强调行的工夫具有第一位性，但亦强调知的工夫具有优先性。《文集》载：

> （林德久：）智圣一章，自“集大成也者”以下，旧见乡人陈先生说，孟子教学者集大成门户，故分智、圣、始、终之事以示人。谓其知有偏全，则行亦有偏全，必自致知而入也。窃观此章前言圣人之时，后方兼明智、圣、始、终之义。独言孔子者，恐为智、圣功用而言也。三子者或不足于知，或知有所偏也。如横渠谓圣者不勉而中，不思而至，似不特智之事也，岂所谓智亦生而知之者否？
>
> （朱子批语：）孟子此言固专为孔子而发，然亦可见三子欠阙处，及学者功夫次第，不少说教学者以集大成门户，及圣人之功用而言也。集大成乃圣贤地位极至处，岂有门户之可言？然其所谓“知有偏全，则行亦有偏全，必自致知处而入”，则得之矣。④（庆元元年，1195年）

对于乡人陈先生关于《孟子》“智圣”一章的理解，朱子赞同其“知有偏全，则行亦有偏全，必自致知处而入”之说，而反对其“孟子教学者集大成门户，故分智、圣、始、终之事以示人”之说，认为孟子所言的集大成是强调孔子圣贤地位之极致处。而从“知有偏全，则行亦有偏

① 《四书章句集注》，第315—316页。
② 《语类》卷58，第1369页；袭盖卿录，绍熙五年（1194年）所闻。
③ 《语类》卷86，第2215页；童伯羽录，绍熙元年（1190年）所闻。
④ 《答林德久》（六），《文集》卷61，《朱子全书》（第23册），第2942—2943页。

全，必自致知处而入”可知，在朱子看来，为学必以知为先，只有知得清楚才能行得坚定，如果知有所偏失，则行亦会有所偏失。

《文集》还载：

> （张敬之：）孟子既以智为始、圣为终，则智者致知之事，圣者极至之名。其终复曰智巧圣力，是智反妙于圣矣。南轩以为论学则智圣有始终之序，语道则圣之极是智之极者也。此说似可以破前所疑，不知如何？
>
> （朱子批语：）智是见得彻之名，圣是行得到之号，有先后而无浅深也。圣而不智，如水母之无鰕，亦将何所到乎？[①]（绍熙五年，1194年）

这里，张敬之更加突出智的地位，认为知之极致就是圣，“智反妙于圣”。朱子则认为，智是“见得彻”，即智是从知上说；圣是“行得到”，即圣是从行上说。所以，朱子实不赞同张敬之把圣作为知之极至之说。而所谓“圣而不智，如水母之无鰕，亦将何所到乎”亦是强调知对于行的指导作用。

《语类》亦记载有朱子关于“智圣”的论述。如：

> 问孔子集大成。曰：“孔子无所不该，无所不备，非特兼三子之所长而已。但与三子比并说时，亦皆兼其所长。”……又问：“‘始条理者智之事，终条理者圣之事。’功夫紧要处，全在‘智’字上。三子所以各极于一偏，缘他合下少却致知工夫，看得道理有偏，故其终之成也亦各至于一偏之极。孔子合下尽得致知工夫，看得道理周遍精切，无所不尽，故其德之成也亦兼该毕备，而无一德一行之或阙。故《集注》云：‘所以偏者，由其蔽于始，是以阙于终；所以全者，由其知之至，是以行之尽。’‘智譬则巧，圣譬则力。’‘三子则力有余而巧不足’，何以见之？只观其清和之德，行之便到其极，无所勉强，所以谓之圣。使其合下工夫不倚于一偏，安知不如孔子也？”曰：“然。更子细看。”[②]［沈僩录，庆元四年（1198年）后所闻］

---

① 《答张敬之》（一），《文集》卷58，《朱子全书》（第23册），第2799页。

② 《语类》卷58，第1366—1367页。

尽管这段话主要是沈僩之语，但亦可视为朱子之意，因为朱子对沈僩之语表示赞同。由“三子所以各极于一偏，缘他合下少却致知工夫，看得道理有偏，故其终之成也亦各至于一偏之极。孔子合下尽得致知工夫，看得道理周遍精切，无所不尽，故其德之成也亦兼该毕备，而无一德一行之或阙”可知，孔子之所以德行无偏失，是由于其“合下尽得致知工夫，看得道理周遍精切”；而伯夷、伊尹、柳下惠三人之所以德行各有所偏，是由于他们“合下少却致知工夫，看得道理有偏”。这显然是强调，为学必须以知为先，且必须知得分明透彻；唯有如此，才能保证德行无偏失。所谓“功夫紧要处，全在‘智’字上”即此之谓。

由此可知，朱子十分强调圣人之“智”的品质，认为圣人之所以为圣人关键在圣人能做到知得极致。因此，我们可以说，对朱子来说，为学工夫难在知，人应当以求知为急为先。在知行问题上，朱子持有“知难行易”的思想。

总之，朱子晚年强调格物致知工夫与其晚年强调“智”是统一的。这也就是说，朱子在心性论上强调“智”的德性，就必然会在工夫论上突出格物致知；朱子在工夫论上强调格物致知，就必然会在心性论上强调“智”的德性。

小结

通过本章的讨论，我们可以发现，朱子晚年的“智藏”思想实蕴含着对格物致知工夫的强调。从朱子思想发展的内在理路来看，应该说朱子晚年重视格物致知工夫是逻辑的必然。朱子的为学工夫主要是解决两个问题：一是要解决作为为学主体的人在为学时应该以一种什么样的精神状态去为学的问题；二是要确立起儒家终极价值天理的绝对性。前一个问题就是“工夫心”问题，也就是人做工夫时应该以一种什么样的心态和意志去进行。后一个问题则是价值取向问题，儒家之道必须鲜明地肯定自然世界和人文世界的存有和价值，这是区分儒释的根本所在。[①]对于这两个问题，正如赵峰所说：“格物致知主要是解决心性本体的本质是什么

---

① 劳思光认为，儒学和佛教的区别主要在儒学对世界持肯定的态度，而佛教则对世界持否定态度。劳思光指出，儒家肯定世界表现在两个方面，“其一是肯定存有意义之世界——此即落在对‘自然世界’作价值肯定上；其二是肯定创生意义之世界——此即落在对‘文化世界’作价值肯定上。”［参见劳思光：《新编中国哲学史》（三卷上），第40页］

的问题，而主敬涵养针对的主要是如何确证心性本体就是自家主宰的问题。”[①]通过“中和新说”朱子确立了主敬涵养工夫的作用和地位，完成了确证心性本体是自家主宰的问题。其后，朱子又用知行关系整合自己的为学工夫进路，提出了知先行后的为学次第。由是，朱子逐渐把思考重心放到“知”上面，主张以格物致知的工夫来明儒家价值之所在，解决心性本体的本质是什么的问题。

问题是，为何朱子主张要通过格物致知来明儒家价值之所在呢？这个可以从儒释之别来看。前文绪论部分提及，朱子思想内在建构理路可以从正反两面来理解。从正面看，朱子的思想主要是继承北宋五子以及先秦儒家之思想发展而来；从反面看，朱子的思想则是在应对释老之学的挑战中，通过批判释老之学发展而来。在朱子看来，释氏之学否定现实世界中的人伦价值，排斥人的社会生存，只是关心和追求个人的超脱，所以释氏之学的终极关怀只指向作为个体的个人，其终极追求也只是把个人引向超越的彼岸世界。正是由于释氏之学关心的是个人如何达至涅槃境界，并对人伦道德持一否定的态度，故其把本体和现象割裂为二，统统把是非善恶现象看作是不真的假象，而只肯定本体才是真实的。由是，释氏之学在为学上就必然要否定通过现象以进入本体的为学之路，而主张通过顿悟式的明心见性以达到对人之佛性真如之把握。而在儒家看来，现象世界即一切事物和人生存的真实世界，生生即仁，无论是自然界的生化现象还是人类的生存生活，其价值源头就在现实世界中。因此，本体和现象、存在和价值是统一的，体用一源，内外一本。故而，在为学上，人就应该在日用生活中即物穷理，以理会本真之天理，并依此天理作为分判是是非非的价值标准，进而在现实生活中参天地之生生化育和社会之人文化成，成就生命之量的广大博厚和生命之质的纯一高明，最终成贤成圣。

朱子评判陆象山之学也是基于排佛之考量。宋代佛学盛大，儒学式微，不少士大夫沉溺于佛学而不自知。这些人的一个突出特点就是离世弃物而空谈性理。在朱子看来，陆象山虽主张自己乃直承孟子之学，但其实是阳儒阴释之释氏之学。[②]朱子曾说：“近闻陆子静言论风旨之一二，

---

① 赵峰：《朱熹的终极关怀》，第146页。

② 朱子对象山之学的指责是否正确，陆象山之学是否是释氏之学，是一个较为复杂的问题。本书以为象山之学当然不是释氏之学，但杂有较多的释氏之学的风格。陈来指出：“当他（朱子——笔者注）指陆为禅时，并不是指陆学是那种‘以心法起灭天地’的禅学主观唯心主义，就朱熹具体所指的‘脱略文字，直趋本根’‘一概挥斥’来看，说明朱熹主要是从陆学的一些外部特征、为学方式、修养风格上与禅学类比，并不是从内在的本质上来理解双方的差异。”（陈来：《朱子哲学研究》，第400页）

全是禅学，但变其名号耳。”[①]其晚年更是直言不讳地说：“若陆氏之学……此煞坏学者……某道他断然是异端！断然是曲学！断然非圣人之道！”[②]朱子判定陆象山之学是禅学的主要理由是，陆象山反求本心、当下立大本的为学之方乃是以悟代证、离物求理，不是孔孟之学。[③]在朱子看来，陆象山教人之法只着意于个人之直觉体悟，即“只道这是胸中流出”[④]“若识得一个心了，万法流出，更都无许多事”[⑤]。朱子进一步指出，陆象山这种只着意于个人之直觉体悟的为学之法是建立在人之心当下流露出的都是天理的前提上，但在现实生活中气禀物欲之杂会对人心产生遮蔽，人心自然流露出来的往往是私欲而不是天理。所以，陆象山这种为学之法乃是不察气禀之杂和物欲之弊的表现。在朱子看来，要划清与释氏之学的界限，贞定住儒家的终极价值关怀，就必须以《大学》中的格物致知之法在事事物物上理会实理，而不能离物穷理。朱子说：“人多把这道理作一个悬空底物。《大学》不说穷理，只说个格物，便是要人就事物上理会，如此方见得实体。所谓实体，非就事物上见不得。且如作舟以行水，作车以行陆。今试以众人之力共推一舟于陆，必不能行，方见得舟果不能以行陆也，此之谓实体。”[⑥]这正是强调要即物穷理。所以，我们认为，通过格物致知以理会本真之天理，进而挺立起儒家的价值关怀，正是朱子工夫思想的一大特色，也是朱陆工夫思想的重要不同点。

总之，朱子晚年提出“智藏”思想，并强调格物致知工夫在人成圣成贤中的优先性，可以说是其思想发展的逻辑必然。一言以蔽之，在朱子看来，“成德以仁为先，进学以知为先”[⑦]。

---

① 《答吕子约》（十七），《文集》卷47，《朱子全书》（第22册），第2191页；淳熙元年（1174年）。

② 《语类》卷27，第684页；林夔孙所录，庆元三年（1197年）后所闻。

③ 参见东方朔：《“两头明，中间暗”——朱子对象山心学的批评及其蕴含的理论问题》，《孔学堂》，2022年第3期。

④ 《语类》卷124，第2977页；叶贺孙录，绍熙二年（1191年）后所闻。

⑤ 《语类》卷124，第2981页；叶贺孙录，绍熙二年（1191年）后所闻。

⑥ 《语类》卷15，第288页；廖德明录，乾道九年（1173年）后所闻。

⑦ 《语类》卷37，第985页；董铢录，庆元二年（1196年）后所闻。

第四章　朱子晚年工夫思想的发展与完善（中）
——对“格物”与“诚意”关系之调整

由上一章对朱子晚年“智藏”说的阐述可知，朱子晚年十分强调格物致知工夫在认知天理中的作用。本书认为，正是由于朱子晚年十分强调格物致知工夫，以至于其晚年对《大学》“诚意”工夫的理解一度出现偏差，这直接导致朱子晚年对一些为学工夫的理解和诠释有了发展与完善。此发展与完善的一个重要表现就是调整了对《大学》“格物”与“诚意”关系的理解。而从此调整中，我们可以发现朱子晚年的工夫思想并没有转向陆学。

第一节　朱子的“真知”思想

前文第二章说到，乾道八年（1172年）朱子在《答吴晦叔》（九）中对知作出了深浅之分，认为“小学之事，知之浅而行之小者也”“大学之道，知之深而行之大者也”，而所谓“知之深”就是指“格物以致其知”，即“因其所已知者推而致之，以及其所未知者而极其至也。是必至于举天地万物之理而一以贯之，然后为知之至”[①]。其后，朱子在“知之深”的基础上，又继承和发扬了程颐的“真知”思想，强调格物必须达到真知的境界，实现在情感和意志上真切而坚定地肯认天理，进而作出正确的是非判断，并转化为坚定的实践行为。

程颐作出了“常知”与“真知”的区别，强调人对事理的认知必须由“常知”进至“真知”。其言：

> 真知与常知异。常见一田夫，曾被虎伤，有人说虎伤人，众莫不惊，独田夫色动异于众。若虎能伤人，虽三尺童子莫不知之，然未尝真知。真知须如田夫乃是。故人知不善而犹为不善，是亦未尝真

---

① 《答吴晦叔》（九），《文集》卷42，《朱子全书》（第22册），第1914页。

知。若真知，决不为矣。[①]

这里程颐用虎伤人之事为例来阐述真知之意。在程颐看来，一般人甚至三岁小孩子都知道老虎会伤人的道理，但这种知只是一种常知。这些人在遇到老虎时有可能会改变原来的认知，而认为老虎不会伤人，进而试图和老虎接触；只有那些曾经被虎伤害过的人才真正体会到老虎会伤人的道理，并且对这个道理坚信不疑，这些人一定会远离老虎，避免和老虎接触。对程颐来说，那些曾被虎伤害过的人的知才是真知。这表明，程颐所说的真知是一种在实践中得到检验的体知，这种知是带有情感认同和意志肯定的知，或者说是一种生命体验之知。

程颐还说：

> 人苟有“朝闻道夕死可矣”之志，则不肯一日安其所不安也。何止一日？须臾不能。如曾子易箦，须要如此乃安。人不能若此者，只为不见实理。实理者，实见得是，实见得非。凡实理，得之于心自别。若耳闻口道者，心实不见。若见得，必不肯安于所不安。人之一身，尽有所不肯为，及至他事又不然。若士者，虽杀之使为穿窬，必不为，其他事未必然。至如执卷者，莫不知说礼义。又如王公大人皆能言轩冕外物，及其临利害，则不知就义理，却就富贵。如此者，只是说得，不实见。及其蹈水火，则人皆避之，是实见得。须是有“见不善如探汤”之心，则自然别。昔若经伤于虎者，他人语虎，则虽三尺童子，皆知虎之可畏，终不似曾经伤者，神色慑惧，至诚畏之，是实见得也。得之于心，是谓有德，不待勉强，然学者则须勉强。古人有捐躯陨命者，若不实见得，则乌能如此？须是实见得生不重于义，生不安于死也。故有杀身成仁者，只是成就一个是而已。[②]

这里，程颐进一步指出，人对理的认知亦要达到真知的境界。在程颐看来，人对理的认知不能只做到耳闻口道，而要用心去体会到实理如此，达到“得之于心”，唯有体会到实理如此，才能做到在实践中“实见得是，实见得非”，进而选择“就义理”，而不是“就富贵”。所谓“得之

---

① 《河南程氏遗书》卷2，《二程集》（上），第16页。
② 《河南程氏遗书》卷15，《二程集》（上），第147页。

于心”亦是强调必须在情感和意志上肯认理的价值的绝对性。曾子之所以能在易箦前还孜孜不倦地践行道德，正是由于其做到了对理的认知“得之于心”。

从工夫上看，程颐的这种“真知”思想，乃是要强调人在践履时不能空守一心，而应以理来明心，以理来决是非。《二程集》有：

> 有患心疾，见物皆狮子。伊川教之以见即直前捕执之，无物也，久之疑疾遂愈。[①]
>
> 目畏尖物，此事不得放过，便与克下。室中率置尖物，须以理胜佗，尖不必刺人也，何畏之有！[②]

前面一条乃程颐之语，后一条乃程颢之语。在程颐看来，对治见物皆狮子之心病，与其告诉病人持敬以做到“心外无物”，不如叫他“直前捕执之”以确认无狮子。“直前捕执之”的方法所形成的知识便是真知，而当人达到真知时自能确信没有狮子。程颢这段话也是讲的同样的道理。当人不确定眼前的尖锐物体能不能伤害到人时，那种用按捺住心以告诉自己此尖物不会伤人的方法只是一种暂时躲避的“放过”之法；只需亲自去摸一摸室中的尖锐之物，即可确认此尖物会不会伤人，这种方法就是“以理胜佗”的“放下”之法。而所谓“以理胜佗”即是用理来决断是非，此时所形成的知识就是一种真知。总之，在二程看来，空守一心不如格物穷理。

朱子继承和发扬了程颐的“常知”与“真知”之分，强调认知必须从“常知”上升到“真知”。我们先看看朱子对“常知”的理解。“常知”一词朱子很少使用，但这并不表示朱子未有程颐那种“常知”思想。对朱子来说，常知就是“已知之理”，即人在孩童之时就懂得的一些基本道理。朱子在《大学章句》中言：“是以《大学》始教，必使学者即凡天下之物，莫不因其已知之理而益穷之，以求至乎其极。”[③]“因其已知之理而益穷之”即指格物是在常知的基础上进行的。

《语类》载有：

---

① 《河南程氏外书》卷11，《二程集》（上），第415页。
② 《河南程氏遗书》卷2，《二程集》（上），第51页。
③ 《四书章句集注》，第7页。

问：“‘学者当因其所发而遂明之’，是如何？”曰：“人固有理会得处，如孝于亲，友于弟；如水之必寒，火之必热，不可谓他不知。但须去致极其知，因那理会得底，推之于理会不得底，自浅以至深，自近以至远。”又曰：“因其已知之理而益穷之，以求至乎其极。”[1]［辅广录，绍熙五年（1194年）后所闻］

所谓“人固有理会得处”是指人在做大学格物工夫时已经有所知，也就是已经具备了一定的“已知之理”。显然，对朱子来说，此“人固有理会得处”和“已知之理”就是常知。

对于这种常知，朱子认为其是不完善的，有待发展为真知。《语类》载有：

“人各有个知识，须是推致而极其至。不然，半上落下，终不济事。须是真知。”问：“固有人明得此理，而涵养未到，却为私意所夺。”曰：“只为明得不尽。若明得尽，私意自然留不得。若半青半黄，未能透彻，便是尚有渣滓，非所谓真知也。”[2]［廖德明录，乾道九年（1173年）后所闻］

所谓“人各有个知识”即指常知。在朱子看来，此常知终究是“半上落下，终不济事”“半青半黄，未能透彻”，须“推致而极其至”以上升到“明得尽”之真知状态。这亦表明，朱子对常知持保留态度，因为常知毕竟是知之浅。

那么，“真知”和“常知”之间是怎样一种关系呢？《语类》载有：

问：“知，有闻见之知否？”曰：“知，只是一样知，但有真不真，争这些子，不是后来又别有一项知。所知亦只是这个事，如君止于仁，臣止于敬之类。人都知得此，只后来便是真知。”[3]［陈淳录，绍熙元年（1190年）、庆元五年（1199年）所闻］

---

① 《语类》卷14，第266页。
② 《语类》卷18，第391页。
③ 《语类》卷34，第899页。

这段对话鲜明地体现出了朱子对“真知”和“常知”关系的理解。在朱子看来，真知和常知都是对于“君止于仁”“臣止于敬”一类道理的知，只不过真知是对这些道理知得更加深刻透彻；即真知就是在常知的基础上，争得一个“真”。

问题是，究竟什么样的知才能称之为“真知”呢？《语类》载有：

> 伊川尝言虎伤者，曾经伤者，神色独变，此为真见得，信得。凡人皆知水蹈之必溺，火蹈之必焚。今试教他去蹈水火，定不肯去。无他，只为真知。[①]［徐寓录，绍熙元年（1190年）后所闻］

可见，朱子继承了程颐的思想，以“虎会伤人”“水火不能蹈”为例来阐述真知，认为真知是个人在生命实践中切身体会来的，并真切相信其为真的知。这里，朱子表达出了“真知”的第一个特点——真知是一种生命体验之知，即“是一个人通过内心体验而获得的知识，是一个人真正相信并准备随时按照其行动的知识”[②]。

朱子十分强调真知的这种“生命体验”特点。他说：

> 就此略知得处着实体验，须有自然信得及处，便是真知也。[③]［庆元三年（1197年）］
>
> 致知所以求为真知。真知，是要彻骨都见得透。[④]［杨道夫录，淳熙十六年（1189年）后所闻］
>
> 知，只是一个知，只是有深浅。须是知之深，方信得及。[⑤]［辅广录，绍熙五年（1194年）后所闻］
>
> 知得深，便信得笃。[⑥]［陈文蔚录，淳熙十五年（1188年）后所闻］

从“须有自然信得及处，便是真知”“真知，是要彻骨见得透”“须是知之深，方信得及”“知得深，便信得笃”可知，当一个人

---

① 《语类》卷28，第715页。
② 黄勇：《意志软弱（Akrasia）何以不可能：程颐论知行》，王中江、李存山主编：《中国儒学》（第一辑），北京：商务印书馆，2009年，第252页。
③ 《答赵恭父》（四），《文集》卷59，《朱子全书》（第22册），第2860页。
④ 《语类》卷15，第283页。
⑤ 《语类》卷28，第715页。
⑥ 《语类》卷28，第713页。

宣称自己获得的某种知识是真知时，其内心必然伴随着这样一种心理体验——我真切相信此认知是真实无妄的。所以，朱子所言的“真知”不是纯粹通过人的理性思辨活动来获得的，而是更多地借助于人的身体感受与心灵感悟来体会出来的，渗透着情感因素和意志因素在里面。因此，朱子的“真知”不能等同于现代认识论意义上的主体对客体理智性的认知与把握。[①]我们可以借用杜维明的“体知”概念来进一步描述“真知”的“生命体验”特点。杜维明认为，儒学尤其是宋明儒学乃是一种“体验之学”，理学家非常注重在经验性的基础上用自我之整个身心去体验天道天理，以获得对天道天理的感悟。杜维明将理学家这种以自我之身心去体验天道天理的认知方式称为“体知”。在杜维明看来，理学家所言的“德性之知”就是一种体知。[②]

当然，朱子的“真知”并非仅仅只是主观的“生命体验”，“真知”还有第二个特点，那就是其内容是天道天理。《语类》有：

> 又问真知。曰：“曾被虎伤者，便知得是可畏。未曾被虎伤底，须逐旋思量个被伤底道理，见得与被伤者一般，方是。”[③][周明作录，绍熙三年（1192年）后所闻]

此处，朱子同样以“虎会伤人”为例来阐述真知。但是，我们可以发现，此句表达的意思与前文“虎会伤人”之例有所不同。朱子认为，曾被虎伤之人会得出“虎会伤人”之知，此知当然是真知；未被虎伤过之人如能“思量个被伤底道理”也能获得“虎会伤人”之知，此知也是真知。朱子在这里点出了理性思辨在获得真知中的作用。

这一不同点体现出了朱子对程颐“真知”说的发展。与程颐相比，朱子更强调理性思辨在获得真知中的作用。这一发展即如吴启超所言：“朱子并非原封不动地从程颐那里将‘真知’说继承过来，而是从中加重了对‘真知’之理性面的强调。”[④]事实上，朱子十分强调“真知”的理性面。《语类》有：

---

① 当然，真知的获得亦不可能脱离一般意义的认知活动，认知维度在真知中同样是不能欠缺，只不过认知性质的活动不是获取真知的关键。此正如尽管德性之知不同于闻见之知，但德性之知亦不能离开闻见之知。

② 参见杜维明：《论儒家的“体知”——德性之知的涵义》，郭齐勇、郑文龙主编：《杜维明文集》第5卷，武汉：武汉出版社，2002年，第342—358页。

③ 《语类》卷15，第309页。

④ 吴启超：《朱子的穷理工夫论》，台北：台大出版中心，2017年，第219页。

> 道理要见得真，须是表里首末，极其透彻，无有不尽；真见得是如此，决然不可移易，始得。不可只窥见一班半点，便以为是。如为人父，须真知是决然止于慈而不可易；为人子，须真知是决然止于孝而不可易。善，须真见得是善，方始决然必做；恶，须真见得是恶，方始决然必不做。①（不知何氏录）
>
> 知至则道理坦然明白，安而行之。今人知未至者，也知道善之当好，恶之当恶。然临事不如此者，只是实未曾见得。若实见得，自然行处无差。②［沈僩录，庆元四年（1198年）后所闻］
>
> 问："《注》谓信是'真知其如此，而无毫发之疑'，是如何？"曰："便是'朝闻道'意思。须是自见得这道理分明，方得。"③［徐宇录，绍熙元年（1190年）后所闻］

所谓"道理要见得真""知至则道理坦然明白""见得这道理分明"，都是强调真知是对"道理"的真切体会，也就是说真知的客观内容是"道理"。可见，朱子认识到，如果仅仅强调真知"内心体验"的一面，则有可能把错误的体验认为是真知。④所以，必须给"内心体验"注入客观内容以确保体验到的知是正确的。那么，这个客观内容是什么呢？显然，在朱子那里，这个客观内容就是"理"，也就是上面三条引文所言及的"道理"。因此，对朱子而言，必须把内心真切体会到的内容贞定为"理"，方能保证内心体验到的一定是真知。

综合来看，朱子是从主客两个层面来阐述"真知"的内涵。从主观层面来看，真知是一种真切的"内心体验"；从客观层面来看，真知是对事物之"理"的正确把握。合而言之，真知就是对"理"有真切的体会。

朱子也常常综合主客两个方面来阐述"真知"的内涵。例如：

> 人有知不善之不当为，及临事又为之，只是知之未至。人知乌喙之杀人不可食，断然不食，是真知之也。知不善之不当为，而犹或为之，是特未能真知之也。所以未能真知者，缘于道理上只就外面理会得许多，里面却未理会得十分莹净，所以有此一点黑。这不是外面理会不得，只是里面骨子有些见未破。所以《大学》之教，使人即事

---

① 《语类》卷117，第2815页。
② 《语类》卷15，第302页。
③ 《语类》卷28，第715页。
④ 这种把错误的体验认为是真知的现象也就是朱子常说的"认欲为理"。

即物，就外面看许多一一教周遍；又须就自家里面理会体验，教十分精切也。[①]［叶贺孙录，绍熙二年（1191年）后所闻］

这段引文较为全面地表达了朱子对“真知”的理解。在朱子看来，人之知要达到真知之境必须具备两个方面的条件：一方面，对“理”要把握得“十分莹净”，而不能有“一点黑”；另一方面，“须就自家里面理会体验，教十分精切”，即对“理”必须有真切的体会。

那么，怎么样判断一个人是否对“理”有真切的体会，也就是否达到了真知之境呢？《大学或问》言：

或问：“忠信则可勉矣，而致知为难，奈何？”程子曰：“诚敬固不可以不勉，然天下之理不先知之，亦未有能勉以行之者也。故《大学》之序，先致知而后诚意，其等有不可躐者。苟无圣人之聪明睿智，而徒欲勉焉以践其行事之迹，则亦安能如彼之动容周旋无不中礼也哉？惟其烛理之明，乃能不待勉强而自乐循理尔。夫人之性，本无不善，循理而行，宜无难者，惟其知之不至，而但欲以力为之，是以苦其难而不知其乐耳。知之而至，则循理为乐，不循理为不乐，何苦而不循理以害吾乐耶？昔尝见有谈虎伤人者，众莫不闻，而其间一人神色独变，问其所以，乃尝伤于虎者也。夫虎能伤人，人孰不知，然闻之有惧有不惧者，知之有真有不真也。学者之知道，必如此人之知虎，然后为至耳。若曰知不善之不可为而犹或为之，则亦未尝真知而已矣。”[②]

所谓“知之有真有不真”即强调知有“常知”和“真知”之分，人应该由“知之不至”的常知进入到“知之而至”的真知。当人处于“知之不至”的常知状态时，由于见理不真切，行动时往往“苦其难而不知其乐”；而当人处于“知之而至”的真知时，就能“不待勉强而自乐循理”。所以，当一个人“知不善之不可为而犹或为之”时，只能说这个人“未尝真知而已”。这亦表明，朱子是从知行关系上来判断一个人之知是否达到了真知之境。对于善之知，如能做到知善而行善就是真知了，如知善却不行善就不是真知了；对于恶之知，如能做到知恶而不为就是真知

① 《语类》卷46，第1173—1174页。
② 《大学或问下》，《四书或问》，《朱子全书》（第6册），第524页。

了，如知恶却去为恶就不是真知了。

事实上，朱子正是以行来检验人之知是否达到真知之境。《语类》又载有：

问："知有浅深。大抵才知些道理，到得做事有少差错，心也便惕然。这便见得不容于不畏。"曰："知固有浅深。然就他浅深中，各自有天然不容已者。且如一件事是合如此，是不合如此，本自分晓。到临事又却不如此，道如此也不妨，如此也无害，又自做将去。这个是虽知之而不能行。然亦是知之未尽，知之未至，所以如此。圣人教人，于《大学》中劈初头便说一个格物、致知。'物格而后知至'，最是要知得至……"[①]［叶贺孙录，绍熙二年（1191年）后所闻］

所谓"且如一件事是合如此，是不合如此，本自分晓。到临事又却不如此，道如此也不妨，如此也无害，又自做将去。这个是虽知之而不能行。然亦是知之未尽，知之未至，所以如此"正是强调，一个人知道一件事情应该去做，临事之时最终却没去做，此即表明这个人并不是真正知道这件事情应该，也就是此人之知没有达到真知之境。

基于上述对真知的理解，朱子进一步提出了"真知必能行"的思想。朱子有大量关于"真知必能行"的论述。例如：

愚谓知而未能行，乃未能得之于己，岂特未能用而已乎？然此所谓知者，亦非真知也，真知则未有不能行者。[②]

不真知得，如何践履得！若是真知，自住不得。[③]（不知何氏录）

知之而不肯为，亦只是未尝知之耳。[④]［辅广录，绍熙五年（1194年）后所闻］

周震亨问知至、意诚，云："有知其如此，而行又不如此者，是如何？"曰："此只是知之未至。"[⑤]（不知何氏录）

---

① 《语类》卷46，第1173—1174页。
② 《张无垢中庸解》，《文集》卷72，《朱子全书》（第24册），第3483页。
③ 《语类》卷116，第2793页。
④ 《语类》卷23，第551页。
⑤ 《语类》卷15，第301页。

这四段话的意思十分清楚。在朱子看来，如果一个人真知得一件事当为（不当为），则他必然会去做这件事（不去做这件事）；反之，如果一个人宣称自己知道某件事当为（不当为），但是却并没有去做这件事（不去做这件事），则说明此人拥有的知不是真知。

当然，朱子“真知必能行”思想的落脚点是落在为善去恶的德性修养上。他说：

> 人有知不善之不当为，及临事又为之，只是知之未至。人知乌喙之杀人不可食，断然不食，是真知之也。知不善之不当为，而犹或为之，是特未能真知之也。[①]［叶贺孙录，绍熙二年（1191年）后所闻］
>
> 明知不善又去做，看来只是知得不亲切。若真个知得，定不肯做。[②]（不知何氏录）
>
> 今人知未至者，也知道善之当好，恶之当恶。然临事不如此者，只是实未曾见得。若实见得，自然行处无差。[③]［沈僩录，庆元四年（1198年）后所闻］

这里，朱子要表达的意思是，真知善则必为善，真知恶则必去恶；知善而不为善，则此知不是真知；知恶而不去恶，则此知亦不是真知。

由此可见，在朱子看来，真知必能行，不存在真知而不行；真知善则必为善，不存在真知善而不为善。另外，我们可以发现，朱子的“真知必能行”思想同苏格拉底的“无人有意为恶”“恶即无知”思想十分相似，都是认为知善必然会为善，为恶是由于无知。进一步看，当朱子认为知善必然会为善，为恶是由于无知时，就意味着其认为没有人会做出与最好的选择相反的行为。如此，同苏格拉底一样，此时的朱子否认意志软弱现象的存在。[④]

结合朱子“真知”内涵以及“真知必能行”思想，我们可以进一步追问：对“理”有真切的体会（真知）就一定能产生行动（行）吗？我们认为，在朱子的思想体系中，是可以的。《语类》有：

---

① 《语类》卷46，第1173页。
② 《语类》卷118，第2849页。
③ 《语类》卷15，第302页。
④ 需要指出的是，朱子晚年最后承认存在意志软弱现象，认为人会有意为恶。详见后文之论述。

> 自欺只是于理上亏欠不足，便胡乱且欺谩过去。如有得九分义理，杂了一分私意，九分好善、恶恶，一分不好、不恶，便是自欺。到得厌然掩著之时，又其甚者。原其所以自欺，又是知不至，不曾见得道理精至处，所以向来说“表里精粗”字。如知“为人子止于孝”，这是表；到得知所以必着孝是如何，所以为孝当如何，这便是里。见得到这般处，方知决定是着孝，方可以用力于孝，又方肯决然用力于孝。[1]［钱木之录，庆元三年（1197年）所闻］

所谓的“知至”（即“真知”[2]）亦可谓既要知“道理”之表，又要知“道理”之里。如以为孝为例，则知“为人子止于孝”是表，知“所以必着孝是如何，所以为孝当如何”是里。可见，对朱子而言，“真知”亦可谓既知某事之所当然，又知得某事之所以然。而由“见得到这般处，方知决定是着孝，方可以用力于孝，又方肯决然用力于孝”可知，一旦知得为孝之所当然和所以然，则必然会生发出为孝之行为。这表明，在朱子看来，一个人对“理”有真切体会，就意味着这个人既知得“理”之所当然，又知得“理”之所以然。而一旦知得“理”之所当然和所以然，就会生发出行动。

问题是，为什么知得“理”之所当然和所以然就会产生行动呢？朱子进一步认为，“见得不容已处，便是所以然。”[3]此即是说，如果人在知某事之“理”时产生了一种不容已之心理冲动，则可以说此人知得了此“理”之所以然；反过来，如果人知得某事之“理”之所以然，就会产生一种不容已之心理冲动。《语类》有：

> 广曰：“‘所以然而不可易者’，是指理而言；‘所当然而不容已’者，是指人心而言。”曰：“下句只是指事而言。凡事固有‘所当然而不容已’者，然又当求其所以然者何故。其所以然者，理也。理如此，固不可易。又如人见赤子入井，皆有怵惕、恻隐之心，此其事‘所当然而不容已’者也。然其所以如此者何故，必有个道理之不可易者。”[4]［辅广录，绍熙五年（1194年）后所闻］

---

① 《语类》卷16，第334页。

② 朱子除了直接阐述“真知必能行”外，还借助对《大学》“知至”与“意诚”的诠释来阐述“真知必能行”。故而，朱子把《大学》中的“知至”等同于“真知”。详见后文之论述。

③ 《答汪长孺》（四），《文集》卷52，《朱子全书》（第22册），第2465页［绍熙三年（1192年）］。

④ 《语类》卷18，第414页。

或问：“理之不容已者如何？”曰：“理之所当为者，自不容已。孟子最发明此处。如曰：‘孩提之童，无不知爱其亲；及其长也，无不知敬其兄。’自是有住不得处。”①［万人杰录，淳熙七年（1180年）后闻）］

这两段话都是强调，人一旦真切明白某事之所以然之理，就会肯认其中蕴含的不可易之道理，进而会产生一种不容已的心理冲动。

朱子还认为，知“理”之所以然不仅能使人产生不容已的心理冲动，还能使人的意志力变得更加坚定。他说：

穷理者，欲知事物之所以然，与其所当然者而已。知其所以然，故志不惑；知其所当然，故行不谬。②

所谓“知其所当然，故行不谬”是指，一个人如果清楚地知道当然之则，并依据当然之则来行动，其行动因为符合行为规范故必然不会出现错误。所谓“知其所以然，故志不惑”是指，一个人如果清楚地知道所以然之故，则内心会产生一种坚定的意志力，其行动也必然会持续长久。

我们还可以进一步追问：为什么知“理”之所以然就能产生不容已的心理冲动以及坚定的意志力呢？在朱子看来，这是由于“理”之所以然就是天命，故人在知“理”之所以然后，会对“理”产生一种敬畏感。

天命，即天道之流行而赋于物者，乃事物所以当然之故也。③

文振问“四十不惑，五十知天命”。曰：“此两句亦相离不得。不惑，是随事物上见这道理合是如此；知天命，是知这道理所以然。如父子之亲，须知其所以亲，只缘元是一个人。凡事事物物上，须是见它本原一线来处，便是天命。”④［潘时举录，绍熙四年（1193年）后所闻］

“畏天命”三字好。是理会得道理，便谨去做，不敢违，便是畏之也。如非礼勿视听言动，与夫戒慎恐惧，皆所以畏天命也。然

---

① 《语类》卷18，第414页。
② 《答或人》（七），《文集》卷64，《朱子全书》（第23册），第3136—3137页。
③ 《四书章句集注》，第54页。
④ 《语类》卷23，第552页。

亦须理会得天命是恁地，方得。[①]［吕焘录，庆元五年（1199年）所闻］

可见，朱子把《论语》中的“天命”理解为天道之流行而赋予事物之理，即“事物所以当然之故”，把“知天命”理解为知“这道理之所以然”。顺此，朱子就把《论语》中的“畏天命”理解为对天理天道（即事物所以当然之故）的敬畏。在朱子看来，对天理天道有了敬畏，就会“便谨去做，不敢违”。此中之意，如唐君毅所说：“吾人如反省吾人于当然之理之体验，吾人首发现者，即当然之理之呈现于吾人也，乃首表现出一命令之姿态，命令吾人应遵此理而行，以实现此理……故吾人于觉一当然之理时，吾人即有不容吾人之不遵此理而行，不得不使此理实现于我之感。此即所谓道德义务之感。”[②]亦如陈来所说：“朱熹对所以然之故的强调就不仅是要人去了解事物的本质与规律，更是认为人们应当从认识一切当然之则根源于天命的高度来提高主体的道德自觉。”[③]

综上可知，朱子所言的“真知”不仅仅是指人对“理”的理智性把握，也是人对“理”发自内心的情感认同和意志肯认，甚至是对“理”的真诚信仰。因此，可以说，朱子的“真知”是包含着道德认识（道德理性）、道德情感、道德意志，甚至是道德信仰的统一体。换言之，在朱子思想体系中，如果人对“理”之认知达到了真知之境，就不仅会形成道德认识（道德理性），而且会产生出道德情感、道德意志，甚至是道德信仰。正是在这个意义上，朱子认为，真知必能行。所以，如果站在朱子思想体系内来看，朱子的“真知必能行”思想自可成一理路，是完满自足的。

第二节　对“格物”与“诚意”关系之调整

（一）

我们知道，朱子不仅是一个理学家，也是一个经学家，其主要借助对“四书”的诠释来构建自己的理学思想。事实上，朱子在直接阐述“真

---

① 《语类》卷46，第1173页。

② 唐君毅：《中国哲学原论·原道篇》，氏著：《唐君毅全集》（第21卷），北京：九州出版社，2016年，第378页。

③ 陈来：《朱子哲学研究》，第300页。

知”说的同时，亦十分注重借助对《大学》“格物致知”和“诚意”的诠释来构建“真知”说。因此，我们可以进一步把朱子的“真知”说放入其对《大学》的诠释中来理解。然而，当朱子用“真知”说来诠释《大学》“格物致知”和“诚意”时，其诠释理路就同《大学》原本的思想体系产生了冲突。这个冲突主要表现在：由于过度强调格物致知工夫的作用，朱子在相当长的一段时间里持有一种把诚意工夫归于格物致知工夫的倾向，甚至到了取消诚意工夫的地步。如此诠释显然背离了《大学》本来的义理结构。朱子的门人弟子敏锐地意识到这一问题。在门人弟子的质疑下，朱子也认识到这一问题。由是，朱子晚年修正了对“诚意”的诠释，厘清了格物致知工夫与诚意工夫之间的边界。而在这一修正中，朱子放松了对“真知必能行”的理解。

在《大学》诸工夫中，朱子尤为重视格物和诚意两工夫，认为这两项工夫是修身治己的核心点和关键处。朱子言：“格物是梦觉关。（格得来是觉，格不得只是梦。）诚意是善恶关。（诚得来是善，诚不得只是恶。）过得此二关，上面工夫却一节易如一节了。到得平天下处，尚有些工夫。只为天下阔，须着如此点检。又曰：‘诚意是转关处。’又曰：‘诚意是人鬼关！’（诚得来是人，诚不得是鬼。）”[①]“致知、诚意，是学者两个关。致知乃梦与觉之关，诚意乃恶与善之关。透得致知之关则觉，不然则梦；透得诚意之关则善，不然则恶。”[②]我们首先看看，朱子是如何通过对《大学》“格物致知”和“诚意”的诠释来建构自己的“真知”说。《语类》有：

> 说《大学》次序，曰：“致知、格物，是穷此理；诚意、正心、修身，是体此理；齐家、治国、平天下，只是推此理。要做三节看。”[③]（吴雉录，所录时间不详）
>
> 物格、知至，是一截事；意诚、心正、身修，是一截事；家齐、国治、天下平，又是一截事。自知至交诚意，又是一个过接关子；自修身交齐家，又是一个过接关子。[④][叶贺孙录，绍熙二年（1191年）后所闻]
>
> 《大学》一篇却是有两个大节目：物格、知至是一个，诚意、

---

① 《语类》卷15，第298页；林夔孙录，庆元三年（1197年）后所闻。
② 《语类》卷15，第299页；万人杰录，淳熙七年（1180年）后所闻。
③ 《语类》卷15，第312页。
④ 《语类》卷15，第312页。

修身是一个。才过此二关了，则便可直行将去。[①]［胡泳录，庆元四年（1198年）所闻；或汤泳录，庆元元年（1195年）所闻］

致知，知之始；诚意，行之始。[②]［林夔孙录，庆元三年（1197年）后所闻］

格物者，知之始也；诚意者，行之始也。[③]［董拱寿录，绍熙五年（1194年）所闻］

可见，朱子认为，《大学》之工夫次第可以分为“格物、致知”“诚意、正心、修身”“齐家、治国、平天下”三个大的节目，其中又以“格物、致知”和“诚意、正心、修身”最为重要。“格物”和“致知”是知之工夫（“穷此理”）；“诚意”“正心”以及“修身”是行之工夫（“体此理”）；“齐家”“治国”以及“平天下”是将行之工夫扩大（“推此理”）。“格物”是知之工夫的开始，“诚意”是行之工夫的开始。“致知”和“诚意”之间存在一个由知的工夫向行工夫的转关处，“修身”和“齐家”之间存在一个将行之工夫由自我推出去的转关处。这表明，在朱子那里，格物致知工夫的实质就是知的工夫，诚意正心工夫的实质就是行的工夫。这样，“知”和“行”的问题亦可以说是“格物致知”和“诚意正心”的问题。

承上，如果从《大学》来理解知行问题，“真知必能行”就意味着知至必然能带出意诚，也就是知至必然会意诚。事实上，朱子正是这样来理解的。《语类》中有大量表达此意之言语。

周震亨问知至、意诚，云：“有知其如此，而行又不如此者，是如何？”曰：“此只是知之未至。”问：“必待行之皆是，而后验其知至欤？”曰：“不必如此说。而今说与公是知之未至，公不信，且去就格物、穷理上做工夫。穷来穷去，末后自家真个见得此理是善与是恶，自心甘意肯不去做，此方是意诚。若犹有一毫疑贰底心，便是知未至，意未诚，久后依旧去做。”[④]（不知何氏录）

“知至而后意诚”，须是真知了，方能诚意。知苟未至，虽欲诚意，固不得其门而入矣。惟其胸中了然，知得路径如此，知善之当

① 《语类》卷15，第312页。
② 《语类》卷15，第305页。
③ 《语类》卷15，第305页。
④ 《语类》卷15，第301页。

好，恶之当恶，然后自然意不得不诚，心不得不正。①［沈僩录，庆元四年（1198年）后所闻］

知既至，则意可诚。如灯在中间，才照不及处，便有贼潜藏在彼，不可知。若四方八面都光明了，他便无着身处。②［刘炎录，淳熙十六年（1189年）、绍熙五年（1194年）后所闻］

知若至，则意无不诚。③［胡泳录，庆元四年（1198年）所闻；或汤泳录，庆元元年（1195年）所闻］

若是知得未至时，意决不能诚。④［徐宇录，绍熙元年（1190年）后所闻］

同朱子强调真知必能行、知而不行是由于知得不真一样，朱子亦十分强调知至对意诚的决定作用，认为知至则必然会意诚，知未至则意不诚。第一段话尤其值得注意。周震亨言“必待行之皆是，而后验其知至欤”是问朱子：是否可以通过一个人行为正确与否来验证其知是否到了知至之境。朱子则回答“不必如此说”，强调“且去就格物、穷理上做工夫”。可见，朱子似乎不主张用行为结果来检验认知是否达到了知至之境，而认为于格物穷理上做工夫就能达到知至之境。从这段对话中，我们实可以感受到朱子强调“知至则意诚”到了十分深刻的程度。

上一节提及，朱子认为，既然真知必能行，知而不行是由于知得不真；那么，要解决知而不行的问题就必须在知上下功夫，确保知达到真知之境。同样，朱子认为，既然知至必意诚，意不诚是由于知不至；那么，要解决意不诚的问题，就必须在格物致知上下功夫，确保知能达到知至之境。这就是说，意不诚的“责任”全在知不至上面，而解决知不至的方法就是要在格物致知上下功夫。如此，就意味着只要格物致知工夫做到家了，则知必至、意必诚。朱子正是这样认为。《文集》有：

此正《大学》所谓诚其意者。然意不能以自诚，故推其次第，则欲诚其意者，又必以格物致知为先。盖仁义之心人皆有之，但人有此身，便不能无物欲之蔽，故不能以自知。若能随事讲明，令其透彻，精粗巨细无不贯通，则自然见得义理之悦心犹刍豢之悦口，而无

---

① 《语类》卷15，第302页。
② 《语类》卷15，第302页。
③ 《语类》卷15，第301页。
④ 《语类》卷15，第311页。

待于自欺。①[淳熙五年（1178年）]

意虽心之所发，然诚意工夫却只在致知上做来。若见得道理无纤毫不尽处，即意自无不诚矣。②[淳熙十六年（1189年）]

古者圣帝明王之学，必将格物致知以极夫事物之变，使事物之过乎前者，义理所存，纤微毕照，了然乎心目之间，不容毫发之隐，则自然意诚心正，而所以应天下之务者，若数一二、辨黑白矣。③[绍兴三十二年（1162年）]

这三段材料表明：在朱子看来，知至是意诚的前提和基础，意不诚只是因为知不至，知得至则意必诚。格物致知的工夫才是最根本的工夫，唯有格物致知的工夫才能从根本上保证意之诚。如此，就不难理解为什么朱子会认为“诚意工夫却只在致知上做来”。进一步看，当朱子作出“诚意工夫却只在致知上做来”之判断时，其明显表现出一种取消诚意工夫的倾向。

总之，我们可以发现，朱子是用“真知必能行”的理路来诠释《大学》“格物致知”和“诚意”；而当朱子采用这一理路来诠释“格物致知”和“诚意”时，其必然会十分强调格物致知工夫的作用，进而表现出把诚意工夫格物致知化的倾向。不少学者注意到了这一点。例如，牟宗三说：“‘真知’与‘诚意’只是一事之二名，意之诚为知所限，而与知为同一。”④许家星言：“致知对于诚意来说，具有极其强烈的主导性，甚至到了可以取消诚意工夫的地步。”⑤郑泽绵亦认为，朱子对“诚意”的诠释“架空了‘诚意’工夫，大有致知‘吞没’诚意工夫之势”⑥。

站在经典诠释的视角看，朱子这样诠释《大学》“格物致知”与“诚意”之间的关系显然有所不妥。一般认为，《大学》“古之欲明明德于天下者，先治其国；欲治其国者，先齐其家；欲齐其家者，先修其身；欲修其身者，先正其心；欲正其心者，先诚其意；欲诚其意者，先致其知，致知在格物”一段讲的是工夫次第问题，强调为学工夫要从格物开

---

① 《答汪易直》（二），《文集》卷60，《朱子全书》（23册），第2883页。
② 《答王子合》（十六），《文集》卷49，《朱子全书》（22册），第2262页。
③ 《壬午应诏封事》，《文集》卷11，《朱子全书》（20册），第572页。
④ 牟宗三：《心体与性体》（下），第365页。
⑤ 许家星：《“更是《大学》次序，诚意最要”——论朱子〈大学章句〉“诚意”章的诠释意义》，《南昌大学学报（人文社会科学版）》，2011年第1期。
⑥ 郑泽绵：《朱熹晚年诚意思想考论》，郑宗义主编：《中国哲学与文化（第14辑）》，桂林：漓江出版社，2017年，第108页。

始，依次经过致知、诚意、正心、修身、齐家、治国、平天下等阶段。并且各个阶段有各个阶段的工夫，前一个阶段工夫是下一个阶段工夫的基础。正如朱子自己所说：“故《大学》之书，须教人格物、致知以至于诚意、正心、修身、齐家、治国、平天下，节节有工夫。”①但是，朱子这种“诚意工夫却只在致知上做来”的思想，明显有把诚意工夫归于格物致知工夫的倾向。

朱子如此诠释《大学》“格物致知”与“诚意”之间的关系显然背离了《大学》本来的义理结构。朱子本人和其弟子也意识到这一问题。这直接导致朱子晚年对《大学章句》“诚意”章不断进行修改。②尤其值得注意的是，各家年谱均记载朱子在易箦前几日仍在修改《大学章句》“诚意”章。也就是说，朱子直到生命的最后几天才完成对《大学章句》“诚意”章的修订。问题是，朱子对诚意工夫的理解出现了什么样的偏差，其对《大学章句》“诚意”章具体做了哪些修订，这些修订体现出什么学理意义？正如朱子所言：“致知、格物与诚意较难理会，不得不明辨之耳。”③下文既欲尝试梳理朱子晚年修改《大学章句》“诚意”章的心路历程，并明辨其中所蕴含的关于格物工夫与诚意工夫关系的变化。

（二）

朱子把《大学》分为一经十传，认为经文为孔子之言而曾子述之，传文为曾子之言而门人述之。经文关于“诚意”的论述有两处：一是“古之欲明明德于天下者，先治其国；欲治其国者，先齐其家；欲齐其家者，先

---

① 《语类》卷140，第2617页；叶贺孙录，绍熙二年（1191年）后所闻。

② 朱子于淳熙十六年（1189年）序定《大学章句》，这标志着朱子的《大学》思想已经成熟。但是，这并不意味着该年序定的《大学章句》就是最终定本。淳熙十六年（1189年），朱子在《答陈才卿》（十四）言：“所喻‘诚意’之说，只旧来所见为是。昨来《章句》却是思索过当，反失本旨，今已改之矣。”［《文集》卷59，《朱子全书》（第23册），第2850页］可见，朱子在序定《大学章句》前后即对“诚意”章进行过修改。绍熙二年（1191年），朱子在《答郑子上》（十一）言：“‘知至意诚’一段。来喻得之，旧说有病，近已颇改定矣。其他改处亦多，恨未能录寄也。”［《文集》卷56，《朱子全书》（第23册），第2681页］绍熙二年（1191年），朱子在《答朱飞卿》中言“改‘诚意’章说”，并阐述了此时对诚意的理解。［《文集》卷56，《朱子全书》（第23册），第2675页］绍熙四年（1193年），朱子在《答蔡季通》（八）中说：“大学‘诚意’之说，已再观之，果如所论。想他书似此处多，须一一整顿也。”［《文集》卷44，《朱子全书》（第22册），第2004页］庆元四年（1198年），朱子在《答孙敬甫》（六）中再一次谈到对《大学》“诚意”章有关问题的理解，并说：“此段《章句》《或问》近皆略有修改，见此刊正旧版，俟可印即寄去。”［《文集》卷63，《朱子全书》（第23册），第3066—3067页］由此可见，朱子晚年对《大学章句》“诚意”章的修订颇为频繁。

③ 《语类》卷14，第257页；万人杰录，淳熙七年（1180年）后所闻。

修其身；欲修其身者，先正其心；欲正其心者，先诚其意；欲诚其意者，先致其知；致知在格物”；二是“物格而后知至，知至而后意诚，意诚而后心正，心正而后身修，身修而后家齐，家齐而后国治，国治而后天下平”。显然，这两句强调为学工夫要从格物开始，依次经过致知、诚意、正心、修身、齐家、治国、平天下等阶段。需要注意的是，经文并没有对格物、诚意等“八目”的内涵做出具体解释。传文则把“诚意”解释为：“所谓诚其意者，毋自欺也。如恶恶臭，如好好色，此之谓自谦。故君子必慎其独也！小人闲居为不善，无所不至，见君子而后厌然，掩其不善，而著其善。人之视己，如见其肺肝然，则何益矣。此谓诚于中，形于外，故君子必慎其独也。曾子曰：‘十目所视，十手所指，其严乎！’富润屋，德润身，心广体胖，故君子必诚其意。”可见，传文释诚意为“毋自欺”，并用“如恶恶臭，如好好色，此之谓自谦，故君子必慎其独也”进一步阐述之。此处同样有个需要注意的地方：用“毋自欺”来释诚意显然是一种否定式的表述方法。否定式的表述只是告诉人们不能做什么，并没有告诉人们应该做什么。因此，用“毋自欺”来定义诚意并没有告诉人们诚意是什么，而只告诉人们诚意的反面是什么。

传文这种否定式的解释方法给后人理解诚意带来了很大的麻烦。正如亚里士多德所说：“善是一，恶则是多。”[①]做诚意工夫也是如此——行诚意的道路只有一条，自欺的道路却有多条。[②]问题随之就出现了——《大学》中所言的自欺究竟是指的哪条“道路”呢？事实上，此问题是困扰晚年朱子的一个重要问题，其对“诚意”章的修订也是围绕着“毋自欺”而展开的。因此，本节之论述亦主要围绕着朱子晚年修订传文中“毋自欺”的心路历程而展开。

《语类》中有三条沈僩记录的朱子与李燔（敬子）关于“所谓诚其意者，毋自欺也”的讨论。这三条对话内容翔实、义理丰富，比较完整地展现了朱子对“所谓诚其意者，毋自欺也”理解的变化过程，是朱子晚年理解自欺的关键转折点。

---

① 亚里士多德：《尼各马可伦理学》，廖申白译注，北京：商务印书馆，2003年，第47页。

② 朱子亦有相似的表述。《语类》有：“问：‘诚意是如何？’曰：‘心只是有一带路，更不着得两个物事。如今人要做好事，都自无力。其所以无力是如何？只为他有个为恶底意思在里面牵系。要去做好事底心是实，要做不好事底心是虚。被那虚底在里面夹杂，便将实底一齐打坏了。’”［《语类》卷15，第326页；叶贺孙录，绍熙二年（1191年）后所闻］所谓“心只是有一带路，更不着得两个物事”即透显出诚意的道路只有一条的思想。

敬子问：“‘所谓诚其意者，毋自欺也。’注云：‘外为善，而中实未能免于不善之杂。’某意欲改作‘外为善，而中实容其不善之杂’，如何？盖所谓不善之杂，非是不知，是知得了，又容着在这里，此之谓自欺。”曰：“不是知得了容着在这里，是不奈他何了，不能不自欺。公合下认错了，只管说个‘容’字，不是如此。‘容’字又是第二节，缘不奈他何，所以容在这里。此一段文意，公不曾识得它源头在，只要硬去捺他，所以错了。（大概以为有纤毫不善之杂，便是自欺。）自欺，只是自欠了分数，恰如淡底金，不可不谓之金，只是欠了分数。如为善，有八分欲为，有两分不为，此便是自欺，是自欠了这分数。”或云：“如此，则自欺却是自欠。”曰：“公且去看。（又曰：“自欺非是要如此，是不奈它何底。”）荀子曰：‘心卧则梦，偷则自行，使之则谋。’某自十六七读时，便晓得此意。盖偷心是不知不觉自走去底，不由自家使底，倒要自家去捉它。‘使之则谋’，这却是好底心，由自家使底。”李云：“某每常多是去捉他，如在此坐，心忽散乱，又用去捉它。”曰：“公又说错了。公心粗，都看这说话不出。所以说格物、致知而后意诚，里面也要知得透彻，外面也要知得透彻，便自是无那个物事。譬如果子烂熟后，皮核自脱落离去，不用人去咬得了。如公之说，这里面一重不曾透彻在。只是认得个容着，硬遏捺将去，不知得源头工夫在。‘所谓诚其意者，毋自欺也’，此是圣人言语之最精处，如个尖锐底物事。如公所说，只似个桩头子，都粗了。公只是硬要去强捺，如水恁地滚出来，却硬要将泥去塞它，如何塞得住！”又引《中庸》论诚处，而曰：“一则诚，杂则伪。只是一个心，便是诚；才有两个心，便是自欺。好善‘如好好色’，恶恶‘如恶恶臭’，他彻底只是这一个心，所以谓之自慊。若才有些子间杂，便是两个心，便是自欺。如自家欲为善，后面又有个人在这里拗你莫去为善；欲恶恶，又似有个人在这里拗你莫要恶恶，此便是自欺。（因引《近思录》“如有两人焉，欲为善”云云一段，正是此意。）如人说十句话，九句实，一句脱空，那九句实底被这一句脱空底都坏了。如十分金，彻底好方谓之真金，若有三分银，便和那七分底也坏了。”又曰：“佛家看此亦甚精，被他分析得项数多，如云有十二因缘，只是一心之发，便被他推寻得许多，察得来极精微。又有所谓‘流注想’，他最怕这个。所以沩山禅师云：‘某参禅几年了，至今

不曾断得这流注想。’此即荀子所谓‘偷则自行’之心也。”[①][沈僩录，庆元四年（1198年）后所闻]

次早，又曰：“昨夜思量，敬子之言自是，但伤杂耳。某之言，却即说得那个自欺之根。自欺却是敬子‘容’字之意。‘容’字却说得是，盖知其为不善之杂，而又盖庇以为之，此方是自欺。谓如人有一石米，却只有九斗，欠了一斗，此欠者便是自欺之根，自家却自盖庇了，吓人说是一石，此便是自欺。谓如人为善，他心下也自知有个不满处，他却不说是他有不满处，却遮盖了，硬说我做得是，这便是自欺。却将那虚假之善，来盖覆这真实之恶。某之说却说高了，移了这位次了，所以人难晓。大率人难晓处，不是道理有错处时，便是语言有病；不是语言有病时，便是移了这步位了。今若只恁地说时，便与那‘小人闲居为不善’处，都说得贴了。”[②][沈僩录，庆元四年（1198年）后所闻]

次日，又曰：“夜来说得也未尽。夜来归去又思，看来‘如好好色，如恶恶臭’一段，便是连那‘毋自欺’也说。言人之毋自欺时，便要‘如好好色，如恶恶臭’样方得。若好善不‘如好好色’，恶恶不‘如恶恶臭’，此便是自欺。毋自欺者，谓如为善，若有些子不善而自欺时，便当斩根去之，真个是‘如恶恶臭’，始得。如‘小人闲居为不善’底一段，便是自欺底，只是反说。‘闲居为不善’，便是恶恶不‘如恶恶臭’；‘见君子而后厌然，掩其不善而著其善’，便是好善不‘如好好色’。若只如此看，此一篇文义都贴实平易，坦然无许多屈曲。某旧说忒说阔了、高了、深了。然又自有一样人如旧说者，欲节去之又可惜。但终非本文之意耳。”[③][沈僩录，庆元四年（1198年）后所闻]

这三段对话的时间应该在庆元四年（1198年，朱熹69岁）[④]，离朱子去世两年左右。故这三段对话记录的是朱子最晚年的思想。我们首先来分

① 《语类》卷16，第337—338页。
② 《语类》卷16，第338—339页。
③ 《语类》卷16，第339页。
④ 沈僩是庆元四年（1198年）以后所闻，所以朱子同李敬子的这三段对话的时间既有可能在庆元四年，也有可能在庆元四年以后。《文集》中《答孙敬甫》（六）谈及“诚意”章修改问题，书中对诚意的理解可以肯定是朱子最后之定论，故而可肯定此书作于朱子同李敬子对话之后。陈来和顾宏义均考证此书作于庆元四年（1198年）。因此，可以推知朱子同李敬子的这三段对话的时间是在庆元四年。后文论及《答孙敬甫》（六），可参阅。

析第一段话中蕴含的义理。由对话可知，朱子此时把“所谓诚其意者，毋自欺也”注解为“外为善，而中实未能免于不善之杂”。李敬子对朱子这一注解并不满意，认为改为“外为善，而中实容其不善之杂”更合适，其理由是自欺应该理解为“不善之杂，非是不知，是知得了，又容在这里”。朱子则认为李敬子用“容”来解释自欺的理路并不正确。为了论证自己的观点，朱子详细阐述了自己对自欺的理解，其认为“（自欺）不是知得了容在这里，是不奈他何了，不能不自欺”“自欺是非要如此，是不奈他何底”“有纤毫不善之杂，便是自欺”“自欺，只是欠了分数”“如为善，有八分欲为，有两分不为，此便是自欺”“若才有些子间杂，便是两个心，便是自欺”。朱子又举荀子“心卧则梦，偷则自行”来证明人之所以自欺是由于心“不知不觉自走去底”。[①]基于对自欺的这种理解，朱子进一步认为，要把走失的心找回来，不能用李敬子所言的“去捉它”的方法，而必须努力去做格物致知工夫，达到“里面也要知得透彻，外面也要知得透彻”。

对比朱子与李敬子两人注释之间的差异及朱子对“自欺”的解释，我们可以发现，李敬子认为自欺一种“有意”的“容”的心理状态。所谓“‘有意’的‘容’”的心理状态，是指一个人表现出来的行为虽然是善的，但内心动机却是为了达到某种私利。朱子则认为自欺是一种“无意”的“未能免于”的心理状态。所谓“‘无意’的‘未能免于’”的心理状态，是指人并不会有意为恶，人为恶是由于人心不自觉地走失掉了，而陷入不自觉的为恶中。在朱子看来，人之所以不自觉地陷入为恶中，是由于格物致知工夫没做好，导致对善恶之理知得不透彻。而人对善恶之理知得不透彻又导致人在为善去恶时无法做到用十分力气，而常常出现“有八分欲为，有两分不为”的“自欠”现象。另外，朱子认为，李敬子的“捉心”方法就像用泥土去塞源源不断的流水，“只是硬要去强捺”，治标不治本。正确的方法应该是从源头上做工夫，即通过做格物致知工夫以透彻

---

① 《语类》中有条余大雅记录之语，此语亦表达同样的意思，可参阅。“今能致知，知至而意诚矣。验以日用间诚意，十分为善矣。有一分不好底意思潜发以间于其间，此意一发，便由斜径以长，这个却是实，前面善意却是虚矣。如见孺子入井，救之是好意，其间有些要誉底意思以杂之；如荐好人是善意，有些要人德之之意，随后生来；治恶人是好意，有些狼疾之意随后来，前面好意都成虚了。如《垢卦》上五爻皆阳，下面只一阴生，五阳便立不住了。《荀子》亦言：‘心卧则梦，偷则自行，使之则谋。’（见《解蔽篇》。）彼言‘偷’者，便是说那不好底意。若曰‘使之则谋’者，则在人使之如何耳。谋善谋恶，都由人，只是那偷底可恶，故须致知，要得早辨而豫戒之耳。”［《语类》卷15，第330—331页；余大雅录，淳熙六年（1179年）后所闻］

地知善知恶，唯有如此才能从源头上切除心走失的根源。

再来分析第二段对话。朱子虽然在白天详细地阐述了自己关于“自欺”的理解，晚上却进行了深入的自我反思，并改变了自己的思想，而认为“自欺却是敬子‘容’之意”，自己所讲的知善知恶不透乃是自欺之根本。在这段话中，朱子给“自欺”重新下了个定义，即“知其为不善之杂，而又盖庇以为之”。显然，这个定义承认自欺是一种“有意”的“容”的心理状态，即人会有意地隐瞒自己真实的心理，并表现出一种与真实心理不相符合的语言或行为。这就是说，如果一个人清楚地知道一件事应该怎么做，但有意地不按照这种做法来做就是自欺了。如此，朱子此时所言的自欺就是我们现在所说的“伪善”或者“虚情假意”了。文中“一石米”和“九斗米”的比喻十分生动形象地说明了朱熹前后关于“自欺”理解的异同。此前，某人应该有一石米，但现实却只有九斗，欠了一斗，这欠了的一斗就是自欺。此中蕴含的意思就是，所谓诚意工夫，就是要努力把这欠缺的一斗米给补满，达到实实在在的一石米。现在，某人实际只有九斗米，如果此人“吓人说是一石”，这种有意欺骗的行为就是自欺。此中蕴含的意思就是，所谓诚意工夫，就是要努力根除掉私意，做到实事求是，有多少斗米就说多少，不能有九斗，却硬说有一石。

需要注意的是，虽然朱子对自欺的理解发生了改变，但他却并没有完全放弃原来的理解。在他看来，那欠了的一斗米乃自欺之根。这就是说，一个人能做到有九斗米就说九斗米，已经是诚意了，但如果能继续做到再添加一斗米，就更加完美了。因此，对朱子来说，防止自欺最根本的办法仍是努力去做格物致知工夫，人只有对事理知得表里精粗无不到，才能实现心之全体大用无不明，进而才能在源头上切断能引发心之自欺的各种病根。

在这里，朱子又对自己进行了检讨，认为此前之说“说高了”“移了这位次了”。所谓“说高了”“移了这位次了”是指朱子第一天所说的“‘所谓诚其意者，毋自欺也’，此是圣人言语之最精处，如个尖锐底物事。如公所说，只似个桩头子，都粗了”。这段话颇难理解。何为“尖锐底物事”？何为“桩头子，都粗了”？这只是个比喻的用法，用来比喻诚意工夫的精粗。我们知道，朱子此前认为，自欺就是“有八分欲为，有两分不为”“如人说十句话，九句实，一句脱空”，所以诚意工夫就是要把那“不为”的两分做好，把那一句“脱空”的话说实。因此，所谓“尖锐底物事”正是比喻这种引导人十分为善的工夫乃是一种积极意义上的精细之工夫。依朱子此时理解，诚意工夫乃是指要引导人扬善，把人无限往

“上拉”，使人十分为善，不能有丝毫不善。所以，对此前的朱子而言，李敬子以“外为善，而中实容其不善之杂”来讲自欺乃“认错了”，而“有多少斗米就说多少”的工夫只能防恶，无法使人积极向上，只是“第二节”的工夫了，此即如“桩头子”般显得有些粗陋了。由此可见，朱子改变对“自欺”的理解，实是把诚意工夫往“下移”了，认同诚意工夫首先是要做到“有多少斗米就说多少”。

还需要注意的是，朱子改变了对自欺的理解，不仅仅是着眼于“自欺”这个词本身，而是放在整个“诚意”章来通盘考虑。在他看来，现在这种对自欺的理解使得整个“诚意”章的文义都顺畅了，所以他最后说：“今若只恁地说时，便与那‘小人闲居为不善’处，都说得贴了。”这句话又该如何理解呢？这个问题需要结合第三段话来理解。

在第三段话中，朱子经过一夜的思考，又进一步完善了对“诚意”章的理解。朱子开头即说“看来‘如好好色，如恶恶臭’一段，便是连那‘毋自欺’也说”。这句话也颇难理解，似乎是说，以前把传文“所谓诚其意者，毋自欺也。如恶恶臭，如好好色，此之谓自谦。故君子必慎其独也”这段话中的“毋自欺”同“如恶恶臭，如好好色，此之谓自谦。故君子必慎其独”分作两层意思来理解。朱子正是此意。①后文朱子对“毋自欺”与“如恶恶臭，如好好色，此之谓自谦。故君子必慎其独”的关系进行了详细的解释。我们从“言人之毋自欺时，便要‘如好好色，如恶恶臭’样方得。若好善不‘如好好色’，恶恶不‘如恶恶臭’，此便是自欺”便能窥其之意。“好好色”“恶恶臭”乃是用比喻的方式来强调人的情感要真实自然，不能有丝毫虚伪造作。因此，所谓“若好善不‘如好好色’，恶恶不‘如恶恶臭’，此便是自欺”就是强调，自欺是一种表里不一的心理状态，即人内在的思想情感与外在的语言行为不一致。所以，“毋自欺”就是要“如好好色，如恶恶臭”般，当好时即好，当恶时即恶，不能因为一己之私而改变好恶取向。诚意工夫就是要把内心里的私心杂意“斩根去之”，做到按自己的真实情感来言说和行动。朱子进一步认为，“诚意”章中“小人闲居为不善，无所不至”是指那些恶恶不“如恶

---

① 绍熙五年（1194年），朱子受诏讲《大学》而作《经筵讲义》。对比《经筵讲义》与今本《大学章句》，一个明显的不同就是今本《大学章句》把“所谓诚其意者，毋自欺也。如恶恶臭，如好好色，此之谓自谦，故君子必慎其独也”作为一个整体来解释，而《经筵讲义》是分作两段来解释，先是解释“所谓诚其意者，毋自欺也”，再解释“如恶恶臭，如好好色，此之谓自谦，故君子必慎其独也”。［参见《经筵讲义》，《文集》卷15，《朱子全书》（第20册），第710—711页］这表明，此前朱子是把“毋自欺”与“慎独”看作是两个不同层次的工夫。

恶臭”之类的人，“见君子而后厌然，掩其不善而着其善”则是指那些好善不“如好好色”之类的人。由此可见，朱子此时是把“毋自欺”同“如恶恶臭，如好好色，此之谓自谦。故君子必慎其独”当作一个统一的整体来理解。所以，朱子说：“若如此看来，此一篇文义都贴实平易，坦然无许多屈曲。某旧说忒说阔了、高了、深了。”

值得注意的是，朱子在最后却说：“然又自有一样人如旧说者，欲节去之又可惜。但终非本文之意耳。”这表明，朱子此时还是认为确实存在这样一类人，他们是因为知物不切、明理不透，才陷入自欺。此即强调“欠了分数”乃自欺之根。朱子如此认为确有其道理，因此现实生活中确实有一类人是因为对事理知得不真切才做出不实的行为。这就是为什么朱子说“欲节去之又可惜”。那么，朱子又是如何处理“欠了分数”与“自欺”的关系呢？下文将谈到这个问题。

《语类》中还有一段沈僩记录的自己与朱子讨论“诚意”章“自欺”注的对话。这段对话可以帮助我们进一步理解朱子思想转变的过程。

> 问：“‘诚意’章‘自欺’注，今改本恐不如旧注好。”曰：“何也？”曰：“今注云：‘心之所发，阳善阴恶，则其好善恶恶皆为自欺，而意不诚矣。’恐读书者不晓。又此句，《或问》中已言之，却不如旧注云：‘人莫不知善之当为，然知之不切，则其心之所发，必有阴在于恶而阳为善以自欺者。故欲诚其意者无他，亦曰禁止乎此而已矣。’此言明白而易晓。”曰：“不然。本经正文只说‘所谓诚其意者，毋自欺也’；初不曾引致知兼说。今若引致知在中间，则相牵不了，却非解经之法。又况经文‘诚其意者，毋自欺也’，这说话极细。盖言为善之意稍有不实，照管少有不到处，便为自欺。未便说到心之所发，必有阴在于恶，而阳为善以自欺处。若如此，则大故无状，有意于恶，非经文之本意也。所谓‘心之所发，阳善阴恶’，乃是见理不实，不知不觉地陷于自欺；非是阴有心于为恶，而诈为善以自欺也。如公之言，须是铸私钱，假官会，方为自欺，大故是无状小人，此岂自欺之谓邪！（又曰：“所谓‘毋自欺’者，正当于几微毫厘处做工夫。只几微之间少有不实，便为自欺。岂待如此狼当，至于阴在为恶，而阳为善，而后谓之自欺邪！此处语意极细，不可草草看。”）此处工夫极细，未便说到那粗处。所以前后学者多说差了，盖为牵连下文‘小人闲居为不善’一段看了，所以差也。”又问：“今改注下文云：‘则无待于自欺，而意无

> 不诚也。’据经文方说‘毋自欺’。毋者，禁止之辞。若说无待于自欺，恐语意太快，未易到此。”曰：“既能禁止其心之所发，皆有善而无恶，实知其理之当然，使无待于自欺，非勉强禁止而犹有时而发也。若好善恶恶之意有一毫之未实，则其发于外也必不能掩。既是打叠得尽，实于为善，便无待于自欺矣。如人腹痛，毕竟是腹中有些冷积，须用药驱除去这冷积，则其痛自止。不先除去冷积，而但欲痛之自止，岂有此理！”[①]［沈僴录，庆元四年（1198年）后所闻］

这段对话应该是在朱子与李敬子对话之前，因为在这段对话中朱子对“自欺”的理解还是持以前的观点。从对话可知，在朱子与李敬子讨论“自欺”前，朱子对“自欺”又有过两种理解：一是“人莫不知善之当为，然知之不切，则其心之所发，必有阴在于恶而阳为善以自欺者。故欲诚其意者无他，亦曰禁止乎此而已矣”，此注为旧注；二是“心之所发，阳善阴恶，则其好善恶恶皆为自欺，而意不诚矣”，此注为新注。沈僴认为新注不如旧注好，其理由是旧注“明白而易晓”，新注则较为晦涩，一般人难以理解。对比新旧两注，我们可以发现，确如沈僴所说，旧注比新注通俗易懂。既然旧注比新注通俗易懂，为什么朱子还要进行修改呢？朱子陈述了修改的两个原因。一是认为旧注中“知之不切”之说不符合解经之法，因为正文中“所谓诚其意者，毋自欺也”中“不曾引致知兼说”。二是认为“所谓诚其意者，毋自欺也”是指“为善之意稍有不实，照管少有不到处”就易导致自欺，意在强调人要于几微之处下功夫，而旧注“人莫不知善之当为，然知之不切，则其心之所发，必有阴在于恶而阳为善以自欺者”容易使人理解为人“有意于恶”。因此，旧注不符合文意。在此时的朱子看来，“自欺”应是指“见理不实，不知不觉地陷入自欺；非是阴有心于为恶，而诈为善以自欺也”，而“毋自欺”就是要“于几微毫厘处做工夫”。这表明，朱子认为《大学》讲“毋自欺”实是要把人无限往“上拉”，使人要做到十分实，而不能有丝毫不实。朱子进一步认为，学者之所以没有注意到这一点，是因为他们把传文中“所谓诚其意者，毋自欺”与“小人闲居为不善……”看成一层意思。言外之意，在朱子看来，这两句话应该是分别表示两层不同的工夫。

朱子的解释并没有完全说服沈僴。沈僴对改注下文“则无待于自

---

① 《语类》卷16，第336—337页。

欺，而意无不诚也”[①]亦表示质疑，其理由是“毋自欺”的“毋”是“禁止之辞”，也就是说“毋自欺”乃是否定式的表述方式，而否定式的表述方式显然不能用来描述工夫效验。在沈僩看来，“无待于自欺”之境界不是很容易达到的，因此“则无待于自欺，而意无不诚也”之说就显得“语意太快”。朱子则坚持认为要从源头处做格物致知之工夫以求对事物之理知得无一丝一毫之不真切透彻。在朱子看来，这种引导人十分为善的精细工夫自然能从根本上使人做到不自欺，如此也自然能直下实现“无待于自欺，而意无不诚也”之境，故其言：“既能禁止其心之所发，皆有善而无恶，实知其理之当然，便无待于自欺。”值得注意的是，沈僩在讲“毋自欺”的“毋”是“禁止之辞”时，实际是在批评朱子关于“毋自欺”的解释不符合《大学》本意。在沈僩看来，“毋”乃是否定意义的词语，意思是禁止做某种事情，且这个“某种事情”是一种负面价值取向的事情。因此，“毋自欺”应该是指向“防恶”，而不是“扬善”。

朱子此时虽然并没有接受沈僩的意见，但这些讨论已经对朱子产生了影响。为什么这么说呢？我们知道，任何一个思想的产生或者改变，并不是突然的，而是有一个酝酿发展的过程。后面朱子改变对“自欺”的理解的一个原因就是基于对整个“诚意”章结构的重新理解。

《语类》中另有一条沈僩记录的朱子此前阐述“所谓诚其意者，毋自欺也”的一段话。此条亦可以帮助我们进一步理解朱子此前的思想。

> “所谓诚其意者，毋自欺也。”《注》云：“心之所发，阳善阴恶，则其好善恶恶，皆为自欺，而意不诚矣。”而今说自欺，未说到与人说时，方谓之自欺。只是自家知得善好，要为善，然心中却觉得微有些没紧要底意思，便是自欺，便是虚伪不实矣。正如金，已是真金了，只是锻炼得微不熟，微有些渣滓去不尽，颜色或白、或青、或黄，便不是十分精金矣。颜子“有不善未尝不知”，便是知之至；“知之未尝复行”，便是意之实。又曰：“如颜子地位，岂有不善！所谓不善，只是微有差失，便能知之；才知之，便更不萌作。只是那微有差失，便是知不至处。”[②]［沈僩录，庆元四年（1198年）后所闻］

---

① 这里所谓的改注下文应指“诚意”章最后一句“富润屋，德润身，心广体胖，故君子必诚其意”。而“则无待于自欺，而意无不诚也”是描述诚意工夫之效验。

② 《语类》卷16，第328页。

对比此条与上文沈僩与朱子对话可发现，此条对“所谓诚其意者，毋自欺也”的注解同上文沈僩与朱子对话中所说的新注完全相同。在这里，朱子先以炼金为例，强调炼金必须去掉一切渣滓才能练出“十分精金”，诚意工夫就如炼金一般，亦当做到十分为善方可。朱子又以颜子为例，指出颜子“岂有不善”，其只是“微有差失”。因此，“那微有差失，便是知不至处”，所以，诚意工夫是要人于那“微有差失”上用力，务求达到无丝毫差失。

通过《语类》这五段话，可以确证朱子在庆元四年（1198年）对《大学》“诚意”的理解发生了一次关键的变化。这个变化可以归纳为两个方面：一是改变了对“自欺”的理解。朱子放弃了此前认为自欺是“外为善，而中实未能免于不善之杂”的注解，而赞同李敬子“外为善，而中实容其不善之杂”之说。这一变化的实质是放弃了自欺乃是被动的无意之欺的观点，而承认人会有意自欺。但他坚持认为知理不实仍是自欺之根。二是对“自欺”理解的变化又促使朱子改变了对整个“诚意”章关系的理解。朱子放弃了此前把“毋自欺”与“如恶恶臭，如好好色，此之谓自慊。故君子必慎其独”分作两层来理解的做法，而认为“慎独”与“毋自欺”是一个层次的工夫，慎独工夫就是毋自欺工夫。

（三）

如果我们进一步思考，可发现这里存在不少值得探讨的问题：为何朱子要放弃原来对“诚意”章的理解？或者说，为何朱子此前要把自欺理解为“外为善，而中实未能免于不善之杂”？为何朱子此前把“毋自欺”与“如恶恶臭，如好好色，此之谓自谦。故君子必慎其独”分作两层意思来理解？这些问题都值得深入探讨。下文我们尝试依着朱子的思想来回答这些问题。

《语类》中有两段朱子同余国秀的对话：

> 国秀问：“《大学》诚意，看来有三样：一则内全无好善恶恶之实，而专事掩覆于外者，此不诚之尤也；一则虽知好善恶恶之为是，而隐微之际，又苟且以自瞒底；一则知有未至，随意应事，而自不觉陷于自欺底。”曰：“这个不用恁地分，只是一路，都是自欺，但有深浅之不同耳。”[①]［吕焘录，庆元五年（1199年）所闻］

---

① 《语类》卷16，第329页。

> 次早云："夜来国秀说自欺有三样底，后来思之，是有这三样意思。然却不是三路，只是一路，有浅深之不同。"又因论以"假托"换"掩覆"字云："'假托'字又似重了，'掩覆'字又似轻，不能得通上下底字。又因论诚与不诚，不特见之于外，只里面一念之发，便有诚伪之分。譬如一粒粟，外面些皮子好，里面那些子不好。如某所谓：'其好善也，阴有不好者以拒于内；其恶恶也，阴有不恶者以挽其中。'盖好恶未形时，已有那些子不好、不恶底藏在里面了。"①［吕焘录，庆元五年（1199年）所闻］

这两段对话是庆元五年（1199年）吕焘所录，是年朱子70岁。前文提及，诚意的道路只有一条，而自欺的道路却有多条。余国秀意识到自欺的道路有多条，因此，他把自欺之人归纳为三种类型：一是十分"不诚"之类，此类人外面行善，内心却充满私心杂欲，所表现的善行只是伪善；二是隐微之际"不诚"之类，此类人基本能做到好善恶恶，但隐微之际却有不善；三是不自觉"不诚"之类，此类人由于全然不知善恶之所在，所以常常不自觉地陷入自欺却完全不知。从对话可知，朱子第一天认为不需要进行这种区分，强调这三类人都是自欺，只是深浅不同。②第二天，朱子赞同余国秀的这种区分，认为自欺"是有三样意思"，但强调这三类人只是一路，但有浅深之不同。这表明，朱子此时承认区分自欺的类型是有必要的。这也表明，在同李敬子对话到同余国秀对话期间，朱子虽然赞同李敬子自欺乃"外为善，而中实容其不善之杂"之说，但他并没有明确意识到要对自欺进行这样的区分，而同余国秀的对话促使他开始思考这个问题。

应该说余国秀对自欺类型的三种区分是符合实际的，且这种区分是有必要的，因为对自欺是何种类型的理解直接关系到对诚意工夫方向的理解。另外，余国秀所讲的第一种类型和第二种类型可以合并成一个类型，因为这两种类型都是一种"有意"的不诚，只是程度有差异而已。因此，

---

① 《语类》卷16，第329页。

② 朱子还有关于此观点的相关论述，《语类》有："欺人亦是自欺，此又是自欺之甚者。便教尽大地只有自家一人，也只是自欺，如此者多矣。到得那欺人时，大故郎当。若论自欺细处：且如为善，自家也知得是合当为，也勉强去做，只是心里又有些便不消如此做也不妨底意思；如不为不善，心里也知得不当为而不为，虽是不为，然心中也又有些便为也不妨底意思。此便是自欺，便是好善不'如好好色'，恶恶不'如恶恶臭'。便做九分九厘九毫要为善，只那一毫不要为底，便是自欺，便是意不实矣。《或问》中说得极分晓。"［《语类》卷18，第423页；沈僩录，庆元四年（1198年）后所闻］

我们可以把余国秀讲的三种类型归为两大类：一类是“有意”之欺，一类是“无意”之欺。[①]那么，《大学》所讲的自欺是哪一类呢？显然，对此前的朱子而言，《大学》的自欺是指“无意”之欺。

问题是，朱子此前为什么会认为不需要对自欺的类型进行区分呢？朱子在《答朱飞卿》中言：

> “诚意”一章，来喻似未晓《章句》中意。当云人意之发，形于心者本合皆善，惟见理不明，故有不善杂之，而不能实其为善之意。今知已至，则无不善之杂，而能实其为善之意，则又无病矣。又善恶之实于中者皆形于外，但有为恶之实，则其为善也不诚矣；有为善之实，则无为恶之杂，而意必诚矣。纯一于善而无不实者，即是此意未尝异也。[②]

陈来将此书定于绍熙二年（1191年），顾宏义认为在绍熙二年（1191年）秋冬或绍熙三年（1192年）。这段话透露出朱子为什么此前坚持认为不需要对自欺的类型进行区分。从某种意义上说，在朱子眼中，人不可能做到阳善阴恶，也就是说人不可能做到外在行为符合善的价值标准，但内心却夹杂着私心杂念。因为，在朱子看来，“善恶之实于中者皆形于外，但有为恶之实，则其为善也不诚矣；有为善之实，则无为恶之杂，而意必诚矣。”这就是说，人的身体与内心之间具有相应性，内心的意念必然会在身体有所体现，身体的行为也相应反映出人内心的意念，因此人的内心如有丝毫不诚之意，此不诚之意必然会在人的身体上有这样或那样微小的体现；反之，如果一个人的外在行为有细微的偏失，就表明这个人内心的意念没有达到真实无妄的程度。所以，人不可能做到阳善阴恶，也就是说人不可能伪装得天衣无缝。这表明，此时的朱子实认为，不存在“有意”自欺之人。另外，从“惟见理不明，故有不善杂之，而不能实其为善之意”可知，在朱子看来，人的内心之所以有不善杂之是由于人见理不明。

由是，朱子进一步指出，人之“有意”之欺和“无意”之欺都是因为格物致知工夫有所欠缺，两者在本质上是一致的，所以无需进行区分。朱

---

① 这里存在一个问题：能不能把“无意”之欺看作是“自欺”？由朱子同余国秀的对话可知，此时朱子把“无意”之欺亦当作是“自欺”。值得注意的是，朱子后面放弃了这种思想，对“自欺”与“欺”作了区分，认为“自欺”是指“有意”之欺，而“欺”是指“无意”之欺。后文对此有论述。

② 《答朱飞卿》，《文集》卷56，《朱子全书》（第23册），第2675页。

子在与杨道夫的一段对话中阐述了这一思想。

> 问："知不至与自欺者如何分？"曰："'小人闲居为不善，无所不至。见君子而后厌然，掩其不善，而著其善。'只为是知不至耳。"问："当其知不至时，亦自不知其至于此。然其势必至于自欺。"曰："势必至此。"顷之，复曰："不识不知者却与此又别。论他个，又却只是见错，故以不善为善，而不自知耳。其与知不至而自欺者，固是'五十步笑百步'，然却又别。"问："要之二者，其病源只是欠了格物工夫。"曰："然。"①［杨道夫录，淳熙十六年（1189年）后所闻］

"不识不知者"即指由于不知善恶之所别而导致自欺之人，"知不至而自欺者"即指由于对善恶知得不透彻而导致自欺之人。在朱子看来，"不识不知者"与"知不至而自欺者"虽有量上的差别，但本质上是一致的，两者的"病源"都是"欠了格物工夫"，即格物致知工夫不到家。

《文集》中有朱子关于自欺的原因是见理不明的论述。《答汪易直》（二）言：

> 此正《大学》所谓诚其意者。然意不能以自诚，故推其次第，则欲诚其意者，又必以格物致知为先。盖仁义之心人皆有之，但人有此身，便不能无物欲之蔽，故不能以自知。若能随事讲明，令其透彻，精粗巨细无不贯通，则自然见得义理之悦心犹刍豢之悦口，而无待于自欺。如其不然，而但欲禁制抑遏，使之不敢自欺，便谓所以诚其意者不过如此，则恐徒然为是迫切，而隐微之间，终不免为自欺也。旧说《大学》此章，盖欲发明此意，而近日读之，殊觉未透，因略更定数句。②

顾宏义认为此书约作于淳熙五年（1178年）。朱子在这里亦是要强调，意不能自诚，唯有通过格物工夫才能见得义理"精粗巨细无不贯通"，进而能做到"见得义理之悦心犹刍豢之悦口"，如此自然能保证人不会自欺。这表明，朱子很早就把自欺的原因归结为见得义理不透彻。

---

① 《语类》卷15，第327页。

② 《答汪易直》（二），《文集》卷60，《朱子全书》（第23册），第2883页。

《答赵恭父》（四）言：

又论亦有真知而自欺者，此亦未然。只此自欺，便是知得不曾透彻。此间昨晚有尝鼠药而中毒者，几致委顿，只此便是不曾真知砒霜能杀人，更何疑耶？然又不是随众略知之外别有真知，更须别作道理寻求，但只就此略知得处着实体验，须有自然信得及处，便是真知也。①

陈来认为此书作于庆元三年（1197年），顾宏义认为在庆元二年（1196年）季夏或稍后。朱子不赞同赵恭父“亦有真知而自欺者”之论，而认为人之所以会自欺是因为其知得不曾透彻，并没有真正达到真知之境；如人切实达到真知之境，其必然不会自欺。

《语类》中也有朱子关于自欺的原因是见理不明的论述。

自欺只是于理上亏欠不足，便胡乱且欺谩过去。如有得九分义理，杂了一分私意，九分好善、恶恶，一分不好、不恶，便是自欺。到得厌然掩著之时，又其甚者。原其所以自欺，又是知不至，不曾见得道理精至处，所以向来说“表里精粗”字。②［钱木之录，庆元三年（1197年）所闻］

若知之已至，则意无不实。惟是知之有毫末未尽，必至于自欺。③［叶贺孙录，绍熙二年（1191年）后所闻］

可见，朱子认为人之所以会自欺是由于“理上亏欠不足”“知不至”“不曾见得道理精至处”“知之有毫末未尽”，也就是未达到真知状态。这种解释明显是把人之自欺的原因归为由于格物致知工夫没到家而导致的知理不实。

从《文集》和《语类》这些言论中，可以发现朱子在很长一段时间里把自欺的原因仅仅归结为见理不明、知理不实。进一步看，从朱子坚持认为自欺是由于人知得不真切透彻的思想中，我们实可以发现朱子对自欺的理解同前文所论述的其对真知的理解是一致的，都是强调知至必意诚、

---

①　《答赵恭父》（四），《文集》卷59，《朱子全书》（第23册），第2860页。
②　《语类》卷16，第334页。
③　《语类》卷16，第327页。

真知必能行。这就是说，人只要知得真切透彻就一定会发出真诚的意向，并外化为坚定持久的行为；反之，如果知得不真切，心所发出的意向自然无法达到十分真诚，显发出来的行为也很难做到坚定持久。从某种意义上说，朱子的“知至必意诚”“真知必能行”正是一种“知行合一”的思想。他的这种“知行合一”的特色就在强调用知来统摄行，在知上确保知行不分离。朱子强调格物致知要达到知至之境的用心显然是担心人知而不行，其目的是希望通过引导人在“知”努力用功，以求对事物之理的认知达到真切透彻之境，最终确保人做到知行合一。基于朱子的这种思想，我们就能理解为什么朱子一再强调诚意是要人务必做得十分为善、自欺是人于理上亏欠不足。

然而，朱子这种“知至必意诚”“真知必能行”的思想明显是把工夫的重心放在前面阶段（“知至”“真知”），似乎前面的工夫做好了，后面的工夫（“意诚”“能行”）就水到渠成了。这种做法有取消诚意工夫之嫌，明显背离了《大学》的义理结构。作为一个大哲，朱子难道就没有察觉到其中的问题吗？显然不会。事实上，朱子很早就意识到这种把自欺的原因仅仅归结为知理不实所带来的理论上的问题。

《答吴伯丰》（五）言：

> 《大学》诸说皆善，可以补《或问》之缺矣。但“毋自欺”，乃解“诚其意”之义，知未至者固当如此用力，然知之至者亦未可便谓不假此也。但知未至者禁之虽力而或未能止，唯知至然后禁之不难，而无不能止耳。①

陈来认为此书约作于绍熙元年（1190年）。由“知未至者固当如此用力，然知之至者亦未可便谓不假此也”可知，朱子此时承认即使知之至后也要做“毋自欺”工夫。而“知未至者禁之虽力而或未能止，唯知至然后禁之不难”则表明，在朱子看来，虽然知之至后还要做“毋自欺”工夫以进一步确保意之诚，但唯有知得至才能从根本上保证意之诚。

《答汪长孺》（四）有载：

> （汪长孺：）《大学》“知至而后意诚，意诚而后心正”二句，《章句》注解新旧说不同。

---

① 《答吴伯丰》（五），《文集》卷52，《朱子全书》（第22册），第2429页。

（朱子批语：）若如旧说，则物格之后更无下功夫处，向后许多经传皆为剩语矣，意恐不然，故改之耳。来说得之。[①]

陈来认为此书在绍熙二年（1191年）后；郑泽绵考证此书当在绍熙二年（1191年）[②]；王凯立考证此书写作时间在绍熙三年（1192年）初，但确切的改注时间在绍熙二年（1191年）[③]。由文意可知，在绍熙二年（1191年）朱子对《大学》经文“诚意”之注解有所改动，其改动的理由是“若如旧说，则物格之后更无下工夫处，向后许多经传皆为剩语”。虽然这里朱子没有进一步解释旧说为什么会导致格物之后无下工夫处，但我们还是可以根据朱子的思想进行推测，原因应该是：如果自欺的原因仅是知理不实，那么对治自欺的工夫就全在格物致知上。如此，必然会得出格物致知后无工夫下手处。问题是，朱子改动的是什么呢？具体的改动内容现无法考证，但显然是承认格物致知后还需要进一步做诚意工夫。

朱子的一些门人弟子也意识到朱子这种把自欺的原因仅归结为知理不实的思想与《大学》的义理结构有冲突，故而对朱子“知至必意诚”的思想提出了质疑。《语类》有：

器远问：“物格、知至了，如何到诚意又说‘毋自欺也’？毋者，禁止之辞？”曰：“物既格，知既至，到这里方可着手下工夫。不是物格、知至了，下面许多一齐扫了。若如此，却不消说下面许多。看下面许多，节节有工夫。”[④][叶贺孙录，绍熙二年（1191年）后所闻]

问：“‘知至而后意诚’，则知至之后，无所用力，意自诚矣。《传》犹有慎独之说，何也？”曰：“知之不至，则不能慎独，亦不肯慎独。惟知至者见得实是实非，灼然如此，则必战惧以终之，此所谓能慎独也。如颜子‘请事斯语’，曾子‘战战兢兢’，终身而后已，彼岂知之不至。然必如此，方能意诚。盖无放心底圣贤，‘惟圣罔念作狂’。一毫少不谨惧，则已堕于意欲之私矣。此圣人教人彻上彻下，不出一‘敬’字也。盖‘知至而后意诚’，则知至

---

① 《答汪长孺别纸》（四），《文集》卷52，《朱子全书》（第22册），第2465页。
② 郑泽绵：《朱熹晚年诚意思想考论》，《中国哲学与文化（第14辑）》，第94页。
③ 王凯立：《“真知”与“自欺”：论朱子诚意思想发展的三个阶段》，武汉大学哲学学院编：《哲学评论（第28辑）》，长沙：岳麓书社，2021年，第141—143页。
④ 《语类》卷16，第327页。

之后，意已诚矣。犹恐隐微之间有所不实，又必提掇而谨之，使无毫发妄驰，则表里隐显无一不实，而自快慊也。”①［董铢录，庆元二年（1196年）后所闻］

光祖问：“物格、知至，则意无不诚，而又有慎独之说。莫是当诚意时，自当更用工夫否？”曰：“这是先穷得理，先知得到了，更须于细微处用工夫。若不真知得到，都恁地鹘鹘突突，虽十目视，十手指，众所共知之处，亦自七颠八倒了，更如何地慎独！”②［叶贺孙录，绍熙二年（1191年）后所闻］

考上诸条，朱子弟子的疑问可以归结为两点：一是知至既然是指知之极致，即认知达到了“表面精粗无不到”的程度，则是非善恶已然分明，为何人还有意未诚之处。二是既然知至之后人所发之意无不诚，为何“诚意”章还要讲“毋自欺”和“慎独”。朱子的回答可以归纳为二点：一是即使意已诚，仍有可能于隐微之间有所不实，所以还须努力做克己之功，“提掇而谨之”，仍要于一念之微、细微之处、毫厘之间上下工夫，确保达到无毫发妄驰。二是强调格物致知并不是表示后面不需要做工夫，人做到格物致知后只表示“到这里方可着手下工夫”，后面的诚意、正心仍是节节有工夫。

由此可见，朱子在序定《大学章句》后不久即意识到把自欺的原因仅仅归结为知理不实会产生理论上的问题；其门人弟子也认识到朱子这一思想存在问题，并向朱子提出了质疑。由是，朱子对自己的思想进行了修正，开始承认诚意工夫的独立性，进而对《大学章句》经文“诚意”之注解进行了修改。

从朱子的修正中，我们可以发现，朱子采取的是一种调和的策略，即一方面承认即使知至之后仍要做诚意工夫，另一方面坚持认为唯有知至才能从根本上保证意诚。此种方法好像解决了问题。但仔细思考，这一方法仍然存在问题。因为，只要不承认人会有意自我欺骗（即自欺是由于知理不实而导致被动欺骗），从逻辑上看，则自欺的原因就只能仅仅归于格物致知工夫没做到家。如此，诚意工夫实无存在的必要，也就不可能有真正的独立地位。反之，只有承认人会有意自我欺骗，则自欺的原因就不能仅仅归因于知不至，意志软弱也可能是原因。如此，人在知至之后，还是

① 《语类》卷16，第332页。
② 《语类》卷16，第333页。

有可能因为意志软弱而出现自欺。这样，诚意工夫就有了存在的必要，也就有了独立的地位。所以，对于学生的质疑，朱子的回答是站不住脚的。因为，既然人不会有意自我欺骗，则知至后必然会意诚。如此，知至后就不存在意不诚的现象。故而，当朱子说“盖‘知至而后意诚’，则知至之后，意已诚矣。犹恐隐微之间有所不实，又必提掇而谨之，使无毫发妄驰，则表里隐显无一不实，而自快慊也”时，学生实可以继续追问：既然“意已诚”，为什么又有可能出现“隐微之间有所不实”。这一问题，朱子是很难回答的。因为，“意已诚”和“隐微之间有所不实”是不相容的。要么，“意已诚”而不会出现“隐微之间有所不实”；要么，“隐微之间有所不实”而达不到“意已诚”。

基于这种调和策略，朱子就只能把诚意工夫视为一种附带工夫、辅助工夫。《语类》有：

> 亚夫问：“‘欲正其心者，先诚其意。’此章当说所以诚意工夫当如何。”曰：“此继于物格、知至之后，故特言所谓‘诚其意者，毋自欺也’。若知之已至，则意无不实。惟是知之有毫末未尽，必至于自欺。且如做一事当如此，决定只着如此做，而不可以如彼。若知之未至，则当做处便夹带这不当做底意在。当如此做，又被那要如彼底心牵惹，这便是不实，便都做不成。”①［叶贺孙录，绍熙二年（1191年）后所闻］
>
> 致知者，诚意之本也；慎独者，诚意之助也。②［董铢录，庆元二年（1196年）后所闻］

从“‘欲正其心者，先诚其意。’此章当说所以诚意工夫当如何”可知，在襄亚夫看来，“诚意”应当为一独立的工夫。而从“此继于物格、知至之后，故特言所谓‘诚其意者，毋自欺也’”可知，朱子认为，在理解诚意工夫时要把诚意工夫同格物致知工夫联系起来考虑，诚意工夫只是格物致知工夫之附带工夫。由是，朱子坚持认为，“惟是知之有毫末未尽，必至于自欺”，因而工夫关键在格物致知上。而所谓“致知者，诚意之本也；慎独者，诚意之助也”正是把格物致知视为根本工夫，而把慎独视为辅助工夫。

---

① 《语类》卷16，第327页。

② 《语类》卷16，第333页。

综合来看，朱子在相当长的一段时间内不承认人会有意自欺[①]，进而认为人之所以会自欺是由于知理不实；但与此同时，朱子又意识到要承认诚意工夫的独立性。因而这一时期，朱子采用一种调和方式来处理格物致知和诚意之间的关系，一方面坚持认为唯有知至才能从根本上保证意诚，另一方面又承认即使知至之后仍要做诚意工夫。故而朱子得出“致知者，诚意之本也；慎独者，诚意之助也”这样的观点。但是，显然只要朱子坚持认为人不会有意自欺、自欺是由于知不至，则必然无法很好地安顿诚意在《大学》工夫体系中的位置。此时的朱子，正如郑泽绵所说：“虽然朱子在辛亥（1191）为了强调诚意工夫而修改了‘诚意’章注，但一直到戊午（1198），都未能把握诚意工夫的要领。”[②]

朱子这种“知至必意诚、意不诚是由于知不至”的思想实质是欲把诚意工夫与格物致知工夫合二为一，或者说把诚意工夫转移到格物致知工夫上了，认为只要格物致知工夫做到家，就一定会意诚，进而就一定会产生行动。而事实上，现实生活中存在许多知而不行的现象，或者说意志软弱现象。所谓“意志软弱”，就是“一个当事人不遵循自己的较佳判断去做事，并且是有意这样做”。[③]儒家对意志软弱现象多有探讨。如《孟子》载有：“挟太山以超北海，语人曰‘我不能’，是诚不能也。为长者折枝，语人曰‘我不能’，是不为也，非不能也。故王之不王，非挟太山以超北海之类也；王之不王，是折枝之类也。”[④]在孟子看来，社会中存在两类人，一类是想去做某件事，但没能力去做（“不能”），这类人就是我们现在所说的“心有余而力不足”之人；但也存在这样一类人，他们知道一件事情应该做，且有能力去做，但却偏偏不去做（“不为”）。[⑤]从“意志软弱”的内涵可以看出，当朱子认为人不会有意自欺、自欺是由于知不至时，朱子实认为不存在意志软弱现象，即人不会真知得去做而不去作。进一步看，朱子实表现出了一种对人过于自信的思想倾向，认为人只要知得真切就可以克服意志软弱。这也与其希望把人无限往“上拉”，要求人要十分为善的思想相吻合。

正如朱子自己所说“节节有工夫”，格物有格物的工夫，致知有致知

---

① 约绍熙元年（1190年）到庆元四年（1198年）。

② 郑泽绵：《朱熹晚年诚意思想考论》，《中国哲学与文化（第14辑）》，第102页。

③ 戴维森：《真理、意义与方法——戴维森哲学文献》，牟博译，北京：商务印书馆，2008年，第462页。

④ 《四书章句集注》，第209页。

⑤ 美国汉学者倪德卫在《儒家之道：中国哲学之探讨》（周炽成译，南京：江苏人民出版社，2006年）一书中对儒家意志软弱问题有详细阐述，可参阅。

的工夫，诚意有诚意的工夫，正心有正心的工夫。因此，一般说来，人在完成格物致知工夫后就应该在诚意正心上做工夫了，也就是要在作为主体精神状态的意志上用功，把认知所体会的道理转换为推动行为发动的坚定不移的意志。从《大学》作者的思路来看，既然格物致知后面还有诚意正心工夫，其显然是承认意志软弱的存在，即承认知至之后心之意并不一定诚（故还需要做诚意正心工夫）。故而，朱子要想把《大学》“诚意”章真正诠释清楚，就必须承认意志软弱的存在。由前文的论述可知，直到庆元四年（1198年）朱子才承认人会有意自欺。承认人会有意自欺，就意味着承认意志软弱的存在。承认意志软弱存在，才能真正给予诚意工夫以独立的地位。

另外，还需要注意的是，既然朱子是从格物致知上来理解“毋自欺”，把“毋自欺”理解为知理知得十分真切透彻，那么朱子必然会把“毋自欺”与“慎独”看成是两个不同层次的工夫。事实亦是如此，《语类》中有不少朱子把“毋自欺”与“慎独”看成是各自独立的工夫的言语。

> 或说慎独。曰：“公自是看错了。‘如恶恶臭，如好好色，此之谓自慊’，已是实理了。下面‘故君子必慎其独’，是别举起一句致戒，又是一段工夫。至下一段，又是反说小人之事以致戒。君子亦岂可谓全无所为！且如着衣喫饭，也是为饥寒。《大学》看来虽只恁地滔滔地说去，然段段致戒，如一下水船相似，也要柂，要楫。”[①]［林夔孙录，庆元三年（1197年）后所闻］
>
> 问意诚。曰：“表里如一便是。但所以要得表里如一，却难。今人当独处时，此心非是不诚，只是不奈何他。今人在静处非是此心要驰骛，但把捉他不住。此已是两般意思。至如见君子而后厌然诈善时，已是第二番罪过了。”[②]［曾祖道录，庆元三年（1197年）所闻］

考上第一文，朱子认为“诚意”章中的“如恶恶臭，如好好色，此之谓自慊”是一段工夫，“故君子必慎其独”则“别举起一句致戒，又是一段工夫”。此即是把“毋自欺”与“慎独”看作是独立的两段工夫。考

① 《语类》卷16，第333页。
② 《语类》卷16，第334页。

上第二文，从“今人当独处时，此心非是不诚，只是不奈何他。今人在静处非是此心要驰骛，但把捉他不住”一句可知，朱子认为“诚意”章所讲的“自欺”是指人由于知理不实而不自觉地陷入为恶，这类人是“无意”自欺之人或者说是被动自欺之人。在朱子看来，“诚意”章“小人闲居为不善，无所不至，见君子而后厌然，掩其不善，而著其善”中的“小人”是指“有意”自欺之人或者说“主动”自欺之人。朱子对这两类人进行了区分，认为“见君子而后厌然诈善”一类“有意”自欺之人是“第二番罪过”。如此，“无意”自欺之人或者说“被动”自欺之人就是“第一番罪过”。朱子作这两种区分，实质就是把“毋自欺”与“慎独”看作是两个工夫。“第一番罪过”形成的原因是格物致知工夫有所欠缺而导致知理不实，故对治“第一番罪过”就要在格物致知上下工夫。“第二番罪过”是指有意自我欺骗，故对治之法就是“诚意”章后面讲的慎独工夫。所谓“慎独”是指人在他人所不知而自己独知的状态下也要确保自己所发的意念真实无妄，务必做到内心意念与外在行为表里如一。由此可知，人之不慎独的状态当指一种主动的心理状态，也就是一种“有意”为恶的心理状态。既然朱子把“毋自欺”理解为要人在格物致知上做工夫以求对事物之理知得无一丝一毫之不真切透彻，把人之不慎独的状态理解为一种“主动”为恶的心理状态，其必然要把“毋自欺”与“慎独”看作是两个工夫。

通过上述讨论，我们基本能明白为什么朱子此前坚持把自欺理解为“外为善，而中实未能免于不善之杂”，并把“毋自欺”与“慎独”看作是两个层次的工夫。

（四）

庆元四年（1198年）朱子同李敬子对话后，朱子对《大学》“诚意”章的理解才有了真正的突破，此后朱子对诚意工夫的理解进一步成熟起来。一方面，朱子对“欺”和“自欺”进行了严格区分，同时明确指出自慊就是毋自欺（诚意）工夫；一方面，朱子极力思索如何更贴切地注释“所谓诚其意者，毋自欺也”。下面简述这两个问题，以帮助我们进一步理解朱子“诚意”思想转变的过程。

《语类》载有：

> 问刘栋：“看《大学》自欺之说如何？”曰：“不知义理，却道我知义理，是自欺。”先生曰：“自欺是个半知半不知底人。知

道善我所当为，却又不十分去为善；知道恶不可作，却又是自家所爱，舍他不得，这便是自欺。不知不识，只唤欺，不知不识却不唤做‘自欺’。”①［杨道夫录，淳熙十六年（1189年）后所闻］

本条对话是杨道夫淳熙十六年（1189年）后所闻，具体哪一年不可考，但我们可以根据文意和相关文献作出推测。“知道善我所当为，却又不十分去为善；知道恶不可作，却又是自家所爱，舍他不得，这便是自欺”一句平实易懂，正是朱子晚年对自欺的最终理解。因此，可以推知这段对话的时间应该是在朱子同李敬子对话后，即庆元四年（1198年）后。另外，从前文引吕焘于庆元五年（1199年）所录朱子同余国秀的对话可知，在庆元五年朱子还把“无意”之欺亦当作是“自欺”，也就是把“有意”之欺与“无意”之欺都归于“自欺”。此时，朱子显然改变了原来的看法，认为“欺”是指“不知不识”之人；“自欺”是“半知半不知底人”，这种人“知道善我所当为，却又不十分去为善；知道恶不可作，却又是自家所爱，舍他不得”。可见，此时朱子承认“自欺”与“欺”是两种不同的心理状态，“自欺”是指“有意”之欺，而“无意”之欺只能说是“欺”。应该说，这种把“欺”（“无意”之欺）从“自欺”中剥离出来的做法符合朱子晚年最后对《大学》“诚意”章的理解，是对朱子同余国秀的对话的进一步发展。因此，我们可以进一步推知，这段对话的时间是在朱子同余国秀对话之后，即庆元五年（1199年）后。而从这段对话中，我们可以看出朱子对“自欺”的理解有了进一步发展。

另外值得注意的是，朱子虽然赞同李敬子以“容”来理解自欺的思想，但他并不满意“外为善，而中实容其不善之杂”这一表述。此后，朱子不断思索如何更好地注解“所谓诚其意者，毋自欺也”；而在思索过程中，也进一步厘清了自慊与自欺之间的关系。《语类》中还有一条由沈僩记录的其与朱子讨论“诚意”问题的对话。

问：“‘诚其意者，毋自欺也。’近改注云：‘自欺者，心之所发若在于善，而实则未能，不善也。’‘若’字之义如何？”曰：“‘若’字只是外面做得来一似都善，其实中心有些不爱，此便是自欺。前日得孙敬甫书，他说‘自慊’字，似差了。其意以为，好善‘如好好色’，恶恶‘如恶恶臭’，如此了然后自慊。看经文，

① 《语类》卷16，第327—328页。

语意不是如此。‘此之谓自慊’，谓‘如好好色，恶恶臭’，只此便是自慊。是合下好恶时便是要自慊了，非是做得善了，方能自慊也。自慊正与自欺相对，不差毫发。所谓‘诚其意’，便是要‘毋自欺’，非至诚其意了，方能不自欺也。所谓不自欺而慊者，只是要自快足我之志愿，不是要为他人也。诚与不诚，自慊与自欺，只争这些子毫发之间耳。”又曰：“自慊则一，自欺则二。自慊者，外面如此，中心也是如此，表里一般。自欺者，外面如此做，中心其实有些子不愿，外面且要人道好。只此便是二心，诚伪之所由分也。”①［沈僩录，庆元四年（1198年）后所闻］

由文中“自欺者，外面如此做，中心其实有些子不愿，外面且要人道好”可知，朱子这种对自欺的理解是“诚意”思想转折后的理解。由此，可推知此对话应该是发生在前文朱子与李敬子对话之后，也就是庆元四年（1198年）后。这里有三点需要注意。一是朱子把“诚其意者，毋自欺也”注解为“自欺者，心之所发若在于善，而实则未能，不善也”，并认为“‘若’字只是外面做得来一似都善，其实中心有些不爱”。这表明，朱子没有用“容”来形容自欺的心理状态，而是用“若”来表示人“外面做得来一似都善，其实中心有些不爱”的心理状态。其中的原因也许是朱子觉得“若”字比“容”字更贴切。当然，朱子最终也没有用“自欺者，心之所发若在于善，而实则未能，不善也”这一注解。二是朱子认为孙敬甫“好善‘如好好色’，恶恶‘如恶恶臭’，如此了然后自慊”的思想是不正确的。在朱子看来，“‘如好好色，恶恶臭’，只此便是自慊”“合下好恶时便是要自慊了，非是做得善了，方能自慊”。这就是说，人不是先要做到好善“如好好色”、恶恶“如恶恶臭”才能做到自慊，好善“如好好色”、恶恶“如恶恶臭”即是自慊了，自慊即在好善恶恶中。可见，朱子认为自慊即是毋自欺（诚意）工夫，而不是毋自欺（诚意）后的工夫效验。三是明确用自慊来诠释毋自欺，认为自慊与自欺相对。“自慊者，外面如此，中心也是如此，表里一般。自欺者，外面如此做，中心其实有些子不愿，外面且要人道好”一句亦十分通俗易懂，这句话生动地解释了“自慊”与“自欺”这两个概念的内涵。

对话中提到“前日得孙敬甫书”，考《文集》即可与《语类》此条互佐。

---

① 《语类》卷16，第331—332页。

> 又论诚意一节，极为精密。但如所论，则是不自欺后方能自慊，恐非文意。盖自欺、自慊，两事正相抵背。才不自欺，即其好恶真如好好色、恶恶臭，只为求以自快自足，如寒而思衣以自温，饥而思食以自饱，非有牵强苟且、姑以为人之意。才不如此，即其好恶皆是为人而然，非有自求快足之意也。故其文曰：“所谓诚其意者，毋自欺也。”而继之曰：“如恶恶臭，如好好色。”即是正言不自欺之实。而其下句乃云：“此之谓自慊。”即是言如恶恶臭、好好色便是自慊，非谓必如此而后能自慊也。所论谨独一节，亦似太说开了。须知即此念虑之间，便当审其自欺、自慊之向背，以存诚而去伪，不必待其作奸行诈，干名蹈利，然后谓之自欺也。“小人闲居”以下，则是极言其弊必至于此，以为痛切之戒，非谓到此方是差了路头处也。其余文义，则如所说，推究发明，皆已详密。但以上两节，当更深考之，则首尾该贯，无遗恨矣。然此工夫，亦须是物格知至，然后于此有实下手处，不可只以思索议论为功而已也。此段《章句》《或问》近皆略有修改，见此刊正旧版，俟可印即寄去。[①]

此文是朱子收到孙敬甫来信之后的回信。[②]这里，朱子不赞同孙敬甫对“自慊”的理解，认为“不自欺后方能自慊，恐非文意”；依朱子之意，“如恶恶臭、好好色便是自慊，非谓必如此而后能自慊也”。可见，孙敬甫把自慊理解为工夫效验，即毋自欺后产生的效果。朱子则认为，自慊与自欺相对，自慊就是毋自欺（诚意）工夫；当人在为善去恶时如能做自快自足（即做到“如寒而思衣以自温，饥而思食以自饱，非有牵强苟且、姑以为人之意”般）就是自慊了，也就做到了毋自欺（诚意）。这正是前文朱子与沈僩对话中朱熹所强调之意。朱子也不赞同孙敬甫对“谨独”（即“慎独”）的理解，认为其说“太说开了”。由“须知即此念虑之间，便当审其自欺、自慊之向背，以存诚而去伪，不必待其作奸行诈，干名蹈利，然后谓之自欺也”一句可知，在朱子看来，慎独工夫就是在人之意念发动时对此意念是“自慊”还是“自欺”进行反思和判断之工夫，其目的就是对治人在知至后意念中可能夹杂的隐微之不善，即“以存诚而去伪”。如此，朱子就把慎独工夫纳入了诚意工夫体系中，理顺了“诚

---

① 《答孙敬甫》（六），《文集》卷63，《朱子全书》（第23册），第3066—3067页。

② 陈来考证此信作于庆元四年（1198年）。由此，也可推知前面沈僩录的这段对话应该是在庆元四年（1198年），但在朱子同李敬子对话之后。

意”章的结构。整个“诚意”章的义理就通畅无碍，成了一个圆融的整体。“然此工夫，亦须是物格知至，然后于此有实下手处，不可只以思索议论为功而已也”一句值得注意。这句话表明，在朱子看来，格物致知工夫是诚意工夫的前提和基础，在做诚意工夫前先要努力做格物致知工夫。最后一句则表明，此时朱子对《大学章句》和《大学或问》又进行了修改。

至此，朱子较为清晰地厘清了《大学》“诚意”章的内涵与结构，明晰了“自欺”“自慊”“慎独”之间的关系，认为自慊就是不自欺、自慊工夫就是毋自欺工夫、慎独工夫就是对治心之意念可能夹杂的隐微之不善，强调做诚意工夫就是要在“自慊”和“慎独”上下功夫。

（五）

最后补充说明两点。第一，朱子晚年修订《大学章句》“诚意”章所蕴含的思想意义。前文提及，朱子此前一直认为，真知必能行，知至必意诚（知至必不自欺）；不行是由于知不真，意不诚是由于知不至（自欺是由于知不至）。进一步看，朱子这一思想实质是认为，不存在意志软弱现象，故而人不会有意（主动）为恶，为恶是由于无知；或者说，人不会有意（主动）自欺，自欺是由于无知。现在，既然朱子把自欺理解为一种有意（主动）的心理状态，就意味着其承认意志软弱现象存在，也就是人会有意（主动）自我欺骗。进一步看，既然朱子认为人会有意（主动）自我欺骗，就意味着其承认知至之后并不一定意诚。顺朱子的思想再进一步看，既然知至之后并不一定意诚，就意味着不能把意不诚（自欺）的原因完全归于知不至，也就是说不能完全归于格物致知工夫不到家。知至之后还要于心上进一步做自慊和慎独工夫才能使意诚。再从知行关系上看，显然，知至之后并不一定意诚也就意味着真知后并不一定能行，真知之后还必须进一步做诚意正心工夫才能确保一定行。这一变化表明：朱子晚年为了更加合理地诠释《大学》“诚意”章，承认了意志软弱的存在，进而放松了对真知必能行、知至必意诚的理解，转而认为真知并不一定能行、知至并一定能意诚，肯定人在达到知至之境后还需要进一步做诚意工夫，给予诚意工夫以独立地位。

第二，有必要补充说明下朱子最终是如何定位格物致知和诚意在工夫修养中各自扮演的角色。综合来看，朱子既强调格物致知工夫的根本性作用，又强调诚意工夫的重要作用。

首先需要指出的是，虽然朱子后面改变了对诚意的理解，主张格物致知之后仍要努力在慎独上下功夫，但其依旧强调唯有知得至才能从根本上保证意之诚，只不过其不再认为知至一定意诚。《答彭子寿》（一）言：

> 然窃闻之，《大学》于此虽若使人戒夫自欺，而推其本则必其有以用力于格物致知之地，然后理明心一，而所发自然莫非真实。如其不然，则虽欲防微谨独，无敢自欺，而正念方萌，私欲随起，亦非力之所能制矣。窃意高明于此非有所未察，特因来喻僭复言之，以为诚能于此益致其功，则亦无待于砮御之箴，而学日益进、德日益修矣。①

据陈来考证，此书作于庆元四年，即1198年。“《大学》于此虽若使人戒夫自欺”中的“于此”应当是指慎独，因为后面朱子说“虽欲防微谨独……亦非力之所能制矣”。若是如此，则这句话就是指《大学》也要求人在慎独自慊上下工夫以禁止自欺。但朱子同时指出，“推其本则必其有以用力于格物致知之地，然后理明心一，而所发自然莫非真实”，此即强调格物致知工夫才能从根本上保证意之诚。

现在，我们可以看看今本《大学章句》对“诚意”章的疏解。《大学章句》把“所谓诚其意者，毋自欺也。如恶恶臭，如好好色，此之谓自慊，故君子必慎其独也”注解为：

> 诚其意者，自修之首也。毋者，禁止之辞。自欺云者，知为善以去恶，而心之所发有未实也。慊，快也，足也。独者，人所不知而己所独知之地也。言欲自修者知为善以去其恶，则当实用其力，而禁止其自欺。使其恶恶则如恶恶臭，好善则如好好色，皆务决去，而求必得之，以自快足于己，不可徒苟且以殉外而为人也。然其实与不实，盖有他人所不及知而己独知之者，故必谨之于此以审其几焉。②

可见，朱子最终把“自欺”注解为“知为善以去恶，而心之所发有未实也”。从这一注解可以看出，朱子不再从知理是否知得真切透彻的视角来解释自欺，而最终把自欺理解为一种阳善阴恶的心理状态，即知道应该为善去恶，但内心所发之意念有所不诚的心理状态。显然，这种心理状态是指“有意”之欺，而不是此前所强调的“无意”之欺。这表明，朱子最终确实放弃了此前认为的人不会有意自欺的观点，而承认人会有意自我

---

① 《答彭子寿》（一），《文集》卷60，《朱子全书》（第23册），第2883—2884页。
② 《四书章句集注》，第7页。

欺骗。

在解释完“诚意”章后，朱子又对整章补充说道：

> 经曰：“欲诚其意，先致其知。”又曰：“知至而后意诚。”盖心体之明有所未尽，则其所发必有不能实用其力，而苟焉以自欺者。然或已明而不谨乎此，则其所明又非己有，而无以为进德之基。故此章之指，必承上章而通考之，然后有以见其用力之始终，其序不可乱而功不可阙如此云。[①]

朱子指出，理解“诚意”章之旨意，必须与“格物致知”章联系起来通考之，唯有如此才能“见其用力之始终”。由此，朱子一方面强调“盖心体之明有所未尽，则其所发必有不能实用其力，而苟焉以自欺者”，一方面又指出“然或已明而不谨乎此，则其所明又非已有，而无以为进德之基”。这表明，一方面，朱子部分保留了原来的思想，认为格物致知工夫不到家就会导致“心体之明有所未尽”，而“心体之明有所未尽”即会导致“其所发必有不能实用其力”而沦为自欺，此即强调知之不真切透彻乃自欺之根源；另一方面，朱子又改变了原来“真知必意诚”的思想，认为人即使“已明”义理，但如果“不谨乎此”，则“其所明又非已有”，最终导致“无以为进德之基”，此即强调人在格物致知之后仍要努力在慎独上努力下功夫。从这里我们也可以看出朱子最终依然十分强调格物致知工夫的作用。

既然朱子认为唯有知得至才能从根本上保证意之诚，那么在朱子的思想体系中诚意工夫的作用又体现在哪里呢？事实上，朱子最后比较好地处理了格物致知工夫和诚意工夫的关系，给予诚意工夫应有的地位。在朱子那里，格物致知工夫的作用是分辨是非善恶，诚意工夫的作用是分辨好善恶恶之意实与不实。格物致知工夫是促使人发出行动的动力源头；诚意工夫是用来对治人在行动过程中可能出现的私心杂念以确保人的行动不会被私心杂念所中断，进而保证人能实用其力地去为善去恶。我们可以用水之流动作比喻：格物致知工夫是水之源头，其作用是确保水能源源不断地流出；诚意工夫是河堤，其作用是确保水在流动过程中沿着正确的方向前进，不至于中断或泛滥。此即如郑泽绵所说，朱子诚意工夫主要是对治“动力不纯粹的问题”，即“消去私意掺杂，使之纯粹，使行动的志向坚

---

① 《四书章句集注》，第8页。

定而稳固，以免日后私意转化为阻力”。[①]

因此，综合看来，朱子认为格物致知工夫是确保人能行动的根源工夫，但并不是唯一工夫，人在知至后还需要做诚意正心工夫以进一步纯化行动动力。也就是说，在朱子看来，真知虽然是人之行动的动力之源，但人常常会受到私意杂念的牵扯而在行动中不能实用其力，进而导致行动中断，所以人还需要进一步做诚意正心工夫以确保行动不受私意杂念之牵扯而出现中断情况，最终真正实现知行合一。

小结

通过前文的讨论分析，朱子晚年对格物工夫与诚意工夫关系的修订心路历程及其中蕴含的思想义理变化基本揭示出来。朱子晚年非常强调格物致知工夫，要求人务必通过做格物工夫以求对理之认识达到真知之境。正是由于朱子晚年十分强调格物致知工夫的作用，导致其晚年形成了一种“知至必意诚”“真知必能行”的思想，即认为只要知得真切透彻则意必然会诚，意之所以不诚是由于知得不真切透彻；人之所会知而不行，亦是因为人对理之认知没有达到真知之境，如对理之认知达到真知之境，则必然会行。朱子这种“知至必意诚”“真知必能行”的思想亦使得其在格物工夫与诚意工夫之间过度强调格物致知工夫，表现出把诚意工夫转移到格物工夫上之倾向，甚至有取消诚意工夫之嫌疑。而朱子对格物致知工夫与诚意工夫关系理解上的偏差又直接导致其对《大学章句》“诚意”的理解出现了问题。由是，朱子晚年对《大学章句》“诚意”章进行了多次修订。朱子晚年对《大学章句》“诚意”理解的修订主要集中在对“毋自欺”的理解上，其放弃了原来把“自欺”理解为由于见理不实而被动为恶的思想，最终把“自欺”理解为人阳善阴恶的心理状态，即知道应该为善以去恶，但内心所发之意念有所不诚的心理状态。这一改变实质是把诚意工夫往“下移”了，由原来的“扬善”变为现在的“防恶”。具体说来，朱子此前实认为无人愿意为恶，为恶只是由于无知；此后则认为人会有意为恶，意不诚也是人为恶的重要原因。在具体工夫上，则由原来仅强调格物穷理转为既强调格物穷理，又强调慎独自慊，主张人在知至以后也要在心上做慎独功夫。应该说，朱子对“诚意”章的修订符合注经原则，符合

---

① 郑泽绵：《朱熹晚年诚意思想考论》，《中国哲学与文化（第14辑）》，第108—109页。

《大学》的工夫次第，消除了此前割裂文意所带来的高远、艰深之失，使得人在实践上易于下手操作。朱子放弃此前对“毋自欺”的理解的另一个重要原因就是此前的理解会导致把“诚意”（“毋自欺”）与“慎独”看作是两个不同层次的工夫，而新的理解则理顺了诚意、自欺、自慊、慎独之间的关系，使“诚意”章全篇文意通畅无碍。

回到本文要讨论的“朱子晚年”与“朱陆异同”问题上。应该说，朱子无论是此前认为“真知必意诚”，要求人务必于格物致知上下功夫以求对理知得十分真切透彻，还是最后一方面坚持认为知之不真切乃是自欺之根，强调知至才能更好地保证意之诚，一方面强调人在物格知至之后仍要努力在慎独上下功夫，都可谓用心良苦。无论是此前强调格物致知工夫，还是后面补充上诚意慎独工夫，朱子的根本目的是要人务必于心上努力做工夫，以去除私欲之杂，恢复本心之明，最终使心达到“全体大用无不明”之心与理一之境地。[①]而从朱子此前认为的“知至必意诚”“真知必能行”的思想中我们实可以真切地感受到他要求人务必对天理知得十分真切、不可有一丝一毫之亏欠的迫切心情。从某种意义上说，这可谓是一种极端的心学工夫。因此，从某种意义上说，朱子对心的重视程度并不亚于陆王。另外，虽然朱子晚年对诚意工夫的理解出现了一些偏差，并进行了修正，但此修正依然是在强调真知的基础上进行的微调，因为他依旧肯定知之不真切乃自欺之根源。因此，从朱子晚年对真知的强调，我们确信其晚年始终强调格物致知工夫。如此看来，朱子晚年并不是像程敏政、王阳明、李绂所认为的那样转向陆学，不再讲格物致知、读书穷理一类之工夫，而只讲求放心、立大本一类之工夫。

附录：朱子《大学章句》“诚意”章注解定本辨析

前文论及，朱子晚年对《大学》传文“所谓诚其意者，毋自欺也。如恶恶臭，如好好色，此之谓自谦，故君子必慎其独也”反复修订，最后把“自欺”注解为“知为善以去恶，而心之所发有未实也”。事实上，朱子晚年修订《大学章句》“诚意”章中还蕴含着一个值得探析的问题。诸家

① 需要指出的是，朱子的格物工夫并不是向外求理，格物工夫本质上是求诸外而明于内的恢复本心之明的工夫。朱子实认为工夫只能于心上做，格物工夫的根本目的是要人对天理的体会务必到达“表里精粗无不到”的程度，进而通过“以理胜他”的方法以切实割去内心物欲之杂，以确保心之纯一精粹的“合内外之道”的工夫。后文将对此进行详细阐述。

《年谱》及有关文献均记载朱子在易箦前几日仍在修订《大学章句》“诚意”章。如，李默《紫阳文公先生年谱》载有：“六年庚申三月辛酉，改《大学》‘诚意’章。（戊午岁，尝与廖德明帖云：‘《大学》又修得一番，简易平实，次第可以绝笔。’是日改‘诚意’章。）”[①]蔡沈《朱文公梦奠记》云：“初六日辛酉，改《大学》‘诚意’一章，令詹淳誊写。又改数字。”[②]正是由于此修订是朱子易箦前几日所为，故修订处鲜为门人所知。另外，在朱子生前，《四书章句集注》就已经多次刊刻，流传甚广。此前刊刻的版本显然都不是最终定本。这就直接导致后世学者对《大学章句》“诚意”章注解定本多有争论。

众所周知，《大学》分经文和传文两部分。由是，就有了一个问题，即朱子去世前几日是修订经文“诚意”章之注解还是修订传文“诚意”章之注解。李默和蔡沈只是说改《大学章句》“诚意”章，并没有明确说是修订经文部分还是传文部分。后世学者多认为朱子最后修订的是经文“诚意”章之注解。近年，郑泽绵对此问题进行了研究，其认为朱子去世前不仅对经文“诚意”章之注解进行了修订，也对传文“诚意”章之注解进行了修订。郑泽绵主要基于蔡沈“初六日辛酉，改《大学》‘诚意’一章，令詹淳誊写。又改数字”这段话而作出此判定。郑泽绵认为，“初六日辛酉，改《大学》‘诚意’一章，令詹淳誊写”是一次修订，这次修订的是传文“诚意”章；“又改数字”是一次修订，这次修订的是经文“诚意”章。对于第一次修订，郑泽绵认为，朱子令詹淳誊写传文“诚意”章新改定之处，应当是为了散布给门人弟子，以便让他们知晓。其理由是：今《文集》中有两封《答周南仲书》[③]，其内容同现今所见的传文“诚意”章之注解完全相同，且不夹杂任何其他信息。因此，这两封书信极有可能就是詹淳誊写后寄给诸生的。对于第二次修订，郑泽绵认为，这次修订当是指将经文“诚意”之注解改为“实其心之所发，欲其必自慊而无自欺也”，“又改数字”即指改为“必自慊”。[④]应该说，郑泽绵这一判定是有道理的。

对于传文部分之定本，历来没有争论。而对于经文“诚意”之注解究

---

① 李默：《紫阳文公先生年谱》卷2，《朱子全书》（第27册），第158页。

② 蔡沈：《朱文公梦奠记》，《朱子全书》（第27册），第657页。

③ 这两封书信是指《答周南仲书》（三）和《答周南仲书》（四）。参见《文集》卷60，《朱子全书》（第23册），第2874页。

④ 参见郑泽绵：《朱熹晚年诚意思想考论》，《中国哲学与文化（第14辑）》，第104—106页。

竟是“实其心之所发，欲其必自慊而无自欺也”还是“实其心之所发，欲其一于善而无自欺也”，后世学者则多有争论。综合来看，宋元学者多持“一于善”之说，明清学者则多持“必自慊”之说。下面选取双方各具代表性之说简述之。

元代学者胡炳文认为最终定本为“实其心之所发，欲其一于善而无自欺也”。胡炳文《四书通》言：“《章句》初本‘实其心之所发，欲其必自慊而无自欺’，后改作‘一于善而无自欺’。朱子尝曰：‘只是一个心便是诚，才有两心便自欺。’愚谓：《易》以阳为君子，阴为小人，阳实而阴虚、阳一而阴二也。一则诚，二则不诚。君子为善去恶，表里为一。一则实，实则充实于中，便有自慊之意。小人亦岂全无为善之念？亦岂甘于为恶之归？但表里为二，二则虚，虚则欲掩覆于外，不无自欺之蔽。《章句》‘一于善’三字，有旨哉。”[①]元代学者吴程主张最终定本应当是“一于善”，其言：“祝本作‘必自慊’，殊未是。盖自慊乃毋自欺之后效，难以居先。若不分善恶，但曰‘必自慊而毋自欺’，则小人之诚于中为不善者，亦可言诚意矣。先儒谓意有善恶，‘一于善’其可易邪？祝本或以为得之文公绝笔，恐未为然矣。”[②]另一位元代学者景星亦认为定本是“一于善”，其言：“（心发为意，便有善有不善。不可不加夫诚之之功。）……《章句》‘一于善’祝本改作‘必自慊’。”[③]明代学者蔡清《四书蒙引》言：“《章句》旧本云：‘意者，心之所发也。实其心之所发，欲其一于善而无自欺也。’后依沈本改云：‘必自慊而无自欺也。’以愚所见，元本尤为明白。盖意之所发有善恶，一于善而无自欺，则意诚矣。无自欺就见得必自慊，且先之以一于善，字面尤见端的。意者此其定本与。”[④]清代《四书章句集注》版本专家吴英引胡炳文之言亦认为定本为“一于善”，其言：“《通》之说如此，则‘一于善’为定本无疑也。诚其意者，自修之首，故提善字，以下文‘致其知’句方有知为善以去恶之义，而此节后言致知先言诚意，不比下节及第六章皆承致知来也。‘一于’二字，有用其力之意，正与第六章《注》‘知为善以去其恶，则当实用其力’，恰相针对也。若作‘必自慊’，则终不如‘一于

① 胡炳文：《四书通》，《景印文渊阁四库全书》（经部，四书类，第203册），第15页。

② 倪士毅辑释，程复心章图，王元善通考：《四书辑释》，《续修四库全书》（经部，四书类，第160册），第4页。

③ 景星：《大学中庸集说启蒙》，《景印文渊阁四库全书》（经部，四书类，第204册），第972页。

④ 蔡清：《四书蒙引》卷1，明嘉靖六年刻本。

善’之显豁而缜密也。”[①]近年，许家星《论朱子的“诚意”之学——以“诚意”章诠释修改为中心》一文也对此问题进行了研究，其认为朱子最终把《大学》经文“诚意”注解为“实其心之所发，欲其一于善而无自欺也”。[②]

但是，也有不少学者认为最终定本是“实其心之所发，欲其必自慊而无自欺也”。例如，元代学者金履祥《大学疏义》曰：“诚，实也。实，真实之谓也。‘实其心之所发，欲其必自慊而无自欺也’者，谓此心之发，真于为善，由中达外，极尽无余，初非含忍两向，姑以狥外牵强而中实不然也。”[③]元代学者倪士毅《四书辑释》引其师陈栎之语：“诸本皆作‘欲其一于善而无自欺也’。惟祝氏《附录》本，文公之嫡孙鉴书其卷端云：‘《四书》元本，则以鉴向得先公晚年绝笔所更定而刊之兴国者为据。’此本独作‘必自慊而无自欺’，可见绝笔所更定，乃改此三字也……‘一于善’之云，固亦有味，但必恶恶如恶恶臭、好善如好好色，方自快足于己。如好仁，必恶不仁，方为真切。若曰‘一于善’，包涵不二于恶之意，似歇后语，语意欠混成的当，不若‘必自慊’对‘无自欺’，只以传语释经语，痛快该备，跌扑不破也。况《语类》有云：‘诚与不诚，自慊与自欺只争毫厘之间。自慊则一，自欺则二，自慊正与自欺相对。诚意章只在两个‘自’字上用功。’观朱子此语，则可见矣。”[④]清代学者还从考据上论证最终定本为“实其心之所发，欲其必自慊而无自欺也”。例如，江永《考订朱子世家》言：“按《仪礼经传通解·大学篇》“诚意”章注与今本同。惟经一章注，原本‘一于善’，今本作‘必自慊’，是所改者此三字耳。”[⑤]夏炘《述朱质疑》言：“江氏永曰：‘按《仪礼经传通解·大学》“诚意”章注与今本同。惟经一章注，原本“一于善”，今本作“必自慊”，是所改者此三字耳。’炘按：更有一证。朱子绍熙五年冬十月辛丑受诏讲《大学》。大全集《经筵讲义》中《大学》圣经注亦作‘一于善’，与今本‘必自慊’异，而与《仪礼通

① 吴英：《四书章句集注定本辨》，《四书章句集注》，第385页。
② 许家星：《论朱子的“诚意”之学——以“诚意”章诠释修改为中心》，陈来编：《哲学与时代：朱子学国际学术研讨会论文集》，上海：华东师范大学出版社，2012年。
③ 金履祥：《大学疏义》，《景印文渊阁四库全书》（经部，四书类，第202册），第6—7页。
④ 倪士毅辑释，程复心章图，王元善通考：《四书辑释》，《续修四库全书》（经部，四书类，第160册），第3页。
⑤ 江永：《考订朱子世家》，《朱子全书》（第27册），第599页。

解》同，则所改者必此三字，又何疑乎？”[①]今人钱穆在《朱子新学案》“朱子论诚”一节中亦对此问题进行了简要探讨，指出最终定注应是“必自慊”。[②]近年，郑泽绵亦认为，最终的定本是“必自慊”。[③]

对比两个注解，其不同之处就在“必自慊”与“一于善”三字的差别。那么，朱子究竟是改为“必自慊”还是改为“一于善”呢？笔者以为，朱子最终的注解当为“必自慊”，理由有二。

一是从义理上看。本章第二节提及，朱子晚年修改《大学》传文“诚意”章的最大改动就是放弃了把“自欺”理解为由于见理不实而被动为恶的观点，最终把“自欺”理解为一种有意为恶的心理状态，即知道应该为善以去恶，但内心所发之意念有所不诚的心理状态。基于此，朱子最终把“诚意”理解为“实其心之所发”（或者说“心之所发实也”），即内心意念与外在行为表里如一。问题是，为什么朱子在去世前还要去改动几个字呢？显然，朱子的目的是使经文之注解能更精准地同传文之注解保持一致。因此，如果从义理的视角来判断定本究竟是“必自慊”还是“一于善”，其判断的标准显然就是“必自慊”与“一于善”谁更符合朱子最后对诚意工夫的理解。那么，是用“必自慊”来表达诚意思想更为精准，还是用“一于善”来表达诚意思想更为精准？

首先分析下“一于善”。考朱子之文献，朱子直接言“一于善”并不多，除了《仪礼经传通解》和《经筵讲义》中用“一于善”来解释“诚意”外，仅在《答朱飞卿》一书中言及“一于善”。《答朱飞卿》言：

> “诚意”一章，来喻似未晓章句中意。当云人意之发，形于心者本合皆善，惟见理不明，故有不善杂之，而不能实其为善之意。今知已至，则无不善之杂，而能实其为善之意，则又无病矣。又善恶之实于中者皆形于外，但有为恶之实，则其为善也不诚矣；有为善之实，则无为恶之杂，而意必诚矣。纯一于善而无不实者，即是此意未尝异也。[④]

据陈来考证，此书作于绍熙二年（1191年）。根据上下文意，所谓

---

① 夏炘：《附考改〈大学〉诚意章》，《述朱质疑》卷16，《续修四库全书》（子部，儒家类，第952册），第155页。

② 钱穆：《朱子新学案》（第2册），第532—535页。

③ 郑泽绵：《朱熹晚年诚意思想考论》，《中国哲学与文化（第14辑）》，第86—109页。

④ 《答朱飞卿》，《文集》卷56，《朱子全书》（第23册），第2675页。

“一于善而无不实者”是指“有为善之实，则无为恶之杂”，即人在为善时，心之意念纯一而无所杂。

另外，《语类》载：

> 一则诚，杂则伪。只是一个心，便是诚；才有两个心，便是自欺。①［沈僩录，庆元四年（1198年）后所闻］
>
> 只为一，便诚；二，便杂。“如恶恶臭，如好好色”，一故也。“小人闲居为不善，（止）著其善”，二故也。只要看这些便分晓。二者，为是真底物事，却着些假搀放里，便成诈伪。②［林夔孙录，庆元三年（1197年）后所闻］
>
> 言一故善。一者，善之原也……一者，纯一于理，而无二三之谓。一，则无私欲，而纯乎义理矣。③［董铢录，庆元二年（1196年）后所闻］

这些都是朱子晚年之语。所谓“一”就是诚、实之意，即心诚一而无所杂。与“一”相对的就是“二”，所谓“二”就是杂、伪之意，即心有所杂而不诚。在朱子看来，如心能做到诚一而无所杂，则就“只是一个心”，便能“无私欲，而纯乎义理”；如心有所杂而不纯，则“有两个心”，便容易“着些假搀放里，便成诈伪”。所以，我们认为，朱子的“一于善”即强调人之内心要做到真实无妄，进而以心之真实无妄确保心所发之意念是纯然至善的，最终确保人之为善去恶的行为能“如恶恶臭，如好好色”般精一纯粹。

那么，“一于善”是否符合朱子最后对诚意的理解呢？客观地说，如果上述对“一于善”的理解是准确的，那么以“一于善”来诠释“诚意”还是较为贴切的。

我们再看看持定本为“一于善”的学者是怎么理解“一于善”的。胡炳文把“一于善”理解为“一则诚，二则不诚。君子为善去恶，表里为一。一则实，实则充实于中，便有自慊之意”。平心而论，胡炳文这一理解是比较精准的，符合朱子对“一于善”的理解。吴英则把“一于善”理解为“有用其力之意，正与第六章《注》‘知为善以去其恶，则当实用其力’恰相针对也”。可见，吴英是基于“实用其力”来诠释“一于善”，

---

① 《语类》卷16，第338页。
② 《语类》卷15，第304页。
③ 《语类》卷79，第2034页。

强调为善去恶时当实用其力。应该说，吴英这一理解视角亦可谓十分精准。今本《大学章句》传文“诚意”章多次言及“实用其力”。例如：“欲自修者知为善以去其恶，则当实用其力，而禁止其自欺。”“此言小人阴为不善，而阳欲掩之，则是非不知善之当为与恶之当去也；但不能实用其力以至此耳。”“盖心体之明有所未尽，则其所发必有不能实用其力，而苟焉以自欺者。”①可见，朱子确实是从“实用其力”的角度来诠释“诚意”。另外，我们可以发现，胡炳文和吴英主要是着眼于“一”来诠释“一于善”。

观上引吴程（“先儒谓意有善恶，‘一于善’其可易邪”）、景星（“心发为意，便有善有不善”）、蔡清（“盖意之所发有善恶，一于善而无自欺，则意诚矣”）之言可知，他们主要着眼于“善”来诠释“一于善”。在三人看来，心所发之意念有善有恶，“一于善”正是强调意念必须是善的；故而，定本当为“一于善”。另外，吴程的“盖自慊乃毋自欺之后效，难以居先”一句值得注意。这句话表明：在吴程看来，毋自欺是工夫，而自慊是毋自欺工夫的效验，故不能把自慊当作工夫。

那么，如何看待吴程、景星、蔡清对“一于善”的这种理解呢？后世不少学者对这种理解提出了批评。例如，清人胡渭《大学翼真》言：“渭按：说诚意者有二误。一是以意为一念之萌动，一是不知所诚之意专在善一边。胡云峰曰：‘心发而为意，便有善与不善，不可不加夫诚之之功。’盖因《传》有好恶二句，遂错认为意有善恶。不知自格物致知以后，明知善之当为而恶之不可为矣。岂复有为恶之意。《章句》云‘知为善以去恶’，则意专在善一边。善、恶以事言，其实与不实以意言。己所独知云者，谓知其意之实与不实，非知其事之善与不善也。谨之于此以审其几者，谓审其实与不实之几，非审其善与不善之几也。若为恶之意，则惟恐去之不速，岂可更实之邪？蔡虚斋曰：‘意者，心之萌也。心该动静，意只是动之端。心之时分多，意之时分少。’俗讲皆由此而误。不知诚意乃力行之始，欲将此善意实措诸行事，而无一毫之不力如此。”②可见，胡渭认为，诚意工夫前面的格物致知工夫已经使人知善知恶了（“明知善之当为而恶之不可为”）。故而，人在做诚意工夫时，心所发之意念已经是善的了（“意专在善一边”），不存在为恶的意念了。诚意工夫只是确保人实实在在地去为善去恶（“将此善意实措诸行事”）。简言之，

① 《四书章句集注》，第7—8页。

② 胡渭：《大学翼真》，《景印文渊阁四库全书》（经部，四书类，第208册），第969页。

诚意工夫阶段不作善恶判断，善恶判断是在格物致知工夫阶段。清代学者吕留良亦认为，分辨善恶是非是格物致知工夫的任务，诚意工夫的任务只辨心所发的好善恶恶之意实不实。其言：“朱子是讲自欺，谓为善之意有不足，非指意之善恶也。”[①]又言：“知善知恶，自是‘致知’传中事，此传不及耳。但就人所知善恶，如当下之当好当恶，是非未尝不明，就此明处发为好恶之意，便当尽其好恶之力，所谓‘诚意’也。”[②]应该说，胡渭和吕留良这一解释是符合朱子之意的。观前引朱子“欲自修者知为善以去其恶，则当实用其力，而禁止自欺”“此言小人阴为不善，而阳欲掩之，则是非不知善之当为与恶之当去也；但不能实用其力以至此耳”两段话可知，对朱子而言，人在做诚意工夫时，已经知道善恶是非之所在，但可能存在“不能实用其力”的现象，故诚意工夫就是要人“实用其力”地去为善去恶，进而禁止自欺。

综观上述持定本为“一于善”的学者之观点，应该说胡炳文和吴英对“一于善”的解读基本符合朱子晚年最后对诚意工夫的理解，而吴程、景星、蔡清对“一于善”的理解不符合朱子之思想。前文还提及，吴程有“盖自慊乃毋自欺之后效，难以居先”之说，我们在下面分析“必自慊”时再讨论吴程这一思想。

下面分析下“必自慊”。在今本《大学章句》中，朱子把“自慊”的“慊”解释为“快、足”，把“自慊”理解为“言欲自修者知为善以去其恶，则当实用其力，而禁止其自欺。使其恶恶则如恶恶臭，好善则如好好色，皆务决去，而求必得之，以自快足于己，不可徒苟且以殉外而为人也”[③]。由此可知，自慊是强调人在从事道德实践时要做到去恶“皆务决去”、为善“求必得之”，也就“实用其力”地去为善去恶。而一旦人做到“实用其力”地去为善去恶，就会具有一种“自快足于己”的心理状态，这种心理状态是一种内心意念毫无虚伪做作的道德愉悦感和道德满足感，即朱子所谓的“实其心之所发”。

另外，《语类》载：

> 问“自慊”。曰：“人之为善，须是十分真实为善，方是自慊。若有六七分为善，又有两三分为恶底意思在里面相牵，便不是

---

① 吕留良著，陈鑨编：《四书讲义》，俞国林点校，北京：中华书局，2017年，第11页。
② 吕留良著，陈鑨编：《四书讲义》，第39页。
③ 《四书章句集注》，第7页。

自慊。须是‘如恶恶臭，如好好色’方是。”[①]（黄卓录，所录时间不详）

可见，所谓“自慊”就是人之为善时要做到十分真实为善，而不能有一私夹杂。

基于对自慊的这种理解，朱子进一步言：

> 自慊则一，自欺则二。自慊者，外面如此，中心也是如此，表里一般。自欺者，外面如此做，中心其实有些子不愿，外面且要人道好。只此便是二心，诚伪之所由分也。[②]［沈僩录，庆元四年（1198年）后所闻］

这段话抽取于沈僩“近改注云：‘自欺者，心之所发若在于善，而实则未能，不善也。’‘若’字之义如何？……”这条对话中。由前文之研究可知，这条对话记录时间在朱子同李敬子对话之后，故上引这段话是朱子改变了对“诚意”章的理解之后之语，乃朱子晚年亲切之言。从这段话可知，这里朱子用“自慊”和“自欺”来解释“一”和“二”，认为自慊就是诚（“外面如此，中心也是如此，表里一般”），故是一；自欺就是伪（“外面如此做，中心其实有些子不愿，外面且要人道好”），故是二。

综合来看，朱子认为，自慊与自欺相对；自慊就是“知为善以去恶，心之所发真实无妄”。在朱子看来，自慊（毋自欺）工夫就是要“实用其力”地去为善去恶，务必做到十分真实为善，如此就能达到“自快足于己”的精神境界。因此，我们认为，用“必自慊”来诠释“诚意”亦十分精准。

前面说到，吴程认为自慊是毋自欺工夫之效验。吴程这一观点并不符合朱子之意，朱子实把自慊作为工夫来对待。《答孙敬甫》（六）有：

> 又论诚意一节，极为精密。但如所论，则是不自欺后方能自慊，恐非文意……其文曰：“所谓诚其意者，毋自欺也。”而继之曰：“如恶恶臭，如好好色。”即是正言不自欺之实。而其下句乃云：“此之谓自慊。”即是言如恶恶臭、好好色便是自慊，非谓必如

① 《语类》卷16，第329页。
② 《语类》卷16，第331页。

此而后能自慊也。[①]

《语类》载：

> 前日得孙敬甫书，他说“自慊”字，似差了。其意以为，好善“如好好色”，恶恶“如恶恶臭”，如此了然后自慊。看经文，语意不是如此。“此之谓自慊”，谓“如好好色，恶恶臭”，只此便是自慊。是合下好恶时便是要自慊了，非是做得善了，方能自慊也。[②]［沈僩录，庆元四年（1198年）后所闻］

陈来考证《答孙敬甫》（六）作于庆元四年（1198年）。根据这两段材料的文意和写作时间可知，《语类》“前日得孙敬甫书”正是指《答孙敬甫》（六），而《答孙敬甫》（六）是朱子收到孙敬甫来信之后的回信。观这两段材料可知，孙敬甫把自慊理解为工夫效验，即做毋自欺工夫后产生的效果。朱子则认为，自慊就是毋自欺工夫，而不是做工夫后之效验。

后世不少学者对自慊是工夫效验的观点进行了批评。例如，清代学者陆陇其《四书讲义困勉录》言：“乐天斋翼注曰：‘自欺’二字，今人但看做效验了，殊不知‘慊’字着力。‘自慊’字犹云‘自家求慊，自家也’，以用功言不以成功言。毋自欺而实用力于好恶，此便叫做自家求慊自家的，不叫徇外为人的。观‘此之谓’三字可见，毋自欺便是自慊了，不可以毋自欺为诚意、自慊为意诚。”[③]江永《四书按稿》言：“自慊不是效验，犹云‘自家求慊，自家也’，以用功言不以成功言。”[④]

综合来看，尽管用“一于善”与“必自慊”都有“实其心之所发”之意，亦都是强调为善去恶时当实用其力，但两者相较，“必自慊”所要表达的意思更为精准和圆融。另外，极容易像吴程、景星、蔡清那样把“一于善”理解为：意之所发有善恶，一于善就是要强调意念必须是善的。因此，我们认为，从义理上看，“必自慊”更符合朱子最后对“诚意”的理解。

---

① 《答孙敬甫》（六），《文集》卷63，《朱子全书》（第23册），第3066—3067页。
② 《语类》卷16，第331页。
③ 陆陇其：《四书讲义困勉录》卷1，《景印文渊阁四库全书》（经部，四书类，第209册），第26页。
④ 江永：《四书按稿》，《续修四库全书》（经部，四书类，第166册），第66页。

二是从朱子注经的方法上看。朱子治经的一个重要原则就是重视训诂注疏，反对求高、求深、求远，反对自立私意。正如钱穆所说："朱子治经，一面遵依汉唐儒训诂注疏旧法，逐字逐句加以理会，力戒自立说笼罩。一面则要就经书本文来解出圣贤所说道理，承守伊洛理学精神。"① 《语类》中有一段朱子与沈僩的对话明确表达了这个意思。

问："'诚意'章'自欺'注，今改本恐不如旧注好。"曰："何也？"曰："今注云：'心之所发，阳善阴恶，则其好善恶恶皆为自欺，而意不诚矣。'恐读书者不晓。又此句，《或问》中已言之，却不如旧注云：'人莫不知善之当为，然知之不切，则其心之所发，必有阴在于恶而阳为善以自欺者。故欲诚其意者无他，亦曰禁止乎此而已矣。'此言明白而易晓。"曰："不然。本经正文只说'所谓诚其意者，毋自欺也'；初不曾引致知兼说。今若引致知在中间，则相牵不了，却非解经之法……"②［沈僩录，庆元四年（1198年）后所闻］

由文意可知，朱子不用旧注的一个原因是——"本经正文只说'所谓诚其意者，毋自欺也'；初不曾引致知兼说。今若引致知在中间，则相牵不了，却非解经之法"，即原来的注解把格物致知工夫夹杂在"诚意"章中了，而"诚意"章只是讲诚意工夫，故此注解不符合解经之法。

朱子这一解经原则可以给我们辨定《大学章句》定本提供帮助。我们知道，"自慊"是《大学》"诚意"章本有之词，而《大学》中本无"一于善"。"一于善"之"一"是源自《中庸》。《中庸》有："知、仁、勇三者，天下之达德也，所以行之者一也。""凡天下国家有九经，所以行之者一也。"这里的"一"都是所谓"一则诚"之意。因此，根据朱子的解经原则，亦可佐证朱子最终把《大学》经文中"诚意"注解为"实其心之所发，欲其必自慊而无自欺"。而前文陈栎所谓"以传语释经语，痛快该备，跌扑不破也"表达的正是此意。清代学者翁方纲言："朱子《章句》原本云：'实其心之说发，欲其一于善而无所杂也。'今所行是改本云：'欲其必自慊而无自欺也。'即用'诚意'章传语更为亲切，读者无庸执原本以间之矣。"③所谓"用'诚意'章传语更为亲切"亦是指用传

① 钱穆：《朱子新学案》（第1册），第186页。
② 《语类》卷16，第336页。
③ 翁方纲：《礼记附记》卷9，《续修四库全书》（经部，礼类，第103册），第671页。

语释经语更贴切。

最后，还要补充一点。朱子去世前最后的改动可能是将“一于理而无所杂”改为“必自慊而无自欺”。《语类》有：

> 问“实其心之所发，欲其一于理而无所杂”。曰：“只为一，便诚；二，便杂。‘如恶恶臭，如好好色’，一故也。‘小人闲居为不善，（止）著其善’，二故也。只要看这些便分晓。二者，为是真底物事，却着些假搀放里，便成诈伪。如这一盏茶，一味是茶，便是真。才有些别底滋味，便是有物夹杂了，便是二。”[①]［林夔孙录，庆元三年（1197年）后所闻］

此条是林夔孙录于庆元三年（1197年）后，也就是朱子68岁后。从“问‘实其心之所发，欲其一于理而无所杂’”可知，“实其心之所发，欲其一于理而无所杂”是此时朱子对《大学》经文“诚意”的注解。我们知道，作于绍熙五年（1194年）的《经筵讲义》将《大学》经文“诚意”注解为“实其心之所发，欲其一于善而无自欺”。由此可见，如果林夔孙的记录无误，则朱子晚年有段时间将经文“诚意”注解为“实其心之所发，欲其一于理而无所杂”，且是在绍熙五年（1194年）朱子作《经筵讲义》之后。此处，朱子用“一于理而无所杂”来释诚意。显然，“一于理”即强调人对道理的理会要达到十分真切透彻的境界，而不能有一丝一毫之亏欠。在朱子看来，一旦人能做到“一于理”，其内心就能做到真实无妄，其为善去恶的行为自然能“如恶恶臭，如好好色”般精一纯粹；反之，如果人没有做到“一于理”，其内心就会“着些假搀放里”，其为善去恶的行为就不完全纯粹，中间夹着或多或少的私意。本章前面说到，朱子在庆元四年（1198年）同李敬子对话前，一直坚持认为对理知得真切透彻就一定会意诚（知至必意诚）、意不诚是由于对理知得不真切透彻（意不诚是由于知不至），进而十分强调格物致知工夫的作用。如此，就不难理解为什么朱子在一段时间里会用“一于理”来解释诚意。

所以，综合来看，据现可考文献，朱子晚年将《大学》经文“诚意”依次注解为：“实其心之所发，欲其一于善而无自欺”“实其心之所发，欲其一于理而无所杂”“实其心之所发，欲其必自慊而无自欺”。

---

① 《语类》卷15，第304页。

第五章　朱子晚年工夫思想的发展与完善（下）
——对“求放心”诠释之修正

程敏政、王阳明、李绂等人判断朱子晚年转向陆学的一个重要理由就是认为朱子晚年亦如陆象山那样倡导孟子“求放心”一类之发明本心工夫[①]，而不再讲格物致知一类之工夫。事实上，朱子晚年对求放心工夫的理解确实发生过变化，但其最后并不是把求放心理解为陆学所主张的那种反身以直求本心良知之立大本工夫，而是理解为一种培养人良好的心态与坚定的意志，并以此诚敬纯一之心去做格物致知工夫以认知天理的主敬涵养工夫。从朱子最后对求放心的理解也可以看出，朱子晚年的工夫思想并没有转向陆学。

第一节　对湖湘学派察识仁体工夫之批评

前文第二章说到，朱子之所以放弃“中和旧说”提出的“先察识后涵养”的工夫进路的一个重要原因是此工夫进路不具有普遍性，只适合于那些资质禀赋较高之人，而不适用于一般之人。朱子是立足于普通大众来谈为学工夫，所以其极其重视先天气禀和后天私欲对人的影响，在他看来，大部分人由于受先天气禀之遮蔽和后天物欲之影响，往往在现实生活中无法因事而见天理良心，反而容易认私欲为天理；因此人应该先做涵养主敬的工夫，以对治气禀对人本性之遮蔽和物欲对人心之影响，确保人心在未发之前达到湛然清明的状态，进而保证已发后察识的是天理而不是人欲。由是，朱子在“中和新说”中即主张“未发涵养，已发省察，敬贯通已发未发”之工夫。事实上，朱子工夫思想的一个鲜明特色就是其十分重视气禀物欲对人的影响，在他看来，人之为学必须正视气禀物欲对人之影

---

① 如程敏政说：“其初则诚若冰炭之相反，其中则觉夫疑信之相半，至于终则有若辅车之相倚，且深取于孟子‘道性善’‘收放心’之两言。读至此而后知朱子晚年所以兼收陆子之学，诚不在南轩、东莱之下。”［程敏政：《道一编序》，《历代“朱陆异同”典籍萃编》（一），第19页］

响，走一条平正踏实的工夫道路，绝不可追求那种好高速达之法。对于朱子工夫思想的这一特点，唐君毅说：“今考朱子之所以对其前诸贤之说之所以致疑，与对象山之学之所以反对，虽似有各方面之理由，然通此各方面之理由而观，则不外依朱子之意，此诸贤之言工夫，皆唯在吾人心之发用上，从事察识等工夫，而忽吾人之心之发用，恒不能无气禀物欲之杂之一方面；乃未知于如何对治此杂处，建立一由下学以自然上达之工夫。人之沿此用功者，乃不免与气禀物欲夹杂俱流，泥沙并下，终成狂肆，流弊无穷矣。”①

正是深刻认识到气禀物欲之杂对人的影响，“中和新说”后，朱子便开始对湖湘学派察识心体、观过知仁、以觉言仁这种逆觉体证的求仁之法进行批评。在朱子看来，湖湘学派这种不重涵养而只讲察识的工夫，极有可能因为未发之前未用涵养工夫来对治气禀物欲之杂而导致已发之际无法体证到仁体。湖湘学派所主张的察识心体、观过知仁、以觉言仁的为学之方的具体表现就是朱子“中和旧说”所主张的“先察识后涵养”。这种方法主张：人心在已发与事物接触之际，即可因事而见良心之萌蘖，由是人便可于此时逆觉体证到人之良心本性，并由此不断加以存养扩充此良心本体。乾道七年（1171年），朱子作《胡子知言疑义》以批评胡宏之《知言》，其中就对胡宏察识仁体之说进行了批评。

在《胡子知言疑义》中，朱子引胡宏同彪居正的一段对话：

> 彪居正问：“心无穷者也，孟子何以言尽其心？”曰：“惟仁者能尽其心。”居正问为仁，曰：“欲为仁，必先识仁之体。”曰：“其体如何？”曰：“仁之道，弘大而亲切，知者可以一言尽，不知者虽设千万言，亦不知也。能者可以一事举，不能者虽指千万事，亦不能也。”曰：“万物与我为一，可以为仁之体乎？”曰：“子以六尺之躯，若何而能与万物为一？”……他日，某问曰：“人之所以不仁者，以放其良心也。以放心求心，可乎？”曰：“齐王见牛而不忍杀，此良心之苗裔因利欲之间而见者也。一有见焉，操而存之，存而养之，养而充之，以至于大。大而不已，与天同矣，此心在人，其发见之端不同，要在识之而已。”②

---

① 唐君毅：《中国哲学原论·原性篇》，第361页。
② 《胡子知言疑义》，《文集》卷73，《朱子全书》（第24册），第3560—3561页。

所谓“欲为仁，必先识仁之体”，即强调为学的关键就是要体察出仁体。体察到仁体之后，当下对此仁体“操而存之，存而养之，养而充之，以至于大”，如此即可达到“与天同”的万物与我为一之境。这就是以胡宏为代表的湖湘学派的察识仁体的工夫。这里，胡宏以《孟子》中齐王不忍杀牛为例来阐述察识仁体的工夫。在胡宏看来，齐王见到即将被杀的牛时生发出的恻隐之心即良心之苗裔，此良心之苗裔就是道德本心之呈现，进一步直下扩充此道德本心即可成就仁心善性。对胡宏来说，良心萌动之时，即显一逆觉之契机，把捉到这一良心萌动之机，并加以存养扩充，即入德成圣之门径。由是可见，胡宏这一察识仁体的工夫并没有一未发时的先行工夫，而是强调在心之已发时通过见良心之萌蘖以逆觉体证仁心本性。

需要指出的是，胡宏这一为学工夫实质是要人于私欲中拣别出良心。胡宏认识到私欲会对人心产生影响，人心容易受到私欲之蒙蔽，但他更强调：人之本心不会因私欲之蒙蔽而消亡，人之本心无论何时都是存在的，当具备一定条件时，人之本心就会显露出来；所以，人之为学就是要抓住本心这一显露之机，以从私欲中拣别出良心，进而不断扩充存养此良心。胡宏所言的“天理人欲，同体而异用，同行而异情。进修君子，宜深别焉”[①]正是要人于私欲中发见天理。

对于胡宏这一为学之方，朱子并不同意，其言：

> “欲为仁，必先识仁之体”，此语大可疑。观孔子答门人问为仁者多矣，不过以求仁之方告之，使之从事于此而自得焉尔，初不必使先识仁体也。又“以放心求心”之问甚切，而所答者反若支离。夫心操存舍亡，间不容息，知其放而求之，则心在是矣。今于已放之心，不可操而复存者置不复问，乃俟异时见其发于他处而后从而操之，则夫未见之间，此心遂成间断，无复有用功处。及其见而操之，则所操者亦发用之一端耳。于其本源全体，未尝有一日涵养之功，便欲“扩而充之，与天同大”，愚窃恐其无是理也……熹谓二者诚不可偏废，然圣门之教，详于持养而略于体察，与此章之意正相反，学者审之，则其得失可见矣。孟子指齐王爱牛之心，乃是因其所明而导之，非以为必如此，然后可以求仁也。夫必欲因苗裔而识本

① 《胡子知言疑义》，《文集》卷73，《朱子全书》（第24册），第3556页。

根，孰若培其本根而听其枝叶之自茂耶！[①]

依朱子之意，为学之初并不在先识仁体，那种企图通过把捉仁心呈现之端倪以体证仁体的为学之方是不可行的；为学之正途是要在平日做涵养主敬工夫以存养此心，进而去除气禀物欲之杂而使心保持清明纯一之状态，然后再以良好的主体精神状态去格物穷理。这里，朱子以孔子教人之法来为自己论证。他指出，孔子并没有叫学生空头去体会什么是仁，而只是告诉学生求仁之方，在具体行仁的实践中体会什么是仁。而对于胡宏的求放心之说，朱子认为，胡宏之说有“以心求心”之病，“以心求心”实把心割裂了，即以本已是主体的心反过来去追求另一个主体。事实上，作为主体的心只有一个，这个心只能用主敬工夫去正面涵养，而不能逆向把捉。因此，当心放失之时只能用平日涵养工夫以使心收敛起来，所谓“知其放而求之，则心在是矣”即强调当人意识到心放失而去涵养收敛时就是求放心了，不必另外生起一个所谓的真心以求这个放失的心。这正如克己复礼就已经是仁了。更有甚者，由于缺少未发前的涵养工夫，人心在发用时就已经是浑浊不清的，这种浑浊不清的心通过以心识心、以心观心之法把捉到的极有可能不是良心本体，而是人心私欲。所以，以已放失之心去求心往往求之不得。

总之，在朱子看来，那种企图由心之一时发用而见心之本体的为学之方，只是一种具有极强偶然性和危险性的工夫，并不适合普通人。所以朱子言：“不知以敬为主而欲存心，则不免将一个心把捉一个心，外面未有一事时，里面已是三头两绪，不胜其扰扰矣。就使实能把捉得住，只此已是大病，况未必真能把捉得住乎？儒释之异，亦只于此便分了。如云常见此心光烁烁地，便是有两个主宰了。不知光者是真心乎，见者是真心乎？”[②]

朱子同湖湘学派这种为学工夫的差异还表现在他们对“观过知仁”的理解上。“观过知仁”出于《论语·里仁》“子曰：人之过也，各于其党。观过，斯知仁矣”。朱子在《论语集注》的解释是：

党，类也。程子曰：“人之过也，各于其类。君子常失于厚，小人常失于薄；君子过于爱，小人过于忍。”尹氏曰：“于此观

① 《胡子知言疑义》，《文集》卷73，《朱子全书》（第24册），第3561—3562页。
② 《答张敬夫》（二十四），《文集》卷31，《朱子全书》（第21册），第1345—1346页。

之，则人之仁不仁可知矣。”吴氏曰：“后汉吴佑谓：‘掾以亲故：受污辱之名，所谓观过知仁’是也。”愚按：此亦但言人虽有过，犹可即此而知其厚薄，非谓必俟其有过，而后贤否可知也。[①]

《语类》有：

“党，类也，偏也。君子过于厚，小人过于薄，观此则仁与不仁可知。君子过于厚，厚虽有未是处，终是仁人。”或问：“过莫是失否？”曰：“亦是失也。”[②][金去伪录，淳熙二年（1175年）所闻]

问“观过知仁”一章。曰：“此是就人有过失处观之。谓如一人有过失，或做错了事，便观其是过于厚，是过于薄。过于厚底，虽是不是，然可恕，亦是仁者之类。过于薄底，便不得，便是不仁了。知仁，只是知其仁与不仁而已。”[③][吕焘录，庆元五年（1199年）所闻]

从上引材料可以发现，朱子所谓的“观过”是指观他人之过失，如君子之行为常失于厚爱，而小人之行为则常失于薄情。“知仁”则是指通过观过以判断行为是不是属于仁。观君子之过，则可知其行为虽过于厚爱，但毕竟由仁发出来的，仍属于仁者之类；观小人之过，则可知其行为过于薄情，便不属于仁之类。从这里也可以看出，朱子实主张以动机来判断仁与不仁。在朱子看来，君子之过与小人之过是有本质区别的，君子行为虽过于厚爱，但由于其动机是好的，所以仍属于仁之类；而小人的动机本就不纯正，其行为也就不属于仁之类。由是，朱子最后补充强调“此亦但言人虽有过，犹可即此而知其厚薄”，此即强调君子之过与小人之过有本质差别。当然，由朱子认为过“亦是失也”可知，其认为君子之过虽有仁存焉，但仍要改正过于厚之失，以使行为合于仁之中道。这亦表明，朱子所谓“观过知仁”是要人通过观过以知得仁之中道，以使人之行为依中道而行，做到不偏不倚。因此，在朱子那里，“观过知仁”的重点是在“知仁”，即知得仁之理之所在，而不是在“观过”。

---

① 《四书章句集注》，第71页。
② 《语类》卷26，第657页。
③ 《语类》卷26，第657页。

湖湘学者胡宏、张栻、胡伯逢、胡广仲、吴晦叔皆对“观过知仁”进行过诠释。胡宏在《论语指南》中言：

> 闻诸先君子曰：“党，偏胜也。”有所偏胜，则过而不得。其中或敏慧而过于太察，或刚勇而过于太暴，或畏慎而过于退缩，或慈爱而过于宽弛。人能内观其过，深自省焉，则有所决矣。①

张栻曾作《韦斋记》，该文亦讨论过“观过知仁”，可惜今《张栻集》未收录此文。而《语类》载有：

> 南轩作《韦斋记》，以党为偏，云：“偏者，过之所由生也。观者，用力之妙也。觉吾之偏在是，从而观之，则仁可识矣。”②［金去伪录，淳熙二年（1175年）所闻］

由此可见，胡宏和张栻师徒皆认为“观过”的对象是自己，所谓“观过知仁”是指，当人反省内观自己之过失时就因良心之不安而有所觉悟，进而体证仁体善性。③湖湘学者对“观过知仁”的这一理解正如林月惠所说：“当吾人‘内观其过’时，会因‘过’而感到‘不安’，在此不安之感中，道德本心呈露，进而自我要求‘深自省焉’，并涌现化除过失的力量，期使道德本心复归正位，吾心方能安矣。在此由‘不安’复归于‘安’的过程中，即显示道德本心‘有所觉矣’。在这个意义下，‘观过’与观察其他事物不同，是‘内观’而非‘外观’；‘知仁’也与认知外在事物有别，是‘觉知仁体’而不是‘认知（知觉）仁理’。”④

湖湘学者对“观过知仁”的这种理解同他们主张察识仁体的工夫是一脉相承的，都是强调于良心萌蘖之际逆觉体证出仁体。所以，湖湘学者理解的“观过知仁”重在“观过”，即重在抓住人因过失而可能萌发的不安

---

① 《论语指南》，《胡宏集》，第304页。

② 《语类》卷26，第659页。

③ 需要指出的是，受朱子的影响，张栻后来对“观过知仁”的理解发生了变化。张栻在《与吴晦叔》中曾言：“近来尝下语云：‘君子之失于厚，过于爱。’虽曰过也，然观其过而心之不远者可知矣。若小人之过则失于薄，伤于忍。夫所谓薄与忍者，岂人之情也哉？而其失若此，则其所陷溺者亦可知矣。以此自观，则天理在所精，人欲在所遏也。以此观人，则亦知人之要也。”（《南轩先生文集》卷28，《张栻集》，邓洪波点校，长沙：岳麓书社，2010年，第761页）

④ 林月惠：《宋儒对“仁”的诠释——以〈论语〉“观过，斯知仁矣”为例》，《鹅湖学志》，2001年总第26期。

之心，进而肯定此不安之心即仁体之显露，为学由此入手就能获得仁心善性、成就圣人人格。

朱子显然不会同意湖湘学者对“观过知仁”的这种理解。故而，他同吴晦叔、胡伯逢、胡广仲等就此问题进行了辩论。以朱子同吴晦叔之辩论为例，他在《答吴晦叔》（六）言：

> “观过”一义，思之甚审。如来喻及伯逢兄说，必谓圣人教人以自治为急，如此言乃有亲切体验之功，此固是也。然圣人言知人处亦不为少，自治固急，亦岂有偏自治而不务知人之理耶？又谓人之过不止于厚、薄、爱、忍四者，而疑伊川之说为未尽。伊川止是举一隅耳。若“君子过于廉，小人过于贪”“君子过于介，小人过于通”之类皆是，亦不止于此四者而已也。但就此等处看，则人之仁不仁可见，而仁之气象亦自可识。故圣人但言“斯知仁矣”。此乃先儒旧说，为说甚短而意味甚长，但熟玩之，自然可见。若如所论，固若亲切矣，然乃所以为迫切浅露，而去圣人气象愈远也。且心既有此过矣，又不舍此过而别以一心观之；既观之矣，而又别以一心知此观者之为仁。若以为有此三物递相看觑，则纷纭杂扰，不成道理。若谓止是一心，则顷刻之间有此三用，不亦匆遽急迫之甚乎？凡此尤所未安，姑且先以求教。[①] [乾道七年（1171年）]

这里，朱子不满湖湘学者把“观过”仅理解为观己之过，指出圣人不仅教人自知，亦要求要知人，即“观过”亦有观他人之过之意。而对于吴晦叔质疑人之过不止于厚、薄、爱、忍四者，朱子指出，伊川仅是举一隅，人之过失当然不止于此四者，知仁之关键处是要通过观人之过而知仁之所以为仁之理。朱子进一步指出，湖湘学者这种以心识心、以心观心之法，乃把心分割为三。依朱子之意，人之过失之心是一心，生起一心观此过心又是一心，再生起一心知此观者之为仁又是一心。如此，顷刻之间就有三心，此必然导致人产生匆遽急迫之气象。

朱子在作于乾道八年（1172年）的《观过说》中亦阐述了对“观过知仁”的理解。《观过说》言：

> “观过”之说，详味经意，而以伊川之说推之，似非专指一人

---

① 《答吴晦叔》（六），《文集》卷42，《朱子全书》（第22册），第1910—1911页。

而言，乃是通论人之所以有过，皆是随其所偏，或厚或薄，或不忍或忍，一有所过，无非人欲之私。若能于此看得两下偏处，便见勿忘勿助长之间，天理流行，鸢飞鱼跃，元无间断，故曰“观过斯知仁矣”。盖言因人之过而观所偏，则亦可以知仁，非以为必如此而后可以知仁也。若谓观己过，窃尝试之，尤觉未稳。盖必俟有过而后观，则过恶已形，观之无及，久自悔咎，乃是反为心害而非所以养心。若曰不俟有过而预观平日所偏，则此心廓然本无一事，却不直下栽培涵养，乃豫求偏处而注心观之，圣人平日教人养心求仁之术，似亦不如此之支离也。[①]

在朱子看来，伊川对“观过知仁”的解释最为精准，而所谓“伊川之说”正是指其在《论语集注》中引用伊川“人之过也，各于其类。君子常失于厚，小人常失于薄；君子过于爱，小人过于忍”一语。从“若能于此看得两下偏处，便见勿忘勿助长之间，天理流行”可知，朱子认为作为爱之理的仁是有个客观标准在那里，行为有所过与有所不及都违背了这个爱之理。因此，朱子指出，“观过知仁”不是反身以观己之过，而是观他人之过就能知作为爱之理之仁。那种“俟有过而后观”的求仁之方乃是企图以一颗本来已经有过错之心来体证出所谓的仁体，此方法极易反为心所害。正确的求仁之方应是在平日栽培涵养上下功夫。平日栽培涵养工夫到位了，在有事时必然能分辨出仁与不仁。

当然，朱子主张“观过”是观他人之过以知仁之理之所在，并不是意味其只讲观他人之过，而不主张观自己之过，其只是反对以逆觉体证的方式来观自己之过。在他看来，对于自己之过，只能通过正面认知方式来观之，而不能用以心求心的方式获得；具体说来，就是要在正面认知仁之理之后，再以此仁之理为标准来观自己之行为是否符合仁。《答蔡季通》（一）言：

观过当以“观”字为重，盖观处用力，则天理人欲宾主分明，而仁体在我者益昭著矣。若但知之而已，则恐未必端的实见也。[②]［淳熙四年（1177年）］

① 《观过说》，《文集》卷67，《朱子全书》（第23册），第3271—3272页。

② 《答蔡季通》（一），《续集》卷2，《朱子全书》（25册），第4681—4682页。

可见，人只要知得仁之理之所在，就能知得天理、人欲之分，则亦可见得自己是否有仁体存在。

由是，朱子并不否定张栻《韦斋记》所言的观己之说。《语类》载：

> 问："南轩谓：'小人失于薄，伤于忍，岂人之情也哉！其所陷溺可知矣。'此云陷溺，如何？"曰："他要人自观，故下'陷溺'二字。知所陷溺，则知其非仁矣。"问："南轩作《韦斋记》，以党为偏，云：'偏者，过之所由生也。观者，用力之妙也。觉吾之偏在是，从而观之，则仁可识矣。'此说如何？"曰："此说本平易，只被后来人说得别了。"[①][金去伪录，淳熙二年（1175年）所闻]

朱子认为，张栻是要人自观陷溺而知己非仁，其《韦斋记》所谓"觉吾之偏在是，从而观之，则仁可识矣"乃平易之说。朱子这一理解是建立在把张栻的自观陷溺之说理解为知得仁之理之所在自能分辨仁体在自身与否的基础上。而所谓"只被后来人说得别了"应该是指胡伯逢、胡广仲、吴晦叔等人的"以觉言仁"之说。[②]

朱子并不否认人的反思能力，其认为人在观他人之过或得之时，亦能做到孔子所说的"见贤思齐"或"见不贤而内省"。如朱子说："'见贤思齐焉，见不贤而内自省也'。见人之善，而寻己之善；见人之恶，而寻己之恶。如此，方是有益。"[③]因此，在"观过知仁"问题上，朱子同湖湘学派之间的差别重点并不在观他人之过还是观自己之过，而主要在于以何种方式来"知仁"，朱子显然是主张通过正思顺取的方式来认知仁之理，而湖湘学者则主张用反思逆觉的方式来体认仁之体。在朱子看来，湖湘学者这种"人能内观其过，深自省焉，则有所觉矣"的求仁之方因缺少涵养工夫而必然无所得。

综上可知，湖湘学派理解的"观过知仁"是强调人当于仁心萌蘖之时以逆觉体证的方式识得仁体；而朱子理解的"观过知仁"则是知仁之理以判断他人和自己是否有"过"。此差异反映出两家为学工夫入路上的差

---

① 《语类》卷26，第659页。

② 湖湘学者这种因心有所觉而能逆觉体证出仁体的识仁之方往前发展就自然会把心之知觉当作仁了，把心之知觉当作仁就是上蔡以来湖湘学派所主张的"以觉训仁"。

③ 《语类》卷27，第703页；不知何氏录。

异，湖湘学者主张走逆觉体证的道路以先识仁体，然后再存养扩充此仁体，最终大其心以实现天人之合；而朱子则极不喜欢湖湘学派这种以心观心、以心识心的逆觉把捉之法，而主张人要在具体的事事物物上正面涵养此心，以去除气禀物欲之杂而使心保持清明纯一之状态，然后再以此清明纯一之心去格物穷理，最终实现心与理一。

朱子一生都十分警惕这种识心工夫，认为此不仅是湖湘学者之弊病，更是当时十分流行的学风之病，故而常常对门人、友人谆谆告诫。如《文集》有：

> 古人之学所贵于存心者，盖将推此以穷天下之理；今之所谓识心者，乃欲恃此而外天下之理。是以古人知益崇而礼益卑，今人则论益高而狂妄恣睢也愈甚，得失亦可见矣。[①]［绍熙元年（1190年）］
>
> 至所谓可识心体者，则终觉有病。盖穷理之学，只是要识如何为是、如何为非，事物之来，无所疑惑耳，非以此心又识一心，然后得为穷理也。[②]［淳熙二年（1175年）］
>
> 心固不可不识，然静而有以存之，动而有以察之，则其体用亦昭然矣。近世之言识心者则异于是，盖其静也初无持养之功，其动也又无体验之实，但于流行发见之处认得顷刻间正当底意思，便以为本心之妙不过如是，擎夯作弄，做天来大事看，不知此只是心之用耳。此事一过，此用便息。岂有只据此顷刻间意思，便能使天下事事物物无不各得其当之理耶？所以为其学者，于其功夫到处，亦或小有效验，然亦不离此处，而其轻肆狂妄、不顾义理之弊已有不可胜言者。此真不可以不戒。[③]［绍熙元年（1190年）］
>
> 所谓识察此心，乃致知之切近者，此说是也。然亦须知所谓识心，非徒欲识此心之精灵知觉也，乃欲识此心之义理精微耳。[④]［绍熙元年（1190年）］

上引诸文，统而言之，一方面，朱子指出，那种以心识心的为学之方，只是一种具有极强偶然性和危险性的工夫，并不能保证人获得仁心本性；另一方面，朱子强调，为学的关键是存心以识理。识心不如存心，存

---

① 《答方宾王》（三），《文集》卷56，《朱子全书》（第23册），第2657页。
② 《答王子合》（五），《文集》卷49，《朱子全书》（第22册），第2250页。
③ 《答方宾王》（四），《文集》卷56，《朱子全书》（第23册），第2660页。
④ 《答姜叔权》（一），《文集》卷52，《朱子全书》（第22册），第2460页。

心即通过正面的主敬工夫以涵养此心，使心保持虚灵明觉之清明之态；在此基础上，以此虚灵明觉之心做格物穷理工夫，识得是是非非之所在。另外，从“然亦须知所谓识心，非徒欲识此心之精灵知觉也，乃欲识此心之义理精微耳”一句可知，在朱子看来，即使要肯定识心工夫，亦只能把“识心”理解为格物穷理。

总之，从朱子“中和新说”后对湖湘学派察识仁体工夫之批评及其一生都对识心工夫持警惕态度中，我们实可以发现朱子始终反对那种以心识心之察识仁体工夫，而主张从正面做主敬工夫以涵养此心，以使心能始终保持虚灵明觉之态，再以此虚灵明觉之心做格物穷理工夫以认知事事物物之理。而朱子对湖湘学派察识仁体的批评可谓是朱子“中和新说”时形成的主敬涵养与格物穷理并进的为学工夫的一次具体运用。另外，从朱子把“识心”理解为识此心之义理精微亦可以看出朱子实主张把“识心”理解一种通过格物穷理以明心之工夫。

第二节　对“尽心”“反身而诚”之格物致知化

把“识心”理解为格物穷理可谓是朱子工夫思想又一重要特色。朱子这一思想特色主要体现在其对《孟子》的诠释中，他在《孟子集注》中进一步将这一特色发扬光大。朱子的《孟子集注》成于四十八岁时，即淳熙四年，已是在“中和新说”及“知先行重”思想提出之后，也就是在朱子思想总体规模成熟之后。虽然此后朱子对《孟子集注》亦如修订《大学章句》般多有修改完善，但其诠释理路实无变化。朱子诠释《孟子》工夫思想的最突出特点就是把《孟子》中“尽心”“反身而诚”等陆学十分推崇的简易工夫都与格物致知联系起来，把这些所谓的“心学”工夫都格物致知化了。

《孟子集注》把《孟子》“尽其心者，知其性也，知其性，则知天矣”注解为：

> 心者，人之神明，所以具众理而应万事者也。性则心之所具之理，而天又理之所从以出者也。人有是心，莫非全体，然不穷理，则有所蔽而无以尽乎此心之量。故能极其心之全体而无不尽者，必其能穷夫理而无不知者也。既知其理，则其所从出，亦不外是矣。以

《大学》之序言之，知性则物格之谓，尽心则知至之谓也。[①]

此注解有两点值得注意：一是把“尽心”理解为“知至”。在朱子看来，心是人之神明，能具众理而应万事；人之心统摄性和情，心所具之理即人之性。人之心虽本具有万理，但是由于气禀和物欲之遮蔽使得心在现实中并不实然具有万理，必须通过做格物穷理工夫才能使心本有之量全部实现出来。由是，当格物穷理工夫达到知至之境时，心之量才可以说全部实现出来，而当心之量全部实现出来时，就可以称之为尽心了。二是“知性”在前，“尽心”在后。朱子又把“知性”理解为“物格”，即格物之效验。基于此，他指出，从《大学》所主张的工夫效验看，既然物格在知至之前，那么知性必然在尽心之前。所以，对朱子来说，知性是尽心的前提和基础，尽心是知性的结果和效验。

朱子在《孟子或问》中亦对“尽心”进行了深入阐述。《孟子或问》言：

或问：心无限量者也，此其言尽心，何也？曰：心之体无所不统，而其用无所不周者也。今穷理而贯通，以至于可以无所不知，则固尽其无所不统之体、无所不周之用矣。是以平居静处，虚明洞达，固无毫发疑虑存于胸中；至于事至物来，则虽举天下之物，或素所未尝接于耳目思虑之间者，亦无不判然迎刃而解。此其所以为尽心。而所谓心者，则固未尝有限量也。[②]

心之体用本无所不统、无所不周，故心之功用本无限量。但要想使心之体用达到无所不统、无所不周之地，则必须通过格物穷理的工夫以使心无所不知，也就是使心对理的认知达到表里精粗无不到的知至之境。而认知达到表里精粗无不到知至之境时，心就虚明洞达，无毫发之疑虑；以此虚明洞达之心应物处事时，自然能做到迎刃而解。当心做到具众理而应万事时，就是所谓的尽心了。可见，朱子把尽心理解为心之体用完全实现，即一方面心对性理的认知达到了表里精粗无不到之地，实现了心与理一；另一方面，心能依那些通过格物获知之理以从容地应物处事。

需要指出的是，朱子把“尽心”理解为“知至”的思想，前后也有过

① 《四书章句集注》，第349页。
② 《孟子或问》卷13，《四书或问》，《朱子全书》（第6册），第994页。

变化，其在一段时间内把“尽心”理解为“意诚”。《语类》有：

> “尽心、知性、知天”，工夫在知性上。尽心只是诚意，知性却是穷理。心有未尽，便有空阙。如十分只尽得七分，便是空阙了二三分。须是“如恶恶臭，如好好色”，孝便极其孝，仁便极其仁。性即理，理即天。我既知得此理，则所谓尽心者，自是不容已。如此说，却不重叠。既能尽心、知性，则胸中已是莹白净洁。却只要时时省察，恐有污坏，故终之以存养之事。①［周谟录，淳熙六年（1179年）后所闻］
>
> 某前以《孟子》“尽心”为如《大学》“知至”，今思之，恐当作“意诚”说。盖孟子当时特地说个“尽心”，煞须用功。所谓尽心者，言心之所存，更无一毫不尽，好善便“如好好色”，恶恶便“如恶恶臭”，彻底如此，没些虚伪不实。②［刘砥录，绍熙元年（1190年）所闻］

第一条是周谟淳熙六年（1179年）后所闻，第二条是刘砥绍熙元年（1190年）所闻。这里，朱子认为“尽心”对应的是《大学》的“意诚”，“尽心”当理解为“心之所存，更无一毫不尽，好善便‘如好好色’，恶恶便‘如恶恶臭’，彻底如此，没些虚伪不实”，即真实无妄、毋自欺之意。而由上一章朱子对《大学》“诚意”的理解可知，此时朱子正是把诚意理解为务必在几微毫厘处知得真切透彻以达到知之尽的真知之境；所以当把尽心理解为意诚时，亦是强调心对性理的认知必须达到知之尽的真知之境。其所谓“心有未尽，便有空阙。如十分只尽得七分，便是空阙了二三分”正是强调对性理的认知必须达到十分十的真切透彻之地，不能有一分欠缺。正因为朱子如此理解尽心，所以，如同其此前认为《大学》诚意工夫的关键在格物穷理上一样，朱子此时亦把尽心工夫的重心全部转移到知性上。上引第一条所谓“‘尽心、知性、知天’，工夫在知性上”即此之谓。

而当朱子把尽心工夫的重心全部转移到知性上时，同其一度在对《大学》的诠释中有取消诚意工夫之嫌一样，朱子亦有取消尽心工夫之嫌。《语类》有：

---

① 《语类》卷60，第1424页。

② 《语类》卷60，第1424页。

“尽心、尽性”之“尽”，不是做功夫之谓。盖言上面功夫已至，至此方尽得耳。《中庸》言“唯天下至诚为能尽其性”，《孟子》言“尽其心者知其性”是也。①［董铢录，庆元二年（1196年）后所闻］

所谓“‘尽心、尽性’之‘尽’，不是做功夫之谓。盖言上面功夫已至，至此方尽得耳”乃是把“尽心”作为格物致知工夫全尽后之效验，意谓格物致知工夫做到一定程度，心自然就得以全尽。②

此后，朱子在《答朱飞卿》又言：

尽心之说，当时见得如此，故以为意诚之事。后来思之，似只是知至之事，当更寻旧说考之。③

陈来将此书定于绍熙二年（1191年），顾宏义认为在绍熙二年（1191年）秋冬或绍熙三年（1192年）。这里，朱子又放弃把“尽心”理解为“意诚”之说，而认为“尽心”当理解为“知至”。可惜的是，朱子并没有解释此一转变的原因。笔者以为，朱子这一转变应该同其对《大学》“诚意”的理解的转变有关。上一章说到，朱子在序定《大学章句》后不久就意识到那种把《大学》“诚意”章所言的自欺的原因仅归结为知理不实的做法会导致出现诚意工夫无法安顿的问题，进而朱子意识到要给予诚意工夫以独立地位。

至于尽心与知性的先后关系，朱子则始终强调先知性后尽心，知性是尽心的前提和基础。对于自己的这一理解，朱子有其理由。《答林德久》（六）言：

（林德久：）观诸先生议论，皆谓尽心而后知性、知天。而先生《尽心》第一章，以谓知性而后能尽心，与诸先生议论不同。尽心

---

① 《语类》卷60，第1425页。

② 需要指出的是，朱子曾把“尽心”解释为竭力去做。如《语类》有：（童云：）“如所谓尽心力为之之‘尽’否？”曰：“然。”［《语类》卷60，第1424页；刘砥录，绍熙元年（1190年）所闻］《语类》又有：黄先之问“尽心”。曰：“尽心，是竭尽此心。今人做事，那曾做得尽，只尽得四五分心，便道了。若是尽心，只是一心为之，更无偏旁底心。‘如恶恶臭，如好好色’，必定是如此。如云尽心力为之。”［《语类》卷60，第1424页；叶贺孙录，绍熙二年（1191年）后所闻］

③ 《答朱飞卿》，《文集》卷56，《朱子全书》（第23册），第2675页。

知性，此是学者第一。如孟子教人，皆从心上用功，如操舍存亡、求放心之类。不知先自知性始，当从何处实下工夫？敢告指教。

（朱子批语：）以文势观之，“尽其心者，知其性也”，言人之所以能尽其心者，以其知其性故也。盖尽心与存心不同。存心即操存求放之事，是学者初用力处。尽心则穷理之至，廓然贯通之谓。所谓知性，即穷理之事也，须是穷理，方能知性。性之尽，则能尽其心矣。①［庆元元年（1195年）］

《答黄子耕》（八）言：

盖孟子言尽其心者，知其性也，则是人之所以能尽其心者，以其能知性故也。《大学》所谓知至而后意诚是也。②［绍熙三年（1192年）］

《语类》载：

人往往说先尽其心而后知性，非也。心性本不可分，况其语脉是“尽其心者，知其性”。心只是包着这道理，尽知得其性之道理，便是尽其心。若只要理会尽心，不知如何地尽。③［黄㽦录，淳熙十五年（1188年）所闻］

根据上面三段材料可知，朱子认为“尽其心者，知其性也”应该理解为“人之所以能尽其心者，以其知其性故也”。由是，朱子把“尽其心者，知其性也”一句的语脉理解为后者为前者之条件，也就是前者之实现在于后者之完成，具体说就是“尽心在于知性”。

朱子这一以格物穷理来解释尽心知性，并认为知性在尽心之前可谓是其思想发展的必然逻辑。既然他反对湖湘学派那种以心观心、以心识心的逆觉把捉之法，而把识心理解为格物穷理以明心，那么就不难理解其为什么要把知性理解为物格、尽心理解为知至。再进一步思考，朱子把知性理解为物格、尽心理解为知至的根本原因在于其对格物穷理工夫的强调。在他看来，人必须通过格物穷理工夫以促使自己对天理的认知达到表里精粗

① 《答林德久》（三），《文集》卷61，《朱子全书》（第23册），第2940页。
② 《答黄子耕》（八），《文集》卷51，《朱子全书》（第22册），第2380页。
③ 《语类》卷60，第1422页。

无不到的程度，进而以理去割除内心物欲之杂，以确保心达到全体大用无不明之地。

朱子这种把陆学所推崇的简易工夫格物致知化还表现在其对《孟子》“反身而诚”的阐释上。朱子在《孟子集注》中把“反身而诚，乐莫大焉”解释为：“言反诸身，而所备之理，皆如恶恶臭、好好色之实然，则其行之不待勉强而无不利矣，其为乐孰大于是。”[①]可见，朱子把“诚”解释为理之实然如此，“反身而诚”就是反身见得理之实然如此。

对于“反身而诚”，朱子还言：

> 所谓“反身而诚”，盖谓尽其所得乎己之理，则知天下万物之理初不外此，非谓尽得我之知觉，则众人之知觉皆是此物也。[②]［淳熙元年（1174年）］
>
> “反身而诚”，乃是反求诸身而实有是理，如仁义忠孝，应接事物之理，皆真有之，而非出于勉强伪为也。此是见得透，信得及处。到此地位，则推己及物，不待勉强，而仁在我矣。下言“强恕而行”者，盖言未至于此，则当强恕以去己私之蔽，而求得夫天理之公也。[③]［庆元二年（1196年）］

《语类》亦载有：

> “反身而诚”，孟子之意主于“诚”字，言反身而实有此理也。为父而实有慈，为子而实有孝，岂不快活。若反身不诚，是无此理。既无此理，但有恐惧而已，岂得乐哉！[④]［杨骧录，淳熙十六年（1189年）、绍熙五年（1194年）所闻］
>
> “反身而诚”，见得本具是理，而今亦不曾亏欠了他底。[⑤]［林恪录，绍熙四年（1193年）所闻］

以上诸文皆是强调“反身而诚”乃是人对天理见得真切透彻，知得决然如此，也就是在情感和意志上肯认此天理乃内在于人的性分之内，是

---

① 《四书章句集注》，第350页。
② 《答廖子晦》（二），《文集》卷45，《朱子全书》（第22册），第2081页。
③ 《答欧阳希逊》（一），《文集》卷61，《朱子全书》（第23册），第2951—2952页。
④ 《语类》卷60，第1435页。
⑤ 《语类》卷60，第1435页。

人之真实生命。由是，人在实践中践行此天理时必然乐行之，而不会勉强行之。

由是，朱子提出了“明善诚身”之说。其言：

> 然欲诚乎身，又不可以袭取强为也，其道在明乎善而已，盖不能格物致知，以真知至善之所在，则好善必不能如好好色，恶恶必不能如恶恶臭，虽欲勉焉以诚其身，而身不可得而诚矣。此必然之理也。故夫子言此，而其下文即以天道、人道、择善、固执者继之。盖择善所以明善，固执所以诚身。择之之明，则《大学》所谓物格而知至也；执之之固，则《大学》所谓意诚而心正身修也。知至，则反诸身者将无一毫之不实；意诚心正而身修，则顺亲、信友、获上、治民，将无所施而不利，而达道达德，九经凡事亦一以贯之而无遗矣。[①]
>
> 圣贤所说只一般，只是一个“择善固执之”。《论语》则说“学而时习之”，《孟子》则说“明善诚身”，下得字各自精细，真实工夫只一般。须是知其所以不同，方知其所谓同也。而今须是穷究得一物事透彻方知。如入个门，方知门里房舍间架。若不亲入其门户，在外遥望，说我皆知得，则门里事如何知得。[②]［沈僩录，庆元四年（1198年）后所闻］

这里，朱子指出，“诚身”不是以心求心般地袭取强为，而是要先“明善”；“明善”即指真知得至善之所在，即对事事物物之性理知得表里精粗无不到，而要做到“明善”又需要做格物穷理工夫以认知事事物物之性理。所以，朱子的“明善诚身”并不是陆学主张的那种反求本心之良知以立大本的逆觉体证之工夫，而是通过格物致知以穷究事物之理进而达到真知境界的顺思正取之工夫。

通过上述朱子对“尽心”“反身而诚”的诠释，我们可以清楚地发现，朱子把“尽心”“反身而诚”等这些在陆学学者看来是简易工夫的为学工夫皆格物致知化了，即把“尽心”“反身而诚”解释为以格物致知工夫来知理明心，或者说将格物穷理当作“尽心”“反身而诚”的前提和基础。一言以蔽之，在朱子看来，心的清明和端正不能通过以心识心的方法来实现，而必须通过格物致知以识理的方式来完成。

---

① 《中庸或问》，《四书或问》，《朱子全书》（第6册），第590—591页。

② 《语类》卷19，第428页。

第三节 对“求放心”诠释之修正

（一）

由上面两节之论述可知，朱子反对那种以心识心之察识仁体之工夫，而把“识心”理解一种通过格物穷理以明心之工夫；朱子还把《孟子》中“尽心”“反身而诚”都格物致知化了，把其解释为以格物致知工夫来知理明心。我们知道，《孟子》中还有陆学学者十分推崇的“求放心”这一为学工夫。在陆学看来，理不外在于人，心即是理，天理就内在于人的本心中，本心就是人之真实生命，所以天理无需向外求索，只需反求本心即可获得。人之不肖亦是由于私欲之蒙蔽而导致人失去了本心，但无论私欲怎样蒙蔽人之本心，人之本心并不会因此而消亡，人之本心只是暂时隐退不显；更有甚者，人之本心便是克服私欲的本源力量。因此，人只要反身以求得本心即可从私欲中超拔出来，挺立人之德性生命，做个堂堂正正的人。

问题是，朱子又是如何诠释“求放心”呢？他是把“求放心”亦如“尽心”“反身而诚”那样格物致知化，理解为通过格物致知以知理明心之工夫；还是把“求放心”理解为陆学主张的那种反身直下求得本心之工夫？前文提及，程敏政、王阳明、李绂认为朱子晚年转向陆学的一个重要理由就是认为朱子晚年亦如陆象山那样主张求放心一类之立大本工夫。朱子是不是如程敏政、王阳明、李绂所说，晚年亦如陆学那样只讲以逆觉体证之方以求取本心之求放心工夫呢？钱穆曾说：“孟子有求放心之说，宋代理学家奉以为进修一重要项目。朱子于此，亦有其独特之见解。”[①]又说：“其于孟子论放心章，亦复多有纠挽。此乃朱子针对当时学弊，尤具苦心，学者不可不深察。”[②]可见，在钱穆看来，包括朱子在内的宋代理学家都非常重视孟子的求放心工夫；而朱子对求放心的诠释有着“独特之见解”，并且“多有纠挽”。诚如钱穆所说，朱子晚年对求放心的理解前后发生过变化，最后亦十分推崇重视求放心之工夫，但他对求放心的理解并不同于陆象山，而是把求放心理解为主敬以使心保持虚灵诚敬之涵养工夫，其后便以此虚灵诚敬之心做格物穷理工夫以识义理；而并不是陆学理解的那种逆觉体证以直下识得仁体之工夫。

---

① 钱穆：《朱子新学案》（第2册），第357页。
② 钱穆：《朱子新学案》（第2册），第370页。

朱子在《孟子集注》中把“学问之道无他，求其放心而已矣”解释为：

学问之事，固非一端，然其道则在于求其放心而已。盖能如是则志气清明，义理昭著，而可以上达；不然则昏昧放逸，虽曰从事于学，而终不能有所发明矣。故程子曰：“圣贤千言万语，只是欲人将已放之心约之，使反复入身来，自能寻向上去，下学而上达也。”此乃孟子开示切要之言，程子又发明之，曲尽其指，学者宜服膺而勿失也。①

从朱子的这段诠释可知，朱子对求放心工夫持积极肯定态度，强调学者要服膺于孟子开示而程子发明的此工夫。他指出，为学之道虽有多种途径，但关键就在于求其放心，也就是将已放失之心反复入身而约之；唯有将已放失之心收回，才能使心纯一清明，进而能真切透彻地见得义理之所在。

观《文集》和《语类》，朱子对求放心工夫多有称赞，认为求放心乃是学问之要。如《文集》有：

《孟子》求放心一条，寻常亦草草看了，以今观之，真是学问之要，不可不留意也。②

此是求其放心，乃为学根本田地。既能如此向上，须更做穷理功夫，方见所存之心、所具之理，不是两事，随感即应，自然中节，方是儒者事业。③

《语类》亦有：

“学问之道无他，求其放心而已。”不是学问之道只有求放心一事，乃是学问之道皆所以求放心。如圣贤一言一语，都是道理。④［叶贺孙录，绍熙二年（1191年）后所闻］

学问之道，孟子断然说在求放心。学者须先收拾这放心，不

---

① 《四书章句集注》，第334页。
② 《答郑子上》（二），《文集》卷56，《朱子全书》（第23册），第2676页。
③ 《答曾光祖》（二），《文集》卷61，《朱子全书》（第23册），第2971页。
④ 《语类》卷59，第1409页。

然，此心放了，博学也是闲，审问也是闲，如何而明辨！如何而笃行！[1]［董铢录，庆元二年（1196年）后所闻］

上引诸文，朱子皆对孟子求放心工夫持肯定态度，强调为学须以求放心为先为本。

然而，需要指出的是，《语类》中亦载有朱子不少否定求放心工夫之语。如：

所谓“求其放心”，又只是以心求其心。“心求心”说，易入谢氏“有物”之说，要识得。[2]［程端蒙录，淳熙六年（1179年）至绍熙二年（1191年）间所闻］

孟子“求放心”语已是宽。若“居处恭，执事敬”二语，更无余欠。[3]［叶贺孙录，绍熙二年（1191年）后所闻］

孟子云“求放心”，已是说得缓了。心不待求，只警省处便见。“我欲仁，斯仁至矣。”“为仁由己，而由人乎哉？”其快如此。盖人能知其心不在，则其心已在了，更不待寻。[4]［曾祖道录，庆元三年（1197年）所闻］

第一条朱子认为求放心有以心求心之病，所谓“‘心求心’说，易入谢氏‘有物’之说”即指“以心求心”有把仁心本性作为一个物体来把捉之嫌。第二条朱子认为孟子的求放心工夫说得宽了，不如孔子的“居处恭，执事敬”说得贴切。显然，朱子的意思是指心不能反身以求，只能正面用主敬工夫去涵养。第三条朱子认为孟子的求放心说得缓了，心不待寻求，只要时时保持诚敬的警省状态即可存养得此心。当人意识到自己的心放失时，就已经是求放心了，不必再生起另一个心去求这个放失的心。综合来看，朱子在一个时期内把求放心理解为湖湘学派那种察识心体之工夫。

由此可见，朱子对《孟子》“求放心”的理解前后确实有变化，经历了一个肯定到否定再到肯定的过程。另外，上引叶贺孙两条值得注意，一条是对求放心持肯定态度，一条是对求放心持否定态度。两条为同一人

---

① 《语类》卷59，第1409页。
② 《语类》卷59，第1408—1409页。
③ 《语类》卷59，第1401页。
④ 《语类》卷9，第151页。

所录，故一般不会记录错误，因此也可以肯定朱子对求放心的理解前后有变化。

（二）

朱子对求放心工夫的态度确实经历了一个肯定到否定再到肯定的过程。在朱子晚年对求放心工夫持否定态度之前，朱子在一段时间内对求放心是持肯定态度的。

朱子在《答杨子直》（三）、《答周叔谨》（一）以及前引《答郑子上》（二）、《答曾光祖》（二）中分别言：

> 近因病后不敢极力读书，闲中却觉有进步处，大抵孟子所论“求其放心”是要诀尔。[①]
>
> 熹近日亦觉向来说话有太支离处，反身以求，正坐自己用功亦未切耳。因此减去文字功夫，觉得闲中气象甚适。每劝学者，亦且看《孟子》道性善、求放心两章，着实体察收拾为要。[②]
>
> 《孟子》求放心一条，寻常亦草草看了，以今观之，真是学问之要，不可不留意也。[③]
>
> 此是求其放心，乃为学根本田地。既能如此向上，须更做穷理功夫，方见所存之心、所具之理，不是两事，随感即应，自然中节，方是儒者事业。[④]

《语类》则有：

> 孟子说：“学问之道无他，求其放心而已矣。”此最为学第一义也。故程子云：“圣贤千言万语，只是欲人将已放之心，约之使反复入身来，自能寻向上去。”某近因病中兀坐存息，遂觉有进步处。大抵人心流滥四极，何有定止。一日十二时中有几时在躯壳内？与其四散闲走，无所归着，何不收拾令在腔子中。且今纵其营营思虑，假饶求有所得，譬如无家之商，四方营求，得钱虽多，若

---

① 《答杨子直》（三），《文集》卷45，《朱子全书》（第22册），第2074页。
② 《答周叔谨》（一），《文集》卷54，《朱子全书》（第23册），第2551—2552页。
③ 《答郑子上》（二），《文集》卷56，《朱子全书》（第23册），第2676页。
④ 《答曾光祖》（二），《文集》卷61，《朱子全书》（第23册），第2971页。

无处安顿，亦是徒费心力耳。[①]［余大雅录，淳熙六年（1179年）后所闻］

学须先以求放心为本。致知是他去致，格物是他去格，正心是他去正，无忿懥等事。诚意是他自省悟，勿夹带虚伪；修身是他为之主，不使好恶有偏。[②]［童伯羽录，绍熙元年（1190年）所闻］

上引六段材料中有两点值得注意：一是朱子因病而兀坐存息，以致不能用力读书，遂觉知自己有支离之病，于是对求放心工夫有了新的体会。二是朱子对求放心工夫持肯定态度，指出求放心乃是为学第一义，强调为学须于求放心上下功夫。顾宏义考证，《答杨子直》（三）作于淳熙十一年（1184年）。陈来认为，《答周叔谨》（一）作于淳熙十年（1183年）至淳熙十二年（1185年）之间，并将其系于淳熙十二年（1185年）。谢晓东考证，《答郑子上》（二）作于淳熙十五年（1188年）十一月至淳熙十六年（1189年）九月之间[③]；顾宏义认为，《答郑子上》（二）约作于淳熙十六年（1189年）秋冬间。陈来认为，《答曾光祖》（二）作于绍熙二年（1191年）。余大雅卒于淳熙十六年（1189年）冬十一月[④]，故余大雅此条所录之时间当在淳熙十六年（1189年）冬十一月之前。据陈荣捷考证，童伯羽从学朱子的时段仅在朱子赴漳州之前数月，其所录皆在朱子赴漳州之前。[⑤]而朱子知漳州是在绍熙元年（1190年）四月。因此，根据这六段材料的文意和写作时间，我们可以推测朱子在绍熙二年（1191年）前有一段时间对孟子的求放心工夫持肯定态度，强调求放心乃是为学之要诀。

上述材料朱子不断提到：“近因病后不敢极力读书”“某近因病中兀坐存息”。事实上，朱子在这段时间内也多谈及灾病不断。如，《答吕子约》（二十三）、《答潘叔度》（五）、《答陆子静》（二）分别言：

熹衰病如昨，无足言者。暇日自力观书，惟觉圣贤之言意味深

---

① 《语类》卷59，第1412页。
② 《语类》卷59，第1409页。
③ 谢晓东：《朱熹〈文集〉与〈语类〉中几则重要材料年代新考》，《中国哲学史》，2014年第1期。
④ 陈文蔚《余正叔墓碣》言：“己酉秋九月，予往省先生，值正叔将归，语别武夷溪上。未两月而讣闻矣，实十一月乙丑也，年五十二。”［陈文蔚：《余正叔墓碣》，《克斋集》卷12，《景印文渊阁四库全书》（集部，别集类，第1171册），第95页］
⑤ 陈荣捷：《朱子门人》，上海：华东师范大学出版社，2007年，第170—171页。

长，尽有向来见不到处……大率向外底意思多、切己底意思少，所以自己日用之间都不得力……至今日然后始觉身心欠收拾乎？①

熹衰病，今岁幸不至剧，但精力益衰，目力全短，看文字不得。瞑目闲坐，却得收拾放心，觉得日前外面走作不少，颇恨盲废之不早也。②

熹衰病日侵，去年灾患亦不少。此数日来，病驱方似略可支吾，然精神耗减，日甚一日，恐终非能久于世者。所幸迩来日用功夫颇觉有力，无复向来支离之病。③

另外，朱子在《答胡季随》（十）言："熹衰病之余……"④，在《答江德功》（十二）言："熹灾病相仍，衰悴万状……"⑤。这些都是谈及灾病不断。

据陈来考证，《答吕子约》（二十三）作于淳熙十一年（1184年）、《答潘叔度》（五）作于淳熙十三年（1186年）、《答陆子静》（二）作于淳熙十三年（1186年）、《答胡季随》（十）作于淳熙十四年（1187年）、《答江德功》（十二）作于淳熙十五年（1188年）。由此可知，此五书同上文《答杨子直》（三）、《答周叔谨》（一）、《答郑子上》（二）作于同一个时期。这段时间，朱子灾病不断，持续长达数年，以致认为自己将不久于人世；而疾病又影响目力，导致其无法阅读文字。这使得朱子有机会对自己的德性修养工夫进行反思，其始觉得"外面走作不少""身心欠收拾""外底意思多，切己底意思少"。通过自我反省，朱子强调要于心上下功夫，务必以收拾身心为要务。⑥

---

① 《答吕子约》（二十三），《文集》卷47，《朱子全书》（第22册），第2194—2195页。

② 《答潘叔度》（五），《文集》卷46，《朱子全书》（第22册），第2139—2140页。

③ 《答陆子静》（二），《文集》卷36，《朱子全书》（第21册），第1564页。

④ 《答胡季随》（十），《文集》卷53，《朱子全书》（第22册），第2515页

⑤ 《答江德功》（十二），《文集》卷44，《朱子全书》（第22册），第2051页。

⑥ 需要指出的是，此时朱子反省自己有"支离之病"、强调要于尊德性上下力气并不表示其不再讲格物穷理之工夫，而恰恰反映了朱子坚持格物穷理与涵养主敬不偏废一边的一贯看法。杜保瑞对朱子的自我反省有一新的解释，他说："朱熹对于自己的用工程度及实况的反省，与朱熹对于尊德性及道问学两义工夫的理论关系的观点是两回事。笔者认为，我们不可以以朱熹承认自己工夫做得不够的说法就表示朱熹承认自己强调格物致知的道问学形态的工夫次第论有错误，甚至，朱熹承认自己工夫不够的作法就是朱熹能够在当下做本心的'操则存'的工夫的实证，亦即是朱熹的尊德性工夫的已然当下提起了。当然，哲学家自己的作为应与其理论图像一致，然而，作为与理论毕竟仍是两件事，论究作为，朱熹反省自己不够尊德性就是朱熹正在尊德性的表现，至于朱熹对'尊德性道问学'两义工夫的理论关系看法则是另一回事。"（杜保瑞：《朱熹经典诠释中的工夫理论》，《揭谛》，2006年总第11期）下章对此问题亦有论述，可参阅。

另外，朱子在《答李叔文》（四）中言：

> “求放心”，不须注解，只日用十二时中常切照管，不令放出，即久久自见功效，义理自明，持守自固，不费气力也。[①]

陈来考证此书未详，疑在淳熙八年（1181年）后。从文意看，这里朱子并不反对求放心工夫，强调人只要于时时和事事上操持涵养此心，不使心放出，则心自然能存，心能存则义理自明。

综上可见，大致在淳熙八年（1181年）至绍熙二年（1191年）期间，朱子对孟子求放心工夫多持肯定态度，认为求放心乃为学第一义，强调为学须于求放心上努力用功。

问题是，朱子此时理解的求放心的内涵是什么呢？是不是陆象山的发明本心工夫，或者是湖湘学派的察识仁体工夫呢？朱子在《答胡季随》（十）中言：

> 所喻克己之学，此意甚佳。但云借此排之，似是未得用工要领处。近读《知言》，有问以放心求心者，尝欲别下一语云：“放而知求，则此心不为放矣。”此处间不容息，如夫子所言克己复礼功夫，要切处亦在“为仁由己”一句也，岂借外以求之哉？[②]

前文提及，此书作于淳熙十四年（1187年），故此书作于朱子对求放心工夫持肯定态度时期。由“尝欲别下一语云：‘放而知求，则此心不为放矣。’”可知，朱子反对把求放心理解为湖湘学派所主张的那种以心求心工夫，而强调当人意识到心之放失时，此觉之心就已经是仁心了。

从朱子反对把求放心理解为以心求心工夫中，我们还是看不出朱子把求放心理解为什么。上引朱子《答李叔文》（四）值得再关注。所谓“‘求放心’，不须注解，只日用十二时中常切照管，不令放出”即是对求放心之正面理解。由文义可知，朱子把求放心理解为主敬涵养工夫，强调人要时刻操持涵养此心以确保心始终保持诚敬状态而不走失，如此心自然能存。

《语类》则有：

---

① 《答李叔文》（四），《文集》卷52，《朱子全书》（第22册），第2470—2471页。
② 《答胡季随》（十），《文集》卷53，《朱子全书》（第22册），第2515页。

> 问："明道云：'圣贤千言万语，只是收放心。'"曰："所谓讲学读书，固是。然要知所以讲学，所以读书，所以致知，所以力行，以至习礼习乐，事亲从兄，无非只是要收放心。孟子之意，亦是为学问者无他，皆是求放心尔。此政与'思无邪'一般，所谓'《诗》三百，一言以蔽之曰："思无邪。"'使人知善而劝，知恶而戒，亦只是一个'思无邪'耳。"[①][黄罃录，淳熙十五年（1188年）所闻]

此条是黄罃于淳熙十五年（1188年）所录。从时间上看，属于朱子对求放心工夫持肯定态度时期。这里，朱子把"求放心"与"思无邪"联系起来理解。所谓"思无邪"就是指心思端正无邪念。因此，用"思无邪"来解释"求放心"，也就是把求放心理解为通过涵养工夫以使人心保持诚敬端正状态。所以，朱子此时所理解的求放心显然不是那种反求本心以立大本的逆觉体证工夫，而是一种通过主敬涵养以培养人诚敬的心态与坚定的意志，进而以此良好的精神状态从事践履的工夫。

也正是由于朱子把求放心当作主敬涵养工夫来理解，所以朱子认为求放心不是唯一的为学工夫，求放心后还需要进一步去做格物穷理工夫。朱子在《答郑子上》（三）中言："孟子云：'学问之道无他，求其放心而已。'岂是此事之外更无他事？只是此本不立，即无可下手处；此本既立，即自然寻得路径，进进不已耳。"[②]这里，朱子明确指出，求放心只是立本，此工夫之外还有"他事"要做。那么，求放心之外的"他事"是什么呢？朱子此处虽没有明示，但显然是指格物穷理工夫。

如果我们把朱子这一时期对求放心工夫的理解放在其整个思想发展历程中来看，应该说这正是鹅湖之会后朱子主张"去短集长"的具体体现。淳熙二年（1175年）的鹅湖之会对朱陆学术都有所促进。朱子对自己的为学工夫进行了反思，注意到自己在尊德性上有所欠缺，进而主张要去短集长，于尊德性上多下功夫。陆象山也对自己的为学方法进行了调适，开始兼顾道问学，不再尽废读书讲学。[③]

---

① 《语类》卷59，第1412页。

② 《答郑子上》（三），《文集》卷56，《朱子全书》（第23册），第2676页。顾宏义考证，此书约作于淳熙十六年（1189年）末。

③ 陈来认为，"大体上讲，极力否定读书讲学是陆学尚未成熟时的主张，陆学成熟后不再言废弃读书，而朱吕针对的正是陆氏当时所持的极端主张。"（陈来：《朱子哲学研究》，第358—359页）

（三）

然而，需要指出的是，朱子在这段时间内虽然对求放心工夫持肯定态度，并把求放心理解为主敬一类的涵养工夫，但他对把求放心理解为反身以求本心之工夫之说极为警惕。《语类》中还有条余大雅所录的一段对话值得注意。

> 或问：“求放心，愈求则愈昏乱，如何？”曰：“即求者便是贤心也。知求，则心在矣。今以已在之心复求心，即是有两心矣。虽曰譬之鸡犬，鸡犬却须寻求乃得；此心不待宛转寻求，即觉其失，觉处即心，何更求为？自此更求，自然愈失。此用力甚不多，但只要常知提醒尔。醒则自然光明，不假把捉。今言‘操之则存’，又岂在用把捉！亦只是说欲常常醒觉，莫令放失，便是。”[①]［余大雅录，淳熙六年（1179年）后所闻］

前文提及，余大雅所录在淳熙六年（1179年）至淳熙十六年（1189年）之间。由此可见，这条记录的时间在朱子对求放心工夫持肯定态度时期。朱子认为，那种把求放心理解为“以已在之心复求心”乃把人之心分成了“两心”，即以觉悟之心求放失之心，而这种以心求心之法则只会使人愈求愈昏乱。在朱子看来，“即求者便是贤心也。知求，则心在矣”，这就是说，当人意识到自己的心丢失时，此心就已经贤心了，那颗丢失的心就已经回来了；后面要做的就是操存涵养此心，使心始终保持清明状态，而不是着力把捉此心。从这里也可以看出，朱子始终反对那种以心求心之察识仁体的工夫，而强调心只能从正面涵养。

正是由于朱子始终对反身以求本心之工夫持警惕态度，而求放心极易理解为以觉悟之心求放失之心，因此，此后一段时间朱子放弃了此前把求放心理解为主敬涵养工夫的做法，而把求放心当作以心求心的工夫来看待，进而批评之。

《语类》有：

> 《论语》不说心，只说实事。《孟子》说心，后来遂有求心之病。[②]［李方子录，淳熙十五年（1188年）后所闻］

---

① 《语类》卷59，第1407页。
② 《语类》卷19，第429页。

孟子“求放心”语已是宽。若“居处恭，执事敬”二语，更无余欠。[①][叶贺孙录，绍熙二年（1191年）后所闻]

夫子所以不大段说心，只说实事，便自无病。至孟子始说“求放心”，然大概只要人不驰骛于外耳，其弊便有这般底出来。[②][林学蒙录，绍熙五年（1194年）以后所闻]

孟子云“求放心”，已是说得缓了。心不待求，只警省处便见。“我欲仁，斯仁至矣。”“为仁由己，而由人乎哉？”其快如此。盖人能知其心不在，则其心已在了，更不待寻。[③][曾祖道录，庆元三年（1197年）所闻]

这里，朱子直接批评孟子的求放心工夫。所谓“《孟子》说心，后来遂有求心之病”显然是针对求放心而言的，认为求放心乃是以一心求一心，故有“求心之病”。如曾祖道记录无误，可知朱子在庆元三年（1197年）之时还对孟子求放心工夫持警惕态度。

朱子之所以会认为孟子的求放心有求心之病，是因为其对“求”字十分警惕，认为“求”字是多余的。《语类》言：

放心，只是知得，便不放。如鸡犬之放，或有隔一宿求不得底，或有被人杀，终身求不得底。如心，则才知是放，则此心便在这里。五峰有一段说得甚长，然说得不是。他说齐王见牛为求放心。如终身不见此牛，不成此心便常不见！只消说知其为放而求之，则不放矣。“而求之”三字，亦剩了。[④][窦从周录，淳熙十三年（1186年）后所闻]

季成问：“为学当求放心？”曰：“若知放心而求之，则心不放矣。知之则心已在此，但不要又放了可也。然思之，尚多了‘而求之’三字。”盖卿从旁而言曰：“盖卿尝以为，‘操则存’，便是心未尝放；‘舍则亡’，便是此心已放。”曰：“是如此。”[⑤][袭盖卿录，绍熙五年（1194年）所闻]

《知言》中或问“求放心”，答语举齐王见牛事。某谓不必如此说，不成不见牛时，此心便求不得！若使某答之，只曰：“知其放

---

① 《语类》卷59，第1401页。
② 《语类》卷121，第2937页。
③ 《语类》卷9，第151页。
④ 《语类》卷59，第1407页。
⑤ 《语类》卷59，第1407页。

而求之，斯不放矣。”“而求之”三字，亦自剩了。[①][林学蒙录，绍熙五年（1194年）后所闻]

人心才觉时便在。孟子说“求放心”，“求”字早是迟了。[②][林夔孙录，庆元三年（1197年）后所闻]

上引四条中所谓“‘而求之’三字，亦剩了”“尚多了‘而求之’三字”“‘而求之’三字，亦自剩了”“‘求’字早是迟了”，都是强调求放心工夫有另生起一心以求此已放失之心之病；而所谓“放心，只是知得，便不放”“知得心放，此心便在这里，更何用求”“若知放心而求之，则心不放矣”则是强调当人意识到自身之心已放失之时，则此觉悟之心即是仁心了，不必另外生起一心来求此已放失之心。具体说，所谓的放失之心不是似别有一物在外，而求放心亦不是指生起一心去把此放失之心从外收拾回来；当人意识到心之失时，则此觉之心即是仁心了，也就是说，此心欲仁时此欲仁之心就已经是仁心了。所以，朱子赞同袭盖卿所言的“‘操则存’，便是心未尝放；‘舍则亡’，便是此心已放”之说。所谓“‘操则存’，便是心未尝放；‘舍则亡’，便是此心已放”是强调心是存还是放关键在于涵养与否，而不在于求之与否，涵养到位则心自然能存，不涵养则心自然放失。另外，如林夔孙所录无误，亦可知至少在庆元三年（1197年）之时朱子还对孟子求放心工夫持警惕态度。

朱子还把求放心与《论语》中的“我欲仁，斯仁至矣”结合起来理解，认为求放心可以理解为“我欲仁，斯仁至矣”。《语类》有：

问“我欲仁”。曰：“才欲，便是仁在这里。《胡子知言》上或问‘放心如何求’，胡子说一大段，某说都不消恁地。如孟子以鸡犬知求为喻，固是。但鸡犬有时出去，被人打杀煮喫了，也求不得。又其求时，也须遣人去求。这个心，则所系至大，而不可不求，求之易得，而又必得。盖人心只是有个出入，不出则入，出乎此，则入乎彼。只是出去时，人都不知不觉。才觉得此心放，便是归在这里了。如戒慎恐惧，才恁地，便是心在这里了。”[③][林夔孙录，庆元三年（1197年）后所闻]

“求放心”，也不是在外面求得个放心来，只是求时便在。

---

① 《语类》卷59，第1407页。
② 《语类》卷59，第1407页。
③ 《语类》卷34，第900—901页。

“我欲仁，斯仁至矣”，只是欲仁便是仁了。[①]［黄义刚录，绍熙四年（1193年）后所闻］

这里，朱子把“我欲仁”理解为“才欲，便是仁在这里”“只是欲仁便是仁了”，也就是当人有求仁之意识时，此欲仁之心就是仁心了。由是，朱子进一步把“我欲仁”同“求放心”联系起来理解，认为心只有出入，入则存，出则失，不出则入，所以“才觉得此心放，便是归在这里了”“不是在外面求得个放心来，只是求时便在”。

也正是由于朱子有对孟子的求放心工夫持否定态度之时期，所以朱子亦在一段时间内认为孟子之说不如孔子。《语类》有：

孟子言存心、养性，便说得虚。至孔子教人“居处恭，执事敬，与人忠”等语，则就实行处做功夫。如此，则存心、养性自在。[②]［程端蒙录，淳熙六年（1179年）至绍熙二年（1191年）间所闻］

孔子教人只言“居处恭，执事敬，与人忠”，含畜得意思在其中，使人自求之。到孟子便指出了性善，早不似圣人了。[③]［曾祖道录，庆元三年（1197年）所闻］

孟子说：“学问之道无他，求其放心而已矣。”可煞是说得切。子细看来，却反是说得宽了。孔子只云：“居处恭，执事敬，与人忠。”“出门如见大宾，使民如承大祭。”若能如此，则此心自无去处，自不容不存，此孟子所以不及孔子。[④]（不知何氏录）

上述三条，朱子都是强调孔子的“居处恭，执事敬，与人忠”“出门如见大宾，使民如承大祭”一类于实行处践行的涵养工夫易于入手操作，而孟子的“存心”“养性”“求放心”一类于事上推究的体验扩充工夫则说得虚，一般人不易操作。故而，在朱子看来，孟子之学终不及孔子之学。另外，曾祖道所录之语亦可证明庆元三年（1197年）之时朱子对孟子之学还颇有微词。

朱子之所以对孔子之学和孟子之学作出上述高下之别主要是基于为学工夫入手处必须切实可行。在朱子看来，孔子主张的“忠信笃敬”一类

① 《语类》卷59，第1408页。
② 《语类》卷19，第430页。
③ 《语类》卷19，第430页。
④ 《语类》卷59，第1410页。

的工夫乃是教人在现实生活中实下施行操作，这种工夫乃是直接下手之工夫；而孟子却要人先立个大规模，再去实下做工夫，这种工夫对一般人来说并不容易把握。两相比较，孔子的工夫乃是“下学上达”的工夫，此工夫也更为平稳踏实。《语类》载有：

> 孟子教人多言理义大体，孔子则就切实做工夫处教人。[①]［程端蒙录，淳熙六年（1179年）至绍熙二年（1191年）间所闻］
>
> 孔子教人极直截，孟子较费力。孟子必要充广。孔子教人，合下便有下手处。[②]［甘节录，绍熙四年（1193年）后所闻］

可见，朱子认为，孔子之学比孟子之学更切实。如能明白这一点，我们就能理解朱子为什么会对求放心工夫持警惕态度。

综上可知，大概在绍熙二年（1191年）至庆元三年（1197年）这段时间里朱子对孟子的求放心工夫持警惕态度，认为孟子的求放心工夫不如孔子“居处恭，执事敬，与人忠”“出门如见大宾，使民如承大祭”一类于实行处践行的涵养工夫平稳踏实。在此时的朱子看来，孟子的求放心乃是一种以心求心之法，有“求心之病”；而心是存还是放关键在于涵养与否，而不在于求之与否，涵养则心自然能存，不涵养则心自然放失。

应该说，朱子后面对求放心工夫持警惕态度，认为求放心有以心求心之病是有必然性的。通过前文朱子对“尽心”“反身而诚”的诠释可知，朱子始终对当时流行的反身识心的为学工夫持批评态度，其对湖湘学派和陆学的批评亦主要着眼于此，而“求放心”与“尽心”“反身而诚”同属于陆学所推崇的逆求以立大本的简易工夫，湖湘学派亦正是把求放心理解为一种察识仁体的工夫。鹅湖之会后，朱子同陆象山兄弟及其弟子之间交游频繁起来。其间，先后发生了陆氏兄弟向朱子咨询丧礼，陆九龄与朱子铅山观音寺再会，陆象山应朱子之邀至白鹿洞书院讲《论语》“君子小人喻义利”章，曹立之、万正淳转向朱学及《曹立之墓表》之争议，无极太极之辩等事件。在这些事件中，朱陆之间的关系则由“甜蜜”走向了“决裂”。此时，朱子的思想更加成熟，陆象山、吕祖谦、张栻先后逝世，朱子的学术地位已无人能及，故而其表现出来的批判精神更加强烈。所以，在陆象山逝世［绍熙四年（1193年）］前后，朱子又转变对陆学的态度，

---

① 《语类》卷19，第429页。
② 《语类》卷19，第430页。

认为陆学脱略文字、好高骛远，乃阳儒阴释之学。陆象山逝世前后这一时间段刚好与朱子对求放心工夫持警惕态度之时间段相吻合。这显然不能说是一种巧合。通过朱子对《孟子》“尽心”“反身而诚”的诠释可知，朱子始终对当时流行的反身识心的为学工夫持批评态度，其对陆学的批评亦主要着眼于此，而“求放心”与“尽心”“反身而诚”同属于陆学所推崇的逆求以立大本的简易工夫。由是，不难理解朱子为什么在这段时间里把求放心当作一种以心求心工夫而批评之。

（四）

孟子乃儒学之大师，朱子本人亦十分推崇孟子之学，其倾注了大量心血注解《孟子》而有《孟子集注》，孟子之学正是在朱子的阐发下而得以发扬光大。而求放心工夫乃是孟子工夫思想的重要部分，所以朱子不可能对求放心工夫始终持否定态度。故而，朱子晚年最终还是放弃了把求放心当作一种以心求心工夫来批评的做法，而转为肯定之。问题是，朱子最后是怎么理解求放心工夫呢？总的来说，朱子最终还是把求放心当作主敬涵养工夫，并进一步强调认知天理后才能算是求放心，表现出一种将求放心格物致知化的倾向。

《语类》中有一条曾祖道所录之语和一条李壮祖所录之语：

> 孟子言“求放心”。你今只理会这物事常常在时，私欲自无着处。且须持敬。[①]［曾祖道录，庆元三年（1197年）所闻］
>
> “学问之道无他，求其放心而已。”诸公为学，且须于此着切用工夫。且学问固亦多端矣，而孟子直以为无他。盖身如一屋子，心如一家主。有此家主，然后能洒扫门户，整顿事务。若是无主，则此屋不过一荒屋尔，实何用焉？且如《中庸》言学、问、思、辨四者甚切，然而放心不收，则以何者而学、问、思、辨哉！此事甚要。[②]［李壮祖录，庆元三年（1197年）至庆元五年（1199年）所闻］[③]

---

① 《语类》卷59，第1408页。

② 《语类》卷59，第1409页。

③ 《朱子语录姓氏》认为李壮祖所录时间不详。据田中谦二考证，李壮祖前后两次师事朱子，时间分别是绍熙三年（1192年）至绍熙五年（1194年）四月中旬、庆元三年（1197年）至庆元五年（1199年）。参见田中谦二：《朱门弟子师事年考（续）》，《东方学报》（日本），1975年总第48期，第261—375页。本书取田中谦二之说。另外，这段对话对求放心工夫持肯定态度，故可推知李壮祖所录时间应该是在庆元三年（1197年）至庆元五年（1199年）之间。

这里，朱子显然是把求放心理解为通过涵养以使心保持良好精神状态的工夫。所谓“且须持敬”“盖身如一屋子，心如一家主。有此家主，然后能洒扫门户，整顿事务。若是无主，则此屋不过一荒屋尔，实何用焉”即强调求放心乃是使心保持诚敬而为身之主宰之工夫。

基于把求放心理解为通过涵养以使心保持良好精神状态，朱子最后同样把“求放心”与“思无邪”联系起来理解。《语类》有：

> 问贺孙：“读《乡党》已终，觉得意思如何？”曰：“见得段段都是道理合着如此，不如此定不得。才有些子不如此，心下便不安。”曰：“圣贤一句是一个道理，要得教人识着，都是要人收拾已放之心。所谓‘学问之道无他，求其放心而已’，非是学问只在求放心，非把求放心为学问工夫，乃是学问皆所以求放心。如‘《诗》三百，一言以蔽之，曰“思无邪”’，大要皆欲使人‘思无邪’而已。”[①]［叶贺孙录，绍熙二年（1191年）后所闻[②]］

前文提及，用“思无邪”来解释求放心，也就是把求放心理解为通过涵养工夫以使人心保持诚敬端正状态。所以，“非是学问只在求放心，非把求放心为学问工夫，乃是学问皆所以求放心”中的“学问皆所以求放心”是指为学时必须有一个良好的精神状态，也就是指做任何工夫时都要有一颗诚敬的“工夫心”。因此，朱子此时所理解的求放心显然不是那种反求本心之良知以立大本的逆觉体证之工夫，而是把求放心理解为通过主敬涵养工夫以培养人良好的心态与坚定的意志，进而保证人以良好的精神状态从事工夫践履。具体说来，在朱子看来，无论是讲学、读书、致知、力行，还是学习礼乐、事亲从兄等都要以一种诚敬的精神状态去进行，求放心就是通过涵养工夫以使心诚敬端正。

《语类》有：

> 或问“心要在腔子里”。曰：“人一个心，终日放在那里去，得几时在这里？孟子所以只管教人‘求放心’。今人终日放去，一个身恰似个无梢工底船，流东流西，船上人皆不知。某尝谓，人未读

---

① 《语类》卷38，第997—998页。

② 叶贺孙是绍熙二年（1191年）后所闻，因此其所闻的时间既有可能在1197年之前，也有可能在1197年后。然根据义理来看，1197年后的可能性更大。故此处把叶贺孙所录定在1197年后。后面引叶贺孙所录同此理由。

书，且先收敛得身心在这里，然后可以读书求得义理。而今硬捉在这里读书，心飞扬那里去，如何得会长进！”①［叶贺孙录，绍熙二年（1191年）后所闻］

所谓“心要在腔子里”“收敛得身心在这里”即指一种良好的精神状态。把求放心理解为一种做工夫时必须具备良好的精神状态实质就是把求放心理解为一种主敬涵养的工夫。朱子正是如此认识的。《语类》还有：

“前夜方思量得出，学问之道，皆所以求放心；不是学问只有求放心一事。程先生说得如此，自家自看不出。”问贺孙：“晓得否？”曰：“如程子说：‘吾作字甚敬，只此便是学。’这也可以收放心，非是要字好也。”曰：“然。如洒扫应对，博学、审问、慎思、明辨，皆所以求放心。”②［叶贺孙录，绍熙二年（1191年）后所闻］

从“如洒扫应对，博学、审问、慎思、明辨，皆所以求放心”可知，朱子正是把求放心当作一种主敬涵养工夫，主张人要通过洒扫应对及学问思辨等工夫以使自己在做工夫时具有良好的心态和意志，也就是具有“敬”的“工夫心”。

因此，朱子实质上把求放心等同于主敬涵养工夫，而通过做求放心的涵养工夫，人在为学时自然能有一颗表现为“敬”的“工夫心”。所以，朱子言：“‘敬’字，前辈都轻说过了，唯程子看得重。人只是要求放心。何者为心？只是个敬。人才敬时，这心便在身上了。”③

前文提及，朱子在此前认为，求放心只是立本，此工夫之外还有格物致知的“他事”要做。同样，朱子最后亦持此观点，强调求放心之后还要做明辨笃行一类的格物穷理和践履实践之工夫。从朱子十分推崇程颢“圣贤千言万语，只是欲人将已放之心约之，使反复入身来，自能寻向上去，下学而上达也”即可窥见这一点。《孟子或问》言：

张子所谓“先守至约，然后博学以明夫至约之道”，盖欲学者先求放心，有所存主，然后博约详说而反乎此耳。其指示学者用力

① 《语类》卷96，第2462页。
② 《语类》卷59，第1413—1414页。
③ 《语类》卷12，第209页；黄义刚录，绍熙四年（1193年）后所闻。

之序，意则甚善，但曰先守至约，则与孟子之言相违，而不免于语病。必若程子所谓“先求放心，然后自能推寻向上去”者，则语意尽善，而次序不差矣。①

《语类》亦有：

> 蜚卿问：“孟子说‘求放心’，从‘仁，人心也’，说将来。莫是收此心便是仁，存得此心可以存此仁否？”曰：“也只是存得此心，可以存此仁。若只收此心，更无动用生意，又济得甚么！所以明道又云：‘自能寻向上去。’这是已得此心，方可做去；不是道只块然守得这心便了。”②［叶贺孙录，绍熙二年（1191年）后所闻］

朱子之所以认为程颢所谓的“先求放心，然后自能推寻向上去”比张载所谓的“先守至约，然后博学以明夫至约之道”语意更善，是因为在他看来程颢所谓“自能寻向上去”正是指格物穷理工夫，而所谓“先求放心，然后自能推寻向上去”即指人不能块然空守一心，人在求放心之后还要以此诚敬之心去做格物穷理工夫以明事事物物之性理。对朱子而言，这种先涵养再格物穷理的为学之途才是光明大道。

因此，朱子在《孟子集注》中引程颢“圣贤千言万语，只是欲人将已放之心约之，使反复入身来，自能寻向上去，下学而上达也”之言来诠释“学问之道无他，求其放心而已矣”亦是强调为学时必须一方面先做主敬涵养工夫以使人有一颗良好的“工夫心”，另一方面再以此良好的“工夫心”去做“寻向上去”的工夫，也就是做格物穷理工夫。

朱子去世那年，也就是庆元六年（1200年），他在《答廖子晦》（十八）中说：

> 盖详来喻，正谓日用之间别有一物光辉闪烁，动荡流转，是即所谓“无极之真”、所谓“谷神不死”。二语皆来书所引。所谓无位真人，此释氏语，正谷神之酋长也。学者合下便要识得此物，而后将心想象照管，要得常在目前，乃为根本功夫。至于学问践履，零碎凑合，则自是下一截事，与此粗细迥然不同。虽以颜子之初钻高仰

---

① 《孟子或问》卷8，《四书或问》，《朱子全书》（第6册），第962—963页。
② 《语类》卷59，第1411页。

> 坚、瞻前忽后，亦是未见此物，故不得为实见耳。此其意则善矣，然若果是如此，则圣人设教，首先便合痛下言语，直指此物，教人着紧体察，要令实见，着紧把捉，要常在目前，以为直截根原之计。而却都无此说，但只教人格物致知、克己复礼，一向就枝叶上零碎处做工夫，岂不误人枉费日力耶？《论》《孟》之言平易明白，固无此等玄妙之谈。虽以子思、周子喫紧为人，特著《中庸》《太极》之书以明道体之极致，而其所说用功夫处，只说择善固执、学问思辨而笃行之，只说"定之以中正仁义而主静""君子修之吉"而已。未尝使人日用之间，必求见此天命之性、无极之真而固守之也。盖原此理之所自来，虽极微妙，然其实只是人心之中许多合当做底道理而已。但推其本，则见其出于人心，而非人力之所能为，故曰天命。虽万事万化，皆自此中流出，而实无形象之可指，故曰无极耳。若论功夫，则只择善固执、中正仁义便是理会此事处，非是别有一段根原功夫又在讲学应事之外也。如说求其放心，亦只是说日用之间收敛整齐，不使心念向外走作，庶几其中许多合做底道理渐次分明，可以体察，亦非捉取此物藏在胸中，然后别分一心出外以应事接物也。①

从时间上看，这段话可谓是朱子晚年对求放心的最后"定论"。朱子反对廖子晦所主张的那种直下把捉识得心体的求仁之方。在朱子看来，廖子晦的错误在于把仁体当作一光辉闪烁、动荡流转的"无极之真""谷神不死"之物，而认为为学的关键就在于去把捉识得此物并进而去固守此物。由是，朱子指出，孔子、孟子、子思和周子等儒家先圣并没有教人去把捉所谓的仁心本性，而只是教人在实践中于事事物物上去择善固执之、学问思辨而笃行之，并没有一段所谓的根原工夫在讲学应事之外。基于对为学工夫的这种理解，朱子进一步指出，求放心并不是要人反身直下去把捉此心之仁体善性，而是要人通过主敬涵养工夫把此心收敛在身上，确保心念不向外走作而成为一身之主，进而以一种诚敬的精神状态去做格物穷理工夫以求得事事物物之义理。

综上可知，朱子晚年最后实把求放心理解为一种收敛身心以使心诚敬的涵养工夫，主张人先要通过求放心的涵养工夫以使自己具备一个良好的"工夫心"，然后再以此良好的"工夫心"去做格物穷理的工夫。

《语类》中有条郑可学所录之语值得关注。

---

① 《答廖子晦》（十八），《文集》卷45，《朱子全书》（第22册），第2110—2111页。

“‘学问之道无他，求其放心而已。’旧看此只云但求其放心，心正则自定，近看尽有道理。须是看此心果如何，须是心中明尽万理，方可；不然，只欲空守此心，如何用得！如平常一件事，合放重，今乃放轻，此心不乐；放重，则心乐。此可见此处乃与《大学》致知、格物、正心、诚意相表里。”可学谓：“若不于穷理上作工夫，遽谓心正，乃是告子不动心，如何守得？”曰：“然。”又问：“旧看‘放心’一段，第一次看，谓不过求放心而已。第二次看，谓放心既求，尽当穷理。今闻此说，乃知前日第二说已是隔作两段。须是穷理而后求得放心，不是求放心而后穷理。”曰：“然。”①

首先需要指出的是，今黎靖德编《朱子语类》中《朱子语录姓氏》认为郑可学是辛亥所闻，即绍熙二年（1191年）所闻；而日本学者田中谦二研究指出，郑可学从学朱子有四次，分别是淳熙十四年（1187年）春至淳熙十五年（1188年）春、绍熙元年（1190年）至绍熙二年（1191年）、绍熙三年（1192年）至绍熙四年（1193年）、庆元四年（1198年）秋冬之间，所以郑可学所录不仅是辛亥所闻。②根据文意，本书认为此条应该是庆元四年（1198年）秋冬所录。这条语录清晰地表明朱子对求放心工夫之理解有前后变化。所谓“旧看此只云但求其放心，心正则自定”是指此前仅把求放心理解为一种主敬的涵养工夫，使人在做工夫时具有良好的心态和意志；而“近看尽有道理。须是看此心果如何，须是心中明尽万理，方可；不然，只欲空守此心，如何用得”显然是指，不能仅把求放心理解为一种使心保持清明之态的主敬涵养工夫，只有做到心中明尽万理才可谓之求放心。这就是说求放心不仅要使心达到清明之境地，更要使心达到理明之境地。而对于郑可学所说的“第二次看，谓放心既求，尽当穷理。今闻此说，乃知前日第二说已是隔作两段。须是穷理而后求得放心，不是求放心而后穷理”，朱子表示赞同。“第二次看，谓放心既求，尽当穷理”值得注意，这句话是指郑可学第二次把求放心理解为先通过涵养主敬工夫以求得放心，再以此诚敬之心进一步做格物穷理之工夫。在郑可学看来，自己的这种理解还是有把“求放心”与“穷理”隔作两段之嫌，而认为“须

---

① 《语类》卷59，第1409—1410页。

② 参见谢晓东：《朱熹〈文集〉与〈语类〉中几则重要材料年代新考》，《中国哲学史》，2014年第1期。

是穷理而后求得放心，不是求放心而后穷理”。朱子对郑之说表示赞同。郑可学之说似乎是认为求放心中本就应该包含格物穷理工夫，不是先求放心再去格物穷理，而是格物穷理本身就是求放心工夫应有之义。若是如此，则朱子实表现出一种把求放心工夫格物致知化之倾向。这与其把《孟子》中“尽心”“反身而诚”等工夫格物致知化具有一致性。如此，朱子又似乎把求放心理解为一种格物致知之后的意诚境界，强调心中明尽万理时此心方可谓求得，也就是知至后意方诚。由是，在穷理与求放心关系上，朱子认为先穷理后求得放心，不是求放心而后穷理。

当然，朱子这一认为求放心中本就包含格物穷理工夫的思想毕竟比较微弱，他更多的是把求放心理解为一种使心保持清明纯一的主敬涵养工夫，强调人要通过求放心之工夫以把此心收敛在身上，再以一种诚敬的心态去做格物穷理工夫以求得事事物物之义理。

（五）

问题是，朱子晚年最后为什么会改变对求放心工夫的态度呢？我们知道朱子此前之所以批评求放心工夫，主要是其对“求”字过于警惕，认为“求”字有以一心求一心之弊。也正是基于这一点，朱子一再认为“而求之”三字是多余的。由是，朱子在一段时间里就把求放心理解为当下把捉仁心呈现之端倪以直下体证本心的察识仁体的工夫。此后，朱子改变了对求放心的这一理解，而把其理解为一种收敛身心以使心诚敬的涵养工夫。这些前文已经进行了详细论述。

当朱子最后把求放心理解为主敬涵养工夫时，其必然就不会再去苛求“求”字了。朱子放松对“求”字苛求这点可从他对“操”字的理解中得到佐证。朱子曾言：“‘求放心’，非以一心求一心，只求底便是已收之心；‘操则存’，非以一心操一心，只操底便是已存之心。心虽放千百里之远，只一收便在此，他本无去来也。”[①]这表明，朱子把“求”和“操”作为同类型意义的词语来理解。

在《答李晦叔》（七）中，朱子引李晦叔之言：

> （李晦叔：）先生又批诲云：“此处只是放去收来顷刻间事，只一‘操’字已是多了，不须如此着意安排也。”辉窃谓心之存亡出入，特系于人之操舍如何耳。但圣人则不操而常存，众人则操之而

① 《语类》卷59，第1408页；童伯羽录，绍熙元年（1190年）所闻。

后存也。先生云只一“操”字已是多了，辉久而未喻。近者看龟山解“七十而从心所欲”之义，谓圣人从容中道，无事乎操，然后始悟先生批诲之意，正是为已存者设。若心不能无放，则固不可不操；但太着意安排，是助长也。未审先生以为如何？

（朱子批语：）此是至亲切处。龟山之说，亦不谓此须反之于心。只就放去收来时体看，只此操时，当处便存，只要功夫接续，不令间断耳。①

据陈来考证，此书作于庆元元年（1195年）。由文意可知，李晦叔主张心之存亡出入系于人之操舍如何，而朱子却说“操”字已是多了。对于朱子这一判断，李晦叔起初不能理解，后来通过看杨时解“七十而从心所欲”之说而明白心固不可不操，但不能太着意安排。由“此时至亲切处”可知，朱子对李晦叔此后对“操则存”的理解表示赞同。

朱子在《答林德久》（三）和《答潘子善》（五）中分别言道：

所喻日用功夫，甚慰所望。但云一着力便觉多事，此恐未然。此心操舍存亡，只在瞬息间，本不须大段着力，然又不可不着力，如此久之，自然见效。②

只是虚着此心，随动随静，无时无处不致其戒谨恐惧之力，则自然主宰分明、义理昭著矣。然着个“戒谨恐惧”四字，已是压得重了。要之，只是略绰提撕，令自省觉，便是工夫也。③

据陈来考证，《答林德久》（三）作于绍熙五年（1194年）、《答潘子善》（五）作于庆元三年（1197年），乃朱子晚年之语。朱子在这里表达的意思也十分清楚：一方面，操存舍亡，故须致戒谨恐惧之力，常切提撕此心；另一方面，只是略绰提撕，不须大段着力。总之，操存工夫之着力必须把握好一个度，既不能不用力，亦不能太过用力。

《语类》亦言：

公莫看得戒慎恐惧太重了，此只是略省一省，不是恁惊惶震惧，略是个敬模样如此。然道着“敬”字，已是重了。只略略收拾

① 《答李晦叔》（七），《文集》卷62，《朱子全书》（第23册），第3015页。
② 《答林德久》（三），《文集》卷61，《朱子全书》（第23册），第2934—2935页。
③ 《答潘子善》（五），《文集》卷60，《朱子全书》（第23册），第2906—2907页。

来，便在这里。伊川所谓“道个‘敬’字，也不大段用得力”。孟子曰：“操则存。”操亦不是着力把持，只是操一操，便在这里。如人之气，才呼便出，吸便入。①［林赐录，庆元元年（1195年）后所闻］

这里朱子亦是强调“操”不是把捉此心，只要常常提撕醒觉即能存此心；且此“操”亦不能着力把持，只需用些许力即可。人通过“操”之工夫使得心常存后，就可以用此诚敬之心观书察理，以求得天理之所在。

既然朱子把“操”和“求”当作是同类型意义的词语来理解，那么，由朱子晚年最后把“操”理解为既不能不用力又不能太用力即可推知其应把“求”理解为既不能不施力去求又不能太用力去求。朱子对“求”的这种理解体现出其不再像以前那样对“求”过于苛求。如是，朱子晚年最后把“求放心”理解为主敬涵养工夫就不难理解了。

也正是由于朱子最后把求放心理解为存心的涵养工夫，所以他不再像此前那样认为孟子之学不如孔子之学立得稳。《语类》载有：

孔子之言，多且是泛说做工夫，如“居处恭，执事敬”“言忠信，行笃敬”之类，未说此是要理会什么物。待学者自做得工夫透彻，却就其中见得体段是如此。至孟子，则恐人不理会得，又趱进一着说，如“恻隐之心”与“学问之道，求放心”之类，说得渐渐亲切。今人将孔孟之言都只恁地草率看过了。②（吴雉录，所录时间不详）

对比前文引朱子对孔子和孟子为学工夫评价之言可知，与此前批评孟子求放心之说有病不同，此时朱子不仅肯定孔子“居处恭，执事敬”“言忠信，行笃敬”一类于事事物物上涵养的工夫，也肯定孟子求放心之工夫，认为孟子“恻隐之心”与“学问之道，求放心”之说渐渐亲切。

《语类》还载有：

孟子曰：“学问之道无他，求其放心而已矣。”所谓求放心，只常存此心便是。存养既久，自然信向。决知尧舜之可为，圣贤之可学，如菽粟之必饱，布帛之必暖，自然不为外物所胜。若是若存

---

① 《语类》卷62，第1503页。

② 《语类》卷19，第430页。

若亡，如何会信，如何能必行。又曰：“千书万书，只是教人求放心。圣贤教人，其要处皆一。苟通得一处，则触处皆通矣。”[①][沈僩录，庆元四年（1198年）后所闻]

“人既不仁，自是与那礼乐不相管摄。礼乐虽是好底事，心既不在，自是呼唤他不来，他亦不为吾用矣。心既不仁，便是都不醒了。如人身体麻木，都不醒了，自是与礼乐不相干事。所以孟子说：‘学问之道无他，求其放心而已矣。’只是一个求放心，更无别工夫。”或曰：“初求放心时，须是执持在此，不可令他放。”曰：“也不用擒捉他，只是要常在这里。”或曰：“只是常常省察照管得在，便得，不可用心去把持擒捉他。”曰：“然。只知得不在，才省悟，便在这里。”或曰：“某人只恁擒制这心，少间倒生出病痛，心气不定。”曰：“不是如此。只是要照管常在此，便得。”[②][吕焘录，庆元五年（1199年）所闻]

这两条是庆元四年（1198年）后朱子对求放心的理解，可谓是最晚年之语。考上引第一条，从“所谓求放心，只常存此心便是。存养既久，自然信向”可知，朱子把求放心理解为常提撕照管以存养本心的涵养工夫。而从“千书万书，只是教人求放心。圣贤教人，其要处皆一”可知，朱子对求放心持肯定态度。第二条中，朱子同样是强调求放心不是要人去把捉此心，于具体事事物物上常常提撕照管即求放心。这里，朱子显然对求放心工夫持肯定态度。

小结

由于朱子深刻认识到气禀物欲之杂对人的影响，所以“中和新说”后朱子便开始对湖湘学派所主张的察识心体、观过知仁、以觉言仁等逆觉体证的求仁之法进行批评。在朱子看来，湖湘学派所主张的察识心体的工夫即要人因事而见良心之萌蘖，由是而逆觉体证到人之良心本性。这种为学工夫实是以心识心之法。朱子进一步指出，这种逆觉体证以识仁体的以心识心的为学之方，只是一种具有极强偶然性和危险性的工夫。为学的关键

① 《语类》卷16，第316页。
② 《语类》卷25，第604页。

是存心以识理，即通过正面的主敬工夫以涵养此心，使心保持虚灵明觉之诚敬之态；在此基础上，以此虚灵诚敬之心去做格物穷理工夫，识得是是非非之所在。正是由于朱子把识心理解为格物穷理，所以他把《孟子》中“尽心”“反身而诚”等陆学十分推崇的简易工夫都格物致知化，把“尽心”“反身而诚”解释为以格物致知工夫来知理以明心。也正是由于朱子认为为学的关键在存心以识理，所以朱子在一段时间内对陆学所推崇的求放心工夫十分警惕，认为求放心亦是那种当下把捉仁心呈现之端倪以直下体证本心的察识仁体之工夫。但是，朱子晚年最后还是放弃了把求放心理解为反身察识仁体之工夫，而理解为一种主敬以使心保持虚灵诚敬的涵养工夫，进而肯定孟子的求放心工夫。

回到本文要讨论的“朱子晚年”与“朱陆异同”问题上。程敏政、王阳明、李绂认为朱子晚年转向陆学一个重要原因就是他们认为朱子晚年亦如陆学那样主张求放心一类之立大本工夫，而不再讲格物致知一类之所谓支离之工夫。而由本书之讨论可知，尽管朱子对求放心的诠释有多次反复，但朱子实始终坚持一条不变的主线，那就是坚决反对反求本心以立大本的逆觉体证工夫。而之所以会出现多次反复，主要是因为朱子对求放心内涵的理解表现出左右摇摆，即究竟把求放心理解为培养人诚敬心态的主敬涵养工夫，还是理解为发明本心的逆觉体证工夫。朱子起先把求放心理解为一种培养人诚敬心态的主敬涵养工夫。由是，在这段时间里，朱子认为孟子的求放心工夫乃为学第一义。而在后面的一段时间里，朱子转而把求放心理解为发明本心之逆觉体证工夫。故而，朱子在一段时间里对孟子的求放心工夫有所贬责。朱子晚年最终把求放心理解为一种使心保持清明纯一的主敬涵养工夫，强调人要通过求放心工夫以把此心收敛在身上，再以一种诚敬的心态去做格物穷理工夫以求得事事物物之义理。由是，朱子最终还是从正面肯定孟子的求放心工夫。综合来看，朱子所理解的求放心不是陆学和湖湘学派那种反求本心之良知以立大本的逆觉体证之工夫，而是把求放心理解为通过主敬涵养工夫以培养人良好的心态与坚定的意志，进而保证人以良好的精神状态去从事工夫践履，并强调求放心之后还要以此诚敬纯一之心去做格物致知工夫以认知天理。更有甚者，朱子还认为格物穷理本身就是求放心工夫的应有之义，强调人只有认知天理后才算是求放心了，表现出一种把求放心格物致知化的倾向。因此，朱子从来就没有放弃过格物致知工夫，其始终主张人知理才能明心。一言以蔽之，朱子理解的求放心与陆学所理解的求放心是不同的，所以朱子晚年并没有转向陆学。

第六章 “朱子晚年”与“朱陆异同”辨析

探索出一条具有普遍意义的为学工夫道路以引导人成圣成贤，是包括朱子在内的儒家学者孜孜以求的目标。一般认为朱子“己丑之悟”所体会出的未发之中之旨是其思想成熟的大关键处，其于此时提出的“未发前涵养，已发后省察，敬贯通已发未发”的为学工夫亦为朱子终身坚守不变。但程敏政、李绂等都认为朱子晚年工夫思想是有变化的，且这种变化是朱子放弃了自己中年之说而向陆学靠拢，即朱子不再讲格物穷理、读书讲学一类的所谓支离工夫，而亦如陆象山般主张求放心一类的立大本工夫。前文两章探讨了朱子晚年对格物工夫与诚意工夫关系理解之调整以及对求放心工夫理解之变化。考察这些调整与变化，我们可以发现朱子晚年工夫思想确实有变化，但这个变化并不是程敏政、李绂所认为的朱子晚年向陆学靠拢，亦如陆学那样主张立大本之求放心工夫。事实是，朱子所理解的求放心同陆学所理解的求放心并不是一样的，而且朱子从来就没有放弃过格物致知工夫，其晚年反而是更强调格物致知工夫，甚至表现出一种把求放心工夫格物致知化之倾向。然而，既然朱子晚年的工夫思想有变化，但这些变化又不是如程、李二人所认为的向陆学所主张的简易工夫靠拢，那么，我们该如何对朱子晚年工夫思想下一个“定论”呢？朱陆之间为学工夫之差异又该怎样理解呢？本章，笔者即尝试对朱子晚年工夫思想下一个“定论”，并谈谈自己对“朱陆异同”的理解。

第一节 朱子晚年工夫思想“定论”

正如王健所说：“朱熹在与湖湘学派论学中，思想重点是放在‘先存养’或曰‘正心诚意’方面，而此后则转向‘即物穷理’或曰‘格物致知’。”[①]这点从前文朱子晚年对“真知”的强调和把“尽心”“反身而诚”“求放心”等工夫格物致知化即可以得到证明。而朱子晚年最后对求放心的理解与陆象山对求放心的理解是不同的。前文已经提及，朱子晚

① 王健：《在现实真实与价值真实之间——朱熹思想研究》，第297页。

年最后把求放心理解为主敬以使心保持虚灵诚敬之涵养工夫，并强调求放心后还要以此虚灵诚敬之心去做格物致知工夫以认知天理。因此，说朱子晚年不再讲格物穷理的工夫，而如陆象山那样只强调发明本心之简易工夫是不符合事实的。事实上，朱子晚年工夫思想的变化并没有脱离“知先行重”和“涵养须用敬，进学则在致知”这个大框架，只是在这个框架内进行一些细微的修订和完善，而这些修订和完善也使得其工夫思想更加缜密和圆融。

朱泽沄在《朱子圣学考略》中把朱子的涵养工夫思想的发展历程次第概括为：

> 朱子涵养直接孔孟者有数层。四十前只在发念正大、敬畏小心处用功，是一层察识端倪工夫也。四十悟本体未发、心统性情，是自己本领。随事观理，即物推明，亦必以是为本，是又一层主静御动也。丙申又悔涵养工夫少，如《复斋记》所云“不肆焉以骋于外，则本心全体即此而在”，又云“动静语默之间，有以贯乎一而不为内外之分”，此又一层即动亦静（动、静皆敬）也。至于丁未、戊申，动静周流，浑然全体，而静者常为主焉，此又一层动静合一（敬贯动静，浑然一理）也。至庚戌以后，纯是天理发见，如太极在阴阳中，即阴阳即太极，即动静即天理，只是天理敛舒，不得以动静言（敬浑是理，不见动静）矣。盖朱子圣学得力在四十前工夫，用力于格物致知，扩充克治，直向道理上穷究体验。及其透悟未发之旨，深信天理体段是道理源头，只在这里透此主宰方能御动，由此居敬穷理，再加深入，觉语默动静总是一理，更加深入，随动随静，其理皆感通于寂然不动之中。至于暮年，天性充满洋溢，只见道理，无意于动静界限，惟其学以理始，以理终，此朱子万理浑然之涵养，而非诸儒比也。若他家之学，始以静始，终以静终。其见理也不过随其聪明，任心而行，虽有夹杂，不自知觉，而只以虚静为主，乌能及朱子之万一哉。①

丙申是淳熙三年，即1176年，朱子47岁；丁未、戊申是淳熙十四年和淳熙十五年，也就是1187年和1188年，朱子58岁和59岁；庚戌是绍熙元年，即1190年，朱子61岁。朱泽沄把朱子为学思想的发展划分为四个阶

① 朱泽沄：《朱子圣学考略提要》，《历代“朱陆异同”典籍萃编》（四），第43页。

段：40岁时体会未发之中之旨，提出未发前要主静涵养，此时是主静以御动；47岁时，则主张敬贯通动静，也就是不仅未发前的涵养工夫要敬，已发后的格物致知工夫也要敬；58岁至59岁时，为学工夫进一步精进，达到了随动随静、动静合一的境界；61岁时，则纯是天理发见昭著，超越了动静界限，无分于动静内外，动静之间浑然只是天理。

朱泽沄进一步指出，朱子对涵养工夫与穷理工夫关系的理解也经过了一个步步发展的过程。他说：

> 朱子涵养穷理合一功夫有数层。自见延平，如是穷理，如是涵养，培得心气正大，总在道理上行。此初用功时，不以涵养穷理为二也，但穷究处未免零星，故涵养统会，未有得力。及丁亥后，所穷究者由用溯体，所涵养者亦由用溯体，至己丑，直会本原，此时即穷理即涵养也。至壬辰后，穷究性善真静，极其精严，则涵养无有流失。丙申，犹悔涵养功浅，正其极深细处，此穷理涵养相资更进也。至丁未、戊申，道理充足，涵泳优游，亦不着力用穷究工夫，涵养了然处便是知；亦不着力用持守工夫，光明肃然处便是敬。涵养穷理，浑融一片，渐次知天命之候。至庚戌而直透天命之性，浑融无迹，自此至易箦时，纯是天理在这里。不独不用穷究，而亦自然涵养，无有用力处矣。盖朱子合下穷究仁义礼知之性，恻隐羞恶、辞让是非之情，所谓天理也。果力卓识，辨得这天理真，守得这天理定，积累扩充，满腔子是这天理。开眼便见，触着便应，动也是这天理，静也是这天理，一切收敛条理，无非天理镇定，运行天地，只这天理。朱子只这天理，到此境地，只完得立人之道曰仁与义也。彼虚静者，何曾透仁义真面目哉。①

可见，朱泽沄认为，朱子从学延平时即不以涵养穷理为二，但穷理显得零星散乱。到了丁亥（乾道三年，1167年，朱子38岁），朱子则主张无论是涵养工夫还是穷理工夫都要由用以溯体。到了己丑（乾道五年，1169年，朱子40岁），朱子则强调即穷理即涵养。此后，朱子对涵养与穷理关系理解得更加透彻，认为穷理工夫与涵养工夫都不必太着力穷究和持守，涵养了然处便是知，光明肃然处便是敬。而到了庚戌（绍熙元年，1190年，朱子61岁）时，朱子则直透天理之本真，穷理工夫与涵养工夫达到了

---

① 朱泽沄：《朱子圣学考略》，《历代“朱陆异同”典籍萃编》（四），第43—44页。

浑融无迹的相互融通境界。

对于朱泽沄作出上述时间段划分的根据，我们此处不作探究。从此划分中我们可以发现，在朱泽沄看来，朱子对涵养工夫和穷理工夫以及两者之间的关系的认识乃是一个不断发展的过程，61岁后更主张为学修养必须达到超越动静内外、浑融无迹的融释境界。另外，朱泽沄的论述中实透显出这样一个观点：朱子晚年依然强调格物穷理工夫，且进一步把主敬涵养工夫与格物穷理工夫融通为一体。这亦表明，朱子晚年并不是如程敏政、李绂所说的悔中年之说而向陆学靠拢。而朱泽沄在这两段最后所言的“惟其学以理始，以理终，此朱子万理浑然之涵养，而非诸儒比也。若他家之学，始以静始，终以静终。其见理也不过随其聪明，任心而行，虽有夹杂，不自知觉，而只以虚静为主，乌能及朱子之万一哉”“彼虚静者何曾透仁义真面目哉”显然是针对陆王而发，批评陆王之学乃是以静始以静终，为学工夫只讲一虚静，而朱子之学则是以理始以理终，浑然是圣人仁义之学，为学工夫亦贯通动静，因此朱子之学乃是圣人之学。

这里，我们暂时把朱泽沄描述朱子工夫境界一类的词语搁置起来，应该说，朱子晚年的工夫确实走向了更圆融之境。这主要表现在朱子把主敬涵养工夫与格物穷理工夫融通为一，强调“尊德性”与“道问学”相互发明、穷理涵养相资更进、敬义相辅相成。

朱子晚年这一变化首先体现在其对未发已发的理解上，他晚年不再如“中和新说”时期那样强调未发与已发是两个时段的区分，主张未发时涵养、已发时省察，而是把未发和已发融会贯通，不再执着未发已发之间的界限，进而把涵养与省察两工夫打通。这一变化正如陈来所说：“朱子论心的思想在前期注重已发未发，后期更重视具众理而应万事。”①

事实上，朱子在“中和旧说”时期就表现出要把未发与已发融会贯通的思想，只不过当时朱子是以体用的思维来认识未发和已发，而认为未发是性、已发是心。朱子在《与张钦夫》（四）中曾认为张栻执着于“时”“际”前后之分，有隔截气象之病。其言：

> 又如所谓“学者于喜怒哀乐未发之际以心验之，则中之体自见”，亦未为尽善。大抵此事浑然，无分段时节先后之可言。今着一“时”字、一“际”字，便是病痛。当时只云寂然不动之体，又不知如何……向见所著《中论》有云：“未发之前，心妙乎性；既发，则

① 陈来：《朱子四德说续论》，《中华文史论丛》，2011年第4期。

性行乎心之用矣。”于此窃亦有疑。盖性无时不行乎心之用，但不妨常有未行乎用之性耳。今下一“前”字，亦微有前后隔截气象，如何如何？熟玩《中庸》，只消着一“未”字，便是活处。此岂有一息停住时耶？只是来得无穷，便常有个未发底耳。[①]

这里，朱子对张栻“未发之前，心妙乎性；既发，则性行乎心之用矣”之说提出了质疑，认为其拘泥于前后之分，有把未发已发隔截起来之嫌疑。在朱子看来，“性无时不行乎心之用，但不妨常有未行乎用之性”。这就是说，性和心既然是体用关系，那么，作为本体的性会时时刻刻显发为作为现象的心，性和心是“体用一源，显微无间”的关系，心和性之间是没有先后之分，因此，未发和已发也没有时间上的前后之分了。

应该说，当朱子以体用关系来理解未发已发时，其必然会认为未发与已发之间是一种表现为本体与现象的体用一源的关系。当然，在“中和新说”中，当朱子放弃把未发理解为性、已发理解为心，而认为未发是指思虑未萌时之心、已发是指思虑已萌时之心时，其必然不会再以体用思维模式来理解未发已发，而是把未发已发看作心的心理活动在经验现象中的不同阶段和状态，即未发指人之心处于寂然不动的阶段或状态，已发是指人之心处于感而遂通的阶段或状态。因此，“中和新说”之时，朱子实质是把未发已发看作是经验现象中的时间先后关系。由是，朱子就不得不分一个时间上的先后了，这就具体表现在其认为未发之前要做主敬涵养工夫，已发之时要做格物省察工夫。所以，在《已发未发说》及《与湖南诸公论中和第一书》中，朱子就以“前”“后”“时”“际”等来做时间先后的区分了。如《与湖南诸公论中和第一书》言：“按《文集》《遗书》诸说，似皆以思虑未萌、事物未至之时，为喜怒哀乐之未发……然未发之前不可寻觅，已觉之后不容安排……而于已发之际观之，则其具于未发之前者，固可默识。”[②]《已发未发说》中言：“右据此诸说，皆以思虑未萌、事物未至之时，为‘喜怒哀乐之未发’。当此之时，即是心体流行，寂然不动之处，而天命之性，体段具焉。以其无过不及，不偏不倚，故谓之中。然已是就心体流行处见，故直谓之性则不可。”[③]

然而，朱子是不会将未发与已发在时间上截然分成两节，其在“中和

---

① 《与张钦夫》（四），《文集》卷32，《朱子全书》（第21册），第1316—1317页。

② 《与湖南诸公论中和第一书》，《文集》卷64，《朱子全书》（第23册），第3130—3131页。

③ 《已发未发说》，《文集》卷67，《朱子全书》（第23册），第3267—3268页。

新说”时就开始试图把两者融通起来。促使朱子思考这一问题的直接动因是程颐和苏季明关于“中”的讨论。《河南程氏遗书》有：

苏季明问：“中之道与喜怒哀乐未发谓之中，同否？”

曰：“非也。喜怒哀乐未发是言在中之义，只一个中字，但用不同。”

或曰：“喜怒哀乐未发之前求中，可否？”

曰：“不可。既思于喜怒哀乐未发之前求之，又却是思也。既思即是已发（思与喜怒哀乐一般）。才发便谓之和，不可谓之中也。”

又问：“吕学士言：‘当求于喜怒哀乐未发之前。’信斯言也，恐无着摸，如之何而可？”

曰：“看此语如何地下。若言存养于喜怒哀乐未发之时，则可；若言求中于喜怒哀乐未发之前，则不可。”

又问：“学者于喜怒哀乐发时固当勉强裁抑，于未发之前当如何用功？”

曰：“于喜怒哀乐未发之前，更怎生求？只平日涵养便是。涵养久，则喜怒哀乐发自中节。”

……

曰：“中是有时而中否？”

曰：“何时而不中？以事言之，则有时而中。以道言之，何时而不中？”

曰：“固是所为皆中，然而观于四者未发之时，静时自有一般气象，及至接事时又自别，何也？”

曰：“善观者不如此，却于喜怒哀乐已发之际观之。贤且说静时如何？”

曰：“谓之无物则不可，然自有知觉处。”

曰：“既有知觉，却是动也，怎生言静？人说‘复其见天地之心’，皆以谓至静能见天地之心，非也。《复》之卦下面一画，便是动也，安得谓之静？自古儒者皆言静见天地之心，唯某言动而见天地之心。”

或曰：“莫是于动上求静否？”

曰：“固是，然最难。释氏多言定，圣人便言止。且如物之好，须道是好；物之恶，须道是恶。物自好恶，关我这里甚事？若说道我只是定，更无所为，然物之好恶，亦自在里。故圣人只言止。所谓止，如人君止于仁、人臣止于敬之类是也。《易》之《艮》言止之义曰：‘艮其止，止其所也。’言随其所止而止之，人多不能止。盖人万物皆备，遇事时各因其心之所重者，更互而出，才见得这事重，便有这事出。若能物各付物，便自不出来也。”

或曰：“先生于喜怒哀乐未发之前下动字，下静字？”

曰：“谓之静则可，然静中须有物始得，这里便（一作最）是难处。学者莫若且先理会得敬，能敬则自知此矣。”①

由对话可知，程颐认为凡言心者皆是已发，同时不仅喜怒哀乐等情感是心之发，而且思虑亦是心之作用，所以人心之思虑皆是已发。既然思虑皆是已发，因此人之思虑只能说是“和”而不能说是“中”；同样，人只能在思虑上求“和”而不能求“中”。正是基于这种理解，当苏季明问“喜怒哀乐未发之前求中，可否”时，程颐予以否定，并强调“若言存养于喜怒哀乐未发之时，则可；若言求中于喜怒哀乐未发之前，则不可”。这表明，在程颐看来，未发之前的工夫只能是涵养，而不能求取。从这里我们也可以看出，程颐把未发已发认定为表现为寂静与感发的经验中的时间先后关系。既然未发与已发是时间上的先后关系，所以此两者是不可能同时并存。程颐所谓的“既有知觉，却是动也，怎生言静”正是指未发与已发之间的前后二分关系。由是，程颐进一步指出，那种“求中于喜怒哀乐未发之前”的工夫是企图于思虑已发之际求取未发之大本，这种工夫实质上是要人于“动上求静”，此非“善观者”极难做到。所以，程颐指出，那种于喜怒哀乐已发之际观之的“动上求静”的工夫“最难”。

对于程颐这种“凡言心者，皆指已发而言”的思想，朱子在《已发未发说》和《与湖南诸公论中和第一书》中指出这是程颐一时之言，其后面亦认为心之有动静乃各有所指。《已发未发说》言：“程子所谓‘凡言心者，皆指已发而言’，此却指心体流行而言，非谓事物思虑之交也。然与《中庸》本文不合，故以为未当而复正之，固不可执其已改之言而尽疑论说之误，又不可遂以为当而不究其所指之殊也。”②《与湖南诸公论中和第一书》言：“程子所谓‘凡言心者，皆指已发而言’，此乃指赤子之心

① 《河南程氏遗书》卷18，《二程集》（上），第200—202页。为了方便阅读，本书将此段对话拆成一段段。

② 《已发未发说》，《文集》卷67，《朱子全书》（第23册），第3268页。

而言，而谓‘凡言心者’，则其为说之误，故又自以为未当，而复正之。固不可以执其已改之言，而尽疑诸说之误；又不可遂以为未当，而不究其所指之殊也。”[①]可见，朱子认为程颐言“凡言心者，皆指已发而言”只是一时之言，且这句话中的“心”是特指心之体，乃是要强调心体无时不动，所以这句话并没有问题，只是说得不全面而已。正如朱子所说，程颐后面对“凡言心者，皆指已发而言”之说确有反省。程颐言：“凡言心者，指已发而言，此固未当。心一也，有指体而言者（寂然不动是也），有指用而言者（感而遂通天下之故是也），惟观其所见如何耳。”[②]

朱子亦不满程颐此前那种过分执着于“已发之时”与“未发之前”的时间前后之区分，而进一步把动静寂感打通，强调静中有动、动中有静。“己丑之悟”之时，朱子在《答张钦夫》（四十九）说：

> 未发之前，是敬也固已主乎存养之实；已发之际，是敬也又常行于省察之间。方其存也，思虑未萌而知觉不昧，是则静中之动，复之所以“见天地之心”也；及其察也，事物纷纠而品节不差，是则动中之静，艮之所以“不获其身，不见其人”也。有以主乎静中之动，是以寂而未尝不感；有以察乎动中之静，是以感而未尝不寂。寂而常感，感而常寂，此心之所以周流贯彻而无一息之不仁也。然则君子之所以“致中和而天地位、万物育”者，在此而已。[③]

从“思虑未萌而知觉不昧，是则静中之动”和“事物纷纠而品节不差，是则动中之静”可知，在朱子看来，虽然未发之前心之思虑没有萌发，但此心并不是绝对的静止，因为此时人的“知觉”是不昧的，此即所谓“静中之动”；虽然已发之时心之思虑已经发动，但此心并不是绝对运动，因为作为心之体的性是无时不行乎心之用，性能通过心主宰情之发用，此即所谓“动中之静”。可见，朱子直接肯定经验现象中思虑营为背后有一个贯通动静的“流行之体”。在心未发之时，此“流行之体”表现为蕴含着发动能量的不昧之“知觉”；在心已发之时，此“流行之体”就是能主宰情之性体。由是，心在未发时能做到“寂而未尝不感”，心在已发时能做到“感而未尝不寂”。朱子此举是把本体论的体用思维贯通到表

---

① 《与湖南诸公论中和第一书》，《文集》卷64，《朱子全书》（第23册），第3131页。
② 《与吕大临论中书》，《河南程氏文集》卷9，《二程集》（上），第609页。
③ 《答张钦夫》（四十九），《文集》卷32，《朱子全书》（第21册），第1419页。

现为未发和已发的经验现象中的时间先后上，直接肯定“静中有动”“动中有静”。

进一步看，朱子突破动静寂感之界限的办法是把心之知觉功能从已发未发中超脱出来，强调心之知觉乃虚灵明觉而“能主于身而无动静语默之间”[①]，故此心能贯通已发未发而或静或动，或寂或感。[②]此正如黄莹暖所说：“此一不昧之‘知觉’，乃是由未发通贯已发、开显心中性理的关键；它是心之未发之时‘寂而能感’的根源，亦是未发之心体‘昭昭自在’的所在，因为未发心体之呈现性理、大本，必因其灵觉、动能，方成其为昭昭、炯然、灵明不昧之谓……而此知觉之虚明、不昧，必与此心之‘湛然’为同体，或者说，由心之湛然，而有知觉之不蔽不昧；由虚明不昧之知觉，而显湛然之心体，同时即显浑然之性理。”[③]由是，朱子直接肯定“静中有动”“动中有静”。在朱子看来，虽然未发之前心之情感思虑没有萌发，但此心并不是绝对的静止，因为此时心之知觉是常醒不昧的，此即所谓“静中之动”；虽然已发之时心之情感思虑已经发动，但此心并不是绝对的运动，因为表现为虚灵明觉的心之知觉本就通达作为心之体的性理[④]，而此性理就是确保心之知觉应事接物方向正确的根据，如此

---

① 朱子在《答张钦夫》（四十九）中言：“人之一身，知觉运用，莫非心之所为，则心者，固所以主于身，而无动静语默之间者也。”［《文集》卷32，《朱子全书》（第21册），第1419页］

② 从这里我们也可以发现，正是由于朱子在“新说”中把心当作一表现为喜怒哀乐、思虑营为的实然之心来看待，故朱子此后十分强调心在经验现象中表现出来的认识论上的知觉功能，进而强调心体之虚明灵觉。此正如陈来所说：“朱熹之所以在心的未发已发之外，还突出讲所谓心体虚明，就是因为这里不是仅着眼于心性的伦理活动，而是从一般的意识活动，包括认识活动出发的。心体虚明虽然也包含有道德意识方面的意义，但不能把心体虚明仅仅理解为道德意识方面的意义，否则就不能说明朱熹何以强调虚明虚灵了。”（陈来：《朱子哲学研究》，第220页）另外，王惠雯指出：“对朱子来说，心以性理为体，但却能含具万理。这种概念意涵，已经超出了本体论的层次，而具有认识论的意义。亦即朱子并不以‘心理’问题的同体关系为满足，他尚从心的功能，可以展现、彰显理的一面，来谈‘心与理’的关系。也因此，‘心具众理’便一方面具有本体意涵，却又可做为认识论中‘知觉可能性’的基础。”又说：“朱子‘心’的作用，并不是直接呈现‘天理’的存有本体，而是指心的知觉，及主于身的特质而言。因而实践的意义便借由‘心’的知觉及主宰作用而展现道德的意蕴。”（王惠雯：《朱子“心与理一”思想之研究》，台北：花木兰文化出版社，2010年，第82—83页）这就是说，对朱子而言，在具体的经验现象中，本体之性理不能直接呈现出来，而必须凭借心之知觉功能才能实现。朱子对经验现象中表现出来的认识论上的知觉功能的强调也表明，“新说”时期朱子不再抽象地理解人，而是把人当作日常生活中具体的人来看待。

③ 黄莹暖：《朱子论〈中庸〉“未发”之义及其工夫》，《兴大中文学报》，2007年总第21期。

④ 如，《语类》有：“问：‘心是知觉，性是理。心与理如何得贯通为一？’曰：‘不须去着实通，本来贯通。’‘如何本来贯通？’曰：‘理无心，则无着处。’”（《语类》卷5，第85页）“此心虚明，万理具足，外面理会得者，即里面本有底。”（《语类》卷114，第2763页）

心就能“具众理而应万事”[①]，此即所谓“动中之静”。由是，心在未发时能做到“寂而未尝不感”，心在已发时能做到“感而未尝不寂”。

《语类》亦有：

> 问：“苏季明问喜怒哀乐未发之前，下‘动’字？下‘静’字？伊川曰：‘谓之静则可，静中须有物始得。’所谓‘静中有物’者，莫是喜怒哀乐虽未形，而含喜怒哀乐之理否？”曰：“喜怒哀乐乃是感物而有，犹镜中之影。镜未照物，安得有影？”曰：“然则‘静中有物’，乃镜中之光明？”曰：“此却说得近似。但只是此类。所谓‘静中有物’者，只是知觉便是。”曰：“伊川却云：‘才说知觉，便是动。’”曰：“此恐伊川说得太过。若云知个甚底，觉个甚底，如知得寒，觉得暖，便是知觉一个物事。今未曾知觉甚事，但有知觉在，何妨其为静？不成静坐便只是瞌睡！”[②]［陈文蔚录，淳熙十五年（1188年）后所闻］
>
> 问：“未发之前，当戒慎恐惧，提撕警觉，则亦是知觉。而伊川谓‘既有知觉，却是动’，何也？”曰：“未发之前，须常恁地醒，不是瞑然不省。若瞑然不省，则道理何在？成什么‘大本’？”曰：“常醒，便是知觉否？”曰：“固是知觉。”曰：“知觉便是动否？”曰：“固是动。”曰：“何以谓之未发？”曰：“未发之前，不是瞑然不省，怎生说做静得？然知觉虽是动，不害其为未动。若喜怒哀乐，则又别也。”曰：“恐此处知觉虽是动，而喜怒哀乐却未发否？”先生首肯曰：“是。下面说‘《复》见天地之心’，说得好。《复》一阳生，岂不是动？”曰：“一阳虽动，然未发生万物，便是喜怒哀乐未发否？”曰：“是。”[③]［陈淳录，绍熙元年（1190年）、庆元五年（1199年）所闻］

考此两条对话，朱子指出程颐所说的“静中有物”的“物”是指的人的知觉。心之知觉虽然在经验现象中表现为发动，但这却并不妨碍其为未动。在朱子看来，心之寂然不动并不是指那种瞑然不醒的状态。程颐的“才说知觉，便是动”说得太过，如果知觉有具体的对象，表现为知得某

---

① 《大学章句》言：“明德者，人之所得乎天，而虚灵不昧，以具众理而应万事者也。”（《四书章句集注》，第3页）

② 《语类》卷96，第2470页。

③ 《语类》卷96，第2469—2470页。

一个物或一件事时，可以认为此时为动，如知寒知暖之类；但如知觉没有具体对象而表现为一种纯形式时，此时亦可以说是不动的。这里朱子虽然没有进一步解释为什么说纯形式的知觉是不动的，但从朱子的思想中我们可以推出其中的原因。对朱子而言，知觉表现为一种能判断是非善恶的能力，这种能力潜藏在心体之中，并且无间于心之已发未发之间，进而能在经验现象中作出是非善恶判断。[①]因此，未发时之心虽未与事物接触，但此心所具有之知觉却是“常醒”的，是不断地流行发用的。正是从这个意义上，可以说“知觉虽是动，不害其为未动”。另外，从这里也可以看出，朱子实是把“知觉”（“智”）当作一个能量体从未发之中提升出来，赋予其判断是非善恶的能力。这也与其晚年的“智藏”思想相对应。

可见，在“中和新说”时期，朱子就试图打通心之动静寂感，指出表现为明觉不昧的心之知觉乃流行无间于未发已发之间，强调静中有动、动中有静。应该说，朱子这一做法成功地突破了程颐所担心的“动中求静”之拘泥，打通了心之动静寂感。

我们知道，一定的心性论对应于相应的工夫论。既然此心之发用无间于动静，所以主敬工夫亦要无间于动静。由是，朱子在“中和新说”后即进一步发展了涵养工夫思想，指出未发之时固然要做涵养持敬工夫，已发之时亦要随事随物做涵养持敬工夫，人要随时随地涵养此心，主敬涵养乃是贯通未发已发之工夫。

然而，需要指出的是，虽然把心之知觉从心之动静寂感中抽离出来，强调心之知觉无间于动静寂感而能流行贯通于未发已发之间的方法能突破“动中求静”之拘泥，但是既然心体之流行乃是静中有动、动中有静，那么从某种意义上说以心之动静寂感来区分未发已发就无实质意义了。朱子晚年似乎意识到这一问题，其晚年进一步放宽了对未发已发的界定，不再从心之动静寂感来区分未发已发，而是从心应事接物时是否顺理而行来分判未发已发，强调心应事接物时如顺理而行便是未发。如此就回避了心之知觉乃是静中有动、动中有静与以心之动静寂感来区分未发已发之间可能存在的矛盾。

《答徐彦章》（四）言：

---

① 如，《语类》载：“未发之前，万理备具。才涉思，即是已发动；而应事接物，虽万变不同，能省察得皆合于理处。盖是吾心本具此理，皆是合做底事，不容外面旋安排也。今说为臣必忠、为子必孝之类，皆是已发。然所以合做此事，实具此理，乃未发也。”［《语类》卷62，第1509页；万人杰录，淳熙七年（1180年）后所闻］

> “中者无过不及之谓”，又曰“和者，中之异名”，若就已发处言之则可，盖所谓时中也。若就未发处言之，则中只是未有偏倚之意，亦与“和”字地位不同矣。未发只是未应物时，虽市井贩夫、厮役贱隶亦不无此等时节，如何讳得？方此之时，固未有物欲泥沙之汩，然发而中节，则虽应于物，亦未尝有所汩，直是发不中节，方有所汩。若谓未汩时全是未发，已汩后便是已发，即喜怒哀乐之发永无中节之时矣，恐不然也。于本有操持涵养之功，便是静中工夫。所谓静必有所事者，固未尝有所动也。但当动而动，动必中节，非如释氏之务于常寂耳。[①]

据陈来考证，此书作于绍熙二年（1191年），朱子61岁。这里，朱子明确指出，“未发只是未应物时”。所谓“未发只是未应物时”显然是认为，未发并不是截然不动，而已发也不是截然的动；未发只是心未应接事物，并不是指心静如死水。所以，朱子最后说道：“静必有所事者，固未尝有所动也。但当动而动，动必中节，非如释氏之务于常寂耳。”这亦是强调，儒释之分就在于儒家强调动中有静、静中有动、通贯动静。

《语类》载有：

> “喜怒哀乐未发谓之中”，只是思虑未萌，无纤毫私欲，自然无所偏倚。所谓“寂然不动”，此之谓中。然不是截然作二截，如僧家块然之谓。只是这个心自有那未发时节，自有那已发时节。谓如此事未萌于思虑要做时，须便是中是体；及发于思了，如此做而得其当时，便是和是用，只管夹杂相滚。若以为截然有一时是未发时，一时是已发时，亦不成道理。[②]［程端蒙录，淳熙六年（1179年）至绍熙二年（1191年）间所闻］

这里朱子亦明确以应事接物来区分已发未发。所谓“此事未萌于思虑要做时，须便是中是体”即指心未应事接物之时就是未发之中；而所谓“及发于思了，如此做而得其当时，便是和是用”便是指心应事接物时就是已发之和。朱子以心应事接物与否来分判未发已发，乃是要人不要拘泥于已发未发之分，所谓“若以为截然有一时是未发时，一时是已发时，亦

① 《答徐彦章》（四），《文集》卷54，《朱子全书》（第23册），第2583页。
② 《语类》卷62，第1509页。

不成道理”即此之谓。

《语类》还有：

> 已发未发，只是说心有已发时，有未发时。方其未有事时，便是未发；才有所感，便是已发，却不要泥着。[1]［刘炎录，淳熙十六年（1189年）、绍熙五年（1194年）后所闻］

“已发未发，只是说心有已发时，有未发时”这句话颇值得玩味。朱子于此实要强调已发未发的分判标准是落实在“心”上，而不是落实在时间的先后上。“方其未有事时，便是未发；才有所感，便是已发，却不要泥着”则是强调未发只是心未应事接物之时，已发是心应事接物时，不要过分执着于时间上的先后之分。

朱子进一步认为，此心只要做到依理而为，不管动静与否，此心就属于未发之状态。《语类》有：

> 一之问：“存养多用静否？”曰：“不必然。孔子却都就用处教人做工夫。今虽说主静，然亦非弃事物以求静。既为人，自然用事君亲，交朋友，抚妻子，御僮仆。不成捐弃了，只闭门静坐，事物之来，且曰：‘候我存养！’又不可只茫茫随他事物中走。二者须有个思量倒断始得。”顷之，复曰：“动时，静便在这里。动时也有静，顺理而应，则虽动亦静也。故曰：‘知止，而后有定；定，而后能静。’事物之来，若不顺理而应，则虽块然不交于物以求静，心亦不能得静。惟动时能顺理，则无事时能静；静时能存，则动时得力。须是动时也做工夫，静时也做工夫，两莫相靠，使工夫无间断，始得。若无间断，静时固静，动时心亦不动，动亦静也。若无工夫，则动时固动，静时虽欲求静，亦不可得而静，静亦动也……”[2]［刘砥录，绍熙元年（1190年）所闻］
>
> 事物之来，若不顺理而应，则虽块然不交于物，心亦不能得静。惟动时能顺理，则无事时始能静；静而能存养，则应接处始得力。须动时做工夫，静时也做工夫。两莫相靠，莫使工夫间断，始得。[3]［徐寓录，绍熙元年（1190年）后所闻］

---

① 《语类》卷62，第1509页。
② 《语类》卷12，第218页。
③ 《语类》卷45，第1162页。

这里，朱子强调，所谓“静”并不是闭门静坐、断绝思虑，而是“顺理而应”。心是动还是静关键在于心是否顺理而为。具体说来，心在应事接物时如能顺理而应接，则虽动亦静；心在应事接物时如不能顺理而应接，则心虽默然不动、静如止水，亦不能说其是静。

正是由于朱子把已发未发的分判标准扩大到心是否依理而行上，故朱子认为，即使心表现出喜怒哀乐之情感和思虑营为之认知，但只要此心不受此情感和思虑的影响，此心仍然是未发。《语类》言：

> 问：“旧看程先生所答苏季明喜怒哀乐未发，耳无闻、目无见之说，亦不甚晓。昨见先生《答吕子约书》，以为目之有见，耳之有闻，心之有知未发与目之有视，耳之有听，心之有思已发不同，方晓然无疑。不知足之履，手之持，亦可分未发已发否？”曰：“便是书不如此读。圣人只教你去喜怒哀乐上讨未发已发，却何尝教你去手持足履上分未发已发？都不干事。且如眼见一个物事，心里爱，便是已发，便属喜；见个物事恶之，便属怒。若见个物事心里不喜不怒，有何干涉？”[①]［沈僩录，庆元四年（1198年）后所闻］
>
> 问：“苏季明问，静坐时乃说未发之前，伊川以祭祀‘前旒、黈纩’答之。据祭祀时，恭敬之心，向于神明，此是已略发？还只是未发？”曰：“只是如此恭敬，未有喜怒哀乐，亦未有思，唤做已发，不得。然前旒黈纩，非谓全不见闻。若全不见闻，则荐奠有时而不知，拜伏有时而不能起也。”[②]［陈淳录，黄义刚同。庆元五年（1199年）所闻[③]］

此两条乃朱子最晚年思想。第一条表明，在朱子看来，人“见个物事”时，如能做到“心里不喜不怒”，则此时心亦属于未发。第二条表明，朱子认为人在祭祀时虽要做出言语动作而有所见闻，但只要表现出来的是恭敬之心，此心就不属已发。

综上可知，朱子晚年一步步放宽了对已发未发的理解，突破了那种以表现为时间先后的心之动静寂感来区分已发未发的局限，而扩大到以心在应事接物时是否顺理而为来区分。所以，在晚年的朱子看来，未发不仅指

---

① 《语类》卷96，第2468页。

② 《语类》卷96，第2468页。

③ 由于陈淳是绍熙元年（1190年）和庆元五年（1199年）所闻，而黄义刚是绍熙四年（1193年）后所闻，故可推知此条当于庆元五年所闻。

心之情感思虑未萌之时，也指心应事接物时顺理而为之时。而以心在应事接物时是否顺理而为来区分已发未发就表明，已发未发并不是截然二分，两者之间并没有一个时间上的明确界限，两者之间其实就是“顺理”与“悖理”的区分了。

当然，朱子晚年以心在应事接物时是否顺理而为来区分已发未发亦是最终指向为学工夫。在朱子看来，未发之涵养工夫与已发之省察工夫是不可分割、相互渗透、相辅相成的，为学时要把涵养工夫与省察工夫融会贯通起来。

《答胡季随》（五）中，

> （胡季随：）戒惧，乃所以慎独也。涵养、省察之际，皆所当然。未发之前，不容着力，只当下涵养工夫，来教得之。省察于已发之时，此句之病恭叔已言之矣，正所以存天理、遏人欲也，恐不可分。
>
> （朱子批语：）作两事说，则不害于相通；作一事说，则重复矣。不可分中，却要见得不可不分处，若是全不可分，《中庸》何故重复说作两节？
>
> ……
>
> （胡季随：）戒谨、恐惧、慎独，统而言之，虽只是道，都是涵养工夫；分而言之，则各有所指。“独”云者，它人不知，己所独知之时，正友恭所谓已发之初者。不睹不闻，即是未发之前。未发之前，无一毫私意之杂。此处无走作，只是存天理而已，未说到遏人欲处。已发之初，天理人欲由是而分。此处不放过，即是遏人欲，天理之存有不待言者。如此分说，自见端的。
>
> （朱子批语：）此说分得好，然又须见不可分处，如兵家攻守相似，各是一事，而实相为用也。[①]

胡季随认为未发之前要做戒惧慎独之涵养工夫，已发之时则要做分辨天理人欲之省察工夫。朱子则指出，一方面，涵养工夫与省察工夫可做两事说，要见得两工夫之分处；另一方面，涵养工夫与省察工夫亦可以做一事说，要见得两工夫之不可分处。而涵养工夫与省察工夫之分说与不分说之间，朱子于此处更是强调两者间的不可分之处。

---

① 《答胡季随》（五），《文集》卷53，《朱子全书》（第22册），第2509—2510页。

《语类》有：

> 㽦以所论湖南问答呈先生。先生曰："已发未发，不必大泥。只是既涵养，又省察，无时不涵养省察……"①［黄㽦录，淳熙十五年（1188年）所闻］
>
> 再论湖南问答，曰："未发已发，只是一件工夫，无时不涵养，无时不省察耳。谓如水长长地流，到高处又略起伏则个。如恐惧戒慎，是长长地做；到慎独，是又提起一起。如水然，只是要不辍地做。又如骑马，自家常常提掇，及至遇险处，便加些提控。不成谓是大路，便更都不管他，恁地自去之理！"②［黄㽦录，淳熙十五年（1188年）所闻］
>
> 大抵未发已发，只是一项工夫，未发固要存养，已发亦要审查。遇事时时复提起，不可自怠，生放过底心。无时不存养，无事不省察。③［万人杰录，淳熙七年（1180年）后所闻］

上引三条，都是强调不必拘泥于未发已发之分，未发之涵养工夫和已发之省察工夫是贯通的。未发时固然要做存养工夫，已发时亦要做存养工夫；已发时固然要做省察工夫，未发时亦要做省察工夫。要做到无时不涵养、无事不省察。

在朱子看来，涵养工夫与穷理工夫是互相渗透、相辅相成的，做工夫时不能偏于一边，必须并进互发。《语类》有：

> 涵养中自有穷理工夫，穷其所养之理；穷理中自有涵养工夫，养其所穷之理，两项都不相离。才见成两处，便不得。④［叶贺孙录，绍熙二年（1191年）后所闻］
>
> 存养与穷理工夫皆要到。然存养中便有穷理工夫，穷理中便有存养工夫。穷理便是穷那存得底，存养便是养那穷得底。⑤［辅广录，绍熙五年（1194年）后所闻］
>
> 学者工夫，唯在居敬、穷理二事。此二事互相发。能穷理，则

---

① 《语类》卷62，第1514页。
② 《语类》卷62，第1514—1515页。
③ 《语类》卷62，第1511页。
④ 《语类》卷9，第149—150页。
⑤ 《语类》卷63，第1539页。

居敬工夫日益进；能居敬，则穷理工夫日益密。譬如人之两足，左足行，则右足止；右足行，则左足止。又如一物悬空中，右抑则左昂，左抑则右昂，其实只是一事。[①]［辅广录，绍熙五年（1194年）后所闻］

可见，居敬工夫与穷理工夫交相发明，居敬工夫有助于穷理之完成，穷理工夫反过来可以促进心之诚敬笃实，在实践中两项工夫实为一不间断的循环往复过程，两项工夫的目的都是要恢复人心本具之性理，实现心与理一。居敬工夫的作用在于涵养人之心，使得此心能始终保持虚灵明觉之态，而当此心处于虚灵明觉之态时，人自能以一种良好的精神状态去格物穷理；穷理工夫则能使人清楚明白事事物物之理之所在，而当人知道天道天理之所在时，亦能帮助此心脱离气禀与物欲之遮蔽，彰显此心本具之性理。这也是朱子说“主敬、穷理虽二端，其实一本”[②]之原因。

正是基于涵养工夫与穷理工夫乃是相融合一的，朱子亦强调“尊德性”与“道问学”是一个工夫。《语类》有：

问“尊德性而道问学”一段。曰：“此本是两事，细分则有十事。其实只两事，两事又只一事。只是个‘尊德性’，却将个‘尊德性’来‘道问学’，所以说‘尊德性而道问学’也。”[③]（枅录，所录时间不详）

“尊德性、致广大、极高明、温故、敦厚”，是一头项；“道问学、尽精微、道中庸、知新、崇礼”，是一头项。盖能尊德性，便能道问学，所谓本得而末自顺也。其余四者皆然。本即所谓“礼仪三百”，末即所谓“威仪三千”。“三百”即“大德敦化”也，“三千”即“小德川流”也。[④]［吴寿昌录，淳熙十三年（1186年）所闻］

所谓的“十事”是指“尊德性、致广大、极高明、温故、敦厚”之

---

① 《语类》卷9，第150页。
② 《语类》卷9，第150页；不知何氏录。
③ 《语类》卷64，第1589页。
④ 《语类》卷64，第1588—1589页。

大五事和“道问学、尽精微、道中庸、知新、崇礼”之小五事。[①]在朱子看来，这大小十事可以统归为两事，也就是“尊德性”和“道问学”。而“尊德性”和“道问学”实质又是一事，乃“尊德性”之事。朱子进一步指出，“尊德性”工夫是本，“道问学”工夫是末，而本末是体用为一、相互贯通的，故而为学必须本末精粗俱到，不可只求本而忽视末，亦不能只求末而不知本。所以，朱子之学乃是本末统一之学、全体大用之学。

依上面所述，如果我们非要给朱子晚年工夫思想下一个“定论”，那么本书认为，朱子晚年并不是如程敏政、李绂所说的那样悔悟中年之说而向陆学靠拢，即朱子不再讲格物穷理之所谓支离工夫，而亦如陆象山般主张求放心一类之立大本工夫；朱子乃是始终坚守“涵养须用敬，进学则在致知”的为学理路，并试图打通“尊德性”与“道问学”“居敬”与“穷理”“涵养”与“进学”“约”与“博”之间的关系，使之融合为一，走向一种更加圆融之境。

第二节　“朱陆异同”再研议

（一）

前文绪论部分已经指出，本书把“朱陆异同”问题限定在工夫论范围内考察，认为朱陆之争乃是为学工夫之争论，也就是说两人的分歧在人之成圣成贤的方法和途径上。通过前文对朱子晚年工夫思想发展和完善的考察，我们可以清楚发现，朱子晚年的工夫思想确实有变化，但这个变化并不是如陆王学者所言的那样悔悟中年之说而转向陆学，主张放弃格物致知之法而采用陆学那种直下求取本心之方，而是在坚守“涵养须用敬，进学则在致知”的基础上更加强调格物致知工夫，要求人通过做格物致知工夫以求对天理的认知达到真知之境，以实现心与理一，进而提升心之应事接物的能力。朱子晚年提出的“智藏”思想正是要凸显格物致知工夫在人成圣成贤中的重要性，强调唯有知得真切透彻，才能行得坚定持久。且正是由于朱子晚年十分强调格物穷理工夫，以至于其晚年对《大学》诚意工夫

---

① 《语类》：“……‘尊德性、致广大、极高明、温故、敦厚’，此是大者五事；‘道问学、尽精微、道中庸、知新、崇礼’，此是小者五事……”［《语类》卷64，第1588页；窦从周录，淳熙十三年（1186年）后所闻］

的理解一度出现偏差，直到最后才得以纠正。另外，通过朱子晚年对求放心工夫诠释的变化亦可知，朱子所理解的求放心并不是陆学所主张的反身以直求本心良知之立大本工夫，而是一种主敬涵养工夫，即培养人良好的心态与坚定的意志，进而保证人以良好的精神状态从事工夫践履，并强调求放心之后还要以此诚敬纯一之心去做格物致知工夫以认知天理。所以，朱子晚年并不是不再讲格物穷理之工夫，反而是更强调这一工夫。因此，如果从广义上的工夫上看，也就是从知行关系上看，朱子始终强调“知先行后”；而从狭义的工夫上看，朱子则始终强调“涵养须用敬，进学则在致知”。

问题是，程敏政、王阳明、李绂等人为什么会认为朱子晚年转向陆学呢？本书以为，一个重要的原因就是不少陆王学者在理解朱子工夫思想时实犯了“望文生义”之病。通过前文论述可知，陆王学者主张朱陆“早异晚同”的一个重要理由是认为朱子晚年亦讲求放心工夫。但是，如本书所述，朱子所理解的求放心与陆学学者所理解的求放心并不是一回事。对此，如本书所述，陆学学者多不能辨识，往往以为朱子所讲的求放心即陆象山所主张的立大本之工夫。其中以李绂之说最具代表性。综观李绂《朱子晚年全论》选取的三百多封书札的内容，多是朱子言尊德性、强调求放心一类之大本工夫的言语。在李绂看来，既然这些言语都是晚年之论，即表明朱子悔悟自己中年之说，而于晚年转向了陆学，亦如陆象山那样强调为学之关键在于先立大本。所以，在《朱子晚年全论》[①]中，李绂常用“悔悟深切”“全与陆子之论相合”“合于陆子之说”“全与陆子合”“所论全与陆子之教合”“盖全用陆子教人之法”“所论皆与陆子合”“亦是陆子之说”一类的语言来判定朱子晚年转向陆学。然而，李绂忽略了这样一个问题：相同词语在不同的思想家那里涵义并不一定相同，理解一个词语在一句话中的涵义必须结合上下文来理解，不能脱离文义，妄加揣测。而李绂正是犯了脱离文义的错误。诚如李绂所言，朱子晚年时常言尊德性一类的工夫，强调求放心工夫的重要性。但是，朱子所理解的求放心并不同于陆象山之理解。如，朱子在《答李叔文》（四）中言：“喻及为学次第，甚慰所怀。但向来所说性善，只是且要人识得本来固有，元无少欠，做到圣人方是恰好，才不到此，即是自弃……‘求放心’不须注解，只日用十二时中常切照管，不令放出，即久久自见功效，义理自明，持守自固，不费气力也。若添着‘求仁’字，即转见支离，无摸

① 李绂：《朱子晚年全论》，《历代“朱陆异同”典籍萃编》（六），第107—560页。

索处矣。”[①]对于这段话，李绂言：“‘识得固有’，即陆子教人识本心之意。求放心，戒支离，则全合于陆子。”[②]朱子在《答郑子上》（二）和《答郑子上》（三）中分别言：“《孟子》求放心一条，寻常亦草草看了，以今观之，真是学问之要，不可不留意也。”[③]“孟子云：‘学问之道无他，求其放心而已。’岂是此事之外更无他事？只是此本不立，即无可下手处；此本既立，即自然寻得路径，进进不已耳。”[④]对此，李绂言：“‘求放心’一语，陆子生平所服膺者，朱子晚年乃始知之，故曰晚年如符节之相合也。”[⑤]朱子在《答郭希吕》（五）中言：“然所谓收心、正心，不是要得漠然无思念，只是要得当自惺觉，思所当思，而不悖于义理耳。”[⑥]对于这段话，李绂言：“收心正心，合于陆子之说。”[⑦]怎么认识李绂的这些观点呢？正如夏炘所说：“（《朱子晚年全论》——笔者注）所引朱子之书凡三百五十余条，但见书中有一‘心’字，有一‘涵养’字，有一‘静坐’‘收敛’等字，便谓之同于陆氏，不顾上下之文理、前后之语气。自来说书者所未有也。”[⑧]事实上，正如前文所说，朱子把求放心理解为主敬以使心保持虚灵诚敬的涵养工夫，并强调求放心后还要以此虚灵诚敬之心去做格物致知工夫以认知天理；而陆学所理解的求放心是直下反身以求得良心本性。两人所理解的求放心并不是一回事。

进一步看，朱陆两人对“尊德性”的理解亦不相同。朱子援引《中庸》的“尊德性”与“道问学”来区分自己同陆象山之间的差异[⑨]，却因此造成日后不少学者认为朱陆之间的分歧在于朱子主“道问学”，陆象山主“尊德性”。对此，亦不少学者指出，朱陆之间不是一主“道问学”、一主“尊德性”，而是朱子主张“尊德性”与“道问学”要同时进行，不偏于一边，而陆象山则坚持要以“尊德性”为本。此说诚然不错，但需要

---

① 《答李叔文》（四），《文集》卷52，《朱子全书》（第22册），第2470—2471页。
② 李绂：《朱子晚年全论》卷3，《历代“朱陆异同”典籍萃编》（六），第270页。
③ 《答郑子上》（二），《文集》卷56，《朱子全书》（第23册），第2676页。
④ 《答郑子上》（三），《文集》卷56，《朱子全书》（第23册），第2676页。
⑤ 李绂：《朱子晚年全论》卷5，《历代“朱陆异同”典籍萃编》（六），第336页。
⑥ 《答郭希吕》（五），《文集》卷54，《朱子全书》（第23册），第2568页。
⑦ 李绂：《朱子晚年全论》卷5，《历代“朱陆异同”典籍萃编》（六），第320页。
⑧ 夏炘：《与詹小涧茂才论〈朱子晚年全论〉书》，《述朱质疑》卷10，《续修四库全书》（子部，儒家类，第952册），第96页。
⑨ 《答项平父》（二）：“大抵子思以来，教人之法惟以尊德性、道问学两事为用力之要。今子静所说，专是尊德性之事，而熹平日所论，却是问学上多了。”［《文集》卷54，《朱子全书》（第23册），第2541页］

指出的是，朱陆两人对“尊德性”的理解亦是不一样的。这点陈来已指出，他说：“实际上，二人对‘尊德性’‘道问学’的理解并不相同。陆以尊德性即是存心、明心，是认识真理的根本途径，道问学只是起一种辅助巩固的作用，而在朱熹看来，尊德性一方面要以主敬养得心地清明，以为致知提供一个主体的条件；另一方面对致知的结果加以涵泳，所谓‘涵泳于所已知’（《中庸章句》二十七章）。因此，认识真理的基本方法是‘道问学’，‘尊德性’则不直接起认识的作用。此外，朱熹所谓‘道问学’广义上也包括日用处事。”①可见，在陈来看来，朱子所理解的“尊德性”亦如求放心工夫般，只是涵养此心以使心保持虚灵诚敬之状态。

而在陆象山看来，通过“道问学”以认识事理并不能必然使人“尊德性”，因为人能否“尊德性”不在于他是否掌握足够关于德性的知识，而在于他是否真心愿意成为一个德性高尚之人，即是否立志学为圣人。这就是说，人从事道德践履的动力是源自人之本心，绝不是从外面获得的。因此，“道问学”之前必须通过“尊德性”以立志，确立正确的为学方向。而心即理，所以不必向外求理，只需直透心之本源处，自可辨别是非黑白，确立价值之所在。本心既明，则心所发之理即天理本真，读书亦只是印证此心本有之理。反之，若志向不明，即使懂得再多的关于德性的知识，亦是与自家生命不相干。如此，我们不难明白为什么陆象山会说“既不知尊德性，焉有所谓道问学”②。徐复观对陆象山的这一思想有精辟的论述，其言：“象山的用心，是要先在人的根源上，即念虑初起之处，先作一种价值的转换。有了这种价值转换，则一切的东西都在此一价值统属之下，而皆成为有价值，皆可以充实价值。此时不仅读书为有益，甚至考时文亦无大害。此种价值的转换，即是由辨志的义利之辨以复其本心。”③总之，陆象山所理解的“尊德性”，是要人直下肯认自身生而具有的道德本心。

要之，朱子晚年所讲的“求放心”“收心”“正心”并不是陆象山所言的发明本心之意，而是居敬以使心保持虚灵诚敬之涵养工夫。所以，从朱子对求放心的理解上看，他晚年并没有放弃自己中年之说而转向陆学。

另外，夏炘指说：“朱子悔人，各因其材，惩心性之虚无，则每进以笃实；救口耳之泛滥，则恒示以精微。乃见朱子书中有箴学者溺于记诵

---

① 陈来：《朱子哲学研究》，第398—399页。
② 《语录》上，《陆九渊全集》卷34，第498页。
③ 徐复观：《象山学述》，《中国思想史论集》，第16—17页。

语，则曰'此朱子晚年悔支离之说''此朱子晚年咎章句训诂之说'，不复顾其所答何人、所药何病。"①他还说："朱子生伊洛之后，溯洙泗之统，平生为学主敬以立其本、穷理以致其知、反躬以践其实……至于朋友师弟问答诸书，或言'涵养'，或言'主一'，或言'持守'，或言'提撕警觉'，或言'博览之非'，或言'记问之丑'，皆不过补偏就弊，因人设教而已。后世论朱子之学者，拾其单篇碎句、只义孤词，辄指而目之曰：'是与简易工夫之说合，是与其本心之论同，是即所谓先立乎大，切戒支离也……'影响附会，儱侗不分，以是为朱子之全论，适足形一己之偏私，与朱子果何损乎？"②事实正如夏炘所说，朱子诲人乃因材施教，针对那些只讲一心之人则劝其要于格物穷理上下力气，针对那些沉溺于文字之人则劝其要以尊德性、求放心为本。所以，如只看文字，则朱子的为学思想似有"矛盾"，因为其有时主张尊德性，有时又主张道问学。事实上，此只是朱子因人之"病"而"对症下药"而已。若论其为学思想，则其始终强调格物穷理与涵养主敬不靠一边，要做到敬义双行。而后世陆王学者中不少如夏炘所说"见朱子书中有箴学者溺于记诵语，则曰'此朱子晚年悔支离之说，此朱子晚年疚章句训诂之说'"。其中，李绂之说最具代表性。我们亦以李绂为例阐述之。

朱子在给吕子约的书信中多有自我反省之言，强调为学要以"尊德性""求放心"为本。李绂在《朱子晚年全论》中共摘录了十五封朱子答吕子约之书信。这里选取最具代表性的几封作为例。

> 大率向外底意思多、切己底意思少，所以自己日用之间都不得力。前书因论陆子静处及说韩岩时话，似已详说此病，奈何都不见察，至今日然后始觉身心欠收拾乎？③
>
> 大抵此学以尊德性、求放心为本，而讲于圣贤亲切之训以开明之，此为要切之务。若通古今、考世变，则亦随力所至，推广增益，以为补助耳。不当以彼为重，而反轻凝定收敛之实、少圣贤亲切之训也。若如此说，则是学问之道不在于己而在于书，不在于经而在于史，为子思、孟子则孤陋狭劣而不足观，必为司马迁、班固、范

① 夏炘：《与詹小涧茂才论〈朱子晚年全论〉书》，《述朱质疑》卷10，《续修四库全书》（第952册），第96页。

② 夏炘：《朱子因人论学言各有当说》，《述朱质疑》卷10，《续修四库全书》（第952册），第97页。

③ 《答吕子约》（二十三），《文集》卷47，《朱子全书》（第22册），第2195页。

晔、陈寿之徒，然后可以造于“高明正大、简易明白”之域也。[①]

但来书以为劳耗心力所致，而诸朋友书亦云读书过苦使然，不知是读何书？若是圣贤之遗言，无非存心养性之事，决不应反至生病，恐又只是太史公作祟耳。孟子言学问之道，惟在“求其放心”，而程子亦言“心要在腔子里”。今一向耽着文字，令此心全体都奔在册子上，更不知有己，便是个无知觉、不识痛痒之人。虽读得书，亦何益于吾事邪？[②]

日用工夫，比复何如？文字虽不可废，然涵养本原而察于天理人欲之判，此是日用动静之间不可顷刻间断底事。若于此处见得分明，自然不到得流入世俗功利权谋里去矣。熹亦近日方实见得向日支离之病，虽与彼中证候不同，然其忘己逐物、贪外虚内之失则一而已……今自家一个身心不知安顿去处，而谈王说霸，将经世事业别作一个伎俩商量讲究，不亦误乎？[③]

对于上述朱子之言，李绂言道：“与子约书二卷，共四十七首。虽未逐一注明早晚年月，细看亦是编年以为前后。除第二十二书以前，似是朱子五十岁前所作，未为定论，概不援引。至第二十三书，有‘衰病如昨’及写大事记之语，此书末亦及伯恭文字，自是晚年之论。至第三十书，则注有‘丁未七月三日’，丁未岁，朱子年五十八矣。今录为定论，共七首，第二十四、二十六、二十七、三十一、三十二、三十三、四十五，皆确为晚年而无疑者。此书以‘尊德性’‘求放心’为本，为‘切要之务’，盖全用陆子教人之法，所谓‘符节相合’者也。”[④]可见，李绂认为，这些书信表明朱子反对把心思用在书册上，而主张为学当以尊德性、求放心为本。因此，朱子晚年为学之方实同于象山。

然而，我们知道，吕子约乃吕祖谦之弟，属婺州之学，兄弟二人皆好史学，喜闻见，重事功。朱子所谓“但来书以为劳耗心力所致，而诸朋友书亦云读书过苦使然，不知是读何书？若是圣贤之遗言，无非存心养性之事，决不应反至生病，恐又只是太史公作祟耳”正是对此而发。所以，在朱子看来，吕子约为学偏于泛观博览，好读史书而学不见道，故有支离之

---

① 《答吕子约》（二十四），《文集》卷47，《朱子全书》（第22册），第2196页。
② 《答吕子约》（二十六），《文集》卷47，《朱子全书》（第22册），第2202页。
③ 《答吕子约》（二十七），《文集》卷47，《朱子全书》（第22册），第2205页。
④ 李绂：《朱子晚年全论》卷2，《历代“朱陆异同”典籍萃编》（六），第216页。

病，遂勉励其向里用功，务必以尊德性、求放心为本。①因此，朱子这些言论主要是针对吕子约而发，乃因材施教之举，并不是指自己。所以，李绂谓朱子晚年“全用陆子教人之法”之说是不正确的。

而对那些只空求一心而不务格物穷理工夫之人，朱子则劝勉其要格物穷理以明义理。如针对项平父只恃主敬之偏失，朱子告诫其亦要做集义工夫。朱子在给项平父的书信中言道：

> 大抵人之一心，万理具备，若能存得，便是圣贤，更有何事？然圣贤教人所以有许多门路节次，而未尝教人只守此心者，盖为此心此理虽本完具，却为气质之禀不能无偏。若不讲明体察，极精极密，往往随其所偏，堕于物欲之私而不自知。（近世为此说者，观其言语动作略无毫发近似圣贤气象，正坐此耳。）是以圣贤教人，虽以恭敬持守为先，而于其中又必使之即事即物，考古验今，体会推寻，内外参合。盖必如此，然后见得此心之真，此理之正，而于世间万事、一切言语无不洞然了其白黑。《大学》所谓知至意诚，《孟子》所谓知言养气，正谓此也。
>
> 若如来喻，乃是合下只守此心，全不穷理，故此心虽似明白，然却不能应事，此固已失之矣。后来知此是病，虽欲穷理，然又不曾将圣贤细密言语向自己分上精思熟察，而便务为涉猎书史、通晓世故之学，故于理之精微既不能及，又并与向来所守而失之，所以伥伥无所依据，虽于寻常浅近之说亦不能辨，而坐为所惑也。②

由文意可知，朱子发觉项平父有只守一心之病，不做格物致知之集义工夫。在朱子看来，人之心虽本完具天理，但常常被气禀和私欲遮蔽，因此如只反身求一心极有可能认私欲为天理。故朱子说“是以圣贤教人，虽以恭敬持守为先，而于其中又必使之即事即物，考古验今，体会推寻，内

---

① 朱子在《答周叔谨》（二）曾言：“子约书来，说得大段支离。”［《文集》卷54，《朱子全书》（第23册），第2552页］可见，吕子约为学确实有支离之病。《答陈膚仲》（一）言：“陆学固有似禅处，然鄙意近觉婺州朋友专事闻见，而于自己身心全无功夫，所以每劝学者兼取其善，要得身心稍稍端静，方于义理知所抉择，非欲其兀然无作，以冀于一旦豁然大悟也。吾道之衰，正坐学者各守己偏，不能兼取众善，所以终有不明不行之弊，非是细事。”［《文集》卷49，《朱子全书》（第22册），第2268页］这里的婺州友人是指吕祖谦、吕祖俭等人，而所谓“近觉婺州朋友专事闻见，而于自己身心全无功夫”正是指吕祖俭等偏于闻见，有支离之病，缺少尊德性一面的工夫。

② 《答项平父》（五），《文集》卷54，《朱子全书》（第23册），第2543页。

外参合”，告诫项平父不能只空守一心，亦要做格物穷理之工夫。

然而，朱子晚年确实指出自己有支离之病。如上述引文中朱子即言：“熹亦近日方实见得向日支离之病，虽与彼中证候不同，然忘己逐物、贪外虚内之失则一而已。”其又言：“日用工夫不敢以老病而自懈，觉得此心操存舍亡，只在反掌之间，向来诚是太涉支离。”①“大抵子思以来，教人之法惟以尊德性、道问学两事为用力之要。今子静所说，专是尊德性之事，而熹平日所论，却是问学上多了……今当反身用力，去短集长，庶几不堕一边耳。”②“所幸迩来日用功夫颇觉有力，无复向来支离之病。甚恨未得从容面论，未知异时相见，尚复有异同否耳？”③“熹衰病，今岁幸不至剧，但精力益衰，目力全短，看文字不得。瞑目闲坐，却得收拾放心，觉得日前外面走作不少，颇恨盲废之不早也。”④陆学学者正以朱子这些自反自醒之语来判断朱子晚年“悔悟”中年之说，而转向陆学。那么，如何理解陆王学者所谓的朱子晚年“悔悟”之说呢？应该说，朱子反省自己有“支离之病”、强调要于“尊德性”上下力气并不表示其不再讲格物穷理之工夫，而恰恰反映了朱子坚持格物穷理与涵养主敬不偏废一边的一贯主张。前文言及杜保瑞对此问题有一新的解释，他说：“朱熹对于自己的用工程度及实况的反省，与朱熹对于尊德性及道问学两义工夫的理论关系的观点是两回事。笔者认为，我们不可以以朱熹承认自己工夫做得不够的说法就表示朱熹承认自己强调格物致知的道问学形态的工夫次第论有错误，甚至，朱熹承认自己工夫不够的作法就是朱熹能够在当下做本心的‘操则存’的工夫的实证，亦即是朱熹的尊德性工夫的已然当下提起了。当然，哲学家自己的作为应与其理论图像一致，然而，作为与理论毕竟仍是两件事，论究作为，朱熹反省自己不够尊德性就是朱熹正在尊德性的表现，至于朱熹对‘尊德性道问学’两义工夫的理论关系看法则是另一回事。”⑤笔者以为，杜保瑞此说不失为一种合理的解释。

统而言之，如果仅仅从朱陆为学方法路径来看，可以说两人为学之法是不同的。朱子强调“尊德性”与“道问学”乃本末一致之工夫，两者乃是相互发明之关系，要齐头并进，不可偏废一边。而陆象山则强调必须

---

① 《答吕子约》（三十一），《文集》卷48，《朱子全书》（第22册），第2208页。
② 《答项平父》（二），《文集》卷54，《朱子全书》（第23册），第2541页。
③ 《答陆子静》（二），《文集》卷36，《朱子全书》（第21册），第1564—1565页。
④ 《答潘叔度》（五），《文集》卷46，《朱子全书》（第22册），第2139—2140页。
⑤ 杜保瑞：《朱熹经典诠释中的工夫理论》，《揭谛》，2006年总第11期。

先立大本，确立起本心，以保证为学方向之正确性，所以陆象山始终强调“既不知尊德性，焉有所谓道问学”。

（二）

问题是，朱陆之间在为学方法上为什么会出现分歧呢？我们知道，儒家之学的一个重要目的在于教育和引导人达到圣人之境。与先秦孔孟的圣人观相比，宋代儒者的圣人观更加开放，圣人不再是可望而不可即之仰慕对象，凡夫俗子都可以通过学习而达至圣人。同样，朱子和陆象山亦认为人通过为学就可以成为圣人。当然，既然人要通过学习才能成为圣人，就意味着圣人不是现成的存在，而是需要通过后天培养才能达到。朱陆两人所谓的圣人都是指人心不受气禀之限制和物欲之遮蔽，而能回复到“心与理一”之本原状态的理想人格。此正如藤井伦明所说：“理学所理解的人就是一具有‘本来性’与‘实现性’这一双重结构的存在，而其中的‘本来性’，正是表示作为理想的‘圣人’之境界；但在‘圣人’身上，并没有与‘本来性’相抗衡的形态，亦即诸如‘现实性’的此种存在形态（亦即现实性与本来性完全合而为一），亦即‘圣人’乃‘本来性’原原本本之存在。因此，所谓成为‘圣人’，便是克服‘现实性’，并试图到达‘本来性’一事。而在此一过程中，不可欠缺的人为性、意识性之行为，或许便是所谓的‘工夫’。”[①]所以，从心与理的关系上看，朱陆两人的为学工夫都是一“复性”的过程，亦即实现“心与理一”的天人合一的过程。由是，进一步说，朱陆为学之差异就是“复性”方法之差异。而“复性”问题的实质是关于人的存在的问题，所以本书认为朱陆之为学工夫之所以有差异就在于两人对人之存在的认识和理解有所不同。

具体说来，藤井伦明所谓的“本来性”在宋明儒家那里就是指本善之人性，也就是所谓的天命之性，而所谓的“现实性”就是指人受气禀限制后表现为现实状态的气质之性。朱陆两人都肯定人性本善，本然具有仁义礼智诸德性，但两人亦同时认识到私欲会遮蔽人之本心，使得心与理在现实中并不合一。两人的不同之处在于，朱子具有较强的忧患意识，他在肯定人先天本原具有仁义礼智之德性的同时，更注重从现实生活中的人来理解人的存在，强调人之易于失败的一面，认识到人在现实中多处于不完满状态，重视气质和物欲对人之本心的遮蔽。而陆象山则从人的理想存在来理解人，因此其对人充满信心，更加重视人之易于成功的一面，认为人

---

① 藤井伦明：《朱熹思想结构探索：以“理”为考察中心》，第38—39页。

皆可以为尧舜，强调人人皆具有自我完善和发展的能力，人能当下从物欲中超拔出来而成圣成贤。因此，对朱子来说，人在现实生活中实际具有的是容易沦为恶的气质之性，本然至善的天命之性只是潜在的，心与理在现实生活中往往是分裂为二的，人必须努力做为学工夫，才能使气质之性回复至天命之性，进而使心与理重新实现合一。正是基于对气禀物欲遮蔽人心之深刻体会，朱子在建构修养工夫理论时便十分强调气禀物欲对人之影响，其提出的涵养主敬与格物穷理并进的为学工夫就是要化除气禀物欲对人心之遮蔽，使得心与理在通过工夫修养后能重新实现合一。前文已经说到，朱子之所以不满“中和旧说”的先察识后涵养的工夫进路就是因为这套工夫忽视了气禀物欲对人之遮蔽，而“中和新说”主张未发前要先涵养正是要对治气禀物欲对人之影响。而朱子批评湖湘学派察识仁体的工夫以及陆象山发明本心的工夫都是基于他们忽略了气禀物欲对人之影响而提出的。

陆象山则十分强调人之本原善性之一面，强调人之本心乃是人之为人的真实生命，而不像朱子那样重视气禀物欲对人本心之影响。当然，这并不是说陆象山忽视气禀物欲对人的影响，而否认现实世界中的恶。陆象山亦承认人在现实中常表现为恶，只是他认为既然人生而具有先验的道德本心，则无论气禀物欲如何遮蔽人心，本心只是暂时隐没、沉陷，并没有消失殆尽，人之本心便是对治气禀物欲之原动力，只要人当下操存提撕此心，此本心即可随时随地显现而升起。所以，在陆象山看来，人即使处于物欲蒙蔽之时，若能当下发明本心即可从物欲中超拔出来。由此，陆象山十分强调辨志工夫，而所谓辨志就是义利之辨，也就是要人志于义，而当人分辨出义之所在时就见得本心之所在，如再进一步当下扩充就会坚定地肯认本心。[①]基于对人的这种理解，陆象山坚信为学工夫只在存养本心、扩充本心，[②]故其反对那种不明方向之读书穷理工夫，认为在不立大本的前提下的读书穷理只是向外求取义理，而这种向外求取之法乃是与

---

① “傅子渊自此归其家，陈正己问之曰：‘陆先生教人何先？’对曰：‘辨志。’正己复问曰：‘何辨？’对曰：‘义利之辨。’若子渊之对，可谓切要。”（《语录》上，《陆九渊全集》卷34，第495—496页）

② 金春峰说：“从陆的心学观点说，人之道德本心之存在与呈现，实质是人的自信、信仰的问题；它即便可以指点、启示、引喻、开发、诱导，但本质上是不可能以言说、推理为之论证和系统证明的。”（金春峰：《朱熹哲学思想》，第282页）这就是说，陆象山的发明本心之工夫从某种意义上说是要人坚定信仰此心本具此理，只要人坚定地相信自己之本心本具此理，此理自然能从心中显发出来，进而能作出义利之辨。陆象山亦言：“苟此心之存，则此理自明，当恻隐处自恻隐，当羞恶，当辞逊，是非在前，自能辨之。”（《语录》上，《陆九渊全集》卷34，第492—493页）

自家身心无关之支离事业。[①]

总之，正是由于朱陆两人对人之存在的理解不同导致两人提出的为学工夫便不同。朱子反对那种当下反身以求得本心之法，而主张要先通过涵养主敬工夫以培养得心清明纯一，再以此清明纯一之心去做格物致知工夫以求得天道义理。而陆象山则充分相信人之本心能当下从气禀物欲之蔽中超拔出来，当本心从气禀物欲中超拔出来之时，此气禀物欲之蔽当下亦就消退了。对此，我们可以用一个形象的比如来表述两人为学工夫之差异。当雾霾遮住了太阳的光芒时，朱陆两人都想让太阳的光芒朗照大地，但两人采用的方法却并不一样。朱子把注意力集中在雾霾上，采取的方法是一点点去除掉雾霾；在他看来，雾霾消散了，太阳自然会显露出来。而陆象山则把注意力集中在太阳上，采取的方法是把太阳从雾霾中超拔出来；在他看来，太阳升起后，雾霾自然会消散。

问题是，朱陆两人为什么会对人的理解有所不同呢？本书以为，如再进一步追问则只能归结为两人学术性格之差异了。对于朱陆两人学术性格的差异，清人章学诚认为朱陆为学之异主要是由两人的先天性情所决定的，朱子属于“沉潜”性格，而陆象山属于“高明”性格。余英时在《论戴震与章学诚：清代中期学术思想史研究》一书第五章“章实斋的‘六经皆史’说与‘朱、陆异同’论”中从个体内在性情角度阐述了章学诚对“朱陆异同”问题的看法。余英时指出，“何以说朱、陆异同‘千古不可合’而又‘千古不可无’？这一点必须从实斋的性情论方面去求答案。”[②]他引用章学诚《答沈枫墀论学》“由风尚之所成言之，则曰考

---

① 陆象山并不反对读书，只是强调在解读经典文义之前，必须先弄清楚为学方向之所在，亦即先确立起学为圣人之志，那种盲目读书穷理之法只会使人学不见道。其言：“《论语》中多有无头柄的说话，如‘知及之，仁不能守之’之类，不知所及、所守着何事；如‘学而时习之’，不知时习者何事。非学有本领，未易读也。苟学有本领，则知之所及者，及此也；仁之所守者，守此也；时习之，习此也。说者说此，乐者乐此。如高屋之上建瓴水矣。学苟知本，《六经》皆我注脚。”（《语录》上，《陆九渊全集》卷34，第491—492页）事实上，正如徐复观所说：“与其从学术渊源上去了解象山的思想，毋宁是从时代课题上去了解他的思想，更为适当。”（徐复观：《象山学述》，《中国思想史论集》，第5页）徐复观认为，陆学之所以对读书穷理工夫颇为警惕与当时知识分子把读书以参加科举考试作为追求功名利禄的工具不无关系。他说：“象山第一个用力的地方，是要把士人的精神，从科举时文中拯救出来，使他们凭借圣经贤传所说的谎言，变为自己良心的实话。”（徐复观：《象山学述》，《中国思想史论集》，第6页）陆象山自己亦说：“今时士人读书，其志在于学场屋之文以取科第，安能有大志？其间好事者因书册见前辈议论，起为学之志者，亦岂能专纯？不专心致志，则所谓乡学者未免悠悠，一出一入……必有大疑大惧，深思痛省，决去世俗之习，如弃秽恶，如避寇仇……乃谓之先立乎其大者。”（《与傅克明》，《陆九渊全集》卷15，第247页）

② 余英时：《论戴震与章学诚：清代中期学术思想史研究（增订本）》，第78页。

订、词章、义理；由吾人之所具言之，则才、学、识也；由童蒙之初启言之则记性、作性、悟性也。考订主于学，词章主于才，义理主于识，人当自辨其所长矣；记性积而成学，作性扩而成才，悟性达而为识，虽童蒙可与入德，又知斯道之不远人矣……夫考订、词章、义理，虽曰三门，而大要有二，学与文也……立言之士，读书但观大意；专门考索，名数究于细微；二者之于大道，交相为功”之说而认为章学诚主张把人之质性分为两大类。[①]余英时说：“这两大类，从他自己所用的名词说，即是‘高明’与‘沉潜’；从思想史上的流派说，是陆与朱或浙东与浙西；从治学的途径说，则是约与博。人之所以‘入识最初而终身不可变易者’，正是因为人的‘质性不可变’。这是朱、陆分歧千古不可无而又千古不可合的最后的内在根据。”[②]余英时进一步以英国学者柏林（Isaiah Berlin）的理论来阐述朱陆分歧的心理根源。他指出，柏林以“狐狸”型与“刺猬”型来区分思想家立说之分歧与章实斋以内在性情来区分朱陆分歧极为相似。余英时言：“古希腊诗人（Archilochus）有残句云：‘狐狸知道很多的事，但是刺猬则只知道一件大事。’此语自来解者不一。柏林则借用这句话来分别一切思想家与作家为两大型。一是刺猬型，这一型的人喜欢把所有的东西都贯穿在一个单一的中心见解之内，他们的所知、所思、所感最后全都归结到一个一贯而明确的系统。总之，他们的一切都惟有通过这样一个单一的、普遍的组织原则才发生意义。另一方面则是狐狸型的人物。这种人与前一型相反，从事于多方面的追逐，而不必有一个一贯的中心系统。他们的生活、行为以及所持的观念大抵是离心的而非向心的；他们的思想向多方面拓展，并在不同的层面上移动。因之他们对于各式各样的经验和外在对象，仅采取一种严肃的就事论事的认知态度，而并不企图把它们纳入一个无所不包的统一的论点之中。”[③]由此可知，在余英时看来，章学诚实认为朱陆之间的差异是由两人的先天气质决定的。

杜保瑞认为朱陆之争乃是“为人风格”之意气之争。他说：“笔者之意即是，朱陆两造之争实际上就是一个为学方法之争，甚至不是关于为学方法的理论之争，而是个人为人风格、型态、性格的修养境界之争，只是它以为学方法之争的面貌显示出来。”[④]杜保瑞在《南宋儒学》“鹅湖之会与朱陆之争”一章中开门见山地指出：“本文讨论朱陆之争的理论意

① 余英时：《论戴震与章学诚：清代中期学术思想史研究（增订本）》，第80—81页。
② 余英时：《论戴震与章学诚：清代中期学术思想史研究（增订本）》，第81页。
③ 余英时：《论戴震与章学诚：清代中期学术思想史研究（增订本）》，第83页。
④ 杜保瑞：《南宋儒学》，第663页。

义，主张朱陆之间的争辩议题其实是为人风格的对立而非理论立场的差别……朱陆在经典诠释上的差异也并不大，至于哲学体系的不同更是不成立的，两人之间既没有形上学体系的对立，也没有工夫理论的对立，只有工夫理论中的工夫次第问题的先后本末的强调重点之不同而已，而这种次第的问题是不需要形成理论的对立的。本文亦以《宋元学案》中对'鹅湖之会'的多方讨论来确立两造之间就是风格之争、意气之争而非学理之争，至于当代的许多朱陆比较下的朱陆体系之争的意见，都将之视为当代哲学的体系创作即可，并不能作为哲学史的准确理解与正确诠释。"[①]什么是"为人风格"之争和"为学方法"之争呢？杜保瑞认为，"所谓的'为人风格'之争即是朱陆二人对彼此'为学风格'与'修养境界'的定位与评价，是谈个人的人格批评，前者是做工夫的特殊方法型态，后者是修养上达到的境界型态"，而"所谓的'为学方法'，就是工夫理论，是谈个别的哲学理论主张。"[②]在杜保瑞看来，不同的为学方法会形成不同的为学风格，所以"为人风格"之争又是建立在"为学方法"之争的基础上。而对于朱陆为学方法之争，杜保瑞则认为朱陆主张的工夫都是本体工夫，两人工夫理论之争主要在工夫次第问题上。不可否认，朱陆在鹅湖之会后的争论有意气之争的成分，但两人争论的问题都是哲学义理问题，不是无的放矢般的意气之争，所以对于杜保瑞把朱陆之争定性为意气之争，本书持保留态度，而对其提出的"为人风格"之争则持肯定态度。杜保瑞所谓的"为人风格"实已涉及两人为学性格之差异，也就是他所说的"个人为人风格、型态、性格"之差异。

丁为祥在《学术性格与思想谱系——朱子的哲学视野及其历史影响的发生学考察》一书中提出了"学术性格"这个概念。什么是"学术性格"呢？丁为祥指出："关于学术性格……主要是指一个人的禀赋、资质与志趣及其在学术研究与思想抉择中的自然表现。"[③]在丁为祥看来，"学术性格才是一定思想体系之最为首出也最具有决定性的因素"[④]。基于这种理解，丁为祥认为朱子的学术性格可以称为"生存实在论"。他说："对于朱子的学术性格，如果我们说它是一种实在论，那就必须承认它首先是

---

① 杜保瑞：《南宋儒学》，第649页。
② 杜保瑞：《南宋儒学》，第652页。
③ 丁为祥：《学术性格与思想谱系：朱子的哲学视野及其历史影响的发生学考察》，第79页。
④ 丁为祥：《学术性格与思想谱系：朱子的哲学视野及其历史影响的发生学考察》，第81页。

一种关于人伦生存性的实在论；如果我们承认它也可以表现为一种宇宙论，那么它首先也就是一种从人之个体性生存出发的万物一体式的宇宙论关怀。”[①]丁为祥亦用他提出的“生存实在论”理论来分析朱陆异同。对于前人用“性即理”与“心即理”来区分朱陆不同的立场和观点，丁为祥指出：“从理论上看，朱陆之别固然表现为‘性即理’与‘心即理’的不同主张，但这种理论主张说到底又不过是由其不同的为学进路决定的。朱子是一种生存实在论的进路，这种生存实在论的展开必然要预设一种客观的宇宙生化背景，或者说必须以客观的宇宙生化过程为基本前提（国人一般也往往是以自己的生存感受来直接证实这一预设的）；天理就是随着这一生化进程并以禀赋的方式实现其对天下万事万物之遍在与落实的，是即所谓‘生理’或‘所以然之理’。如果天理随着其遍在万事万物而又时时能够朗现，那自然也就是所谓‘私欲净尽，天理流行’了。但问题在于，由于天理只是通过生理生化的方式遍在于万事万物的，因而它虽然内在于万事万物，但却只能以‘所以然’的方式来内在，并因为它本身既不能自觉，也缺乏能动性，因而也就只能等待作为人的气之灵的知觉之心来认知它，从而才能成为人们应事接物的准则。所以朱子也就必须通过外向的格物致知来作为认知天理（当然本质上也可以说是对天理的自觉）的必要条件，这就是其格物说之所以成为人生‘梦觉关’的原因。这样一来，朱子之所以坚持‘性即理’而不承认‘心即理’，其前一点主要在于性本身就是以‘生理’的方式内在于人的，否则，就必然会否定天理的遍在性；而后一点则正是要从这种遍在的‘生理’之性出发，通过作为‘气之灵’的知觉之心之认知作用，从而达到对天理的自觉（如果朱子承认‘心即理’，那么这种本质上以唤醒心中之天理自觉的格物致知也就全然成为一种不必要或不相干的活动了）。而这种从‘生理’‘禀赋’以及‘气之灵’的知觉之心出发的道德自觉之路，其实正是朱子生存实在论之宇宙论视角或外向认知进路的必然走向，否则的话，其充满生机的宇宙论包括善恶交杂的生存实在论也就无法成立了。所以说，朱陆之别的根本原因就决定于天理的性质以及其将如何内在于人；而最直接的原因，则又在于其心的不同性质或者说是不同的心。”[②]对于丁为祥的此解读，我们这里不作评论，其从个体学术性格的视角来寻找朱陆不同之原因却是溢于言表。

---

① 丁为祥：《学术性格与思想谱系：朱子的哲学视野及其历史影响的发生学考察》，第83页。

② 丁为祥：《学术性格与思想谱系：朱子的哲学视野及其历史影响的发生学考察》，第206—207页。

董金裕则从朱陆两人幼年性格之差异分析两人为学工夫之差异的内在原因。他认为朱子与陆象山幼年性格有三个不同点。“朱熹与陆九渊从小即注意到天地宇宙的问题，并且用心思索，但是着重的角度却有差异，朱熹是致疑天之‘上’是何物、天地四边之‘外’是什么物事？陆九渊则领悟到宇宙‘内’事乃己分‘内’事，己分‘内’事乃宇宙‘内’事。一主于外，一重于内，这是他们彼此性向不同之一。”①“朱熹、陆九渊自幼读书皆各有其心得：惟朱熹所着重的是书中道理与他个人领悟相投合之处；陆九渊则偏向书中所述道理或他人言论与其所领悟者不同之处；这是两人性向不同之二。”②“朱熹是一见其好即好之不已，陆九渊一见其好，并不马上喜爱而会反求诸心，这是两人性向不同之三。”③董金裕还言：“综合以上所述朱熹与陆九渊幼年性向的三个不同点，朱熹读古人之书，‘未尝不慨然奋发’‘未尝不悚然警厉奋发’，觉得是好的事物，就着实下功夫，‘铢累寸积而得之’，所以往后为学便不期然而然的走向读书博学的路向。陆九渊则在读古人之书时，对某些言论‘自觉若伤我者’，而怀疑其言有‘支离’者，且对听闻的议论‘要求其实而后已’，并且领悟到东海、西海、南海、北海的圣人，以及千百世之上与千百世之下的圣人，都是此心此理相同的，以后为学当然就极为注重复其本心的工夫了。由此可见朱、陆两人在为学工夫方面，会走向不同的路径，从两人幼年性向的偏尚即可找到线索。”④

（三）

如果我们抛开朱子与陆象山在为学工夫方法上的差异，可以说朱子和陆象山没有本质上的冲突，两人都是孔孟儒家之徒，两人之学都是儒家圣贤之学。正如黄宗羲所说：“二先生同植纲常，同扶名教，同宗孔、孟。即便意见终于不合，亦不过仁者见仁，知者见知，所谓‘学焉而得其性之所近’。”⑤既然两人都同尊孔孟，两学同为儒家之学，则两人之学必有

① 董金裕：《朱熹学术考论》，台北：里仁书局，2008年，第5页。朱陆两人小时候都对天地宇宙抱有强烈的兴趣。《语类》记载：“某自五六岁，便烦恼道：‘天地四边之外，是什么物事？’见人说四方无边，某思量也须有个尽处。如这壁相似，壁后也须有什么物事。其时思量得几乎成病。到而今也未知那壁后是何物。”（《语类》卷94，第2377页）据《年谱》记载，陆象山四岁时，“忽问‘天地何所穷际’，公笑而不答，遂深思至忘寝食。”（《年谱》，《陆九渊全集》，第594页）

② 董金裕：《朱熹学术考论》，第7页。

③ 董金裕：《朱熹学术考论》，第8页。

④ 董金裕：《朱熹学术考论》，第8页。

⑤ 黄宗羲、全祖望：《宋元学案·象山学案》（第3册），第1887页。

共通之处。问题是，这个共通之处是什么呢？钱穆在《阳明学述要》中曾言：“大体扼要地说来，宋代学者所热烈讨论的问题，不外两部：一部是属于本体论的，一部是属于修养论的。他们虽说是意见纷歧，不相统一；但是到底有他们全体一致的见解。他们有全体一致的见解，所以成其为一时代的学风；他们的意见纷歧，不相统一，便在共同的学风下面保存着他们各人的精神和面貌。他们对于本体论共同的见解是‘万物一体’，他们对于修养论共同的见解是‘变化气质’，许多问题便从这上面发生。”[①] 钱穆所谓的本体论上的“万物一体”即“天即人，人即天”“天地之心即人之心，人之心即天地之心”的天人合德。宋儒们都相信人之本性来自于天命，天命下贯即为人之性，天德是人德之根源，也就说，人得天地之心以为心，人心本于天心，人德本于天德。但是，宋儒们也都认识到天人合德只是在本原上如此，在实现中却是分离的，因此人必须努力尽天所赋予人之德性，以求在现实中实现天人合德。钱穆所说的“变化气质”正是指人后来努力做工夫以实现天人合德。从这个意义上，我们可以说，宋学的本质就是思考如何使性善之本体得以朗现的学问，而不同的学者对于如何实现的方法却有不同主张。具体到朱陆二人亦是如此，朱陆都认为为学的目的就是要教育和引导人成圣成贤，也就是要“存天理，灭人欲”，变化气质，以使人完全依天理行事。但对于如何变化气质，朱陆两人由于对人的存在的理解有所不同，故提出的方式方法亦不一样，朱子所主张的工夫次第是要人先清楚明白天道天理之所在，然后再去践履天道天理，也就是要先知后行。而陆象山则担心人沉溺于文字而不知践履，故其对人那种空谈道德性命之行为十分警惕，而强调务必要当下实践践履。由是，朱子主张主敬涵养与格物穷理齐头并进的为学之法，而陆象山则主张发明本心以立大本的为学之法。如此看来，朱子和陆象山实都主张人为学之目的就在复性以成圣成贤，只是复性的方法不一样。从这个意义上说，朱陆两人所倡导的为学之方的“起点”和“终点”是一样的，只是“过程”不一样。

然而，朱子的为学之方在后世则遭到不少人的诟病。无论是朱子工夫思想的“起点”还是其工夫思想的“终点”都遭到后世学者的批评；在他们看来，朱子所倡导的格物致知工夫和主敬涵养工夫都是建立在心与理为二的基础上的，这也就决定了此套工夫无法使人真正达到心与理一的境地。

我们先分析朱子工夫思想的“起点”，即朱子是否分心与理为二。早在明代，王阳明就认为，朱子析心与理为二，故其格物致知之工夫乃是向

---

① 钱穆：《阳明学述要》，第1页。

外求理之工夫。今人牟宗三认为，朱子所讲的理是只存有而不活动者，而其所言的心只是形下实然之气心，所以朱子的心与理是二分的。这就决定了朱子的格物致知工夫所达到的工夫效验只能使人在后天中以认知的方式含具此理。因此，朱子的格物致知工夫乃是一种泛认知主义的格物论，这种工夫所成就的只是一种他律的道德，并不能保证人必然成圣成贤。牟宗三还认为，正是由于朱子的心只是一形而下的气心，而不是道德本心，本不具理，故其所倡导的主敬涵养工夫亦只是一种外部的空头涵养工夫。

问题是，朱子的格物致知工夫和主敬涵养工夫真的是建立在分心与理为二的基础上吗？牟宗三作出朱子的格物致知工夫是一种泛认知主义之格物论的判断是基于：朱子的“心统性情”乃是把心性情三分，性是形而上之理、心与情则是形而下之气，因而朱子的心是一形而下的气心。所以，朱子只讲“性即理”，而不讲“心即理”；而在“心统性情”与“性即理”的系统下，朱子格物致知工夫所成就的只是“心具理”的境界。如，牟宗三说：“依朱子《中和新说》所表示之义理间架，心并不是道德的超越的本心，而只是知觉运用之实然的心，气之灵之心，即心理学的心；仁义礼智本是性体中所含具之理，是实然之情之所以然之理；心之具此理而成为其德是‘当具’而不是‘本具’，是外在地关联地具，而不是本质地必然地具，是认知地静摄地具，而不是本心直贯之自发自律地具。”[①]这里我们可以进一步追问：牟宗三认为格物致知工夫是一种泛认知主义符合朱子思想的本来面貌吗？或者说，牟宗三的诠释是否存在过度的“偏见”？显然，要回答这一问题，还是要从牟宗三判断朱子的心属气以及对朱子“心统性情”的理解入手。

我们首先看看牟宗三对朱子心属气的判定。牟宗三证明朱子心属气的基本理路是：朱子的理气论和心性论是对应关系。一方面，在朱子的思想体系中，性是理，情是气；另一方面，朱子反对“心即理”说，认为心与理不属于同一层次；再者，在朱子理、气二分的义理架构中，不可能存在一个居间的界域，不归于理，必归于气。由此，可推出朱子的心必然属于气。如，牟宗三说：“心性情之三分即归约为而为理气之二分。心与情皆气也。情是心之具体地说，或散殊地说，而心则是情之抽象地说，或总持地说。真正的超越实体在性而不在心。”[②]如何看待牟宗三的这一论证方

① 牟宗三：《心体与性体》（下），第222页。

② 牟宗三：《心体与性体》（下），第164页。牟宗三这一论证方式散见在《心体与性体》第七章“心性情之形上学的（宇宙论的）解析”中。

式呢？笔者以为，牟宗三这一论证方式扩大了理气论的适用范围，有把朱子的理气论和心性论并为一谈之嫌。我们知道，在朱子那里，理气论主要是用“理—气”来解释事物之生成，指万物皆由理和气共同构成。正如陈来所说：“‘理/气’的分析是对存在实体所作的‘要素分析’，把实体的事物分析、分解为理和气两个基本的构成要素。”[①]这就是说，在朱子理气论中，理和气只是构成事物的要素，并不是两个存在界域。因此，并不能像牟宗三那样认为，当一物形成之后反过来可以把此物归于理或归于气。以舟船为例，在朱子思想体系中，说舟船是由作为舟船之“理”（舟船之所以为舟船的原理）和作为舟船之“气”（舟船之所以为舟船的质料，主要是木材）共同构成，是没有问题的；但不能反过来说，舟船不属于构成舟船之原理（“理”）就属于构成舟船之质料（“气”，木材）。对朱子心的分析也是如此，可以说心由理气构成，并在运行时表现出理和气两个方面的特性，但不能反过来说心不属于理便属于气。

那么，究竟该如何理解朱子的心呢？笔者以为，在朱子的思想体系中，从心之构成来看，心是由理和气共同构成的。我们知道，朱子以理气来解释万物之生成，认为万物皆由理和气共同构成的。在朱子看来，现实世界中的每一物体的生成无不遵循这样的模式：某物有某物生成之理，某物依据此理而有其所以为这一事物的特性；同时，某物有某物生成之气，某物依据此气而有其所以为这一事物的形体。朱子所谓“天地之间，有理有气。理也者，形而上之道也，生物之本也；气也者，形而下之器也，生物之具也。是以人物之生，必禀此理然后有性，必禀此气然后有形”[②]即此之谓。人和万物同源于天理，所以朱子认为人同样也是由理和气共同构成的。朱子说：

> 人之所以生，理与气合而已。天理固浩浩不穷，然非是气，则虽有是理而无所凑泊。故必二气交感，凝结生聚，然后是理有所附着。凡人之能言语动作，思虑营为，皆气也，而理存焉。故发而为孝弟忠信仁义礼智，皆理也。[③]

可见，在朱子看来，理与气合而人得以生，人禀理而成性，禀气而

---

① 陈来：《朱子哲学中“心”的概念》，《中国近世思想史研究》，第193—194页。
② 《答黄道夫》（一），《文集》卷58，《朱子全书》（第23册），第2755页。
③ 《语类》卷4，第65页。

成形。人有气有形，故有言语动作、思虑营为；人有理有性，故有孝弟忠信、仁义礼智。

既然人是由理气构成，那么作为人身之一部分的心又是由什么构成的呢？朱子对这个问题并没有直接回答。但是，我们还是可以从相关文献中找到一些端倪。《语类》载：

> 问："知觉是心之灵固如此，抑气之为邪？"曰："不专是气，是先有知觉之理。理未知觉，气聚成形，理与气合，便能知觉。譬如这烛火，是因得这脂膏，便有许多光焰。"问："心之发处是气否？"曰："也只是知觉。"①

"不专是气，是先有知觉之理，理未知觉，气聚成形，理与气合，便能知觉"一句值得关注。这句话的意思是：知觉之理与构成心之气相结合（"理与气合"），便形成心（"气聚成形"），由是此心便有知觉能力（"便能知觉"）。"理与气合，便能知觉"一句实省略了"故有心"一类的意思。所以，我们可以把这句话完善为"理与气合，故有心，便能知觉"。因此，朱子这句话虽然没有明确说心是理气之合，但基本表达了这个意思。

朱子的重要弟子陈淳则明确表明心是理气之合。陈淳说：

> 大抵人得天地之理为性，得天地之气为体。理与气合，方成个心，有个虚灵知觉，便是身之所以为主宰处。②
>
> 心含有理与气，理固全是善，气便含两头在，未便全是善底物。才动便易从不善上去……心之活处，是因气成便会活，其灵处，是因理与气合便会灵。③

所谓"理与气合，方成个心""心含有理与气""理与气合便会灵"即明确指出心是理气之合，也就是构成心之理与构成心之气相交涉就构成了心，并且使得心具有了虚灵知觉的功能。应该说，陈淳"理与气合，方成个心"之说是符合朱子思想的。

需要特别强调的是，朱子的心亦可以说是气，但此气不是理气论意义

---

① 《语类》卷5，第85页。
② 陈淳：《北溪先生字义》，《北溪先生全集》，第532页。
③ 陈淳：《北溪先生字义》，《北溪先生全集》，第533页。

上构成事物之基质之气，而是现实经验世界中作为具体事物之形质之气。前文说到，朱子认为理气合而事物生。在这一思想的基础上，朱子进一步认为，构成万物之气是有清浊之分，而气之清浊会影响事物的具体形质。《语类》有：

> 天地初间只是阴阳之气。这一个气运行，磨来磨去，磨得急了，便拶许多渣滓；里面无处出，便结成个地在中央。气之清者便为天，为日月，为星辰，只在外，常周环运转。地便只在中央不动，不是在下。①
>
> 物之生，必因气之聚而后有形，得其清者为人，得其浊者为物。②
>
> 问：“‘民受天地之中以生’，中是气否？”曰：“中是理，理便是仁义礼智，曷常有形象来？凡无形者谓之理，若气，则谓之生也。清者是气，浊者是形。气是魂，谓之精；血是魄，谓之质……”③

从上述材料一可知，在朱子看来，如从天地看，天、日月、星辰是由清澈之气构成的，大地则是由渣滓之气构成的。第二条材料则是从人与物看，朱子认为，人是由清澈之气构成的，物则是由浑浊之气构成的。第三条材料显然是从人来看，从“清者是气，浊者是形。气是魂，谓之精；血是魄，谓之质”一句可知，朱子认为，对人的身体来说，身体的某些部分是由清澈之气构成的，这些由清澈之气构成的部分可以称之为魂（精）；而可见可感的形躯则是由相对浑浊之气构成的，作为人之形躯重要组成部分的血则可以称之为魄（质）。由此可见，朱子把人身体的某些特殊部位称之为“气”，并且认为此“气”又可以称之为“魂”。

那么，人身体的哪个部位可以称之为“气”或者“魂”呢？朱子说：

> 精，魄也（耳目之精明为魄）；气，魂也（口鼻之嘘吸为魂）。二者合而成物。④

---

① 《语类》卷1，第6页。

② 《语类》卷17，第375页。

③ 《语类》卷83，第2168页。

④ 《答吕子约》（四），《文集》卷47，《朱子全书》（第22册），第2169页。

魂，气之所出入者是；魄，精明所寓者是。①

问魂魄。曰："魄是一点精气，气交时便有这神。魂是发扬出来底，如气之出入息。魄是如水，人之视能明，听能聪，心能强记底。有这魄，便有这神，不是外面入来。魄是精，魂是气；魄主静，魂主动。"②

魄者，形之神；魂者，气之神。魂魄是神气之精英，谓之灵。故张子曰："二气之良能。"③

上述四条材料表明：在朱子看来，"魄"是指耳目等感觉器官以及统摄这些感觉器官的心所具有的一种精明之气（"魄是一点精气"），而"魂"则是指此精明之气生发显现出来（"魂是发扬出来底"）；综合来看，所谓"魂魄"就是指人身体中的一种极为精明之气（"魂魄是神气之精英"），具体就是指眼耳等感觉器官以及心所含具的极为精明之气。对于朱子的"魂魄"，日本学者木下铁矢认为："朱熹等人对于身体的理解是，在眼、耳等感觉接收器中充满了被称为'魄'的特别清澈之'气'，拥有'感应'的能力，对于外界的事物，能够以'感到—应对'的形式将该事物的情报接受性地复制下来。"④由此可见，朱子认为，与人身体其他部分相比，眼耳等感觉器官以及心是由特别清澈之气构成的。这也是人之眼睛之所以能视、耳朵之所以能听、心之所以能记忆（"人之视能明，听能聪，心能强记底"）的原因。

《语类》中还有一条陈淳同朱子的对话值得关注。

安卿问："体与魂有分别，如耳目是体，聪明便是魄。"曰："是。魂者气之神，魄者体之神。《淮南子》注谓：'魂，阳神也；魄，阴神也。'此语说得好。"安卿问"心之精爽，是谓魂魄"。曰："只是此意。"⑤

"心之精爽，是谓魂魄"源自《左传·昭公二十五年》。对于古人的

① 《语类》卷87，第2260页。
② 《语类》卷3，第40页。
③ 《语类》卷87，第2259页。
④ 木下铁矢：《朱子："职"的哲学》，凌鹏译，北京：读书·生活·新知三联书店，2022年，第100页。
⑤ 《语类》卷68，第1686页。

这一观点，朱子表示“只是此意”。显然，依朱子之意，心就是一种极其精爽之气，这种精爽之气就是魂魄。对于心的这一特性，木下铁矢指出：“若‘心’的话，朱熹的解释则是在‘心脏’的内部空虚处，即在被称为‘方寸’（一寸立方）的地方，充满了用眼睛很难看到的某种东西的团块。”[①]木下这里说的“团块”显然是指精爽之气或者说是魂魄。

另外，在朱子文献中，还有一个地方较为明确地认为心是气。《语类》有：

> 因说“天之明命”，曰：“这个物事，即是气，便有许多道理在里。人物之生，都是先有这个物事，便是天当初分付底。既有这物事，方始具是形以生，便有皮包裹在里。若有这个，无这皮壳，亦无所包裹。如草木之生，亦是有个生意了，便会生出芽蘖；芽蘖出来，便有皮包裹着。”[②]

“这个物事，即是气”一句清楚地表明，朱子认为“明命”就是气。那么，什么是明命呢？明命就是明德。朱子说：

> 自人受之，唤做“明德”；自天言之，唤做“明命”。[③]
> 盖天之所以与我，便是明命；我之所得以为性者，便是明德。[④]

可见，明命即明德，明命是就天赋予人而言，明德是就人得之而言。前文提及，在朱子思想体系中，明德即心。因此，可以说明命就是心。

综上可知，朱子除了把理气论意义上构成事物的基质称之为气外，还认为人之眼耳等感觉器官尤其是统摄感觉器官的心中充满了被称为“魂魄”的精爽之气。应该说，朱子对气的这两种理解是紧密相连的，并且是统一的。朱子实认为，由于构成心之气是一种特别精爽之气，所以当此特别精爽之气与构成心之理形成心之后，此心之形质几乎与构成心之气等同。[⑤]朱子正是在这个意义上说心是气。朱子所谓的“心者，气之精

---

① 木下铁矢：《朱子：“职”的哲学》，第107页。
② 《语类》卷16，第317页。
③ 《语类》卷16，第315页。
④ 《语类》卷16，第318页。
⑤ 需要指出的是，这里只能说表现为精爽之气的心无限接近于构成心之基质的气，但两者不能完全等同。因为两者不是同一层次的范畴，有着质的差别。

爽”[1]正是从心中充满了被称为“魂魄”的精爽之气来说心是气。当朱子说“心者，气之精爽”时，正是要强调与身体的其他部分不同，心是由精爽之气构成的。

行文至此，我们认为，可以说朱子的心是气，但朱子所言的心是气（“心者，气之精爽”）同牟宗三所理解的心是气（“心性情之三分即归约为而为理气之二分。心与情皆气也”）是有本质不同的。还需要指出的是，朱子这种心是气的观点并不是什么特别的观点，只是一个常识性的观点，宋明理学家都认为心是气。[2]

问题是，如果心是气，会不会如牟宗三所认为的会导致心不“本具”众理？在朱子看来，正是由于心是由精爽之气构成的，故心具有神明之妙的特性，进而能具众理以应万事。朱子在《孟子集注》中将“尽其心”的“心”解释为“心者，人之神明，所以具众理而应万事者也”[3]。谓心为人之神明，显然是从心与人身的关系来说心，强调心是人身之中最为特殊的部分，而心之所以最为特殊，是由于心具有神明不测的特性。而谓心具众理而应万事，显然是从心之功能来说心，指心本具仁义礼智之理，并能发用此理以应对万事。另外，朱子的《大学章句》将“明德”解释为“明德者，人之所得乎天，而虚灵不昧，以具众理而应万事者也”[4]。一般认为，在朱子思想体系中，“明德”是一个涵括心、性的整体性概念，既可指心，也可指性。[5]这里的“明德”显然是指心，因为只有心才有“虚灵不昧”的特性和“具众理而应万事”的功能。

事实上，朱子有很多关于心本具众理之说法。如：

> 大抵人之一心，万理具备，若能存得，便是圣贤，更有何事？[6]
>
> 人之有是身也，则必有是心；有是心也，则必有是理。[7]
>
> 一心具万理。能存心，而后可以穷理。[8]

---

① 《语类》卷5，第85页。

② 赖区平认为，周敦颐、张载、二程、朱子、王阳明、刘宗周等宋明道学家都认为“心是灵气”，“心是灵气”是道学的共识。参见赖区平：《“心是灵气”作为道学的共识——基于道学史的考察》，《哲学与文化》，2019年第46卷第4期。

③ 《四书章句集注》，第349页。

④ 《四书章句集注》，第3页。

⑤ 参见王硕：《“明德”与“明明德”辨义——以〈朱子语类〉为中心》，《中国哲学史》，2011年第4期。

⑥ 《答项平父》（五），《文集》卷54，《朱子全书》（第23册），第2543页。

⑦ 《鄂州州学稽古阁记》，《文集》卷80，《朱子全书》（第24册），第3800页。

⑧ 《语类》卷9，第154页。

> 心包万理，万理具于一心。不能存得心，不能穷得理；不能穷得理，不能尽得心。[①]
>
> 此心虚明，万理具足，外面理会得者，即里面本来有底。[②]
>
> 人心皆自有许多道理，不待逐旋安排入来。[③]

这些话语都是强调天理本具于人心。所以当有人问心与理如何贯通为一时，朱子指出心与理不须去贯通，本来就是贯通为一的。[④]

应该说，朱子仍旧是从儒家传统的“天命之谓性”的天人合德的高度来肯定人本原上是一个德性的存在，天道是人性的终极根源，人在原初上是圆满的。所以，朱子肯定天心与人心之统一，强调：“万物之心，便如天地之心；天下之心，便如圣人之心。天地之生万物，一个物里面便有一个天地之心。圣人于天下，一个人里面便有一个圣人之心。”[⑤]这就是说，天地之心即人物之心，人物之心即天地之心，天地之德即人心之德，人心之德即天地之德。

因此，从人之“本来性”看，人心本具天理。在朱子看来，圣人即是人的这种“本来性”的完善体现。所以，在上述引文中朱子便强调“天下之心，便如圣人之心”。由是，我们从朱子所理解的圣人亦可知其是否肯定心本具天理。朱子说：

> 圣人之心，浑然一理，而泛应曲当，用各不同。[⑥]
>
> 盖圣人之心，至虚至明，浑然之中，万理毕具。一有感触，则其应甚速，而无所不通。[⑦]

可见，圣人之境界就是心与理浑然无间之完美状态，圣人之心纯然至善、本具万理。因此，当人达至圣人之境界时，实亦可以说此心乃“心即理”之心。

问题是，既然朱子认为心本具万理，那么他为什么不主张直接言“心

---

① 《语类》卷9，第155页。
② 《语类》卷114，第2763页。
③ 《语类》卷23，第558页。
④ “问：‘心是知觉，性是理。心与理如何得贯通为一？’曰：‘不须去着实通，本来贯通。’‘如何本来贯通？’曰：‘理无心，则无着处。’”（《语类》卷5，第85页）
⑤ 《语类》卷27，第689—690页。
⑥ 《四书章句集注》，第72页。
⑦ 《四书章句集注》，第353页。

即理”呢？朱子在《鄂州州学稽古阁记》清楚地回答了这一问题。他说：

> 人之有是身也，则必有是心；有是心也，则必有是理。若仁、义、礼、智之为体，恻隐、羞恶、恭敬、是非之为用，是则人皆有之，而非由外铄我也。然圣人之所以教，不使学者收视反听，一以反求诸心为事，而必曰“兴于《诗》，立于礼，成于乐”，又曰博学、审问、谨思、明辩而力行之，何哉？盖理虽在我，而或蔽于气禀物欲之私，则不能以自见。学虽在外，然皆所以讲乎此理之实……①

朱子认为虽然人之心在原初上本具万理，但由于人容易受气质之遮蔽和物欲之影响，所以在现实生活中人心所发出的并不必然是本然具有的天理，而往往是私欲。所以，人心虽原本就具备了良好和整全的天理，但并不是“反求诸心”就可以获得此天理，而是要认认真真地做“博学、审问、谨思、明辩而力行之”之工夫以一点一滴地去除气质之杂和物欲之私。这也是朱子反对陆学发明本心工夫而强调格物致知工夫的根本原因。

对于这一点，朱子多有言说。如：

> 明德者，人之所得乎天，而虚灵不昧，以具众理而应万事者也。但为气禀所拘，人欲所蔽，则有时而昏；然其本体之明，则有未尝息者。故学者当因其所发而遂明之，以复其初也。②
>
> 此心此理虽本完具，却为气质之禀不能无偏。③
>
> 虽说心与理一，不察乎气禀物欲之私，是见得不真，故有此病。《大学》所以贵格物也。④

可见，朱子是从两个层面来理解人之存在。一方面，在本原层面上，心、性、情本为一体，此心具备完整之性理并表现出恰当合理之情，心与理为一。另一方面，在现实层面上，人为一具体之存在，除了禀赋天所命之性理外，还受到气质之限制和物欲之影响，此心所本具之性理因受气禀物欲之影响而无法恰当合理地显发出来而表现为心与理为二。人本原具有的性理是人能够进行道德实践之先天依据，而在实现中由于气禀之杂

---

① 《鄂州州学稽古阁记》，《文集》卷80，《朱子全书》（第24册），第3800页。
② 《四书章句集注》，第3页。
③ 《答项平父》（五），《朱子文集》卷54，《朱子全书》（第23册），第2543页。
④ 《语类》卷126，第3016页。

和物欲之私的影响，人往往会乖离本性而表现为心与理二，这是人要进行道德实践的后天要求。换句话说，心与理在本原上为一是人之所以能进行道德实践的先天依据，而心与理在现实中分裂为二是人之所以要进行道德实践的后天要求。

需要强调的是，心在现实中之表现并不必然是理与本心原本具万理是不矛盾的。我们不能因为朱子主张在现实生活中心与理往往分离为二而认为其认为心与理在本原上亦是分离为二的。而这正表明朱子在肯认人之“本来性”是绝对的善的同时，亦深刻认识到人在现实中是不完满的，且容易表现为恶。这也表现出朱子思想的整全性和完备性，乃是全体大用之学。由是，我们也可以明白朱子只承认性即理、心具理，而不承认心即理的良苦用心。

另外，朱子的“心统性情”说并不是将心性情三分。朱子曾言：“心、性固只一理，然自有合而言处，又有析而言处。须知其所以析，又知其所以合，乃可。”[①]蒙培元指出，朱子之心有“分别说”和“合着说”两种意义。所谓的“分别说”有两层意思：一层意思是心性（情）分别说，另一层意思是形而上与形而下、体与用分别说。朱子分别说心乃是为了概念分梳和理论分析的需要，实乃一种“权法”。而“合着说”则是把心性情看作是一个功能系统，把心理解为作为本体之性显发为作为作用之情之过程的范畴。而在这个过程中，心性情三者是不能分开的，不存在一个独立的心或性或情，“心统性情”就是表示本体之性与其作用之情的统一概念就是心。因此，从心之发用功能意义上看，心性情是统一不能分的。[②]

诚如蒙培元所言，朱子的“心”确实有“分别说”和“合着说”两种用法。一方面，我们知道，概念分梳和理论分析是一个哲学家建构理论体系所必须的。朱子作为一个具有极强理论兴趣的哲学家亦积极对自己使用的概念范畴进行清晰地界定。对于心性情这三个概念，他亦力图对它们进行清晰地说明，以表明这些概念内涵。另一方面，朱子亦从心性情显发出来的知觉运用之功能系统来理解三者之间的关系，强调三者是一个统一不可分的功能系统。这就是说，当朱子分别谈论心性情三者时，只是从概念上对这三者进行理论上的分析，此时谈论的是存有论上的问题；而从心之知觉运用活动之过程看，心性情三者是不可分的。

---

① 《语类》卷18，第411页。

② 参见蒙培元：《朱熹哲学十论》，第88—95页。

对于朱子这种“分别说”和“合着说”的用法，我们从其对“心统性情”的两种理解中便可窥见。一方面，朱子认为性为心之体、情为心之用，心贯通体用而兼性情。这是从心之定位看①，即从体用上看，将性与情的关系理解为本体与作用的关系。如，朱子言：“仁、义、礼、智，性也，体也；恻隐、羞恶、辞逊、是非，情也，用也；统性情、该体用者，心也。”②“性，本体也，其用情也；心则统性情、该动静而为之主宰也。”③“性是体，情是用。性情皆出于心，故心能统之。”④“心兼体用而言。性是心之理，情是心之用。”⑤另一方面，朱子认为心之未发为性、心之已发为情，心贯通未发已发而主性情。这是从心之流行看，即从未发已发看，将性与情理解为未发与已发的关系。如，朱子言：“性是未动，情是已动，心包得已动未动。盖心之未动则为性，已动则为情，所谓‘心统性情’也。”⑥“心之全体湛然虚明，万理具足，无一毫私欲之间；其流行该遍，贯乎动静，而妙用又无不在焉。故以其未发而全体者言之，则性也；以其已发而妙用者言之，则情也。”⑦“性者，心之理；情者，性之动；心者，性情之主。”⑧

显然，从体用关系来理解与从动静关系来理解所体现出的问题是不同的。当朱子从体用上理解心性情关系时，实是从存有论上来分析心性情三个概念在理论上的关系，辨析出心性情三个概念在内涵上的差异，强调心性情不能混为一谈。因此，可以说，从存有论来理解心性情关系时，对心性情关系的阐述只是纯理论的辨析。所以，如果从“分别说”来看心性情，则朱子确实是强调心性情三者不可混淆，心是心、性是性、情是情。

当朱子从未发已发上理解心性情关系时，实是把心性情看作是经验现象中的功能系统，而不是把心性情作为实体来理解。此时，心性情乃是一个表现为“易/道/神”的运动功能系统。而当把心性情看作功能系统时，心性情是不可分离的统一整体，而这个统一整体才是心性情本来的存在方式。对于这一点，陈来在《朱子哲学研究》一书和《朱熹哲学中“心”

---

① 朱子言：“阴阳有个流行底，有个定位底。‘一动一静，互为其根’，更是流行底，寒暑往来是也；‘分阴分阳，两仪立焉’，便是定位底，天地上下四方是也。‘易’有两义：一是变易，便是流行底；一是交易，便是对待底。”（《语类》卷65，第1602页）

② 《答方宾王》（四），《文集》卷56，《朱子全书》（第23册），第2660页。

③ 《孟子纲领》，《文集》卷74，《朱子全书》（第24册），第3584页。

④ 《语类》卷98，第2513页。

⑤ 《语类》卷5，第96页。

⑥ 《语类》卷5，第93页。

⑦ 《语类》卷5，第94页。

⑧ 《语类》卷5，第89页。

的概念》一文中有详细论述。陈来指出，心性系统实际是一个功能系统，而不是存在实体，以“心统性情”为代表的朱子心性论的结构模式并不是“理/气”的模式，而是“易/道/神”的模式。①

朱子确实有用“易/道/神”的模式来理解心性情的功能系统。如他说：

> “以其体谓之易，以其理谓之道”，这正如心、性、情相似。易便是心，道便是性。易，变易也，如弈棋相似。寒了暑，暑了寒，日往而月来，春夏为阳，秋冬为阴，一阴一阳，只管恁地相易。②
>
> 曰：“……心譬水也；性，水之理也。性所以立乎水之静，情所以行乎水之动，欲则水之流而至于滥也。才者，水之气力所以能流者，然其流有急有缓，则是才之不同。伊川谓‘性禀于天，才禀于气’，是也。只有性是一定。情与心与才，便合着气了。心本未尝不同，随人生得来便别了。情则可以善，可以恶。”又曰：“要见得分晓，但看明道云：‘其体则谓之易，其理则谓之道，其用则谓之神。’易，心也；道，性也；神，情也。此天地之心、性、情也。”③

陈来认为，这里“其体则谓之易”中的“体”不是指体用的体，而是指流行变化的总体过程。④在朱子看来，易对应的是心，道对应的是性，神对应的是情。而“易/道/神”是“广泛用于说明一切具有一定功能的、自身运动变化的系统，就是说从三个要素来把握一个系统的总体关联，一个是系统的总体，一个是系统工作的原理，一个是系统的作用”⑤。因此，“心/性/情”亦是表示人之心性运动的功能体系，这个运动功能系统的模式就是“心统性情”。从运动功能系统来看“心统性情”，所谓“心统性情”就是指人之心性运动就是从作为心之本体之性显发为作为心之作用之情的过程，所谓“心”就是一个标志着作为心之本体之性显发为作为心之作用之情的过程的范畴。文中，朱子以寒暑日月往来和水之流动变化

---

① 陈来：《朱熹哲学中“心”的概念》，《中国近世思想史研究》，第193页。
② 《语类》卷95，第2422—2423页。
③ 《语类》卷5，第97页。
④ 陈来：《朱子哲学研究》，第252—253页。
⑤ 陈来：《朱子哲学研究》，第253页。

为例正是用来比喻“心/性/情”之发用流行过程。而朱子这种把心性情看作是一个发用流行过程的思想与其晚年把仁义礼智四德看作是生意流行的思想正好对应。

需要进一步指出的是，朱子的心性情三个概念容易被理解为是三个独立存在的实体，似乎性是一个独立的实体，情亦是一个独立存在的实体，而心又是一个不同于性和情的独立实体，而且它能统括性与情。对于性是否是一个实体，陈来指出：“尽管朱熹有时也强调‘性不是别有一个物事在里面唤作性’……但他的那些说法，如‘心是虚底物，性是里面穰肚稻草’……显然很大程度上把理实体化了。”①不可否认，朱子确实有把性实体化的思想，但朱子更强调性不是一个实体。如他晚年在《答陈卫道》（一）中说：“性只是理，以其在人所禀，故谓之性，非有块然一物可命为性而不生不灭也……故凡古圣贤说性命，皆是就实事上说。如言尽性，便是尽得此君臣父子、三纲五常之道而无余；言养性，便是养得此道而不害。至微之理、至著之事，一以贯之，略无余欠，非虚语也。”②由是，朱子认为：“人多说性方说心，看来当先说心。古人制字，亦先制得‘心’字，‘性’与‘情’皆从心。以人之生言之，固是先得这道理。然才生这许多道理，却都具在心里。且如仁义自是性，孟子则曰‘仁义之心’；恻隐、羞恶自是情，孟子则曰‘恻隐之心，羞恶之心’。盖性即心之理，情即心之用。今先说一个心，便教人识得个性情底总脑，教人知得个道理存着处。若先说性，却似性中别有一个心。横渠‘心统性情’语极好。又曰：‘合性与知觉有心之名，则恐不能无病，便似性外别有一个知觉了！’”③所谓“看来当先说心。古人制字，亦先制得‘心’字，‘性’与‘情’皆从心”正是强调，心是一个实体存在，而性和情是心的两个方面，性是内在于人身之理，情是性之展现，心是性体情用的整体存在。

所以，“心统性情”这一命题并不是说心、性、情是三个独立的实体，而且心还能超越地统摄着性和情，而是指作为心之本体之性展现为作为心之作用的情的过程就是心。当然，心不能离开性和情而存在，如没有性，或者没有情，则心这一概念无法成立；也就是说，心这一概念只要在

---

① 陈来：《朱子哲学研究》，第222页。

② 《答陈卫道》（一），《文集》卷59，《朱子全书》（第23册），第2843页。王懋竑《朱熹年谱》之《朱子论学切要语》认为该书在庆元元年（1195年）后，但其未明理由。陈来依王懋竑之说，将此书姑且定于此年。

③ 《语类》卷5，第91—92页。

性和情都存有时才能成立，或者说只有性能显发为情时才能成立。

既然朱子将心性情三者理解为未发之性转化为已发之情的过程，而心则是标志着这个过程整体的范畴；那么，这意味着，在朱子的思想体系中，未发之性与已发之情在本质上不能割裂开来，性必须显发为情其才能称之为性，同时亦不存在一种不以性为根据的情，因此性和情在本质上一致的。如此，进一步看，既然人之本性是善的，那么其展现出来的情在应然情况下也应该是合乎善的。然而，朱子亦深刻认识到，由于气禀和物欲对人的影响，在现实生活中人之本原之性无法完全展现出来，反而是受到这样或那样的阻碍而显发出恶的情来。这就是说，在现实生活中，性向情转化的过程往往出现阻碍，而当性向情转化过程中出现阻碍时，所表现出来的情就不合理了，这种不符合理的情就是恶了。

因此，对朱子来说，决定善或恶的关键就在性能否通畅地展现为情。如此，所谓的工夫就是要对性向情转化的过程进行干预和控制，以使得作为未发之性无障碍地显发为作为已发之情；而既然性向情转化的过程就是心之发用流行，那么这个干预和控制实质就是在心上做工作。朱子之所以强调“心是做工夫处”①也正是基于此。②

总之，如从心性情之功能处看，也就是从蒙培元所说的“合着说”处看，心性情三者是不可分开的，而是在动态活动历程中展现为一统一的整体。在这个动态的活动过程中，性、情分别是心之动静的不同面向；从寂静之未发来看，天理下贯于人心而为人之性，此时如从纯理论上分析，则此性即是心之本体；从动态之已发看，人之性不断地显发为可感可知之情，此时如从纯理论上分析，则此情就是心之作用。所以，性实质是心在未发时之状态，情实质是心在已发时之状态，而未发和已发是一个不间断的过程，所以心性情三者实质就是一个从性展现为情的过程，而心就是标

---

① 《语类》卷5，第94页。

② 王惠雯指出：“对朱子来说，心以性理为体，但却能含具万理。这种概念意涵，已经超出了本体论的层次，而具有认识论的意义。亦即朱子并不以‘心理’问题的同体关系为满足，他尚从心的功能，可以展现、彰显理的一面，来谈‘心与理’的关系。也因此，‘心具众理’便一方面具有本体意涵，却又可做为认识论中‘知觉可能性’的基础。”又说：“朱子‘心’的作用，并不是直接呈现‘天理’的存有本体，而是指心的知觉，及主于身的特质而言。因而实践的意义便借由‘心’的知觉及主宰作用而展现道德的意蕴。”（王惠雯：《朱子“心与理一”思想之研究》，第82—83页）这就是说，在朱子那里，本体之性理不能直接呈现出来，本体之性理只能在经验中的具体实践中才能展现出来，而此展现则需要凭借心之主宰和知觉功能才能实现。因此，朱子之所谓“心是做工夫处”就是要发挥心之主宰功能和知觉功能，一方面通过涵养主敬工夫以提升心之主宰能力，另一方面通过格物致知工夫以提升心之认知性理之能力。而无论是提升心之主宰能力还是提升心之认知理之能力都是为了实现性向情的顺利转化。

志着这个过程整体的范畴。由此，我们就不难理解“然‘心统性情’，只就浑沦一物之中，指其已发、未发而为言尔；非是性是一个地头，心是一个地头，情又是一个地头，如此悬隔也”[①]“此两个说着一个，则一个随到，元不可相离，亦自难与分别。舍心则无以见性，舍性又无以见心。故孟子言心性，每每相随说”[②]“性犹太极也，心犹阴阳也。太极只在阴阳之中，非能离阴阳也。然至论太极，自是太极；阴阳自是阴阳。惟性与心亦然。所谓一而二，二而一也”[③]这些话语的意义了。

不少学者抓住了朱子从“分别说”来理解心性情三者的关系，而认为朱子把心性情三分。如刘述先指出：“朱子以他本人思想之心性情三分架局来解析孟子，孟子本身并没有这样的分疏……但对朱子的分析的头脑来说，则必须将名言概念完全确定，才有着落，这样他把孟子的说法解析成为三层：恻隐是情，仁是性，恻隐之心是仁之端，不能即是仁，即孟子本人明说恻隐之心仁也，他也必须解释为用语之省略，其实义仍必须为仁之端也。这样，情是形而下的一层，性是形而上的一层，心则兼摄形上、形下二层。孟子的纵贯系统遂转变成为（了）朱子的横摄系统。”[④]不可否认，朱子确实有把心性情三分的思想，但这仅止于理论上的分析，实乃一种“权法”，并不意味着心性情在实际运用显发时可以分开。

综上所述，我们认为，朱子并不是像牟宗三所说的分心与理为二，其没有把心与理二分为各自孤立、互不相关之物，而同样肯认心本原具有万理。事实上，我们应该将朱子的“性即理”与“心统性情”统一起来看。“性即理”中的性也是指“心统性情”中的性，这就是说，性乃是心统领下之性，而这个性只是内在于人身的理，此必须由心之知觉才能把握的理就是性。而“心统性情”这一命题并不是说心、性、情三者分别是三个独立的实体，并且心还能超越地统摄着性和情，而是指作为心之本体之性展现为作为心之作用的情的过程就是心。正是从这个意义上，我们可以说，朱子的“性即理”与陆象山的“心即理”并不是存有论意义上的对立之命题，这两个命题有共通的一面，那就是都强调心本具万理。事实上，朱子和陆象山两人在长期的争论中从来就没有就“心即理”和“性即理”发生过辩论，这也证明朱陆两人并不认为“心即理”和“性即理”有本质上的冲突。后来王阳明主“心即理”亦不是从存有论上反对朱子的“性即

① 《语类》卷5，第94页。
② 《语类》卷5，第88页。
③ 《语类》卷5，第87页。
④ 刘述先：《朱子哲学的发展与完成》，第192页。

理”，而是要在实践领域批判和克服朱子的格物论。[①]而之所以朱子主张“性即理”，而陆象山主张“心即理”，即在于两人对人的现实存在的理解不一样，朱子更注意到人在实现中有易于失败的一面，而陆象山则对人充满信心，强调人之易于成功的一面；而对人之存在的理解不一样又导致两人在具体的复性方式方法上出现了分歧。因此，如果把朱陆两人的为学工夫看作是一个过程，两人为学工夫的起点是一样的，他们都把人看作是一种“原初圆满”的存在，都强调人心本具万理。所以，我们可以说，朱陆两人为学工夫的起点是一样的。

（四）

一些学者认为，由于朱子的心本不具万理，故而朱子的涵养主敬工夫乃是无本无源的工夫，而朱子的格物穷理工夫只是外心求理，虽然通过格物工夫能认知外在之理，但此理只是向外摄取进来的，心与理之间仍不能融合为一，永远存在着隔阂。因此，朱子的涵养主敬工夫和格物穷理工夫并不能确保人实现心与理为一。持这种观点的以牟宗三最具代表性。在牟宗三看来，朱子的持敬工夫只是“空头”涵养，而格物致知工夫只能使心“认知”“关联”地含具理。因此，朱子的为学工夫只是一种外在的他律工夫。如果我们在这里也把朱子的为学工夫看作是一个过程，那么这些对朱子为学工夫思想持否定态度的学者实认为朱子所倡导的这套涵养主敬工夫和格物穷理工夫的结果并不能使人恢复到心与理一的“原初圆满”状态。换言之，他们实认为朱陆两人为学工夫的结果也不一样。问题是，朱子所倡导的这套涵养主敬工夫和格物穷理工夫是不是不能使人恢复到心与理一的“原初圆满”状态呢？

首先来看朱子的主敬涵养工夫。对于朱子的涵养工夫，早在朱子在世之时陆象山就提出了异议。在陆象山看来，“‘存诚’字于古有考，‘持敬’字乃后来杜撰。”[②]“孟子言‘敬王’‘敬兄’，未尝有言‘持敬’者。”[③]陆象山认为，为学须先辨义利，知得义之所在，如此方能立大本，进而能保证为学方向的正确性；如不明义之所在而盲目持敬，极有可能持守的是私欲而不是天理。对陆象山而言，朱子所言的敬只是一种收敛精神，但这种精神的收敛是空洞无内容的。而要想解决这一问题，就必须

① 参见沟口雄三：《中国思想史：宋代至近代》，龚颖、赵士林译，北京：生活·读书·新知三联书店，2014年，第69页。
② 《与曾宅之》，《陆九渊全集》卷1，第4页。
③ 《与曾宅之》，《陆九渊全集》卷1，第8页。

先进行义理之辨，知得天理之所在，再以合乎天理的具体的事情为敬。故他说："是心之良莠萌于交物之初，有滋而无芟，根固于怠忽，末蔓于驰骛，深蒙密覆，良苗为之不殖。实著者易拔，形潜者难察，从事于敬者尤不可不致其辨……"[①]今人牟宗三认为朱子的涵养主敬工夫只是空头的、外部的工夫，由主敬所养成的仅是一种不自觉的习惯，而不是真正的道德行为。[②]吴震承牟宗三之意，亦认为朱子的主敬工夫是空头涵养，他说："问题在于，既然'敬'的工夫能令此心'自做主宰''自省自存'，那么这个被称为'敬只是敬'的工夫本身是否需要由'心'来主导？事实上，从学理上说，我们可以问：敬的工夫何以只是敬的工夫而已？如果没有'心'（且不论是否是孟子的本心抑或是象山的吾心、阳明的良心）的引领，敬的工夫何以可能？更为直截了当地问，敬与心究竟何者为先（非时间在先而是形上在先）？何者为本？能否用先后、本末、体用这类范畴来规定敬与心的关系——例如心本敬末、心先敬后、心体敬用？恕笔者直言，在朱熹的文字中，完全看不到有此类的说法，也就是说，在朱熹，他根本不曾想把敬字工夫的理据诉诸心体。在这个意义上，笔者倒是赞同牟宗三以'空头的涵养'来批评朱熹之敬论，只是此所谓'空头'应理解为朱熹的主敬工夫缺乏心体的指引，而不是指朱熹主敬缺乏内容。"[③]

当然，亦有学者对朱子的主敬工夫持肯定态度。例如，杨祖汉认为，朱子之学是从敬论切入的，朱子开展出了一种"由恭敬契入本心"的哲学型态，其言主敬工夫实是以良心发见作为根源动力。杨祖汉反对牟宗三那种以"横摄""别子"来定位朱子学，认为道德心之契入有仁、义、礼、智四种型态，而朱子所倡导的主敬正是偏向重礼的型态，礼之恭敬的作用在使人外在面容仪止端正肃穆的同时亦可以使人内心谨慎端正。朱子这种由礼之恭敬契入本心的持敬工夫是心之本体之自明而自呈现，心之本体就是持敬工夫的动力根源。因此，朱子的持敬工夫并不是一外加的工夫。[④]

---

① 《敬斋记》，《陆九渊全集》卷19，第286页。

② 牟宗三：《心体与性体》（下），第170页。

③ 吴震：《朱子思想再读》，北京：生活·读书·新知三联书店，2018年，第198页。

④ 关于朱子的持敬工夫，杨祖汉撰写了系列论文。如：《朱子心性工夫论新解》，《嘉大中文学报》，2009年第1期；《从朱子的"敬论"看朱子思想形态的归属》，吴震主编：《宋代新儒学的精神世界——以朱子学为中心》，上海：华东师范大学出版社，2009年，第72—86页；《唐君毅先生对朱子哲学的诠释》，刘笑敢主编：《中国哲学与文化（第7辑）》，桂林：广西师范大学出版社，2010年，第143—166页；《从良知学之发展看朱子思想的型态》，《东亚朱子学的诠释与发展》，第157—176页。

应该说，无论是牟宗三，还是吴震，他们之所以会对朱子的主敬工夫提出批评主要是认为朱子乃主心与理为二，心本不具理，所以其所谓的涵养亦只是无根无源的外在工夫。然而，前文已经指出，朱子是肯定人心本具万理的。因此，牟宗三、吴震认为朱子之主敬工夫是无根无源的外在工夫是值得进一步思考的。

由前文可知，朱子从来没有否认过价值本体的存在，而且肯定无论是在未发时还是在已发时，作为心之本体之性始终存在，并会显发为作为心之作用之情，只是由于气禀和物欲之影响使得性不能通畅地展现为善之情，因此需要通过涵养工夫和格物工夫来去除气禀和物欲对此心之遮蔽。然而，既然性理为心所本具，所以从心性关系上看，主敬工夫是由心来主导的，心所本具之性理即能引领主敬工夫之方向。因此，即使非要分出心与敬在逻辑上的先后关系，也是心逻辑在先。从这个意义上说，持敬工夫的动力源并不外在，而是心之本身。换句话说，心原本就是浑然之敬，因此主敬工夫是本心自我存养和发用，心自身推动自己做主敬工夫。这正如吴略余所说：“敬的首要义涵就是心体寂感动静的本质，而这也正是心之所以能在未发时虚灵而不昏昧，在已发时合宜而不差失的原因。即使有具体的小学工夫作为实践的方法，但这些都是用以辅助心体的呈现，并且，心体所本来具有的性理，原来就有一种要求静而必动，动而必静的功能，并且在这样的动静过程中，有着自我要求合理不昏昧差失的本质，而这也就是心体的自我主敬，如此才能说心体具有能寂而常感、感而常寂，寂感相贯通的特质。”[①]杨祖汉则认为，无论是在“中和旧说”时期还是在“中和新说”时期，朱子所主张的持敬工夫都是以良心发见作为根源动力的工夫。而既然持敬工夫以良心发见作为根源动力，则通过持敬工夫可以让直接发自性理的心之活动作心之主宰，由此而做道德之实践。[②]

另外，需要强调的是，如果从具体的工夫实践来看，在做持敬工夫时，心与敬不存在何者为先、何者为本的问题，两者在实践中是相辅相成的，互助互长的，并不存在一个时间上的先后关系，并不是说做了工夫之后心才是敬，敬之心态是在持敬的过程中培养出来的。这就像我们喜欢做某件事，一般并不是先对这件事有兴趣才去做，而是在做的过程中才逐步对这件事有兴趣，在不断地做的过程中才会喜欢上这件事。正是基于对心

---

① 吴略余：《论唐君毅对朱子思想的诠释——以当代之相关研究为对比》，政治大学硕士学位论文，2008年，第119页。

② 杨祖汉：《朱子心性工夫论新解》，《嘉大中文学报》，2009年总第1期。

与敬在工夫实践中不分先后的理解，朱子强调持敬工夫只是要人以专一诚敬之心态在具体的事情上去进行道德实践，并不是要人先下工夫寻得敬之体之后再以诚敬之心去进行道德实践。如，《语类》载有：

> 问："尝学持敬。读书，心在书；为事，心在事，如此颇觉有力。只是瞑目静坐时，支遣思虑不去。或云，只瞑目时已是生妄想之端。读书心在书，为事心在事，只是收聚得心，未见敬之体。"曰："静坐而不能遣思虑，便是静坐时不曾敬。敬只是敬，更寻甚敬之体？似此支离，病痛愈多，更不曾做得工夫，只了得安排杜撰也。"①

所谓"敬只是敬，更寻甚敬之体"即强调持敬工夫并不是要人先通过另一工夫寻找一个所谓的敬之体，再在此基础上以诚敬之心去做道德实践工夫，而是指人当下以专一诚敬之心态去做道德实践即持敬之工夫。

朱子这种反对先求得一个所谓的敬之体的思想与其反对湖湘学派那种反身识本心以求仁体的"以心识心"思想是一致的。前文已经提及，相对于孟子的"求放心"工夫，朱子更提倡孔子的"居处恭，执事敬，与人忠""出门如见大宾，使民如承大祭"一类在实践中涵养此心的工夫。

正是基于朱子的主敬涵养工夫是以本心作为根源动力，唐君毅认为朱子的主敬涵养工夫通于陆象山的发明本心工夫，他说："如吾人识得象山之言本心之自明自立中，自有涵养，而朱子之言涵养，亦不能离此本心之自涵养，以自明自立之义；则由朱子之涵养工夫，而益之以立志求此工夫之相续，及对本心之自信之义，即同于象山所言之本心之自明自立中之涵养工夫。朱子之所以未能及于此义，亦盖非朱子之智之必不能及此，而唯在朱子之意：人有气禀物欲之杂，即必须先有一直接针对之为事之静中涵养工夫。"②

再看朱子的格物工夫。格物论既是朱子工夫思想中最具有创造性之处，也是最受争议之处。如何理解朱子的格物思想至今可谓莫衷一是。研究朱子的格物思想首先要明白何为格物。朱子说："格物者，穷事事物物之理。"③可见，简单地说，格物就是穷事物之理。我们知道，事物之理在朱子那里有多层意思，一是指关于自然之物理，即"天地鬼神、日月阴

---

① 《语类》卷12，第214页。
② 唐君毅：《中国哲学原论·原性篇》，第414页。
③ 《语类》卷15，第305页。

阳、草木鸟兽之理”[①]，二是指关于人伦之道理，即仁义礼智之理。格自然之物理就类似于现代意义上的自然科学研究，这种研究就是作为主体的人对作为客体的自然之物进行探究，寻找自然运化之规律和特点。首先要指出的是，朱子乃是一个百科全书式的思想家，其对自然进行过深入研究，有着丰富的自然思想。因此，朱子的格物论中确实有格自然之物理的思想。如，朱子曾言：“上而无极、太极，下而至于一草、一木、一昆虫之微，亦各有理。一书不读，则阙了一书道理；一事不穷，则阙了一事道理；一物不格，则阙了一物道理。须着逐一件与他理会过。”[②]这里，朱子明确认为天地太极、草木昆虫皆有理，而这些理也应当格之。然而，需要强调的是，朱子并不是智识主义者，其格物思想不是现代意义上的认识论或者知识论，而是一种着眼于提升人之德性的修养工夫。在朱子那里，作为同主敬涵养并列的格物工夫，其目的是通过对事物之理的体认以去除气禀物欲对人心之遮蔽，以提升心之主宰能力，进而见得此心本具之理、恢复此心原本之明，最终实现心与理一。朱子所谓“格物所以明此心”[③]即此之谓。朱子终归不是科学家，而是儒学家，如何成圣成贤才是朱子念兹在兹的问题。他在《答陈齐仲》说：“格物之论，伊川意虽谓眼前无非是物，然其格之也，亦须有缓急先后之序，岂遂以为存心于一草木器用之间而忽然悬悟也哉？且如今为此学而不穷天理、明人伦、讲圣言、通世故，乃兀然存心于一草木、一器用之间，此是何学问？如此而望有所得，是炊沙而欲其成饭也。”[④]可见，对朱子来说，格物亦有先后缓急之分，格物的目的乃是为了穷天理、明人伦，而不能只停留在一草一木之间。朱子还明确指出，自己的格物致知之学不同于世俗的博物之学。《大学或问》载：“曰：然则所谓格物致知之学，与世之所谓博物洽闻者，奚以异？曰：此以反身穷理为主，而必究其本末是非之极至；彼以徇外夸多为务，而不核其表里真妄之实。然必究其极，是以知愈博而心愈明；不核其实，是以识愈多而心愈窒。此正为己为人之所以分，不可不察也。”[⑤]另外，我们知道，朱子主要是通过《大学》来阐发格物致知思想，而“大学”乃是大人之学，是引导人成圣成贤之学。从这个意义上说，把格物与诚意、正心、修身、齐家、治国、平天下联系起来理解就显得更为恰当。

---

① 《语类》卷15，第287页。
② 《语类》卷15，第295页。
③ 《语类》卷118，第2856页。
④ 《答陈齐仲》，《文集》卷39，《朱子全书》（第22册），第1756页。
⑤ 《大学或问下》，《四书或问》，《朱子全书》（第6册），第532页。

而把格物放在大学工夫次第中来理解就是德性修养问题，而不是一个知识论问题。

事实也正如此，朱子更多地把格物当作一个德性修养工夫来阐释。这点从朱子格物论的实践特性就可以清楚看出。朱子认为格物的目的不能仅止于求得关于道德的知识，而是要求得“真知”，也就是在道德伦理上求得一个是是非非，清楚地知道何者为是、何者为非，并在实践中真真切切地去践行。

朱子首先指出，格物不仅要知事理之然，更要知事理之所以然，如此才能达到知得“至极”之“止”处。他说：

> 格物，是穷得这事当如此，那事当如彼。如为人君，便当止于仁；为人臣，便当止于敬。又更上一著，便要穷究得为人君，如何要止于仁；为人臣，如何要止于敬，乃是。①
>
> 格物是“为人君止于仁，为人臣至于敬”之类。事事物物，各有个至极之处。所谓“止”者，即至极之处也。然须是极尽其理，方是可止之地。若得八分，犹有二分未尽，也不是。须是极尽，方得。②

事事物物之理皆有个“至极”之“止”处，格物当寻求到这个“至极”之“止”处。以仁义礼智之理为例，我们不仅要知应当行仁义礼智之理，更要进一步知为什么要行仁义礼智之理；当人知为什么要行仁义礼智之理之时方可谓极尽仁义礼智之理。

问题是，对事物之理，人为什么要格至“至极”之“止”处呢？朱子指出，“穷极事物之理到尽处，便有一个是，一个非，是底便行，非底便不行。”③可见，只有格至“至极”之“止”处，才能分辨出是非来，并在实践中坚定地去做。朱子说：

> 格物，须真见得决定是如此。为子岂不知是要孝？为臣岂不知是要忠？人皆知得是如此。然须当真见得子决定是合当孝，臣决定是合当忠，决定如此做，始得。④

---

① 《语类》卷15，第284页。
② 《语类》卷15，第291页。
③ 《语类》卷15，第284页。
④ 《语类》卷15，第284—285页。

> 致知，不是知那人不知底道理，只是人面前底。且如义利两件，昨日虽看义当为然，而却又说未做也无害；见得利不可做，却又说做也无害；这便是物未格，知未至。今日见得义当为，决为之；利不可做，决定是不做，心下自肯自信得及，这便是物格，便是知得至了。[①]

可见，在朱子看来，格物并不仅仅要人知得什么当为、什么不当为，而是要在此基础上，进一步在实践中做到当为之事必定去做、不当为之必定不去做。从这里也可以看出，朱子所言的格物并不是一个纯粹的道德认识问题，而是带有强烈的实践要求。

朱子进一步指出，当人格物格至“至极”之“止”处时，即达到了“真知”之境。前文第四章已经提及，程颐作出了“常知”与“真知”的区分，强调人对事理的认知必须要由常知进至真知；而朱子则继承和发扬了程颐这一思想，亦强调人对天理的掌握必须达至真知之境，即要真正明了什么是是，什么是非，做到在情感和意志上真切而坚定地肯认天理，进而在实践中作出正确的善恶判断，并转为坚定的实践行为。

因此，可以说，朱子的格物工夫不是单纯地掌握道德伦理范畴或者道德法则，而是要人于具体的事事物物上真见个是是非非，更要在实践中去切实践行这些天道天理，做到是者为之、非者决不为。这才是格物穷理所要达到的最终目的。故而，对朱子来说，其所谓的格物工夫，不能单单从认识论上去理解，而必须从实践意义上去理解。再进一步说，朱子通过格物工夫所获得的知是一种在实践中得到检验的体知，这种知是带有情感认同和意志肯定的知，或者说一种生命体验之知。既然朱子所理解的知是一种生命体验之知，那么获得这种知的格物工夫也就不能说是现代意义上的认识论或知识论，而格物的对象——天理也不是一种类似于事物的本质或规律一类的东西，天理乃是事物的“所以然”，此“所以然”乃是事物存在的意义和价值的依据。如此，则朱子的格物工夫并不是概念认知和理论思辨，而是价值分判和价值体认。朱子格物工夫这一特点正如丁为祥所说：“其（朱子——笔者注）所谓认知，也并不是要探讨关于对象世界之所谓纯客观的知识，而首先是由个体之生存实在所必然关涉的带有群体性

---

① 《语类》卷15，第297页。

或人伦普遍性的人生知识或人生道理。”①正是从这个意义上，我们认为朱子的格物论并不是牟宗三所说的“以讲知识的方式讲道德”之“泛认知主义”。②

再进一步看，既然朱子的格物工夫不是现代意义上的认识论，而是一种带有强烈实践特性的修养工夫，那么朱子的格物工夫中作为主体的人与作为客体的性理就不是现代认识论那种主客二元对立的关系，质言之，朱子的格物工夫并不是将存在于事物中的外在之理摄取进来而成为人内心所具之理。当然，朱子的思想确实存在着内外之分，这也是我们容易误读其格物思想的原因。我们知道，在朱子那里，格物是指“穷至事物之理，欲其极处无所不到也”，而致知则是“推极吾之知识，欲其所知无不尽也”。③从这个注释看，格物是指格外在的事事物物，而致知是指人内心之知识的增长。这里显然是有一个内外之分的。对于格物与致知的这种内外关系，朱子还说：

> 但物格于彼，则知尽于此矣。④
>
> 格物以理言，致知以心言。⑤
>
> 格物，是物物上穷其至理；致知，是吾心无所不知。⑥
>
> 致知，是自我而言；格物，是就物而言。若不格物，何缘得知。⑦
>
> 格物、致知，彼我相对而言耳。格物所以致知。于这一物上穷得一分之理，即我之知亦知得一分；于物之理穷二分，即我之知亦知得二分；于物之理穷得愈多，则我之知愈广。其实只是一理，“才明彼，即晓此”。⑧
>
> 格物只是就一物上穷尽一物之理，致知便只是穷得物理尽后，我之知识亦无不尽处，若推此知识而致之也。⑨

---

① 丁为祥：《学术性格与思想谱系：朱子的哲学视野及其历史影响的发生学考察》，第82页。

② 参见牟宗三《心体与性体》（下）第五章“论致知格物”部分。

③ 《四书章句集注》，第4页。

④ 《语类》卷15，第291页。

⑤ 《语类》卷120，第2908页。

⑥ 《语类》卷15，第291页。

⑦ 《语类》卷15，第292页。

⑧ 《语类》卷18，第399页。

⑨ 《答黄子耕》（五），《文集》卷51，《朱子全书》（第22册），第2377页。

由上述这几段话，可以得出两点：一是格物与致知的对象有彼此之别，格物的对象是事物之理，而致知的对象是我心之知；二是虽然格物与致知有彼此之别，但是“才明彼，即晓此”，也就是说格物与致知是相通的，格物能推进致知，致知在于格物，格物越多，致知越广。

问题是，为何于事物上穷其至理的格物能使吾心无所不知呢？对于这个问题，早在明代之时王阳明就提出了类似的质疑，他说：“先儒解格物为格天下之物，天下之物如何格得？且谓一草一木亦皆有理，今如何去格？纵格得草木来，如何反来诚得自家意？”[①]由是，王阳明反对朱子的格物之法，而提出向内求理的致良知之法。而牟宗三认为朱子格物工夫乃是外在的他律工夫亦是基于此。对朱子而言，这个问题确实是一个必须回答的问题，否则就无法解释格物为何可以使人致知。当然，如果我们以那种主客对立的思维方式来理解朱子的格物思想，那么在这个问题上容易得出类似于王阳明和牟宗三的疑问和结论。但事实是，朱子所讲的格物并不是现代意义上的认识论，主体的人与客体的理在朱子那里并不是二元对立的，而是统一的。

理虽散在万物，而其用之微妙，实不外乎一人之心，初不可以内外精粗而论也。[②]

问：“《或问》云：‘心虽主乎一身，而其体之虚灵，足以管乎天下之理；理虽散在万物，而其用之微妙，实不外乎一人之心。’不知用是心之用否？”曰：“理必有用，何必又说是心之用！夫心之体具乎是理，而理则无所不该，而无一物不在，然其用实不外乎人心。盖理虽在物，而用实在心也。”又云：“理遍在天地万物之间，而心则管之；心既管之，则其用实不外乎此心矣。然则理之体在物，而其用在心也。”次早，先生云：“此是以身为主，以物为客，故如此说。要之，理在物与在吾身，只一般。”[③]

问：“格物须合内外始得？”曰：“他内外未尝不合。自家知得物之理如此，则因其理之自然而应之，便见合内外之理……”[④]

大抵身心内外，初无间隔。所谓心者固主乎内，而凡视听言

---

① 《语录》三，《王阳明全集》（第1册），第135页。
② 《大学或问》下，《四书或问》，《朱子全书》（第6册），第528页。
③ 《语类》卷18，第416页。
④ 《语类》卷15，第296页。

动、出处语默之见于外者，亦即此心之用而未尝离也。[1]

从这些材料可以看出，朱子并不是以一种主客对立的思维来理解“心之知”与“物之理”之间的关系，而是认为心内之理与外物之理本来就是合一的，“理在物与在吾身，只一般”。而心内之理与外物之理之所以能合一是由于“理虽在物，而用实在心也”。所以，朱子强调“根本枝叶本是一贯，身心内外元无间隔”[2]。因此，从某种意义上看，反倒是阳明对内外之分过于执着了。

另外，朱子并不是从理是从心内获得的还是从心外获得的来区别内外。在朱子看来，无论是从心内获得理还是从心外获得理，只有发动此理的动机是出于主动的，都可以称之为内。

书固在外，读之而通其义者却自是里面事，如何都唤做外面入来得！[3]

安卿问：“博文是求之于外，约礼是求之于内否？”曰：“何者为外？博文也是自内里做出来。我本来有此道理，只是要去求。知须是致，物须是格。虽是说博，然求来求去，终归于一理，乃所以约礼也。”[4]

谓如人心知此义理，行之得宜，固自内发。人性质有不同，或有鲁钝，一时见未到得；别人说出来，反之于心，见得为是而行之，是亦内也。人心所见不同，圣人方见得尽……岂可一一须待自我心而出，方谓之内？所以指文义而求之者，皆不为内？[5]

可见，在朱子看来，所谓的内并不仅仅指从内心发出来的义理，那些得之于书本或者得之于他人的种种，虽然看似是从外部获得的，但只要这些种种是经由自己的肯定而主动发出来的皆可以说是内。这表明，对朱子而言，理之内外之分不在于理之来源是源于心内还是源于他人或书本，而在于发动此理的动机是出于主动还是出于被迫，只要是心主动发出此理，即使这个理是得之于书本的或他人告知的，都可以称为内。

---

① 《答杨子直》（一），《文集》卷45，《朱子全书》（第22册），第2072页。
② 《答何叔京》（二十四），《文集》卷40，《朱子全书》（第22册），第1835页。
③ 《语类》卷121，第2941—2942页。
④ 《语类》卷36，第963页。
⑤ 《语类》卷124，第2976页。

针对学生认为格物工夫有外驰之病，朱子明确指出，格物工夫没有内外之分，只有合为与不合为之分。格物致知就是将合为的事情做到恰到好处。《语类》载有：

> 问：“格物则恐有外驰之病？”曰：“若合做，则虽治国平天下之事，亦是己事。‘周公思兼三王，以施四事。其有不合者，仰而思之，夜以继日，幸而得之，坐以待旦。’不成也说道外驰！”又问：“若如此，则恐有身在此而心不在此，‘视而不见，听而不闻，食而不知其味’，有此等患。”曰：“合用他处，也着用。”又问：“如此，则不当论内外，但当论合为与不合为。”先生颔之。①
>
> 某谓事之合如此者，虽是在外，然于吾心以为合如此而行，便是内也。②

“若合做，则虽治国平天下之事，亦是己事”“于吾心以为合如此而行，便是内也”两句明确表明：对朱子而言，判断一个人的行为是内还是外，主要是看该行为是合为还是不合为；只要是合为的行为，都可以说是内。进一步看，朱子实认为，如果将格物工夫理解为一种外驰工夫，则实质是将人心中之理与事物之理隔断开了。

基于上面的论述，我们认为，朱子的思维方式同其他儒者一样，仍是一种天人合一的思维方式。在天人合一的思维方式下，人之心与万事万物之理本来就是贯通的。这是天人之所以能合一的根本原因，也是儒家思想的重要特色。朱子也正是基于儒家这种天人合一的传统而强调“心之知”和“物之理”之间不是主客对立的关系。既然朱子不是以主客对立的思维来理解格物工夫，那么我们就不能以现代认识论的思维模式来解释朱子的格物工夫。具体说来，我们不能把朱子的格物工夫诠释为现代认识论所理解的先把理作为一个外在的客观对象、再发动心之知觉去认识这个外在的客观之理的过程。朱子的格物工夫实质是将心之理放在事物上去理会，通过对事物之理的理会以体证自家本有的本心真性，进而去除气禀和物欲对本心真性之遮蔽，以使心恢复到心与理一的本原状态；而这个过程并不是作为主体的人外在地去摄取作为客体的理，而是朱子所说的“合内外之理”的过程。所以，朱子的格物论实质一种关于修养的理论。

---

① 《语类》卷15，第288页。
② 《语类》卷124，第2977页。

那么，又怎么理解格物的这个“合内外之理”的过程呢？朱子是以理气论来解释宇宙万物包括人的存在，在他看来，天地万物都是由理和气共同构成，理构成事物存在的根据和本质，气构成事物存在的具体形质。从理上看，则人与物都具有同样完美的理，只是由于气禀之不同，导致人与万物在实际存在上有所差异。[①]因此，如果从理上看，人与物是等同的。所以，朱子强调人与物在价值上是平等的。[②]说人与物都同具此理、人与物在价值上是平等的，就是要强调天理既存在于人之上，也存在于万物之中，天地之心即人物之心，天地万物与人乃是一体的。故，朱子常说：

> 宇宙之间，一理而已，天得之而为天，地得之而为地，而凡生于天地之间者，又各得之以为性。其张之为三纲，其纪之为五常，盖皆此理之流行，无所适而不在。[③]
>
> 万物皆有此理，理皆同出一原。但所居之位不同，则其理之用不一。如为君须仁，为臣须敬，为子须孝，为父须慈。物物各具此理，而物物各异其用，然莫非一理之流行也。[④]

理为天地万物之本原，理流行于物上即为物之理，理流行于人上即为人之性。因此，从“宇宙之间一理而已”上看，万物与人在本质上并无差异，“天人本只一理”[⑤]。这种天人无间隔的关系亦正如程颐所说：“在天为命，在义为理，在人为性，主于身为心，其实一也。”[⑥]

基于这种“天人本是一理”的思想，我们就不难理解朱子所谓的“物理即道理，天下初无二理”[⑦]的意思了。在朱子看来，万物之理与内心之理在本质上是同一个理，都是天理的具体化。而朱子的格物工夫正是建立在这种物理与道理只是一理的基础上，“合内外之理”的过程就是内心之道理同事物之物理的统合过程。再进一步看，既然格物的过程是内心之道理同事物之物理相统合的“合内外之理”的过程，则格物就不是现代

---

① 如，朱子说：“人物之生，天赋之以此理，未尝不同，但人物之禀受自有异耳。”（《语类》卷4，第58页）

② 如，朱子说：“以其理而言之，则万物一原，固无人物贵贱之殊。”［《大学或问上》，《四书或问》，《朱子全书》（第6册），第507页］

③ 《读大记》，《文集》卷70，《朱子全书》（第23册），第3376页。

④ 《语类》卷18，第398页。

⑤ 《语类》卷17，第387页。

⑥ 《河南程氏遗书》卷18，《二程集》（上），第204页。

⑦ 《语类》卷15，第294页。

认识论那种主体的人通过心之知觉去认识客观事物之理的过程。那么，这个“合内外之理”的过程究竟是怎么样的一个过程呢？本书以为这个过程就是前文说的——借助对万理之理的理会以体证自家本有的本心真性，进而去除气禀和物欲对本心真性之遮蔽，以使心恢复到心与理一的本原状态的过程。从这个意义上说，格物的过程实质是一个恢复本心之明的过程，用《大学》的话说就是一个“明明德”的过程。

前文已经提及，朱子亦如陆象山那样肯定人心本具万理，因此其涵养工夫并不是空头的涵养。同样，朱子的格物工夫也是建立在心本具万理的基础上。《语类》有：

> 大凡道理皆是我自有之物，非从外得。所谓知者，便只是知得我底道理，非是以我之知去知彼道理也。道理固本有，用知，方发得出来。若无知，道理何从而见！①
>
> 盖人心至灵，有什么事不知，有什么事不晓，有什么道理不具在这里。何缘有不明？为是气禀之偏，又为物欲所乱。②
>
> 人皆有个明处，但为物欲所蔽，剔拨去了。只就明处渐明将去。然须致知、格物，方有进步处，识得本来是什么物。③
>
> 明德，谓本有此明德也。“孩提之童，无不知爱其亲；及其长也，无不知敬其兄。”其良知、良能，本自有之，只为私欲所蔽，故暗而不明。所谓“明明德”者，求所以明之也。譬如镜焉：本是个明底物，缘为尘昏，故不能照；须是磨去尘垢，然后镜复明也。④

从这些材料表明：一是人心本具天理，此天理在人身上就是人之性，所以人本自有良知、良能。故而，致知只是知我本有之理，格物并不是以我之知去知彼之道理，只是为了恢复、推极本有之知。二是由于气禀物欲对人之遮蔽使得本心所具有的性理无法完全展现出来，做格物工夫就是为了去除此遮蔽，以恢复本心之明，进而使得本心所具有的性理能全幅显现为善之情。

因而，可以说，朱子的格物之所以能产生致知的效果是因为人心中本具有万理，而事物之理与内心之理是完全相对应的，因此当人格物之理时

---

① 《语类》卷17，第382页。
② 《语类》卷14，第264页。
③ 《语类》卷14，第262页。
④ 《语类》卷14，第267页。

就能与自己内心本具之理发生“碰撞”，在外界事物的“刺激”下内心本具之理就能“激发”出来，此一过程就是“合内外之理”的过程。韩国学者金永植将朱子“合内外之理”的过程理解为“心‘理’与物‘理’的一种共鸣”。[①]从这个意义上，朱子的格物致知就不是认识论所讲的那种从无到有式的获取知识，而是自身本有的性理恢复到原有的圆满状态。

朱子常用磨镜来比喻格物致知乃是一种使心恢复本心之明的工夫。他说：

> 因郑仲履之问而言曰：“致知乃本心之知。如一面镜子，本全体通明，只被昏翳了，而今逐旋磨去，使四边皆照见，其明无所不到。”[②]
>
> 此“明德”乃是人本有之物，只为气禀与物欲所蔽而昏。今学问进修，便如磨镜相似。镜本明，被尘垢昏之，用磨擦之工，其明始现。及其现也，乃本然之明耳。[③]

镜子本来光明，能照万物；然其容易被灰尘所蒙蔽。故而需要常常做磨镜的工夫以去掉灰尘，使镜子重新恢复光明。

我们可以通过朱子所说的一个具体事例来理解朱子的这种“合内外之理”的过程。《语类》有：

> 问：“格物须合内外始得？”曰：“他内外未尝不合。自家知得物之理如此，则因其理之自然而应之，便见合内外之理。目前事事物物，皆有至理。如一草一木，一禽一兽，皆有理。草木春生秋杀，好生恶死。‘仲夏斩阳木，仲冬斩阴木’，皆是顺阴阳道理。自家知得万物均气同体，‘见生不忍见死，闻声不忍食肉’，非其时不伐一木，不杀一兽，‘不杀胎，不妖夭，不覆巢’，此便是合内外之理。”[④]

---

① 参见金永植：《朱熹的自然哲学》，潘文国译，上海：华东师范大学出版社，2003年，第24页。

② 《语类》卷15，第283页。

③ 《语类》卷17，第377页。

④ 《语类》卷15，第296页。另外，从朱子格草木、禽兽之理而格出生生之理，亦可以证明在朱子那里格物首要的是格人伦道理，而不是物理。

在朱子看来，一草一木、一禽一兽都有理，这个理就是春生秋杀、好生恶死之生生之理，当人格草木、禽兽之理时就能体会到万物均气同体，进而做到“非其时不伐一木，不杀一兽”。这种从草木、禽兽之生长而体会到生生之理的过程就是“合内外之理”。对朱子来说，“合内外之理”之所以可能，是因为万物和人皆是理气合成之物，万物之物理与人心之道理本是一理，通过格事物之理便能“激发”起人内心之道理。这即朱子所说的“就这形而下之器穷得那形而上之道理”[①]，也即是唐君毅所说的“朱子之言格物穷理，乃即求诸外而明诸内”[②]。

当我们理解了朱子的“合内外之理”时，自然就能理解为何“于这一物上穷得一分之理，即我之知亦知得一分；于物之理穷二分，即我之知亦知得二分；于物之理穷得愈多，则我之知愈广”[③]。这也是朱子说“致知、格物，只是一个”[④]的原因了。

行文至此，我们还有一个重要的问题需要回答：既然朱子认为人心本具万里，为何不直接像陆王那样反身直接求取此理，而要通过格物这个环节曲折求取此理呢？张荫麟在评价冯友兰《中国哲学史》时提出：“朱陆同以为‘人之所应然的道理’是具于各人心中。那么，他们应当同以为：欲知道怎样做一个理想的人，欲明‘心之全体大用’反求诸其心就够了。何以朱子于此更注重‘道学问’呢？更注重对外物‘用力之久’呢？”[⑤]在朱子看来，主要有三个方面的原因：一是虽然心具众理，但心中之理须即物而显，故而必须做格物工夫才能穷理。二是虽然人心本具万理，但由于气禀物欲的遮蔽，此心在应事接物时，并不必能依理而为，所以人要借助格物工夫来明心，而不能直接反求本心。三是只有通过格物工夫才能求得事事物物之定理，求得事事物物之定理才能恰当地应事接物。下面依次分析。

对于第一点，朱子常说：

> 格物，不说穷理，却言格物。盖言理，则无可捉摸，物有时而离；言物，则理自在，自是离不得。释氏只说见性，下梢寻得一个空洞无稽底性，亦由他说，于事上更动不得。[⑥]

---

① 《语类》卷62，第1492页。
② 唐君毅：《中国哲学原论·原教篇》，北京：中国社会科学出版社，2006年，第176页。
③ 《语类》卷18，第399页。
④ 《语类》卷15，第290页。
⑤ 张荫麟：《书评：冯友兰〈中国哲学史〉下卷》，《清华学报》，1935年第10卷第3期。
⑥ 《语类》卷15，第289页。

> 盖有是物必有是理，然理无形而难知，物有迹而易睹，故因是物以求之，使是理了然于心目之间而无毫发之差，则应乎事者自无毫发之缪。①
>
> 道理无形影，唯因事物言语乃可见得是非，理会极子细，即道理极精微。古人所谓格物知至者，不过是就此下功夫。近日学者说得太高了，意思都不确实，不曾见理会得一书一事彻头彻尾，东边绰得几句，西边绰得几句，都不曾贯穿浃洽。②

道理无形影，无法捉摸，一般人很难直接体会到；物之理则有迹可循，一般人于事物上格之即能把握到。既然物理同道理本是一理，故而借助格物之理亦可以达到对道理的把握。所以，对一般人来说，穷理的最佳路径就是格物。

基于理无形而事有迹的思想，朱子十分强调要将心之理放在事物上理会。《语类》有：

> 人多把这道理作一个悬空底物。《大学》不说穷理，只说个格物，便是要人就事物上理会，如此方见得实体。所谓实体，非就事物上见不得。③
>
> 圣人只说“格物”二字，便是要人就事物上理会。④
>
> 须是就事上理会道理，非事何以识理？⑤
>
> 如致知、格物，便是就事上理会道理。⑥

这四段话都是强调，道理不是一个悬空的事物，而是体现在日常生活中具体的事事物物上；所以，人必须于具体的事事物物上理会道理，也唯有如此才能真正见得道理之实体。

朱子以事亲事君为例来阐述其将心之理放在事物上理会的思想。《语类》载有：

> 问：“道之不明，盖是后人舍事迹以求道。”曰：“所以古人

---

① 《癸未垂拱奏札一》，《文集》卷13，《朱子全书》（第20册），第631页。
② 《答胡季随》（一），《文集》卷53，《朱子全书》（第22册），第2505页。
③ 《语类》卷15，第288页。
④ 《语类》卷15，第287页。
⑤ 《语类》卷49，第1209页。
⑥ 《语类》卷121，第2939页。

只道格物。有物便有理，若无事亲事君底事，何处得忠孝！”①

朱子认为，不能离开事亲事君之事以求忠孝之理，忠孝之理只存在于具体的事亲事君之事中。换言之，在朱子看来，离开了事亲事君之事，忠孝之理就是以悬空的存在。

对于第二点，朱子言：

> 吾以心与理为一，彼以心与理为二，亦非固欲如此，乃是其所见处不同。彼见得心空而无理，此见得心虽空而万物咸备也。虽说心与理一，而不察乎气禀物欲之私，亦是见得不真，故有此病。此《大学》所以贵格物也。②

《语类》载：

> 问“《或问》中云，知有未至，是气禀、私欲所累”。曰：“是被这两个阻障了，所以知识不明，见得道理不分晓。圣人所以将格物、致知教学者，只是要教你理会得这个道理，便不错。一事上皆有一个理。当处事时，便思量体认得分明。久而思得熟，只见理而不见事了……”③

在朱子看来，虽人心本具万理，但心常常被气禀私欲所遮蔽。在这种情况下，如只是反求所谓的本心，则容易“见得不真”“见得道理不分晓”。而做格物工夫则可以有效避免反求本心之弊，因为“一事上皆有一个理”，故格一物即能明一物之理，进而即能致一分心之知，人之心也就能明一分。如此，通过不断的格物，终能消除气禀物欲之遮蔽，而恢复本心之明，最终达到“只见理而不见事了”之境界。

朱子的这一良苦用心从其对陆象山的批评即可窥见。朱子说：

> 儒、释之异，正为吾以心与理为一，而彼以心与理为二耳。然近世一种学问，虽说心与理一，而不察乎气禀物欲之私，故其发亦不

---

① 《语类》卷15，第288—289页。
② 《答郑子上》（十五），《文集》卷56，《朱子全书》（第23册），第2691页。
③ 《语类》卷18，第412页。

合理，却与释氏同病，又不可不察。[①]

陆子静之学，看他千般万般病，只在不知有气禀之杂，把许多粗恶底气都把做心之妙理，合当恁地自然做将去。[②]

“然近世一种学问”显然是指陆象山之学。在朱子看来，象山之学的一个最大问题是“不知有气禀之杂”，进而“把许多粗恶底气都把做心之妙理，合当恁地自然做将去”。换言之，在朱子眼中，象山的发明本心之学很容易导致自我封闭和盲目自大，甚至是认欲为理。

可见，朱子之所以强调通过格物工夫来穷理，一个重要的原因是其深刻认识到气禀物欲对人之影响。对朱子而言，格物就是为了对治气禀物欲之遮蔽，而格物的过程就是去除气禀物欲对人心之遮蔽的过程。而朱子之所以认为象山之学有病，是因为在朱子看来，“以发明本心为代表的工夫进路并不能培养真正意义上的理想人格，因为其所谓的悟道、得道的‘道’并非真正意义上的人伦日用之道。”[③]

对于第三点，朱子从现实世界出发，认识到“事事物物莫不各有定理，而分位、界限为不差矣”[④]。因而，人想要做到正确地应事接物就必须求得事物之定理。在朱子看来，求事物之定理，就是《大学》所讲的“知止”。他说：“能知所止，则方寸之间，事事物物，皆有定理矣”[⑤]那么，怎样才能求得事物之定理或者说做到“知止”呢？朱子说：

物格、知至，则天下事事物物皆知有个定理。[⑥]

只这一事上知得尽，则此一事便知得当止处。[⑦]

人本有此理，但为气禀物欲所蔽。若不格物、致知，事至物来，七颠八倒。若知止，则有定，能虑，得其所止。[⑧]

只是推极我所知，须要就那事物上理会。致知，是自我而言；格物，是就物而言。若不格物，何缘得知。而今人也有推极其知者，却只泛泛然竭其心思，都不就事物上穷究。如此，则终无所

---

① 《答郑子上》（十四），《文集》卷56，《朱子全书》（第23册），第2689页。
② 《语类》卷124，第2977页。
③ 江求流：《朱子哲学的结构与义理》，第184页。
④ 《语类》卷14，第272页。
⑤ 《大学或问上》，《四书或问》，《朱子全书》（第6册），第510页。
⑥ 《语类》卷14，第278页。
⑦ 《语类》卷14，第273页。
⑧ 《语类》卷14，第280页。

止。[1]

可见，朱子认为，只有通过格物致知工夫才能见得事物所具有之定理，进而知得所当止处。反之，如果“泛泛然竭其心思，都不就事物上穷究”，则“终无所止”，也就无法做到正确应事接物。

朱子提出通过格物致知工夫以见得事物所具有之定理显然是要告诉人们：不能仅仅知道一个应该做什么的道理，更应该知道如何在具体的对象上去做。朱子说：

> 如孝弟等事数件合先做底，也易晓……若是后面许多合理会处，须是从讲学中来。不然，为一乡善士则可；若欲理会得为人许多事，则难。[2]

这里，朱子以孝弟为例，认为知道孝弟一类的道理（“孝弟等事数件合先做底”）是比较容易的，而要做到在具体实践中恰到好处地践行孝弟（“后面许多合理会处”）则必须通过格物工夫获得（“从讲学中来”）。

这里还需要指出的是，后世王阳明虽然反对朱子于外在事物上格物，主张人只需向内致良知即可穷理，但他的致良知是建立在“事上磨练”这个基础上，并不是脱离事物而空言致良知。从某种意义上说，阳明所讲的“事上磨练”与朱子的格物并不是截然对立的，只不过阳明主张要于自家心上去格，即在事事上去发现体验自家本有的良知，而朱子则主张于事事物物上去格，发现体验一事一物上蕴含的道理。而一些阳明后学者则抛弃了“事上磨练”这个环节，追求一种所谓“现成良知”，以致使阳明的良知学流于泛滥。

朱子进一步指出，通过不断地做格物工夫，终有一个时刻能去除掉气禀物欲对本心之遮蔽；而一旦去除掉气禀物欲对本心之遮蔽，心即恢复到了本然之湛然虚明之态，心与理亦重新为一。朱子把格物工夫所达到的这种效应称为“豁然贯通”之境地。对于“豁然贯通”之境，朱子在《大学章句》中言道：

---

① 《语类》卷15，第292页。
② 《语类》卷119，第2871页。

是以《大学》始教，必使学者即凡天下之物，莫不因其已知之理而益穷之，以求至乎其极。至于用力之久，而一旦豁然贯通焉，则众物之表里精粗无不到，而吾心之全体大用无不明矣。此谓物格，此谓知之至也。[①]

从朱子对“豁然贯通”境界的描述可知，豁然贯通可以从格物和致知两个方面理解。从格物上看，豁然贯通就是物格之境，也就是“众物之表里精粗无不到”；从致知上看，豁然贯通就是知至之境，也就是“吾心之全体大用而无不明”。前文已经说到，对朱子来说，物理与道理本是一理，格物与致知本是一体两面之事。因此，如从心与理的关系上看，豁然贯通就是指心与理一之境。从理上看，即“众物之表里精粗无不到”；从心上看，即“吾心之全体大用无不明”。“众物之表里精粗无不到”“吾心之全体大用而无不明”两句话，正是表现人心在去除气禀物欲之遮蔽后而全然表现出天理的心与理一的境界。

此表现为浑然天理的心与理一的境界就是一种心理相融之状态。对于这种状态，朱子说：

心与理一，不是理在前面为一物。理便在心之中，心包蓄不住，随事而发。[②]

惟学之久，则心与理一，而周流泛应，无不曲当矣。[③]

仁者心与理一，心纯是这道理。看什么事来，自有这道理在处置他，自不烦恼。[④]

可见，这种心理相融的心与理一之状态就是心中无丝毫私欲，纯然只是天理，且这天理随事而发，从心中自然涌现出来，使人在应事接物时必然按照天理而行。此状态亦如朱子所说：“心之全体湛然虚明，万理具足，无一毫私欲之间；其流行该遍，贯乎动静，而妙用又无不在焉。”[⑤]

朱子还常把“豁然贯通”同《孟子》中的“尽心”联系起来诠释，认为豁然贯通之境即尽心之境。如，他在《胡子知言疑义》中即说：“熹

① 《四书章句集注》，第7页。
② 《语类》卷5，第85页。
③ 《语类》卷20，第446页。
④ 《语类》卷37，第985页。
⑤ 《语类》卷5，第94页。

按：《孟子》尽心之意，正谓私意脱落，众理贯通，尽得此心无尽之体。而自是扩充，则可以即事即物，而无不尽其全体之用焉尔。”[①]应该说，朱子将《孟子》的“尽心”等同于《大学》的“豁然贯通”是必然之举。前文第五章说到，朱子以格物致知思想来诠释《孟子》的“尽心知性”思想，认为知性就是物格，尽心就是知至。而知至是格物致知的效验；具体说来，致知工夫所达到的效验就是“吾心之全体大用而无不明”，也就是豁然贯通之境。如此，对朱子来说，尽心即指格物致知达到了豁然贯通之境地。

对于豁然贯通与尽心的关系，朱子在《答张敬夫问目》（四十一）中言：

> 孟子曰：“尽其心者，知其性也，知性则知天矣。”心体廓然，初无限量，惟其梏于形器之私，是以有所蔽而不尽。人能克己之私，以穷天理，至于一旦脱然，私意剥落，则廓然之体无复一毫之蔽，而天下之理远近精粗，随所扩充，无不通达。性之所以为性、天之所以为天，盖不离此而一以贯之，无次序之可言矣。[②]

另外，《尽心说》言：

> “尽其心者知其性也，知其性则知天矣。”言人能尽其心，则是知其性，能知其性，则知天也。盖天者，理之自然，而人之所由以生者也；性者，理之全体，而人之所得以生者也；心则人之所以主于身而具是理者也。天大无外，而性禀其全，故人之本心，其体廓然，亦无限量，惟其梏于形器之私，滞于闻见之小，是以有所蔽而不尽。人能即事即物，穷究其理，至于一日会贯通彻而无所遗焉，则有以全其本心廓然之体，而吾之所以为性与天之所以为天者，皆不外乎此，而一以贯之矣。[③]

在这两段中，朱子表达了同一个意思：人之心体本无限量，但由于形器之私对心之桎梏使得本心无法显现出来。由是，人当即事即物穷究其

---

① 《胡子知言疑义》，《文集》卷73，《朱子全书》（第24册），第3555页。
② 《答张敬夫问目》（四十一），《文集》卷32，《朱子全书》（第21册），第1397—1398页。
③ 《尽心说》，《文集》卷67，《朱子全书》（第23册），第3273页。

理以一点一滴地去除掉形器之私对心之遮蔽。一旦格物致知工夫积累到一定程度，就能达到“无复一毫之蔽，而天下之理远近精粗，随所扩充，无不通达”的豁然贯通之境。而此豁然贯通之境就是《孟子》的“尽心”之境。一旦人达至“尽心”之境时，人之心纯然无杂，涌现出的全是天理。此时，人就达到了心、性、天通贯为一的天人合一的“知天”之境界。而当心、性、天通贯为一时，则可以说心与理融合为一体，天与人浑然为一体。这里朱子所言的“性之所以为性、天之所以为天，盖不离此而一以贯之，无次序之可言矣”“吾之所以为性与天之所以为天者，皆不外乎此，而一以贯之”正是指格物致知工夫达到豁然贯通之境地时人所显现出的心理合一、天人合一的境界。

从某种意义上说，上面所描述的心、性、天通而为一的心理为一的境界只是一种虚说。那么，朱子这种心理为一境界的具体内容是什么呢？前文已经说到，朱子把心、性、情三者之间的关系理解为作为本体的未发之性转化为作为作用的已发之情的过程，而心则是标志着这个过程整体的范畴。因此，如果从心性论上看，朱子这种心理合一的豁然贯通之境也就是指作为本体的未发之性能够通畅地转化为作为作用的已发之情，使得已发之情能够完全展现出未发之性，此时情表现出中节之态而纯然至善，亦可以说性即情，情即性。前文同时说到，朱子的格物致知工夫不是要人仅仅掌握道德伦理范畴或者道德法则，而是要人于具体的事事物物上真见个是是非非，更要在实践中去切实践行这些天道天理，做到是者为之、非者决不为。因此，如果从工夫论上看，朱子这种心理合一的豁然贯通之境有一种“实践”意义，具体说来，就是指人能在实践中坚定不移地践行天道天理。[①]对于朱子这种工夫论意义上的豁然贯通，我们可以用一个事例来说明。对朱子来说，那种知道如事父要孝、事君要忠一类道理并不是豁然贯通，只有在实际环境中能真实做到事父孝、事君忠，才可以说是穷尽事物之理而达到豁然贯通之境。

总之，在朱子看来，人只要坚持不懈地做格物致知工夫，再加上主敬涵养工夫，终能去除掉气禀物欲对人心之遮蔽，人之心就能恢复到本原状态下的全然清澈无杂之状，如此本心朗现出来的就是纯然至善的天理。此时，心与理就实现了合一，达到了心理相融之境。而一旦心与理达到了心

---

① 对于这一点，杨得煜有详细论述，可参阅。参见杨得煜：《朱熹〈大学〉中“豁然贯通”问题研究——一个工夫历程之考察》，东海大学硕士学位论文，2012年。

理相融的心理合一之境，则可以说心即理，理即心。①

综上可知，如果从为学工夫的结果来看，朱子所倡导的涵养主敬工夫和格物穷理工夫亦是要人恢复到心与理一的“原初圆满”状态。因此，从为学工夫的结果来看，朱子主张的涵养主敬工夫和格物穷理工与陆象山主张的发明本心的工夫所达到的结果亦是一样的，即要使人实现心与理一，最终成圣成贤。

小结

前文绪论部分言及，章学诚曾言：“宋儒有朱、陆，千古不可合之同异，亦千古不可无之同异也。”诚然，朱陆两人的为学工夫思想是有差异的，但朱陆两人作为孔孟儒家之徒，其工夫思想不可能没有相同之处。朱学和陆学都是儒家圣贤之学，朱子和陆象山都主张人为学之目的就在复性以成圣成贤，在这点上两人是相同的。但在如何复性以成圣成贤上，两人提出的复性方法确实有差异。如果我们把朱陆各自所主张的为学工夫看作是一个过程，那么，本书认为，两人所倡导的为学工夫的起点和终点是一致的，只是过程不一样。应该说，朱子同陆象山一样，都认为在本原层面上心与理为一，人心本具万理，此心所具备之完整性理能够全然展现出纯然至善之情。只不过朱子更多注意到，由于气禀物欲对人之遮蔽使得心与理在现实中常常分裂为二。正是基于对气禀物欲遮蔽人心之深刻体会，朱子在建构为学工夫理论时便十分强调气禀物欲对人之影响，其提出的涵养主敬与格物穷理并进的修养工夫就是要化除此气禀物欲对人心之遮蔽，使得心与理在通过工夫修养后能重新实现合一。陆象山亦认识到私欲对人之影响，亦承认人在现实中容易为恶，只是他认为既然人生而具有先验的道德本心，则无论物欲如何遮蔽人心，本心只是暂时隐没、沉陷，并不是消失殆尽，人之本心便是对治气禀物欲之原动力。因此，只要人当下操存提撕此心，此本心即可随时随地显现而升起。所以，在陆象山看来，人即使处于物欲蒙蔽之时，若能当下发明本心即可直下从物欲中超拔出来。而

① 朱子亦有“心即理”之言，如《语类》载有：“……今日明日积累既多，则胸中自然贯通。如此，则心即理，理即心，动容周旋，无不中理矣。先生所谓‘众理之精粗无不到’者，诣其极而无余之谓也；‘吾心之光明照察无不周’者，全体大用无不明，随所诣而无不尽之谓。《书》之所谓睿，董子之所谓明，伊川之所谓说虎者之真知，皆是。此谓格物，此谓知之至也。”先生曰：“是如此。”（《语类》卷18，第408页）

导致两人提出的复性方法不一样的原因就在于两人对人的理解不一样，朱子具有较强的忧患意识，更多注意到人易于失败的一面，而陆象山则对人充满信心，更多注意到人能成功的一面。而两人之所以会对人之理解不一样，就只能归于学术性格之差异了。

朱陆为学工夫思想的这种异同正如唐君毅所说："吾今此文所欲论者，是朱陆自有同异。此同异固不在一主尊德性一主道问学，二家固同主尊德性也。此同异亦初不在二贤之尝形而上学地讨论心与理之是否一，而初唯在二贤之所以尊德性而学圣贤之工夫上。对此心与理之问题，彼程朱之徒，谓陆王之学，只知心之虚灵知觉而不知性理者，固全然为误解；而阳明以降之学者，谓朱子以心与理为二，而主格物穷理为义外之论，亦要看如何说。朱子固亦尝以佛为以心与理为二，吾儒以心与理为一；又谓象山不重格物穷理，为视理为外，乃义外之论矣。实则求心之合乎理，以使心与理一，亦程朱陆王共许之义。心不与理一，则心为非理之心，而不免于人欲之私。必心与理一，然后可以入于圣贤之途，儒者于此固无异辞也。今谓象山以心与理为一，乃要在自象山之视'满心而发，无非是理'，而教人自发明此即理即心之本心上说。朱子果有以心与理为二之言，则初是自人之现有之心，因有气禀物欲之杂，而恒不合理；故当先尊此理，先有自去其气禀物欲之杂之工夫，方能达于心与理一上说。"①

最后要强调的是，只要我们真真切切地去践履，无论是朱子的涵养主敬与格物穷理并进的为学之方，还是陆象山的发明本心的为学之方，都可以促使人成圣成贤。因此，我们无论是按照朱子的为学之方来做，还是按照陆象山的为学之方来做，都能达到君子圣人之境。而朱子指责陆学发明本心之法有"太简"之病，陆象山指责朱子格物穷理之法有"支离"之病，其实都不是法病，而是人病。

---

① 唐君毅：《中国哲学原论·原性篇》，第349页。

结　语

宋代儒学发达昌盛，儒学大家辈出。宋儒大家之中，以朱子和陆象山最为突出，也最具代表性，对后世的影响亦最大。一般说来，思想的发展往往是多元化的，即使在同一时期的同一学派中，由于个人禀性之差异和求学道路之不同等内外原因的影响，思想家所关注的问题和建构的理论体系往往会表现出这样或那样的差异。这一分判对于朱子和陆象山亦同样适用。朱子和陆象山在世之时，两人思想的差异就已经凸显出来。朱陆之后的元、明、清三代，乃至到今天，“朱陆异同”一直是中国学术史上备受关注的重要问题。“朱陆异同”所涉及的相关思想义理上可以追溯至先秦《中庸》中“尊德性”与“道问学”之关系，下关联到清代“宋学”与“汉学”之争和现代所谓的“新理学”与“新心学”之建构。因此，无论是研究宋明理学，或是探讨宋、元、明、清思想史发展历程，抑或是研究朱子思想和陆象山思想，两人思想的相同处和不同处是学者不可回避的问题。历代学者对“朱陆异同”问题都给出了自己的答案。然而，虽历经八百余年的研究与争论，此问题并没有形成一个统一的意见，反而是聚讼纷纭、莫衷一是，甚至是彼此对立、水火不容。

就“朱陆异同”问题的本质来说，其是一个义理问题，即探究朱陆之间的为学工夫的相同处与不同处。然而，当人们发现朱子为学思想有早晚变化时，讨论“朱陆异同”问题就必须把朱子早、中、晚三个时期的思想区分来看，如此才能作出正确的对比。而朱子思想的变化主要体现在与朋友、弟子来往的书札中，因此要区分其早、中、晚三个时期的思想，就必然要把这些书札写作的时间给确定。只有做好这个工作，才能作出正确的义理判断。而书札考证则是一个考据问题。所以，明清以来，“朱陆异同”就逐渐变成了一个义理与考据相结合的问题，即探讨朱子晚年工夫思想是否向陆学靠拢。故而，王阳明提出了“朱子晚年”这个概念。

一般认为，经过从学李侗，到体悟出“中和旧说”，再到提出“中和新说”，朱子在中年找到了一条适合普通大众的德性修养之路。这条道路就是：知先行后；主敬涵养与格物穷理并进，敬贯通始终。此为学道路的提出标志着朱子的工夫思想正式建立起来。对于朱子中年建立的这一工夫思想，陆门学者认为朱子晚年有悔悟中年之说，不再讲格物致知、读书讲学一类之工夫，转为如陆学那样强调为学首要是立本心，突出求放心工夫的第一位性；朱门学者则认为朱子晚年从未转向陆学，而是始终坚持涵养用敬与格物致知并进的为学之法。

对于仁义礼智四德，朱子最重视“仁”和“智”两德。而对于仁义礼智四德之间的关系，一般认为朱子讲“仁包四德”。此诚然无误，但是朱子晚年实有一种“智包四德”之“智藏”思想。而“智藏”思想正是强调格物致知工夫在人成圣成贤中的重要性，认为人唯有知得真切透彻，才能行得坚定持久。且正是由于朱子晚年十分强调格物致知工夫，以至于其晚年对《大学》诚意工夫的理解一度出现偏差，直到最后才得以纠正。另外，通过朱子晚年对求放心工夫理解的变化亦可知，朱子不是把求放心理解为陆学所主张的反身以直求本心良知之立大本工夫，而是理解为一种主敬涵养工夫，即培养人良好的心态与坚定的意志，进而保证人以良好的精神状态从事工夫践履，并强调求放心之后还要以此诚敬纯一之心去做格物致知工夫以认知天理。

通过对朱子晚年工夫的思想发展与完善的考察，我们可以清楚地发现，朱子晚年的工夫思想确实有变化，但这个变化并不是如陆王学者所言的那样悔悟中年之说而转向陆学，主张放弃格物穷理之法而采用陆学那种直下求取本心之方，而是在坚守“涵养须用敬，进学则在致知”的基础上更加强调格物致知工夫，要求人通过做格物致知工夫以求对天理的认知达到真知之境，实现心与理一，进而提升心之应事接物的能力。所以，朱子晚年并不是不再讲格物致知工夫，反而是更加强此工夫。因此，如果从广义的工夫上看，也就是从知行关系上看，朱子始终强调“知先行后”；而从狭义的工夫上看，朱子则始终强调“涵养须用敬，进学则在致知”。

朱陆两人的为学工夫思想既有相同处，亦有不同处。朱子和陆象山都主张人为学之目的就在复性以成圣成贤，在这点上两人都是相同的。但在如何复性以成圣成贤上，两人提出的复性方法是不一样的。如果我们把朱陆各自所主张的为学工夫看作是一个过程，则可以说两人为学工夫的起点和终点是一样，只是过程不一样。从为学工夫的起点看，朱子和陆象山都认为人心本具万理，心与理在原初之时是为一的。从为学工夫的结果看，朱子和陆象山都认为通过工夫修养能使人回复到心与理一的“原初圆满”状态。而所谓过程不一样即指两人对回复到心与理一的“原初圆满”状态的方法之主张不一样。朱陆两人都认识到，由于气禀物欲对人之遮蔽，人在现实中是不圆满的，并容易表现为恶。在对治气禀物欲对人之遮蔽上，朱陆表现出了不同。朱子具有较强的忧患意识，更多注意到人易于失败的一面，故其十分重视气禀物欲对人之遮蔽。由是，朱子十分注重对治气禀物欲，其提出的涵养主敬与格物穷理并进的为学工夫就是要一步步地化除掉气禀物欲对人心之遮蔽，使得心一点点地恢复到本原之明之状态。朱子相信，为学贵在日积月累，只要功夫达到一定程度，终能恢复心之明。而陆象山则对人充满信心，更多注意到人能成功的一面，虽然他亦认识到私欲会对人产生影响，而且人在现实中亦容易为恶，只是他认为既然人心本具良知良能，则无论私欲如何遮蔽人心，本心只是暂时隐没，但没有消失殆尽，且人之本心便是对治私欲之原动力。因此，只要人当下操存提撕此心，此本心即可随时随地从私欲中超拔出来。所以，朱陆两人所倡导的为学工夫确实有差异。

最后需要特别强调的是，在做思想义理研究时，我们是应该把思想家之间的同和异清楚地揭示出来，但正如本书开头所说：儒家之学并不是一门纯粹思辨之学，而是以人为思考和关怀中心，是一门关于人生命的学问，引导和帮助人在实践中去践履以促使人成圣成贤才是儒家哲人念兹在兹的第一义问题。所以，如果我们要探讨朱子和陆象山思想之同处，则可以说两人思想最根本之同就是两人都强调要学为圣人。因此，今天我们学习儒家之学时，切不可仅仅停留在思辨分析上，而遗忘了儒家所主张的第一义之学问。我们要做到在日用常行中实实在在地去践行学为圣人之相关理念与主张，以成就自我生命之量的广大博厚和生命之质的纯一高明，并促使社会实现正理平治。也唯有如此，我们才能将儒家之学发扬光大。

参考文献

（一）古籍

［1］朱杰人、严佐之、刘永翔主编：《朱子全书》，上海：上海古籍出版社；合肥：安徽教育出版社，2002年。

［2］朱杰人等编：《朱子全书外编》，上海：华东师范大学出版社，2010年。

［3］朱熹：《四书章句集注》，北京：中华书局，1983年。

［4］黎靖德编，王星贤点校：《朱子语类》：北京：中华书局，1994年。

［5］王懋竑著，何忠礼点校：《朱熹年谱》，北京：中华书局，1998年。

［6］王弼、韩康伯注，孔颖达疏，余培德点校：《周易正义》，北京：九州出版社，2004年。

［7］李觏著，王国轩点校：《李觏集》，北京：中华书局，1981年。

［8］邵雍著，郭彧点校：《邵雍集》，北京：中华书局，2010年。

［9］张载著，章锡琛点校：《张载集》，北京：中华书局，1978年。

［10］程颐、程颢著，王孝鱼点校：《二程集》，北京：中华书局，2004年。

［11］杨时著，林海权点校：《杨时集》，北京：中华书局，2018年。

［12］胡宏著，吴仁华点校：《胡宏集》，北京：中华书局，1987年。

［13］陆九渊著，叶航点校：《陆九渊全集》，上海：上海古籍出版社，2022年。

［14］张栻著，邓洪波点校：《张栻集》，长沙：岳麓书社，2010年。

[15] 陈淳：《北溪先生全集》，北京：国家图书馆出版社，2021年。

[16] 蔡沈：《洪范皇极内篇》，《景印文渊阁四库全书》（子部，术数类，第805册），台北：台湾商务印书馆，1986年。

[17] 黄榦：《勉斋集》，《景印文渊阁四库全书》（集部，别集类，第1168册），台北：台湾商务印书馆，1986年。

[18] 真德秀：《大学衍义》，《景印文渊阁四库全书》（子部，儒家类，第704册），台北：台湾商务印书馆，1986年。

[19] 胡炳文：《四书通》，《景印文渊阁四库全书》（经部，四书类，第203册），台北：台湾商务印书馆，1986年。

[20] 金履祥：《大学疏义》，《景印文渊阁四库全书》（经部，四书类，第202册），台北：台湾商务印书馆，1986年。

[21] 倪士毅辑释，程复心章图，王元善通考：《四书辑释》，《续修四库全书》（经部，四书类，第160册），上海：上海古籍出版社，2002年。

[22] 吴澄：《吴文正集》，《景印文渊阁四库全书》（集部，别集类，第1197册），台北：台湾商务印书馆，1986年。

[23] 郑玉：《师山集》，《景印文渊阁四库全书》（集部，别集类，第1217册），台北：台湾商务印书馆，1986年。

[24] 赵汸：《东山存稿》，《景印文渊阁四库全书》（集部，别集类，第1221册），台北：台湾商务印书馆，1986年。

[25] 景星：《大学中庸集说启蒙》，《景印文渊阁四库全书》（经部，四书类，第204册），台北：台湾商务印书馆，1986年。

[26] 程敏政：《篁墩文集》，《景印文渊阁四库全书》（集部，别集类，第1252册），台北：台湾商务印书馆，1986年。

[27] 王守仁著，吴光、钱明、董平、姚延福编校：《王阳明全集》，上海：上海古籍出版社，2014年。

[28] 罗钦顺著，阎韬点校，《困知记》，北京：中华书局，1990年。

[29] 蔡清：《四书蒙引》，明嘉靖六年刻本。

[30] 黄宗羲原著、全祖望补修，陈金生、梁运华点校：《宋元学案》，北京：中华书局，1986年。

[31] 全祖望：《鲒埼亭集》，《续修四库全书》（集部，别集类，第1430册），上海：上海古籍出版社，2002年。

[32] 纪昀：《钦定四库全书总目》，《景印文渊阁四库全书》（第1册），台北：台湾商务印书馆，1986年。

[33] 李绂：《穆堂初稿》，《续修四库全书》（集部，别集类，第1421册），上海：上海古籍出版社，2002年。

[34] 吕留良著，陈鏦编，俞国林点校：《四书讲义》，北京：中华书局，2017年。

[35] 王懋竑：《白田草堂文录》，李祖陶辑：《国朝文录》，《续修四库全书》（集部，别集类，第1671册），上海：上海古籍出版社，2002年。

[36] 朱泽沄：《朱止泉先生文集》，乾隆四年顾天斋刻本。

[37] 胡渭：《大学翼真》，《景印文渊阁四库全书》（经部，四书类，第208册），台北：台湾商务印书馆，1986年。

[38] 陆陇其：《四书讲义困勉录》，《景印文渊阁四库全书》（经部，四书类，第209册），台北：台湾商务印书馆，1986年。

[39] 江永：《四书按稿》，《续修四库全书》（经部，四书类，第166册），上海：上海古籍出版社，2002年。

[40] 翁方纲：《礼记附记》，《续修四库全书》（经部，礼类，第103册），上海：上海古籍出版社，2002年。

[41] 夏炘：《述朱质疑》，《续修四库全书》（子部，儒家类，第952册），上海：上海古籍出版社，2002年。

[42] 严佐之、戴扬本、刘永翔主编：《历代“朱陆异同”典籍萃编》，上海：上海古籍出版社，2018年。

[43] 顾宏义、严佐之主编：《历代“朱陆异同”文类汇编》，上海：上海古籍出版社，2018年。

[44] 保科正之编：《玉山讲义附录》，台北：“中央”研究院中国文哲研究所，1994年。

（二）专著

[1] 谢无量：《朱子学派》，上海：上海中华书局，1916年。

[2] 吕思勉：《理学纲要》，上海：上海商务印书馆，1931年。

[3] 周予同：《朱熹》，上海：商务印书馆，1931年。

[4] 李相显：《朱子哲学》，北京：北平世界科学社出版，1947年。

[5] 张立文：《朱熹思想研究》，北京：中国社会科学出版社，

1981年。

［6］蒙培元：《理学的演变：从朱熹到王夫之戴震》，福州：福建人民出版社，1984年。

［7］章学诚著，叶瑛校注：《文史通义校注》，北京：中华书局，1985年

［8］林安梧：《现代儒学论衡》，台北：业强出版社，1987年。

［9］冈田武彦：《山崎暗斋》，台北：东大图书公司，1987年。

［10］蔡仁厚：《儒家心性之学论要》，台北：文津出版社，1990年。

［11］祝平次：《朱子学与明初理学的发展》，台北：台湾学生书局，1994年。

［12］刘述先：《朱子哲学思想的发展与完成》，台北：台湾学生书局，1995年。

［13］金春峰：《朱熹哲学思想》，台北：东大图书公司，1998年。

［14］钱穆：《中国学术思想史论丛》，台北：联经出版事业公司，1998年。

［15］牟宗三：《心体与性体》，上海：上海古籍出版社，1999年。

［16］冯友兰：《中国哲学史》，上海：华东师范大学出版社，2000年。

［17］陈来：《朱子哲学研究》，上海：华东师范大学出版社，2000年。

［18］曾春海：《朱熹哲学论丛》，台北：文津出版社，2001年。

［19］朱杰人编：《迈入21世纪的朱子学——纪念朱熹诞辰870周年、逝世800周年论文集》，上海：华东师范大学出版社，2001年。

［20］成中英：《合外内之道——儒家哲学论》，北京：中国社会科学出版社，2001年。

［21］彭永捷：《朱陆之辩：朱熹与陆九渊哲学思想比较研究》，北京：人民出版社，2002年。

［22］杨儒宾主编：《朱子学的开展·东亚篇》，台北：汉学研究中心，2002年。

［23］钟彩钧主编：《朱子学的开展·学术篇》，台北：汉学研究中心，2002年。

［24］张立文：《宋明理学研究》，北京：人民出版社，2002年。

［25］陈来：《中国近世思想史研究》，北京：商务印书馆，

2003年。

［26］陈来：《宋明理学》，上海：华东师范大学出版社，2004年。

［27］亚里士多德著，廖申白译注：《尼各马可伦理学》，北京：商务印书馆，2003年。

［28］陈代湘：《现代新儒学与朱子学》，长沙：湖南人民出版社，2003年。

［29］陈荣捷：《朱熹》，台北：东大图书公司，2003年。

［30］余英时：《朱熹的历史世界》，北京：生活·读书·新知三联书店，2004年。

［31］余英时：《文史传统与文化重建》，北京：生活·读书·新知三联书店，2004年。

［32］赵峰：《朱熹的终极关怀》，上海：华东师范大学出版社，2004年。

［33］何俊：《南宋儒学建构》，上海：上海人民出版社，2004年。

［34］劳思光：《新编中国哲学史》，桂林：广西师范大学出版社，2005年。

［35］唐君毅：《中国哲学原论·导论篇》，北京：中国社会科学出版社，2005年。

［36］唐君毅：《中国哲学原论·原性篇》，北京：中国社会科学出版社，2005年。

［37］唐君毅：《文化意识与道德理性》，北京：中国社会科学出版社，2005年。

［38］徐复观：《中国人性论史·先秦篇》，上海：华东师范大学出版社，2005年。

［39］傅小凡：《宋明道学新论：本体论建构与主体性转向》，北京：社会科学文献出版社，2005年。

［40］梁启超：《中国近三百年学术史》，北京：东方出版社，2006年。

［41］唐君毅：《中国哲学原论·原教篇》，北京：中国社会科学出版社，2006年。

［42］陈逢源：《朱熹与四书章句集注》，台北：里仁书局，2006年。

［43］李有兵：《道德与情感：朱熹中和问题研究》，北京：中国传媒大学出版社，2006年。

［44］梁启超：《中国近三百年学术史》，北京：东方出版社，

2006年。

[45] 倪德卫著，周炽成译：《儒家之道：中国哲学之探讨》，南京：江苏人民出版社，2006年。

[46] 陈荣捷：《朱子新探索》，上海：华东师范大学出版社，2007年。

[47] 陈荣捷：《朱子门人》，上海：华东师范大学出版社，2007年。

[48] 陈荣捷：《朱学论集》，上海：华东师范大学出版社，2007年。

[49] 高令印、高秀华：《朱子学通论》，厦门：厦门大学出版社，2007年。

[50] 王健：《在现实真实与价值真实之间：朱熹思想研究》，上海：华东师范大学出版社，2007年。

[51] 陈来：《朱子书信编年考证（增订本）》，北京：生活·读书·新知三联书店，2007年。

[52] 林月惠：《诠释与工夫：宋明理学的超越趋向与内在辩证》，台北："中央"研究院中国文哲研究所，2008年。

[53] 董金裕：《朱熹学术考论》，台北：里仁书局，2008年。

[54] 林维杰：《朱熹与经典诠释》，台北：台湾大学出版中心，2008年。

[55] 束景南：《朱熹研究》，北京：人民出版社，2008年。

[56] 郭齐：《朱子学新探》，成都：四川大学出版社，2008年。

[57] 戴维森著，牟博译：《真理、意义与方法——戴维森哲学文献》，北京：商务印书馆，2008年。

[58] 朱汉民、肖永明：《宋代〈四书〉学与理学》，北京：中华书局，2009年。

[59] 田浩：《朱熹的思想世界（增订本）》，南京：江苏人民出版社，2009年。

[60] 曾亦、郭晓东：《宋明理学》，南京：南京大学出版社，2009年

[61] 吴震编：《宋代新儒学的精神世界——以朱子学为中心》，上海：华东师范大学出版社，2009年。

[62] 钱穆：《阳明学述要》，北京：九州出版社，2010年。

[63] 蒙培元：《朱熹哲学十论》，北京：中国人民大学出版社，

2010年。

[64] 乐爱国：《朱子格物致知论》，长沙：岳麓书社，2010年。

[65] 傅小凡：《朱子与闽学》，长沙：岳麓书社，2010年。

[66] 刘承相：《朱子早年思想的历程》，上海：华东师范大学出版社，2010年。

[67] 杜保瑞：《南宋儒学》，台北：台湾商务印书股份有限公司，2010年。

[68] 陈多旭：《教化与工夫——工夫论视域中的阳明心学系统》，成都：四川出版集团巴蜀书社，2010年。

[69] 黄进兴著，郝素玲、杨慧娟译：《李绂与清代陆王学派》，南京：江苏教育出版社，2010年。

[70] 王惠雯：《朱子“心与理一”思想之研究》，台北：花木兰文化出版社，2010年。

[71] 卜道成著，谢晓东译，《朱熹和他的前辈们：朱熹与宋代新儒学导论》，厦门：厦门大学出版社，2010年。

[72] 钱穆：《朱子新学案》，北京：九州出版社，2011年。

[73] 滕井伦明：《朱熹思想结构探索：以“理”为考察中心》，台北：台湾大学出版中心，2011年。

[74] 丁为祥：《学术性格与思想谱系：朱子的哲学视野及其历史影响的发生学考察》，北京：人民出版社，2012年。

[75] 余英时：《论戴震与章学诚：清代中期学术思想史研究（增订本）》，北京：生活·读书·新知三联书店，2012年。

[76] 蔡振丰编：《东亚朱子学的诠释与发展》，台北：台大出版中心，2012年。

[77] 陈支平、刘泽亮编：《展望未来的朱子学研究——朱子学会成立大会暨朱子学与现代跨文化意义国际学术研讨会论文集》，厦门：厦门大学出版社，2012年。

[78] 陈逢源：《“融铸”与“进程”：朱熹〈四书章句集注〉之历史思维》，台北：政大出版中心，2013年。

[79] 杜维明：《儒家思想：以创造转化为自我认同》，北京：生活·读书·新知三联书店，2013年。

[80] 吴冬梅：《朱子心论——“心与理一”与“超凡入圣”之学》，合肥：安徽人民出版社，2013年。

[81] 徐复观：《中国思想史论集》，北京：九州出版社，

2014年。

［82］陈来：《仁学本体论》，北京：生活·读书·新知三联书店，2014年。

［83］束景南：《朱熹年谱长编（增订本）》，上海：华东师范大学出版社，2014年。

［84］唐文治著，乐爱国点校：《紫阳学术发微》，上海：华东师范大学出版社，2014年。

［85］沟口雄三著，龚颖、赵士林译：《中国思想史：宋代至近代》，北京：生活·读书·新知三联书店，2014年。

［86］杨俊峰：《心理之间：朱子心性论研究》，北京：中国社会科学出版社，2014年。

［87］牟宗三：《中国哲学十九讲》，长春：吉林出版集团有限责任公司，2015年。

［88］牟宗三：《从陆象山到刘蕺山》，长春：吉林出版集团有限责任公司，2015年。

［89］刘述先：《朱子哲学的发展与完成》，长春：吉林出版集团有限责任公司，2015年。

［90］唐君毅：《中国哲学原论·原道篇》，《唐君毅全集》（第21卷），北京：九州出版社，2016年。

［91］张岱年：《中国哲学大纲》，北京：中华书局，2017年。

［92］吴启超：《朱子穷理工夫论》，台北：台大出版中心，2017年。

［93］乐爱国：《20世纪朱子学研究精华集成：从学术思想史的视角》：北京：经济科学出版社，2017年。

［94］邓庆平：《朱子门人与朱子学》，北京：中国社会科学出版社，2017年。

［95］顾宏义：《朱熹师友门人往还书札汇编》，上海：上海古籍出版社，2017年。

［96］赵金刚：《朱熹的历史观——天理视域下的历史世界》，北京：生活·读书·新知三联书店，2018年。

［97］黄勇：《当代美德伦理：古代儒家的贡献》，上海：东方出版社，2019年。

［98］吴震主编：《东亚朱子学新探：中日韩朱子学的传承与创新》，北京：商务印书馆，2020年。

[99] 江求流：《朱子哲学的结构与义理》，北京：中国社会科学出版社，2020年。

[100] 陈晓杰：《朱熹思想诠释的多重可能性及其展开》，北京：商务印书馆，2020年。

[101] 毕游：《朱熹、陆九渊与王守仁理学思想比较研究——以理、性、心、知四个范畴为中心》，北京：社会科学文献出版社，2020年。

[102] 刘纪璐著，江求流译：《宋明理学：形而上学、心灵与道德》，西安：西北大学出版社，2021年。

[103] 许家星：《经学与实学：朱子四书学研究》，北京：中国社会科学出版社，2021年。

[104] 郑泽绵：《诚意关：从朱子晚年到王阳明的哲学史重构》，北京：人民出版社，2022年。

[105] 陈双珠：《朱子涵养工夫研究》，北京：中国社会科学出版社，2022年。

[106] 李毅：《从官能、性理到工夫：朱子心论新探》，北京：中国社会科学出版社，2022年。

[107] 倪培民：《儒家功夫哲学论》，北京：商务印书馆，2022年。

[108] 吴震：《朱子学与阳明学：宋明理学纲要》，北京：北京大学出版社，2022年。

[109] 木下铁矢著，凌鹏译：《朱子："职"的哲学》，北京：读书·生活·新知三联书店，2022年。

[110] 山井涌著，陈威瑨译：《明清思想史研究》，济南：山东人民出版社，2022年。

[111] 束景南：《朱子大传："性"的救赎之路（增订版）》，上海：复旦大学出版社，2022年。

（三）论文

[1] 汪震：《自一点上观察之朱陆战争》，《北京高师教育丛刊》，1925年第5卷第5期。

[2] 张荫麟：《书评：冯友兰〈中国哲学史〉下卷》，《清华学报》，1935年第10卷第3期。

[3] 贺麟：《宋儒的思想方法》，《东方杂志》，1936年第33卷

第2号。

[4] 曾春海：《朱子德性修养论中的“格物致知”教》，《哲学与文化》，1982年第9卷第3期。

[5] 林安梧：《知识与道德之辩证性结构：对朱子学的一些检讨》，《鹅湖》，1984年总第114期。

[6] 曾昭旭：《朱子格物之再省察》，《鹅湖》，1985年总第123期。

[7] 李瑞全：《朱子道德学形态之重检》，《鹅湖学志》，1988年总第2期。

[8] 李明辉：《朱子的伦理学可归入自律伦理学吗？》，《鹅湖学志》，1990年总第4期。

[9] 李瑞全：《敬答李明辉先生对“朱子道德学形态之重检”之批评》，《鹅湖学志》，1990年总第4期。

[10] 蔡方鹿：《朱熹“心统性情”说新论》，《孔子研究》，1991年第4期。

[11] 李明辉：《朱子论恶之根源》，钟彩钧主编：《国际朱子学会议论文集》，台北“中研院”文哲所，1993年。

[12] 曾春海：《“敬”概念在朱学之提出与涵义》，《哲学与文化》，1993年第20卷第2期。

[13] 金春峰：《朱熹〈仁说〉剖析》，《求索》，1995年第4期。

[14] 王立新：《从〈知言疑义〉的产生看胡宏对朱熹的影响》，《湘潭大学学报（哲学社会科学版）》，1997年第6期。

[15] 彭永捷：《朱陆之辩的哲学实质——兼论陆象山的学术渊源》，《中国哲学史》，1998年第3期。

[16] 温带维：《论朱子宇宙论中恶之可能》，《哲学与文化》，1999年第26卷第7期。

[17] 李泽厚：《中日文化心理比较试说略稿》，陈明、朱汉明主编：《原道（第5辑）》，贵阳：贵州人民出版社，1999年。

[18] 冯友兰：《答张荫麟先生评〈中国哲学史〉》，《三松堂全集》（第11卷），郑州：河南人民出版社，2001年。

[19] 林月惠：《宋儒对“仁”的诠释——以〈论语〉“观过，斯知仁矣”为例》，《鹅湖学志》，2001年总第26期。

[20] 刘京菊：《朱熹心论初探》，《河北大学学报（哲学社会科学版）》，2001年第4期。

[21] 潘立勇：《朱子“心与理一”的人格理想》，《浙江学刊》，2001年第1期。

[22] 张新民：《朱子“去恶全善”思想的本体论与工夫论》，《孔子研究》，2001年第4期。

[23] 蔡仁厚：《朱子性理系统形成的关键与过程》，《哲学与文化》，2001年第28卷第7期。

[24] 陈代湘：《评牟宗三对胡宏和朱熹工夫论的阐析》，《南开学报》，2002年第3期。

[25] 孙利：《朱熹从“中和旧说”到“中和新说”的思想演变》，《湘潭大学学报（哲学社会科学版）》，2002年第4期。

[26] 孙利：《朱熹“心”论》，《江淮论坛》，2002年第5期。

[27] 张艳清：《本体与境界——释朱熹的“心与理一”》，《北方工业大学学报》，2003年第4期。

[28] 朱汉民：《朱熹〈四书〉学与儒家工夫论》，《北京大学学报（哲学社会科学版）》，2005年第1期。

[29] 魏立明：《朱熹“主敬”说过程研究——在修养工夫演进背景下的考查》，《玉溪师范学院学报》，2005年第8期。

[30] 谢晓东：《寻求真理：朱子对“道心人心”问题的探索》，《河北大学学报（哲学社会科学版）》，2005年第3期。

[31] 何孟芩：《由“心具理”探讨朱熹哲学中本心的道德实践性》，《鹅湖》，2005年总第361期。

[32] 李明辉：《朱子的“仁说”及其与湖湘学派的辩论》，《四端与七情：关于道德情感的比较哲学探讨》，台北：台湾大学出版中心，2005年。

[33] 张子立：《释朱子“脱然贯通”说》，《东吴哲学学报》，2005年总第12期。

[34] 杜保瑞：《朱熹哲学研究进路》，《哲学与文化》，2005年第32卷第7期。

[35] 金春峰：《朱熹晚年思想》，《山东大学学报（哲学社会科学版）》，2005年第1期。

[36] 王琨：《“天地以生物为心”——朱熹哲学的“生本论”》，《哲学研究》，2006年第2期。

[37] 王丽梅：《察识与涵养相须并进——张栻与朱熹交涉论辩管窥》，《孔子研究》，2006年第4期。

[38] 付长珍：《试论朱熹的二重化人格境界》，《华东师范大学学报（哲学社会科学版）》，2006年第4期。

[39] 杜保瑞：《朱熹经典诠释中的工夫理论》，《揭谛》，2006年总第11期。

[40] 柳熙星：《由“心统性情”省察朱子的“心”义》，《鹅湖》，2006年总第373期。

[41] 韩强：《朱熹心统性情的心性论和涵养察识的修养方法》，《华北水利电力大学学报（社科版）》，2007年第2期。

[42] 李景林、田智忠：《朱子心论及其对先秦儒学性情论的创造性重建》，《中国社会科学》，2007年第3期。

[43] 蒋昭阳：《辨析朱子心性论中的“心”》，《兰州学刊》，2007年第11期。

[44] 谢晓东：《朱子哲学中道心人心论与天理人欲论之内在逻辑关系探析》，《江苏社会科学》，2007年第2期。

[45] 吴略余：《对牟宗三诠释朱子心性、工夫论的若干疑义——以唐君毅之朱子学为主要视角》，《有凤初鸣年刊》，2007年总第3期。

[46] 杜保瑞：《朱熹形上思想的创造意义与当代争议的消解》，《台湾大学哲学论评》，2007年总第33期。

[47] 黄莹暖：《朱熹论〈中庸〉“未发”之义及其工夫》，《兴大中文学报》，2007年总第21期。

[48] 杨雅妃：《朱熹谈“体验未发”的可能思考进路》，《兴大中文学报》，2007年总第22期。

[49] 钟彩钧：《谢上蔡、李延平与朱子早年思想》，《清华学报》，2007年第37卷第1期。

[50] 程志华：《儒家关于“意志无力”的主要线索》，《哲学研究》，2008年第8期。

[51] 田智忠：《朱子“中和之悟”的工夫论解读》，《福建师范大学学报（哲学社会科学版）》，2008年第4期。

[52] 赵瑞昌：《“致中和”到“格物致知”——朱熹〈四书〉诠释的“心性论”探微》，《通识研究集刊》，2008年总第13期。

[53] 吴展良：《朱子世界观体系的基本特质》，《台大文史哲学报》，2008年总第68期。

[54] 李瑞全：《朱子之道德规范根源问题》，《当代儒学研究》，2008年总第4期。

[55] 黄莹暖：《唐、牟论朱子中和新旧说之“心”义》，《当代儒学研究》，2008年总第4期。

[56] 蔡龙九：《论陈建〈学蔀通辨〉之贡献与失误》，《台湾大学哲学评论》，2008年总第36期。

[57] 谢晓东：《宋明理学中的道心人心问题——心学与朱熹的思想比较》，《厦门大学学报（哲学社会科学版）》，2009年第6期。

[58] 林安梧：《朱子哲学当代诠释方法论之反思——从“继别为宗”到“横摄归纵”》，《河北学刊》，2009年第3期。

[59] 杨祖汉：《朱子心性工夫论新解》，《嘉大中文学报》，2009年总第1期。

[60] 黄莹暖：《朱子格物之心性理论与工夫意蕴的再探讨》，《当代儒学研究》，2009年总第6期。

[61] 游腾达：《唐君毅先生的朱子学诠释之省察——以心性论为焦点》，《鹅湖学志》，2009年总第42期。

[62] 黄勇：《意志软弱（Akrasia）何以不可能：程颐论知行》，王中江、李存山主编：《中国儒学（第一辑）》，北京：商务印书馆，2009年。

[63] 杨祖汉：《唐君毅先生对朱子哲学的诠释》，《中国哲学与文化（第7辑）》，桂林：广西师范大学出版社，2010年。

[64] 黄莹暖：《心性架构与格致工夫——牟宗三先生诠释朱子思想之商榷》，《当代儒学研究》，2010年总第8期。

[65] 向世陵：《“性之本体是如何”——朱熹性论的考究》，《孔子研究》，2011年第3期。

[66] 吴震：《略论朱熹“敬论”》，《湖南大学学报（社会科学版）》，2011年第1期。

[67] 金春峰：《对朱熹哲学思想的重新认识——兼评冯友兰、牟宗三解释模式之扭曲》，《学术月刊》，2011年第6期。

[68] 乔清举：《朱子心性论的结构及其内在张力》，《哲学研究》，2011年第2期。

[69] 许家星：《朱子、张栻“仁说”辨析》，《中国哲学史》，2011年第4期。

[70] 李敬峰：《敬义夹持视域下的朱子哲学工夫论》，《中国社会科学院研究生院学报》，2011年第6期。

[71] 陈来：《朱子思想中的四德论》，《哲学研究》，2011年第

1期。

[72] 陈来：《朱子四德说续论》，《中华文史论丛》，2011年第4期。

[73] 陈立胜：《恻隐之心："同感""同情"与"在世基调"》，《哲学研究》，2011第12期。

[74] 杨祖汉：《程伊川、朱子"真知"说新诠——从康德道德哲学的观点看》，《台湾东亚文明研究学刊》，2011年第8卷第2期。

[75] 游腾达：《论朱泽沄〈朱子圣学考略〉对"朱陆异同"的文献探析》，《东华汉学》，2011年总第14期。

[76] 蔡龙九：《论〈述朱质疑〉对"朱陆异同"的评析效力》，《政治大学哲学学报》，2011年总第27期。

[77] 吴震：《朱子"心论"试析》，郭齐勇主编：《儒家文化研究》（第4辑），北京：读书·生活·新知三联书店，2012年。

[78] 向世陵：《论朱熹的"心之本体"与未发已发说》，《湖南大学学报（社会科学版）》，2012年第1期。

[79] 向世陵：《仁心、觉心与本心——朱熹心论三议》，《湖南大学学报（社会科学版）》，2012年第6期。

[80] 张凯作：《朱子哲学中"心之德"的思想》，《中国哲学史》，2012年第1期。

[81] 乐爱国：《朱熹〈中庸章句〉"诚"论——与郑玄、孔颖达〈礼记正义〉之比较》，《西南民族大学学报（人文社会科学版）》，2012第12期。

[82] 乐爱国、钟小明：《朱熹〈中庸章句〉对"慎独"的诠释——兼与〈礼记正义·中庸〉的比较》，《中国哲学史》，2012年第4期。

[83] 陈振崑：《论朱子"心统性情"的"心"是"本心"还是"气心"？》，《华梵人文学报》，2012年总第18期。

[84] 黄鸿文：《朱子"中和四札"年代研究》，《思与言》，2012年第50卷第4期。

[85] 张新国：《朱子心性论的结构及其内在张力——与乔清举先生商榷》，《江汉论坛》，2012年11期。

[86] 苏铉盛：《朱子与张南轩的仁说论辨》，《湖南大学学报（社会科学版）》，2012年第6期。

[87] 许宗兴：《朱子义理研究之方法论刍议——以"晚年宗说"为探讨主轴》，《国文学报》，2013年总第18期。

[88] 魏志远：《从“格物致知”看朱熹的理学地位——对牟宗三判朱熹为“别子为宗”的反思》，《重庆邮电大学学报（社会科学版）》，2013年第2期。

[89] 魏志远：《由“格物致知”看朱熹的理学地位——对朱熹心性论和工夫论的再认识》，《西安石油大学学报（社会科学版）》，2013年第2期。

[90] 吴震：《从政治文化角度看道学工夫论之特色——有关朱熹工夫论思想的一项新了解》，《社会科学》，2013年第8期。

[91] 代云：《朱熹人心道心论的辟佛意旨》，《中州学刊》，2013年第11期。

[92] 张卉：《张栻对朱熹心性论的影响》，《四川师范大学学报（社会科学版）》，2013年第6期。

[93] 朱人求：《下学而上达——朱子小学与大学的贯通》，《江南大学学报（人文社会科学版）》，2013年第2期。

[94] 王志刚：《朱子“中和”思想发展过程辨析》，《武陵学刊》，2013年第1期。

[95] 李瑞全：《论朱子“知言疑义”与胡五峰〈知言〉之义理特色》，《深圳大学学报（人文社会科学版）》，2013年第1期。

[96] 许家星：《朱子四书学形成新考》，《中国哲学史》，2013年第1期。

[97] 陈佳铭：《朱子格物思想中“心与理”的属性与关系新探》，《中国文哲研究集刊》，2013年总第42期。

[98] 蔡龙九：《“朱陆异同争论史”中的保守调和模式——李绂〈朱子晚年全论〉评析》，《东吴哲学学报》，2013年总第27期。

[99] 吴震：《格物诚意不是两事—— 关于朱熹工夫论思想的若干问题》，《杭州师范大学学报（社会科学版）》，2014年第6期。

[100] 谢晓东：《朱熹〈文集〉与〈语类〉中几则重要材料年代新考》，《中国哲学史》，2014年第1期。

[101] 廖晓炜：《如何理解孟子的“四端之心”——兼与周海春商榷》，《道德与文明》，2014年第1期。

[102] 王治玮：《从“一于善”与“必自慊”的改异论宋元朱门后学对朱熹〈四书章句集注〉定本的理解》，《文与哲》，2014年总第25期。

[103] 黄莹暖：《从“心之知觉”论朱子之“心”的道德动能——

从“知觉是智之事”谈起》，《国文学报》，2015年总第57期。

［104］藤井伦明：《日本崎门朱子学的“智藏”论探析》，《中正汉学研究》，2016年总第27期。

［105］张子立：《论道德与知识两种辩证关系：朱子格物致知说重探》，《中正汉学研究》，2016年总第27期。

［106］黄莹暖：《朱子〈仁说〉与“智藏”思想中的仁智图像及其意义》，《中正汉学研究》，2016年总第28期。

［107］赖柯助：《从“常知”进至“真知”证朱子“格物致知”是“反省型态”的实践工夫》，《中正汉学研究》，2016年总第28期。

［108］林宏星：《朱子论真知及其动机效力》，《台湾大学哲学论评》，2016年总第52期。

［109］陈佳铭：《朱子的“心中之理”之研究》，《中正汉学研究》，2017年总第29期。

［110］郑泽绵：《朱熹晚年诚意思想考论》，《中国哲学与文化（第14辑）》，桂林：漓江出版社，2017年。

［111］廖育正：《朱子心性论可以回应道德责任归属吗？》，《台湾大学哲学论评》，2017年总第53期。

［112］陈双珠：《朱子“意”的诠释及工夫——兼论朱子对工夫的贯通》，《中国哲学史》，2017年第3期。

［113］唐文明：《朱子〈仁说〉中的义理与工夫》，《北京大学学报（哲学社会科学版）》，2017年第3期。

［114］张锦枝：《朱子诚意论及其对明中晚期主意学者的影响》，《复旦学报》，2018年第2期。

［115］严佐之：《“朱陆异同”历史文献与“朱陆异同之辨”历史衍变》，《中华文史论丛》，2018年第2期。

［116］姜妮伶：《意志软弱问题域下的知行关系——基于朱子哲学中“真知”概念的讨论》，《道德与文明》，2018年第4期。

［117］束景南、姜美爱：《朱陆之学论战与〈朱子晚年定论〉的诞生—— 一桩五百年来“陆化朱学”理学公案的破解》，《孔子研究》，2018年第5期。

［118］杨祖汉：《程朱、陆王二系的会通》，《当代儒学研究》，2018年总第24期。

［119］游腾达：《王懋竑〈朱子年谱〉探赜与朱学宗旨之辩》，《台大中文学报》，2019年总第65期。

[120] 赖区平：《“心是灵气”作为道学的共识——基于道学史的考察》，《哲学与文化》，2019年第46卷第4期。

[121] 杨祖汉：《再论程朱、陆王二系的会通》，《杭州师范大学学报（社会科学版）》，2019年第5期。

[122] 唐文明：《朱子论天地以生物为心》，《清华大学学报（哲学社会科学版）》，2019年第1期。

[123] 金春峰：《朱陆“心学”及其异同的几点观察》，《周易研究》，2020年第1期。

[124] 王凯立：《朱子“诚意”话语在清初理学中的展开——论吕留良对朱子诚意思想的诠释》，《哲学门（总第42辑）》，北京：北京大学出版社，2020年。

[125] 洪明超：《朱子“人自有生”四书年代考——兼论中和旧说的思想演变》，《宋代文化研究（第27辑）》，成都：四川大学出版社，2020年。

[126] 钟彩钧：《尊德性而道问学：论程敏政的学术志业》，《哲学与文化》，2021年第48卷第1期。

[127] 王凯立：《“真知”与“自欺”：论朱子诚意思想发展的三个阶段》，《哲学评论》（总第28辑），长沙：岳麓书社，2022年。

[128] 李健芸：《“中和旧说”与朱子早期思想的关系及其理论困境》，《中国哲学史》，2022年第1期。

[129] 东方朔：《“两头明，中间暗”——朱子对象山心学的批评及其蕴含的理论问题》，《孔学堂》，2022年第3期。

[130] 傅锡洪：《朱王工夫论的结构差异——兼谈朱陆之争》，《学术研究》，2022年第1期。

[131] 傅锡洪：《朱子的“心即理”及其与阳明的异同》，《中国哲学史》，2022年第5期。

[132] 傅锡洪：《朱陆王工夫论的结构差异》，《中南大学学报（社会科学版）》，2022年第5期。

[133] 翟奎凤：《坤复说辨：朱子论未发时心之知觉》，《哲学研究》，2022年第8期。

[134] 王磊：《王阳明“误读”朱熹格物论之重思——基于心性之理与万物之理关系的考察》，《船山学刊》，2022年第5期。

学位论文：

[1] 郑相峰：《朱子心论研究》，台湾大学博士学位论文，1993年。

[2] 吴略余：《论唐君毅对朱子思想的诠释——以当代之相关研究对比》，政治大学硕士学位论文，2007年。

[3] 黄丽娟：《朱子的道德世界——存天理、去人欲之研究》，成功大学博士学位论文，2007年。

[4] 王宏海：《以人学为视角的朱熹理学研究》，河北大学博士学位论文，2007年。

[5] 黄文奇：《宋明儒学“良知/知觉”之辨研究》，政治大学硕士学位论文，2009年。

[6] 黄圣杰：《论“心”在朱熹哲学中的地位与发展》，政治大学硕士学位论文，2009年。

[7] 蔡龙九：《〈朱子晚年定论〉之相关探究》，台湾大学博士学位论文，2009年。

[8] 李哲欣：《牟宗三先生朱子学诠释系统的省察：以康德学为坐标的探索与再议》，台湾师范大学硕士学位论文，2009年。

[9] 江俊亿：《由朱熹思想发展过程考察其智藏说》，东吴大学硕士学位论文，2010年。

[10] 郑泽绵：《朱熹论自我修养及其心性论基础》，香港中文大学博士学位论文，2011年。

[11] 张莞苓：《朱熹哲学中“心”的意涵研究——对牟宗三论断之驳议》，台湾师范大学硕士学位论文，2012年。

[12] 庄士杰：《朱陆之辩——朱、陆学术交游的考察与检讨》，政治大学硕士学位论文，2013年。

[13] 赖柯助：《朱子道德哲学重定位：如何回答“道德规范性”问题？》，“中央”大学博士学位论文，2014年。

[14] 金慧洙：《从朱子工夫论诠释其理气心性论》，“中央”大学博士学位论文，2015年。

[15] 吴略余：《朱熹四书体系的心性论述与成德工夫》，政治大学博士学位论文，2015年。

[16] 洪明超：《朱子之“出入湖湘”及其思想发展》，武汉大学硕士学位论文，2019年。

后 记

这本小书既是我主持的2018年国家社科基金后期资助项目“‘朱子晚年’与‘朱陆异同’——以朱子晚年工夫思想的发展与完善为中心”的结题成果，也是我学习和研究朱子学十余年的一个小结。2012年9月，我考入厦门大学哲学系攻读博士学位。2015年6月，我完成了题为《“朱子晚年”与“朱陆异同”——以朱子晚年工夫思想的修正与完善为中心》的博士学位论文，并顺利通过答辩，获得哲学博士学位。同年，我以这篇论文申报2015年福建省优秀博士学位论文，有幸入选。2018年，我又以这篇论文为基础申请国家社科基金后期资助项目，有幸获得立项。申请后期资助项目前，我对论文进行了一次系统的修改完善。项目获得立项后，在进一步研究和吸取他人研究成果的基础上，我又对论文进行了全面的修改完善。

书稿付梓之际，特别要感谢我的导师乐爱国先生。在博士学位论文选题和撰写过程中，先生给予了我精心的指导。先生知识渊博、学术精湛，是一位纯粹的知识分子。先生慈祥和蔼、谦虚宽容，是一位可亲可敬的长者。先生虽已退休多年，仍笔耕不辍，是我学习的楷模。还要感谢我的硕士导师李耀南先生，是先生把我引入哲学之门。

博士论文答辩期间，三位外审专家和五位答辩专家对论文提出了不少宝贵意见，在这里致以诚挚的谢意。在申报国家社科基金后期资助项目和项目结题时，八位匿名专家也提出了许多宝贵意见，在这里同样致以诚挚的谢意。

还要感谢勤劳善良的父母和岳父岳母、宜家宜室的妻子以及聪明乖巧的女儿，感谢你们对我的支持和包容。

还要感谢求学和工作期间诸多领导、师友对我的关心和帮助。

还要感谢国家社科基金后期资助项目对此书之撰写和出版的资助，感谢广东人民出版社编辑对此书出版付出的心血。

本书部分内容先后发表在《孔子研究》《南昌大学学报（人文社科版）》《江淮论坛》《求索》《朱子学刊》《哲学与文化》《政治大学哲学学报》《台湾大学哲学论评》等海内外期刊上，感谢一众主编、编辑、审稿专家对文章的肯定和辛勤的编校。

今小书面世，诚惶诚恐，错漏之处在所难免，敬请读者批评指正。

陈林

2023年12月23日